묵가와 동양사상

묵가와 동양사상

초판 1쇄 2018년 4월 15일 | 출판등록 · 제300 2008 40호
지은이 · 황성규 | 펴낸이 · 김기창 | 펴낸곳 · 도서출판 문사철
디자인 · 호문목 | 인쇄 · 천광인쇄
주소 · 서울 종로구 창경궁로 265 상가동 3층 303호 | 전화 · 02 741 7719
팩스 · 0303 0300 7719 | 홈페이지 · www.lihiphi.com | 이메일 · lihiphi@lihiphi.com
ISBN · 979-11-86853-41-2

* 값은 뒤표지에 있습니다.

묵가와 동양사상

황성규 지음

도서출판문사철

머리말

　중국 춘추시대는 생산 수단의 변화로 사회 전반에 걸쳐 전대 미문의 변혁이 일어났다. 당시 사상가들은 어떻게 무엇으로 자신들 앞에 펼쳐진 사회 병리 현상을 극복하고 도덕적 이상 사회를 구현할 수 있을 것인가에 관심을 집중시켰으며, 그 결과 사회 질서 수립과 연관된 새로운 이론들이 봇물처럼 쏟아져 나왔다. 이들 중 오늘날까지 그 명맥을 유지하며 깊은 영향을 주는 학파도 있으며, 연구와 평가가 뒷전에 밀린 채 이론만 전해져 오는 사상도 있고 소리도 없이 사라져 간 학설도 있다.

　묵가의 비조 묵적(墨翟)은 춘추 말과 전국 초를 풍미했던 사상가로서 당시 사회가 지닌 문제점을 여타의 제자들과는 또 다른 관점에서 진단하고 그것을 치유하기 위한 혁신적 이론들을 제기하여 당시 사회에 큰 영향을 미쳤다. 가령 맹자는 "양주(楊朱), 묵적의 말이 천하에 가득하여, 천하의 말이 양주에게 돌아가지 않으면 묵적에게 돌아간다."라고 하여 당시 묵자의 영향력을 언급하고 있다. 또 한비자는 유학과 묵학이 당시를 대표하는 현학임을 제시하고, 공자와 묵자를 각 학파의 비조임을 언급하고 있는데, 묵학이 공학(孔學)과 병론될 정도로 지대한 영향력을 지니고 있었음을 입증하는 것이다.

　하지만 묵학은 진한(秦漢) 이후 세인의 주목이나 합당한 평가을 받지 못하고 '절학(絶學)'에 처하게 되었다. 이에 대해 많은 분석이 있어 왔으나, 내재적으로는 묵학이 지닌 이론과 실천의 난해함, 외재적으로는 유학 중심의 정치적, 사회적 분위기를 보는 것이 일반적이다. 묵학에 대한 재조명은 서양 열강들이 중국을 유린하기 시작한 19세기부터 시작되었다. 즉 신해혁명 이후 수많은 학자와 정치가들은 중국 전통사상 속에서 서양 열강에 맞설 수 있는 그들의 사상적 무기를 찾고자 노력하였는데, 이때 부상되기 시작한 인물이 바로 묵자이다. 그들이 보기에 묵가의 사상체계 속에는 서양의 전유물이라고 볼 수 있는 과학과 민주의 정신이 내재해 있으며, 만약 이를 발양할 수 있다면 서양 열강에 의해 짓밟힌 그들의 잃어버린 자존심을 되찾을 수 있다고 믿었던 것이다.

이 책은 1930년대 이후부터 현대까지 묵자에 대한 연구 성과를 토대로 묵자와 묵가 사상의 진면목을 찾고자 진행되었다. 한 사람의 사상가나 학파를 제대로 이해하는 일은 결코 용이한 일은 아니지만 필자가 알고 있는 모든 것들을 책에 담기 위해 노력하였다. 책은 크게 Ⅰ부와 Ⅱ부로 나누어져 있으며, Ⅰ부에서는 오로지 묵자와 묵가의 지혜를 기술하였고 Ⅱ부에서는 묵자와 공자를 중심으로 이들 사상을 현대 사회에 적용할 수 있는 방안을 담고자 하였다.

Ⅰ부의 첫 번째 장은 묵자의 천인관(天人觀)을 밝히면서 시작된다. 묵자는 하늘이 하는 일과 인간이 해야 할 일을 분명히 구분하고자 했다. 그는 인간이 해야 할 일을 하늘의 뜻을 따라 더불어 사랑하고 이로움을 나누며, 남는 것이 있으면 서로 도와주는 것이라고 생각하였다. 이러한 관점은 묵가 철학 전반을 관통하는 핵심 원리가 되었다. 두 번째 장에서 거론된 화두는 인식론이다. 이 장에서는 『묵경』에 산재한 인식 이론들을 분류한 뒤 묵가 인

식론의 특징과 의의를 분석하였다. 천인관과 인식론은 한 사상가나 학파의 성격을 가늠하는 중요한 단서를 담고 있다고 생각하여 서두에 게재하였다.

그렇다면 묵자는 과연 어떤 방법으로 당시 시대가 지닌 모순을 극복하고 인간이 인간답게 사는 사회를 만들고자 하였는가? 그 해답은 세 번째 장에서 거론되고 있는 '교육'이다. 묵자는 시대가 지닌 불합리성을 극복하기 위해 독특한 교육적 처방을 내리고 있으며 세 번째 장에서는 이러한 것들을 중심으로 거론할 것이다. 네 번째와 다섯 번째 장에서는 묵자의 정치 이론과 경제 이론을 고찰하고자 한다. 이 두 학설은 묵자 자신의 사회적 이상을 천하에 적용시키기 위한 구체적 방법이며 전략이다.

Ⅰ부의 마지막 세 개의 장은 묵가의 과학 사상과 수학, 광학 이론 등을 조명하였다. 묵가 사상이 사상계에 새롭게 부각된 가장 큰 이유는 묵가가 지닌 합리성과 실용성에 기인한다. 여섯 번째와 일곱 번째 그리고 여덟 번째에서는 애민 사상에 기초한 묵가의 과학적 지식을 탐색할 것이다.

이 책의 Ⅱ부에서는 동양 사상의 현대적 적용이라는 주제를 토대로 묵자 및 공자 사상의 현대적 의의를 찾는데 주력하였으며, 모두 일곱 개 장으로 구성되어 있다.

첫 번째 장에서는 공자와 묵자의 인간관이 지닌 의의를 규명하고자 하였다. 공자와 묵자는 공통적으로 인륜이 구현되고 물질적으로 풍요로운 대동사회 구현을 염원하였다. 다만 그 방법적인 측면에 있어서는 다소의 차이를 보이고 있기 때문에 이 장에서는 이를 정리해 보고자 하였다. 두 번째 장에서는 개인선과 공동선의 조화를 추구한 공자와 묵자의 입장을 정리하였다. 역사 기록에 의하면 유묵은 상호 힐문하는 배타적 관계를 가진 것으로 파악된다. 그러나 개인과 공동체에 관한 공자와 묵자의 입장을 면밀히 분석해 보면 내재된 연계성이 존재하고 있음을 알게 된다.

Ⅱ부의 세 번째 장과 네 번째 장에서도 유묵(儒墨)의 비교는 계속된다. 특히 세 번째 장에서는 공자와 묵자의 '의'와 '이'에 대한 재해석을 통해 그들이 지닌 의리관의 본질을 논의하였는데 공자와 묵자의 의리관의 특성을 새로운 시각에서 분석하여 규명하고자 노력하였다. 결론적으로 공자와 묵자의 의리관은 '유묵상보(儒墨相補)'적 입장에서 회통시킬 수 있다고 보았다. 네 번째 장에서는 공자와 묵자는 교육을 통해 당시 사회가 겪고 있는 혼란을 치유할 수 있다고 생각하였다. 사회적 문제점은 인간의 잘못된 인식에 기인하는 것이기 때문에 올바른 가르침을 통하여 이를 바로잡을 수 있다면 그들이 추구하는 이상을 실현할 수 있다고 믿었던 것이다.

다섯 번째 장의 주제는 유교 수신 이론 중의 배려 이론을 현장 수업에 적용함으로써 오늘날 청소년들의 인성 문제를 해결하는 실마리를 제공하고자 하였다. 그리고 여섯 번째 장에서는 다섯 번째 장과 연계하여 묵자의 겸애사상에 대한 재조명과 함께 묵가의 겸애사상에 입각하여 청소년들에게 적합한 인성교육 덕목을 설정하는 것에 초점을 맞추었다.

일곱 번째 장은 묵자의 비판적 사고 성향을 초등 교육과정에 적용하기 위한 구체적인 방법을 거론하였다. 묵자의 비판적 사고와 관련된 이론을 정리하여 오늘날 교육이 요구하는 내용으로 가공하여 제시하는 것은 매우 가치를 지닌 논의라고 생각되며 이러한 작업은 지속적으로 추진되어야 한다고 생각된다.

이상의 Ⅰ부와 Ⅱ부는 필자가 학술지에 발표한 내용들을 정리한 것이다. 필자는 중국에서 귀국하여 교편을 잡은 뒤 10년 가까이 단 한편의 글도 발표하지 않았다. 당시 필자는 "나에게 배운 한 명의 학생이 곧 나의 한 편의 논문이다."라고 생각하며 글을 발표하는 데 게으름을 피웠다. 시간이 지나면서 나의 학생이 곧 나의 논문인 것은 부정할 수 없는 사실이지만 내가 중국에서 배운 것을 다시 사회에 환원하는 것 역시 매우 중요하다는 사실을 깨달았다. 글재주도 없고 아는 것도 없어 이렇게 책의 머리말을 쓰는 이 순간이 매우 어색하고 두렵다. 책에서 제시된 많은 관점과 이론 역시 많은 비판을 받아 마땅한 것이라고 생각된다. 이 책을 접한 많은 분들의 질책을 겸허히 수용할 것이다.

돌이켜보면, 묵자를 연구하는 것에 대한 자긍심만큼이나 "왜 하필 묵자를 공부하였을까?" 라는 자조(自嘲)도 적지 않았다. 하지만 강자가 약자를 짓밟고, 부유한 자가 빈곤한 자를 업신여기며, 귀한 자가 천한 자를 유린하며, 교활한 자가 어리석은 자를 농락하는 사회적 현실을 치유하고, 지친 자는 쉬지 못하고, 주린 자가 배를 채우지 못하며, 추운 자가 옷을 입지 못하는 개인적 불행을 없애기 위해 모든 것을 받친 묵자를 알게 된 것은 아무리 생각해도 나의 복(福)이요 명(命)이 아니었을까 생각된다.

나와 남을 구별하지 않는 겸애(兼愛)로써 개인과 개인, 개인과 사회, 사회와 사회가 지닌 모순 대립을 극복하여 인간이 인간답게 사는 세상을 열고자 하였던 묵자! 나는 그에 대해 얼마나 알고 있는지 조심스럽게 자문하며 이 글을 맺고자 한다.

"한 사람을 제대로 이해한다는 것은 여름 하루살이가 겨울 눈을 아는 것과 같다."

2018년 봄
황성규 씀

차례

머리말 *4*

1부 묵가의 지혜 *10*

 01 묵자가 생각한 천인(天人)관계 *14*
  1. 「천지(天志)」, 「명귀(明鬼)」와 「비명(非命)」편의 의의 *16*
  2. 「천지」, 「명귀」와 「비명」편과 천인(天人)관계 *33*

 02 묵가의 인식 이론 *39*
  1. 인식의 연원 *40*
  2. 인식의 다양한 형태 *44*
  3. 인식의 세 가지 단계 *49*
  4. 인식과 관련된 몇 가지 원칙 *54*

 03 묵자의 교육 사상 *72*
  1. 교육의 필요성 *73*
  2. 교육의 방법과 내용 *80*
  3. 묵가의 제자들 *89*

 04 묵자의 정치 사상 *100*
  1. 국가의 필요성과 통치자 *101*
  2. 통일된 견해와 국가 통치 *120*

 05 묵자의 경제 이론 *136*
  1. 절용을 바탕으로 하는 경제 사상 *137*
  2. 생산 활동의 활성화를 통한 경제 성장 *147*

 06 묵가의 과학 사상 *162*
  1. 묵가의 과학 사상과 『묵경』 *163*
  2. 물체 운동과 관련된 이론 *168*
  3. 지레, 도르래, 빗면 원리에 대한 인식 *173*

 07 묵가의 수학 이론 *188*
  1. 기본 도형에 대한 이해 *191*
  2. 각 도형들의 비교와 배열 *202*

 08 묵가의 광학 이론 *222*
  1. 묵가 진리 추구의 기본자세 *224*
  2. 빛과 그림자에 대한 해석 *227*
  3. 각종 반사면에 대한 이론 *235*
  4. 묵가 광학 이론의 의의 *240*

2부 묵자와 공자, 현대적 적용 _245_

01 공자와 묵자의 인간관 _246_
1. 공자의 인간관 _247_
2. 묵자의 인간관 _253_
3. 공자와 묵자 인간관의 동이점 _262_

02 공자와 묵자의 개인선과 공동선 _266_
1. 개인의 수신을 통한 공동선의 완성 _268_
2. 도덕적 개인과 공동체의 도덕성 _279_

03 공자와 묵자 의리관 _289_
1. 선진 시대 의리관의 특색 _290_
2. 공자 의리관의 핵심 _295_
3. 묵자의 귀의(貴義)의 본질 _304_

04 공자와 묵자의 인재관 _318_
1. 공자 교육 사상의 특징과 인재관 _321_
2. 묵자 교육 사상의 지향점과 인재관 _334_
3. 공자와 묵자 인재관의 동이점 분석 _344_

05 유교의 배려 이론과 청소년 인성교육 _352_
1. 현대 청소년의 인성 문제 _354_
2. 유교의 수신 이론 중의 배려 이론 _362_
3. 유교 배려 이론의 인성교육 적용 _374_

06 묵자의 겸애사상과 청소년 인성교육 _382_
1. 청소년 인성교육을 위한 다양한 연구들 _383_
2. 청소년 인성교육 관점에서 본 묵자의 겸애 _387_
3. 겸애를 통한 이기적 인성의 극복 _392_

07 묵자의 비판적 사고와 초등학생의 비판적 사고력 _402_
1. 비판적 사고에 대한 정의와 중요성 _404_
2. 묵자 비판적 사고의 주요 내용과 특징 _409_
3. 비판적 사고 성향의 중시 _421_
4. 초등학생 비판적 사고 성향 증진 방안 _426_

맺는말 _432_
참고문헌 _436_
찾아보기 _444_

1부 묵가의 지혜

01 묵자가 생각한 천인(天人)관계

중국 은대(殷代)와 주대(周代) 사이에 이르러 '천(天)'은 천상을 지배하는 명칭으로 자리매김하였다. 이 시대의 '천'은 인간을 포함한 우주만물의 근원으로서 절대적이고 지엄한 권위를 지녔으며, 모든 인간 행위의 준칙으로서 숭경외포(崇敬畏怖)의 실체였다. 따라서 '천'은 인간과 사회를 직접 관여하며, '천'이 지닌 덕(德)과 의지는 지상의 인간들을 통해 구현된다고 여겼다.

춘추전국 시대의 '천'은 일반적으로 신비적 의미를 지니고 있으며, 인격화된 지상신을 의미하였다. 이러한 관념은 사회 생산력과 과학이 발달되지 못한 것과 연계된 것이라고 알려져 왔다. 유교에서는 공자가 "귀신을 공경하되 멀리하라[敬鬼神而遠之]."는 주장을 개진한 이후 귀신을 섬기는 일보다 인간의 현실적인 일에 관심을 기울이며 매진하는 행위가 바람직한 것으로 이해되는 등 '천'과 귀신 관계에 모종의 변화가 일어나기 시작하였다. 하지만 귀신을 숭배하는 관습은 여전히 존재하였으며 사회의 정의를 권장하며 수호하고, 부정의를 감제하고 제약하는 요소로 작용하였다.

공자의 '천'에 대한 관념과 달리 묵자는 「천지(天志)」와 「명귀(明鬼)」편을 통하여 '천'의 실체를 분명하게 인정하며 '인'과의 관계를 규명하기 위해 노력하였다. 그는 하늘의 뜻은 곧 백성의 뜻임을 제시하면서 고단한 삶에 빠져 있던 백성들을 구제하기 위해

'천'이 지닌 절대적인 힘을 빌리고자 하였다.

아울러 묵자가 「천지」편을 제시하여 인간 행위의 절대적 준거를 제시했음에도 굳이 귀신의 존재를 밝혀야 한다는 「명귀」편을 거론한 것은 어떤 연유였는지, '천'과 귀신 양자의 관계 설정에 대한 명확한 입장이 정립되지 않았다. 이는 양자의 역할과 의의에 대해 면밀한 검토가 심도 있게 진행되지 않았기 때문이라고 생각된다.

한편 묵자는 '천'이나 혹은 귀신은 인간의 운명에 관여도 하지 않는다는 「비명」편을 제시하였다. 기존의 연구들을 살펴보면 「천지」와 「명귀」편은 '천'이 인간의 삶에 관여하며 주재한다는 측면에서 상호 연관성을 지니고 있으나, 「비명」편은 '천'이 인간의 삶과는 무관함을 강조하고 있다는 점을 들어 「천지」, 「명귀」편과 모순적 관계이며, 따라서 「비명」편은 유신론(有神論)에서 무신론(無神論)으로의 전향을 의미하는 학설로 간주되어 왔다. 그러나 「천지」, 「명귀」 그리고 「비명」편에 내재된 주안점이나 의의를 고찰해 볼 때 이러한 주장은 다시 검토되어야 할 사안이라고 생각된다. 묵자는 '하늘을 존숭하고 귀신을 섬기는[尊天事鬼]' 일관된 자세를 견지하며 그의 학설 전반의 체계를 구축했기 때문이다.

이 장에서는 '천'은 인간에게 어떤 역할과 작용을 하는 것이며, 인간은 어떻게 처신해야 하는 것인지에 대한 묵자의 생각을 살펴보고자 한다. 이 장이 추론해 내고자 하는 목표를 달성하기 위해 다음과 같은 가설을 설정해 본다. 첫째, 「천지」와 「명귀」는 상호 유사하며 중복되는 것이 아니라 '천'의 존재를 더욱 명확하게 정립하기 위한 의도로 기획된 주장이다. 둘째, 「천지」, 「명귀」편은 「비명」과 어떤 모순 관계에 있는 것이 아니라 상호 유기적 관계에 있다. 이러한 두 가지 가설에 대한 고찰은 결국 '천'과 '인', 이 양자의 관계를 묵자는 어떻게 설정하고자 했는지에 대해 자연스럽게 접근할 수 있는 계기가 될 것이다.

    이 장은 체계적인 추론을 위하여, 묵자의 「천지」와 「명귀」편에 내재된 기본 입장과 사상을 정리하여 그 의의를 추출해 내고, 양자 간의 차별성을 중심으로 고찰함으로써 이 양자에 내재된 특색을 추론할 것이다. 아울러 「비명」편의 내재적 의의나 지향점 등을 분석하여 「천지」, 「명귀」 그리고 「비명」편의 상호 관계를 규명하고자 한다.

1. 「천지」, 「명귀」 와 「비명」편의 의의

1) 「천지」편의 함의

    묵자의 '천'에 대한 관점은 「천지(天志)」상, 중, 하의 3편을 통해 잘 드러나며, 「명귀(明鬼)」편과 더불어 신비롭고 절대적인 존재들의 인간에 대한 역할과 작용을 제시하고 있다. 또한 「천지」편은 묵자 유신론(有神論) 주장의 핵심임과 동시에 묵학 전반의 중심 사상으로 간주되기도 하였다.[1] 「천지」편의 본질적 의미를 정확하게 분석하기 위해 1차적 의미와 2차적 의미로 구분하여 기존의 연구 성과를 중심으로 정리해 보도록 하겠다.

    1차적으로 '천지'란 하늘의 뜻을 의미한다. 묵자는 하늘에게는 의지가 있다고 보았다. 이는 종래의 '천'에 대한 전통적 관념을 수용한 것이라고 보는 것이 타당하다. 묵자는 '천'의 존재를 매우 강력하게 확신하고 있을 뿐만 아니라 논증까지 함으로써 사람들

---

[1] 李紹崑의 경우 '겸애(兼愛)'를 묵자의 중심 사상으로 보는 吳毓江, 唐君毅, 張純一 등의 학자와는 달리 「천지」를 묵자 사상의 핵심으로 인식하고 있다. 그는 梁啓超의 관점을 비판하며, 「천지」와 「명귀」는 결코 미신이 아닌 묵자의 충실한 믿음을 보여주는 것이고, 따라서 묵자가 미신적 요소를 '이용'하여 자신의 입론의 정당화를 도모했다는 일부 학자들의 주장에 대해서도 부정적 입장을 취하고 있다(李紹崑, 『墨學十講』, 台灣水牛出版社, 1990, pp.51-52 참조).

을 설복시키고자 하였다. 그의 논증은 두 가지 방면에서 진행되고 있다.

먼저 역사적 사례를 통한 논증을 통해 하늘의 뜻을 표출하는 것이다. 옛날 삼대의 성왕인 우(禹), 탕(湯), 문(文), 무(武)는 위로는 하늘을 높이고, 가운데로는 귀신을 섬기며, 아래로는 백성을 사랑하여 상을 받았다. 그러나 삼대의 폭군인 걸(桀), 주(紂), 유(幽), 여(厲)는 위로는 하늘을 욕되게 하고, 가운데로는 귀신을 해치며, 사람을 미워하고 해침이 심하여 패망하였는데 이는 하늘의 뜻에 따르는 것이냐, 어기는 것이냐의 역사적 결과로써[2] 하늘은 분명한 의지를 지닌 채 존재하며 통치자들의 통치 행위를 감제하는 역할을 한다는 것이다.

다음으로, 사람들이 일상을 통하여 실제로 경험한 사실들, 즉 일반화되어 누구도 부정할 수 없는 객관적인 사실을 통해 볼 때 '천'의 존재는 확실하다고 주장한다. 불편불의(不偏不椅)한 '천'은 모든 사람들을 아울러 밝혀주며 그들에게 먹을 것을 주는 은덕을 베푼다. 하지만 인간이 무고한 사람을 해치거나 부당한 행위를 했을 때는 그것에 상응하는 불행을 겪게 된다.[3] 모든 인간에게 차별 없이 은덕을 베풀지만 인간은 자신이 행한 행위로 인해 행(幸)과 불행(不幸)을 겪게 되는데, 행과 불행의 시행자는 바로 '천'이며, 이는 우리가 모두 긍정할 수밖에 없는 객관적 사실이라는 것이다. 이러한 점들이 「천지」편의 1차적 의미를 구성하는 중요한 요소이다.

---

[2] 『墨子』「天志」上: "昔三代聖王禹湯文武, 此順天意而得賞也. 昔三代之暴王桀紂幽厲, 此反天意而得罰者也. 然則禹湯文武, 其得賞何以也. 子墨子言曰, 其事, 上尊天, 中事鬼神, 下愛人.…(중략)…然則桀紂幽厲, 得其罰何以也. 子墨子言曰. 其事, 上詬天, 中誣鬼神, 下賊人. 故天意曰, 此之我所愛, 別而惡之, 我所利, 交而賊之. 惡人者, 此爲之博也. 賊人者, 此爲之厚也. 故使不得終其壽, 不殁其世, 至今毀之, 謂之暴王."

[3] 『墨子』「天志」上: "何以知其兼而有之, 以其兼而食焉. …(중략)… 且吾言殺一不辜者, 必有一不祥. 殺不辜者, 誰也, 則人也. 予之不祥者, 誰也, 則天也."

묵자 「천지」편에서 전개되고 있는 2차적 의미는 1차적 의미에서 이미 어느 정도 짐작할 수 있는 것과 같이 '천'은 곧 백성의 이로움을 위해 존재하는 것이라는 점이다. 이는 묵자가 제시한 '천'의 본질적인 의의이며 특징이기도 하다. 묵자는 하늘의 뜻은 백성을 두텁게 사랑하는 것이라고 단언하며[4] 사랑을 추구하는 하늘의 의지를 다음과 같이 구체적으로 진술하고 있다.

하늘의 뜻은 큰 나라가 작은 나라를 공격하는 것과 큰 집안이 작은 집안을 어지럽히는 것과 강한 자가 수가 적은 자들에게 포악한 짓을 하는 것과 사기꾼이 어리석은 사람을 속이는 것과 귀한 사람이 천한 사람을 오만하게 구는 것을 바라지 않는다. 이러한 하늘이 바라지 않는 일은 여기에만 그치지 않을 것이다. 사람들이 힘이 있으면 서로 도와주고, 도리를 알고 있으면 서로 가르쳐 주고, 재물이 있으면 서로 나누어 갖기를 바란다. 윗사람은 힘써 다스리고, 아랫사람은 힘써 맡은 일에 종사하기를 바란다.[5]

'천'은 사람을 사랑하고 이롭게 해주는[愛人利시] 의지를 지닌 것으로서 사람들은 마땅히 하늘을 좇아 삶을 영위해야 한다. 묵자가 보기에 이것이 바로 하늘의 덕(德)이고, 이를 실천하는 자에게는 천하의 모든 칭송이 그를 형용하게 되는데 이것이 다름 아닌 인(仁)이며 의(義)인 것이다.[6] 따라서,

---

[4] 『墨子』「天志」下: "天志愛百姓厚矣."
[5] 『墨子』「天志」中: "天之意, 不欲大國之攻小國也, 大家之亂小家也, 强之暴寡, 詐之謀愚, 貴之傲賤, 此天之所不欲也. 不止此而已, 欲人之有力相營, 有道相敎, 有財相分也. 又欲上之强聽治也, 下之强從事也."
[6] 『墨子』「天志」中: "是謂天德, 聚斂天下之美名, 而加之焉. 曰此仁也義也."

지금 천하의 군자들이 진실로 도를 따라 백성들을 이롭게 해주려 한다면 인의(仁義)의 근본에 대하여 통찰하고 하늘의 뜻을 따르지 않을 수 없다.7

묵자가 주장한 「천지」편의 주안점은 바로 위의 진술에 있다고 본다. 이러한 2차적 의미는 매우 합리적인 것이며, 충분히 긍정할만한 것이라고 볼 수 있으며, '겸애교리(兼愛交利)'를 위주로 하는 묵자의 사상을 잘 반영하고 있다.

묵자의 의하면, 천하의 의로움을 행하려는 사람이라면 하늘의 뜻을 따르지 않을 수 없는 것이며, 하늘의 뜻을 따르는 것이란 모든 사람들을 차별 없이 사랑하는 것이고 하늘의 뜻에 반한다는 것은 모두를 아울러 사랑하지 않는 것이다. 모두를 차별 없이 사랑하는 것은 의롭게 다스리는 것이며, 차별을 두어 모두를 사랑하지 않는 것은 힘으로 다스리는 것이다.8 그러므로 '천지'란 곧 묵자의 의지인 셈이며, 묵자 자신의 의지를 하늘이라고 하는 절대적 존재에 의인화한 것이다.

이상의 기존 연구 성과들은 대체로 양계초(梁啓超)의 관점에서 기인하며 현대 대부분의 학자들은 양계초의 주장에 입각하여 묵자의 「천지」편을 거론하고 있다.

춘추전국시기, 사람들의 인지능력이 제고되기 시작하였고, 특히 노자나 공자의 출현 이후 미신은 점차 감소되기 시작하였다. 그러나 묵자와 같이 실제주의를 극단적으로 주장하는 사상가들은 오히려

---

7 『墨子』「天志」中: "今天下之君子, 中實將欲遵道利民, 本察仁義之本, 天之意不可不愼也."
8 『墨子』「天志」下: "今天下之士君子, 欲爲義者, 則不可不順天之意矣. 曰, 順天之意者, 兼也. 反天之意者, 別也. 兼之爲道也, 義正. 別之爲道也, 力正."

미신에 입각하여 자신들 학술의 기초를 설립하였다. …(중략)….
묵자가 말하는 '천지'란 곧 겸애주의를 돕기 위한 것으로서 겸애를
실행하기 위한 수단일 뿐이다.9

그렇다면 묵자는 왜 '천지'를 활용하여 자신의 학설을 개진한 것일까? 기존의 학자들은 다음 두 가지 측면에서 그 이유를 분석하고 있다. 첫째, 정치적으로 자신의 주장에 대한 권위를 확보하기 위한 것이라고 볼 수 있다. 그는 '겸애'학설을 '천지'의 핵심내용으로 삼았지만 '천인'의 신분이었던 그의 주장은 통치자들로부터 경시를 받을 수 있다. 그의 주장이 위정자들에 의해 수용되고 구현되기 위해서는 당시 절대적인 권위를 지닌 존재의 도움이 절실했던 것이다.10

둘째, 묵자가 주장하는 '겸애'는 당시의 귀족이나 통치자들의 입장과는 완전히 다른 것이었다. 통치자들은 백성들에게 아무런 거리낌 없이 학정(虐政)을 펼쳤으며, 사회를 전쟁의 수렁으로 몰아넣고 있었다. 묵자는 보편적으로 숭경외포(崇敬畏怖)의 대상인 하늘을 이용하고 하늘의 뜻을 빌렸다. 당시 하늘은 지고무상한 존재였으며, 그 누구도 하늘의 뜻을 위배할 수 없었다. 하늘이 내리는 처벌을 피할 수 있는 존재는 없었다. 이러한 점들이 묵자가 '천'이라는 절대적 존재를 활용하여 입론의 근거와 정당성을 확보하려 했다는 것이다.

하늘의 뜻은 곧 묵자의 뜻이다. 그런데 여기서 묵자의 뜻이란 다름 아닌 백성의 염원이 반영된 것이다. 묵자는 백성을 구하고 사회의 적폐를 청산하는 것을 자신의 목표로 삼았다. 당시 백성

---

9 梁啓超, 『墨子學案』, 上海商務印書館, 1923. p.45-48 참조.
10 孫中原, 『墨學通論』, 遼寧教育出版社, 1995. p.52참조.

들은 통치자들에 의해 갖은 수탈 속에서 곤궁한 삶,[11] 먹지도 입지도 쉬지도 못하는 삼환(三患)에 함몰되어 있었다.[12] 아울러 통치자들은 전쟁이 불의한 일인지도 알지 못한 체[13] 백성들을 살육의 현장에 내몰아 생존이 위협 받는 지경에 이르고 있었다. 따라서 '천지'란 생사의 갈림길에서 질박한 삶을 살아가고 있는 백성의 염원을 고스란히 담고 있는, '민지(民志)'를 의미하는 것이다.

필자가 보기에 묵자가 말하는 '천지'가 묵자의 뜻이든 혹은 백성의 뜻을 담고 있는 것이든, 그 뜻을 받들어 실천해야 하는 당사자는 결국 지상에 존재하는 사람들이라는 사실이다. 즉 묵자는 하늘의 뜻이 온전하게 지상에서 실현되기 위해서는 강력한 힘을 지닌 자들의 각성이 필요하다는 점을 인지했을 것이다.

첫째, '겸애교리'라는 하늘의 뜻이 세상 사람들의 의지로 준용되지 못하고 있다는 사실을 묵자는 알고 있었다. 이러한 상황을 타개하고 모두가 차별 없이 사랑하고 서로 이로움을 나누는 사회를 위한 준거의 틀을 묵자는 '천'이라는 절대적 존재를 통해 세우고자 한 것이다. 말하자면 묵자는 「천지」편을 통해 전통적인 하늘이 지닌 허구성, 신비성과 환상을 뛰어 넘어 현실성과 실천성으로 변모시키고자 하였던 것이다.

둘째, 묵자는 '천지'가 곧 '군지(君志)', 즉 통치자의 뜻이 되어야 한다고 보았다. 세상을 바꾸는 힘을 지닌 존재들이 하늘의 뜻을 따르지 않는다면 백성들은 더욱 궁핍해질 것이고, 사회의 질서도 담보하기 어렵다. 「천지」편에서는 통치자들이 백성을 다스릴 때 유념해야 할 원칙을 말해 줌으로써 통치 행위를 감제하고

---

11 『墨子』「辭過」: "必厚作, 斂於百姓, 暴奪民衣食之財."
12 『墨子』「尙賢」中: "是以民無飢而不得食, 寒而不得衣, 勞而不得息."
13 『墨子』「非攻」上: " 今至大爲不義攻國, 則弗知非, 從而譽之, 謂之義. 此可謂知義與不義之別乎?".

자 하였다. 다시 말해 묵자가 '천'에 의탁한 가장 본질적인 이유는 통치자들의 통치 원리를 올바르게 정립하는 것이 무엇보다 우선되어야 한다고 믿었기 때문이었다.

이상의 두 가지 측면이 「천지」편에 내재된 본질적 의의라고 생각된다. 흔히들 묵자의 「천지」편은 불합리한 미신을 담고 있다고 보았는데, 이는 묵자의 '천지'가 지닌 현실적 의의를 제대로 분별하지 못한 것에서 생긴 오해라고 볼 수 있다.

「천지」편에서 드러난 '천'이란 선험적 결정자는 아니며, 따라서 인간에 대해 직접적인 작용이나 역할을 하는 존재가 아니다. '천'은 인간이 준수해야 할 보편적인 준칙, 다시 말해 절대적 원리를 운영할 따름이며 이로써 인간 사회에 바람직한 방향을 제시하는 존재이다. 묵자가 보기에 이상적인 삶이나 사회는 바로 이러한 하늘의 뜻을 준용하는 것이고 특히 하늘을 대리하여 지상을 통치하는 자들은 하늘의 뜻을 통치 원리로 인용해야 한다는 점을 강조한 것이다.

2) 「명귀」편의 역할

묵자가 귀신의 존재를 밝히고자 주장한 「명귀」편은 모두 상, 중, 하 세 편이었다고 알려져 있으나 이중 하편만 전해 오고 있다. 묵자가 「천지」편을 통하여 '하늘'이라는 신비롭고 절대적인 존재의 권능을 제시하였음에도 다시 「명귀」를 거론한 까닭은 무엇일까? 또한 귀신의 존재와 역할을 증명하고자 한 것은 합리성을 강하게 추구하고 있는 묵학의 체계와 모순이 되는 것은 아닌가? 이러한 문제는 오랫동안 「명귀」편을 둘러싸고 진행된 논점이기도 하다. 우선 「명귀」편에 제시된 귀신은 어떤 존재인지를 살펴보도록 하자.

첫째, 「명귀」편에 위하면 귀신은 무소부재한 존재이다. 하늘에 있는 귀신도 있고, 산과 물에 있는 귀신도 있으며, 심지어 사람이 죽어서 귀신이 된 경우도 있다.14 그러므로,

비록 깊은 계곡이나 넓은 숲속의 으슥하고 사람이 없는 곳이라 하더라도, 행실을 삼가서 하지 않으면 안 된다. 지금도 귀신이 보고 있기 때문이다.15

귀신은 보지 않는 곳이 없으며, 누가 아무리 은밀하게 하늘의 뜻을 위배했다 할지라도 그들의 안목에서 벗어날 수가 없다. 귀신은 매우 신령하며 영명한 존재임을 우선 지적한 것이라고 하겠다. 이는 하늘의 존재적 특징과 매우 유사하다고 볼 수 있다.

둘째, 귀신은 가시적인 실체이다. '천'과 달리 귀신이란 특이한 모습을 지니고 있으며, 하늘 아래에서 '천'의 명(命)을 수행할 때 사람들 앞에 반드시 그 모습을 밝힌다.16 이는 하늘과 사뭇 다른 존재적 특성을 지닌다. 즉 '천'은 언제나 인간의 머리 위 존재하며 눈에는 보이지만 인간에게 구체적인 상벌을 결정하고 시행하는 형태는 볼 수 없다. 그러나 귀신은 지금 우리의 눈에는 보이지 않지만 '천'의 명을 수행할 때 인간 앞에 모습을 드러낸다. 묵자는 무소부재하고 가시적인 실체인 귀신의 존재를 증명하는 것에 「명귀」편 대부분을 할애하여 귀신의 존재를 증명하고자 하였다. 가령 두백(杜伯), 진목공(秦穆公), 연간공(燕簡公) 등의 역사적 기록, 『시경(詩經)』과 『서경(書經)』 등의 경전에 제시된 내용들, 탕

---

14 『墨子』「明鬼」下: "有天鬼, 亦有山水鬼神者, 亦有人死而鬼神者."
15 『墨子』「明鬼」下: "雖有深溪博林, 幽澗毋人之所, 施行不可以不謹, 見有鬼神視之."
16 『墨子』「明鬼」下: "無懼, 帝亨女明德, 使予錫女壽, 十年有九. 使若國家蕃昌, 子孫茂, 毋失鄭."

(湯)이 걸(桀)을 무(武)가 주(紂)를 징벌한 것 모두 귀신이 존재하고 있음을 증명하기 위해 묵자가 제시한 사례들이다. 묵자에 의하면 이러한 사실들은 백성들이 직접 목도한 것임을 강변하고 있다.

셋째, 귀신은 무소불위의 능력을 지닌 존재이다. 묵자는 귀신의 선양을 통해 귀신의 '상현벌폭(賞賢罰暴)' 작용을 제고하였다. 묵자가 말하는 '현'이란 하늘의 뜻[天意]에 순종하는 것을 위미한다. '폭'이란 하늘의 뜻에 반하는 것을 의미하는 것으로 '현'과 '폭'의 분별은 오로지 하늘의 뜻을 기준으로 삼고 있다.

> 하늘이 현명한 사람에겐 상을 내리고 포악한 자에겐 벌을 내리는 것, 그러한 원리를 나라를 다스리는 데 응용하고 백성들을 다스리는데 적용하여야 할 것이다. 그것이 나라를 다스리고 백성을 이롭게 하는 도가 되기 때문이다.17

하늘의 뜻에 따르고 공덕이 있는 자는 반드시 상을 주고, 하늘의 뜻을 어기고 잔학무도한 사람들에 대해서는 반드시 벌을 내린다. 그의 지위가 무엇이며 어떤 부와 권위를 지니고 있든 간에 그것에 관계하지 않으며 매우 평등하게 시행되는 것이다.

> 귀신의 벌은 부귀하고 사람이 많거나 힘있고 용맹하거나 튼튼한 갑옷과 편리한 무기가 있다 해도 막을 수가 없다. 귀신의 벌은 반드시 이들을 이겨낸다.18

---

17 『墨子』「明鬼」下: "嘗若鬼神之能賞賢如罰暴也, 蓋本施之國家, 施之萬民, 實所以治國家, 利萬民之道也."
18 『墨子』「明鬼」下: "鬼神之罰, 不可爲富貴衆强, 勇力强武, 堅甲利兵, 鬼神之罰, 必勝之."

그러므로 귀신이 지닌 권위는 저항할 수 없는 절대적이고 강력한 것이다. 백성들의 이로움을 해치려는 어떤 존재도 귀신의 능력에 맞설 수 없는 것이다. 이러한 귀신들의 구체적인 모습에 대해 묵자는 『시경(詩經)』, 「대아(大雅)」편을 거론하며 문왕(文王)이 하늘 옆에서 역할을 수행하고 있음을 언급하고 있다.

> 대아 문왕편을 보면 '문왕께선 백성들 위에 계시는데 아아, 하늘에 드러나 계시도다. 주나라는 비록 오래된 나라지만 받은 천명은 새롭기만 하네. 주나라 덕 크게 빛나고 하느님의 명은 크게 바르시네. 문왕께선 하늘 땅 오르내리시는데 하느님 곁에 계시네. 부지런한 문왕에겐 아름다운 명성 끊임없네.'라고 하였다. 만약 귀신이 있지 않다면 문왕이 죽은 뒤 어찌 하늘 곁에 있을 수가 있겠는가?[19]

「명귀」편에서 제시된 귀신들의 주요 임무는 착한 일을 하는 현명한 사람에게 상을 주고 포악한 무리에게는 벌을 주는 공능을 발휘한다.[20] 묵자가 귀신의 존재를 인정하고 이를 밝히고자 했던 주된 의도는 귀신이 존재하고 있다는 사실만을 증명하기 위함이 아닌 '천지'를 쫓아 백성의 이로움을 돕는다는 귀신의 역할과 작용을 부각시키려는 데 있다.

위의 세 가지 측면에서 추론할 수 있는 귀신이란 하늘의 뜻을 수행하는 존재일 뿐 스스로의 의지를 지니고 있지 않다는 것이다. 귀신은 스스로 결정하는 주관자가 아니라 하늘의 명을 받들어 상현폭벌을 시행하고 있다는 사실이다. 다시 말해 귀신은 인

---

[19] 『墨子』「明鬼」下: "周書大雅有之, 大雅曰, '文王在上, 于昭于天. 周雖舊邦, 其命維新. 有周不顯, 帝命不時, 文王陟降, 在帝左右, 穆穆文王, 令聞不已. 若使神無有, 則文王旣死, 彼豈能在帝之左右哉. 此吾所以知周書之鬼也.'"
[20] 『墨子』「明鬼」下: "鬼神之能賞賢而罰暴也."

간과 하늘의 매개적 역할을 하고 있으며, 마치 그리스도교의 '천사(天使)'를 방불케 한다.21 귀신은 하나의 원리로서의 '천'의 명을 성실하게 수행하는 실행자라는 사실이다. 묵자의 입장에서는 '천'의 존재를 보다 명확하게 하고 구체화하기 위해 귀신의 존재가 필요했던 것이다. 이 점이 바로 '천지'를 말하고 다시 '명귀'를 거론한 이유의 하나라고 생각된다.

선진시대 묵학은 실용성과 합리성을 토대로 학파의 체계를 구성하고 과학 관련 이론들을 발전시켰다고 알려져 있다. 그렇다면 귀신의 존재를 인정하고 이것의 적극적 역할을 강조한 것은 묵학의 전반적 체계에 위배되는 것이라고 볼 수 있다. 하지만 묵자가 실용적 과학적 입장을 개진한 주된 이유22나 '천'과 귀신의 존재를 부각하려 했던 궁극의 의도는 '겸애교리'의 애민 사상에 있다는 점은 부정되어서는 안 될 것이다.

또한 왕충(王充)이 지적한 바와 같이 사람이 죽어 귀신이 된다고 했음에도 박장(薄葬)으로 하는 것은 귀신을 소홀히 하는 것이므로 스스로의 모순에 빠진 것이라고도 볼 수 있다.23 그러나 묵자는 후장(厚葬)이나 구상(久喪)과 같은 방법은 귀신을 섬기는 방법이 아니며, 귀신으로부터 복을 받을 수 없음을 강조하고 있다.

그런 방법으로 나라를 부하게 하려 한다면 매우 가난해질 것이고, 그런 방법으로 인구를 늘리려 한다면 매우 적어질 것이며, 그런 방

---

21 王治心, 『墨子哲學』, 南京宜春閣印刷局, 1925, p.48.
22 묵가의 과학기술 관련 이론은 처음부터 끝까지 위민과 애민정신의 다름 아니다. 생산력을 높여 백성의 삶의 질을 높이고, 백성들의 평화를 유린하는 강제력에 맞서기 위해 묵가는 과학이라는 무기를 발전시켰던 것이다(황성규, 「묵경 중의 물체운동에 관한 이론고찰」, 『한국철학논집』 제29집, 2010, pp.227-228 참조).
23 『論衡』「薄葬」: "墨家之議, 自違其術, 其薄葬而又右鬼 右鬼引效, 以杜伯爲驗, 杜伯死人, 如謂杜伯爲鬼, 則夫死者審有知. 如有知而薄葬之, 是怒死人也. 情欲厚而惡薄, 以薄受死者之責, 雖右鬼其何益哉? 如以鬼非死人, 則其信杜伯非也, 如以鬼是死人, 則其薄葬非也."

법으로 법과 정치를 다스리려 한다면 매우 어지러워질 것이고, 그런 방법으로 큰 나라가 작은 나라를 공격하지 못하도록 하려 한다 해도 전혀 불가능한 일일 것이다. 그런 방법으로 하나님과 귀신에게 복을 얻으려 한다 해도 오히려 재난을 당하게 될 것이다. …(중략)… 이로써 본다면 성대히 장사지내고 오랫동안 상을 입는다는 것은 성왕(聖王)의 도가 아닌 것이다.[24]

후장이나 구상은 성왕의 도가 아닐뿐더러 하늘과 귀신의 뜻도 아닌 것이다. 따라서 귀신을 섬기는 가장 이상적인 방법은 하늘의 뜻, 즉 '겸애교리'를 실천하는 것이다. 백번 양보하여 설령 귀신이 존재하지 않는다 하더라도 제물을 장만하여 귀신에게 제사를 지내는 것은 결코 낭비가 아니며, 여러 사람들이 모여 함께 즐기며 마시게 되는 것이니 귀신을 섬기는 것은 곧 서로 이로움을 나누는 것[25]이라고 묵자는 주장한다.

종합하자면, 「명귀」편에 등장하는 귀신은 스스로의 의지를 지닌 존재가 아니라 '천지'를 수행하는 매개자이다. 묵자는 '천'을 통하여 '겸애교리'의 정당성을 원리적인 측면에서 명확히 하였으며, 다시 귀신을 밝혀 '겸애교리'의 '천지'가 어김없이 실행되고 있음을 입증하고자 하였다. 따라서 「천지」와 「명귀」는 묵학 체계 속에서 비합리적이며 미신적인 모순된 주장이 아니라 오히려 '겸애교리' 이론의 절대성을 강화하고자 하는 전략적 이론이며, 특히 귀신은 유신론적 관점 위에 애민정신을 더욱 세밀하게 구축하기

---

[24] 『墨子』 「節葬」 下: "是故求以富國家, 甚得貧焉, 欲以衆人民, 甚得寡焉, 欲以治刑政, 甚得亂政, 求以禁止大國之攻小國也, 而旣已不可矣. 欲以干上帝鬼神之福, 又得禍焉. …(중략)… 若以此觀, 則厚葬久喪, 其非聖王之道也."
[25] 『墨子』 「明鬼」 下: "若使鬼神請亡, 是乃費其所爲酒醴粢盛之財耳, 自夫費之. 非特注之汚壑而棄之也. 內者宗族, 外者鄕里, 皆得如具飮食之, 雖使鬼神請亡, 此猶可以合驩聚衆, 取親乎鄕里."

위해 제시된 것이다.

3) 「비명(非命)」편의 지향점

「비명」이란 인간에게 일어나는 일들은 일어나게 되어 있는 것들이 일어나기 때문에 인간은 그 일을 수긍하고 따르기만 하면 된다는 숙명을 거부하는 묵자의 주장이다.

표면적으로 볼 때 「비명」편은 하늘의 명을 부정하는 것으로 보여 마치 하늘의 존재를 부정하고 있는 것으로 보인다. 그래서 「천지」와 「명귀」를 단순한 미신으로 이해하는 학자들은 「비명」에 대한 묵자의 주장에 대해 논리적 모순을 지니고 있다고 주장한다.[26] 만약 그것이 사실이라면 이는 묵자의 「천지」와 「명귀」, 그리고 「비명」편을 제대로 이해하고 있는 것이라고 보기 어렵고, 묵자학 전반에 부정적 영향을 미치게 된다. 이제부터 「비명」편에 내재된 의의를 궁구해 보도록 하겠다.

'천명'이란 하늘이 내린 명을 의미한다. 묵가가 태생되기 이전에는 유가의 천도관(天道觀)이 시대를 대표하는 이론으로 자리 매김하고 있었다. 가령 공자는 인간의 힘으로 어찌할 수 없는 일이 있음을 깨닫고 '천'은 인간이 저항할 수 없는 힘을 지니고 명령하는 것임을 자각하였고 이것을 '명(命)' 또는 '천명(天命)'이라고 하였다.[27] 가령 그는 안연이 죽었을 때, 하늘이 자신을 버렸다고 생각하며 안타까워했다.[28] 또한 공자가 송나라에 갔을 때 환퇴(桓魋)

---

[26] 邢兆良에 의하면 묵자의 「非命」과 「天志」, 「明鬼」는 내용과 형식의 모순으로 파악하여 묵자가 낙후되고 보수적인 전통적 형식을 빌어 자신의 주장을 개진한 것은 묵자 사상 내용의 충분한 발휘와 진전의 장애가 되었다고 본다(邢兆良, 『墨子評傳』, 南京大學出版社, 1993, p.298 참조).

[27] 최문형, 「공자의 천명론과 귀신론」, 『동양철학연구』 제18집, 1998, p.353.

[28] 『論語』「先進」: "天傷乎, 天傷乎."

가 공자를 살해하려고 하자 그는 하늘이 나에게 덕을 주셨으니 환태가 나를 어떻게 하겠는가?[29]라고 하였다. 공자 자신은 하늘의 가르침대로 살고 하늘의 지시대로 움직였기 때문에 자신이 하는 일은 곧 하늘이 하는 일이라는 강한 믿음이 있었다. 따라서 자신의 일을 막을 사람이 있을 수 없다고 여겼던 것이다.[30] 공자는 나이 오십에 비로소 천명을 알게 되었다[31]고도 하였는데 공자가 말하는 '천명'이란 인간사를 주관하는 하늘이 선천적으로 인간에게 내리는 명령으로써 인간은 그것에 순응해야 한다는 의미를 지니는 것이라고 생각된다. 이와 달리 묵자는 사회의 치란과 개인의 화복은 이미 선천적으로 결정되어 있다는 입장에 반대한다.

> 윗사람이 상을 주는 것은 운명이 본시 상을 타게 되어 있기 때문이지 현명하기 때문에 상을 받는 것은 아니다. 윗사람이 벌을 주는 것은 운명에 본시부터 벌을 받도록 되어 있기 때문에 벌을 받는 것이지 포악하기 때문에 벌을 받는 것은 아니다.[32]

묵자는 개인적 빈부, 사회적 치란은 이미 하늘에 의해 결정된 것이기 때문에 인간의 노력으로는 어떻게 할 수 없다는 입장, 인간의 운명이 어떤 존재에 의해 이미 결정되어 있다는 주장에 대해 분명하게 반대의 입장을 취한다. 이러한 숙명론은 위로는 하늘에서 이롭지 못하고, 가운데로는 귀신에게 이롭지 않으며, 아래로는 사람들에게 이롭지 않은 것이다.[33]

---

29 『論語』「述而」: "天生德於予, 桓魋其如予何?"
30 이기동, 『논어강설』, 성균관대학교출판부, 2014, p.308 참조.
31 『論語』「爲政」: "五十而知天命"
32 『墨子』「非命」上: "上之所賞, 命固且賞, 非賢故賞也. 上之所罰, 命固且罰, 不暴故罰也."
33 『墨子』「非命」上: "故命上不利於天, 中不利於鬼, 下不利於人."

묵자가 보기에 인간의 삶과 사회는 하늘이 명한 바대로 구성되고 결정되는 것이 아니라 어떤 인간이 어떻게 통치하느냐에 따라 달라진다고 주장한다.

> 옛날 걸이 어지럽힌 세상을 탕 임금이 물려받아 다스렸고, 주가 어지럽힌 세상을 무왕이 물려받아 다스렸다. 이것은 세계가 바뀌지도 않고 백성들이 달라지지 않았는데 걸과 주에게 맡겼을 적에는 천하가 어지러웠고 탕임금과 무왕에 맡겼을 적에는 천하가 다스려졌던 것이다.34

따라서 숙명이란 없는 것이며, 사람이 어떻게 하느냐에 따라 달라진다는 것이다. 탕 임금 시대에는 다스려 졌지만 주 임금 시절에는 다스려지지 않았던 것은 질서를 유지하고 혼란이 발생하는 것은 하늘에 달린 것이 아니라 인간에 달렸음을 알 수 있는 것이다. 그는 또, 성왕의 가르침이 기록된 그 어떤 역사적 자료에도 인간에게 이미 결정된 명운이란 없는 것이라고 주장한다.

> 선왕들의 책에서 나라에 공포하고 백성들에게 알리어 시행토록 하고 있는 것은 법이다. 선왕들의 법에 일찍이 '복은 불러올 수가 없고, 화는 피할 수가 없으며, 공경스러워도 이익이 될 것이 없고, 난폭해도 손해볼 것이 없다.'고 쓰여 있는 일이 있던가?35

성왕들의 행적이나 그들이 국가를 통치하기 위해 제정한 법

---

34 『墨子』「非命」上: "古者桀之所亂, 湯受而治之, 紂之所亂, 武王受而治之. 此世未易, 民未渝, 在於桀紂則天下亂, 在於湯武則天下治."
35 『墨子』「非命」上: "先王之憲, 亦嘗有曰: '福不可請, 而禍不可諱, 敬無益, 暴無傷者乎?'"

등을 보아도 어디에도 인간에게 운명이 결정되어 있다고 볼 수 없다는 것이다.

묵자는 '천명(天命)'이란 존재할 수 없다는 사실을 논리적으로 증명하기 위해, 또 그것이 지닌 시비(是非)와 이해(利害)를 분석하기 위해 첫째, 역사적으로 근본을 찾으며, 둘째, 사실에 입각하여 근원을 분석하며, 셋째, 실제로 그것을 적용할 때 생기는 결과의 세 가지 표준을 세워야 한다고 본다.

> 근본을 마련하는 게 있어야 하고 근원을 따지는 것이 있어야 하며, 실용적인 것이 있어야 한다. 무엇에다 근본을 마련하는가? 위로는 옛날 성왕들의 일에 근본을 둔다. 무엇에서 근원을 따지는가? 아래로는 백성들의 귀와 눈으로 듣고 본 사실에서 근원을 따져야 한다. 무엇에 실용을 하는가? 그것을 발휘하여 형법과 행정을 시행하고 국가와 백성과 인민의 이익에 부합하는가를 보는 것이다. 이것이 이른바 세 가지 표준이 있다고 하는 것이다.[36]

묵자가 삼표를 거론한 것은 인간에게는 선천적으로 결정된 명운(命運), 즉 '천명'이란 없다는 것을 분별하고 증명하기 위해 제시된 것이다. 그런데 삼표는 묵자의 실증적, 과학적 사고를 잘 보여 주는 이론으로 이해되어 왔다. 사물을 인식하는데 합리적이며, 객관적인 지표로서 근거로 삼아야 한다는 입장은 이전 학자들에게서는 볼 수 없었던 이론이었기 때문이다. 「비명」편의 삼표에 경도된 근대 이후 묵학 연구가들은 삼표는 「천지」와 「명귀」로 대표되는 묵자의 유신론적 관점이 무신론으로 전환되는 주요 근

---

[36] 『墨子』「非命」上: "有本之者, 有原之者, 有用之者. 於何本之, 上本之於古者聖王之事. 於何原之, 下原察百姓耳目之實. 於何用之, 廢以爲刑政, 觀其中國家百姓人民之利, 此所謂言有三表也."

거라고 보기도 하였다.37

그러나 이러한 견해들은 「비명」편의 주된 논지와 삼표의 출현 배경을 도외시하였다고 생각된다. 첫째, 앞서 살펴 본 대로 「비명」편에서 가장 강조되고 있는 점은 인간은 자신의 힘에 의해 자신의 삶을 스스로 개척하고 영위해야 하다는 점이다. 둘째, 「비명」편에서도 '천'과 귀신을 따르고 섬겨야 한다는 존귀사천의 입장은 부정되지도 사라지지도 않고 있다.38

「비명」편에서는 일관되게 인간이 주체적이고 능동적으로 자신의 삶을 개척하여 천하의 이로움을 일으키고 해로움을 제거하는[興利除害] 행위를 하게 된다면 '천'과 귀신이 인간을 돕게 된다고 강조한다.

> 옛날 탕(湯)임금이 박(亳)에 봉해졌는데 …(중략)… 백성들을 차별 없이 사랑하고 서로 이롭게 해주며 남는 것이 있으면 서로 나누어 주었다. 그리고 백성들을 인도하여 하늘을 높이고 귀신을 섬기었다. 그러자 하늘과 귀신은 그를 부(富)하게 해주고, 제후들은 그의 편이 되며, 백성들은 그와 친하게 되고, 현명한 사람들은 그를 따르게 되었다.39

---

37 孫中原은 묵가에 내재된 논리적 요소를 연구한 학자이다. 그는 「天志」와 「明鬼」 그리고 「非命」을 오류와 진리의 오묘한 결합이라고 주장하고 있다. 사회주의 종교관을 지닌 대부분의 중국학자들은 유신적 관점을 오류라고 보고 무신적 관점을 진리라고 주장하는 경향이 있으며, 孫中原 역시 이러한 사회주의 중국학자들의 일반적인 관점을 제시한 것이라고 생각된다(孫中原, 앞의 책, p.56 참조).

38 譚家健은 孫中原과 상반된 입장을 보이고 있다. 그는 공자, 맹자, 장자 및 순자 등의 학설을 비교 분석한 후 묵자의 '천'에 대한 관점은 이들에 비해 보다 보수적이며 「天志」와 「非命」 그리고 「非命」은 그 어떤 모순 관계가 없음을 분명히 하고 있다(『墨子硏究』, 貴州敎育出版社, 1996, p.202 참조).

39 『墨子』 「非命」 上: "古者湯封於亳 …(중략)… 與其百姓, 兼相愛交相利, 移則分. 率其百姓, 以上尊天事鬼, 是以天鬼富之, 諸侯與之, 百姓親之, 賢士歸之."

하늘이 탕 임금에게 먼저 어떤 명을 내린 것이 아니라 탕 임금이 '겸애교리'라는 하늘의 뜻을 받들어 그것을 능동적으로 실행했을 때 하늘과 귀신이 그를 도왔다는 것이다. 「비명」편의 논지를 통해 볼 때 인간에게 극복할 수 없는 '명'이라는 것은 없으며, 인간이 자신의 난관을 주체적으로 극복할 때 '천' 귀신은 이러한 사람들에 대해 도움을 준다는 것이다. 만약 일체가 명정적(命定的)이라면 하늘이나 귀신이 내리는 상벌은 인간 사회에서 그 효력을 발휘할 수 없는 것이다.[40]

요컨대 인간에게 도움을 주는 존재는 '천'이 분명하지만 '천'이 돕도록 동기를 부여하는 실체는 궁극적으로 인간 그 자신이다. 이는 앞서 고찰한 「천지」나 「명귀」에서 제시된 묵자의 입장에 벗어난 것이 아니며, 오히려 철저한 일관성을 지니고 있다는 점을 간과해서는 안 될 것이다.

2. 「천지」, 「명귀」와 「비명」편과 천인관계

묵자의 '천'이란 무슨 신비로운 것으로써 만물을 주재하고 관여하는 절대자가 아니라 준칙이나 원리로써 인간의 도덕적 지침이 되는 것이다. 이러한 지침은 객관적 필연성을 지니고 있다. 언제 어디서든지 이러한 객관적 필연성은 하나 같이 작용하고 어떤 상황에서도 변화하지 않는다. 그리고 '천'의 의지를 인간에게 적용하는 귀신은 스스로 판단하지 않으며 오로지 하늘의 의지를 인간에게 직접 반영하고 시행하는 존재이다.

'천'과 귀신의 입장에서 볼 때 인간 사회의 모든 길흉화복은 인간 자신의 행위로 일어나는 것이지, '천'과 귀신에 의해 결정되

---

40 박문현, 「묵자의 천인관계론」, 『인문연구논집』 제3집, 1998, p.119.

는 것이 아니다. 인간이 자신의 삶에서 타인을 사랑하고 이로움을 나누는 삶, 즉 '천지'를 지향할 때 '천'과 귀신은 비로소 '인'에게 도움을 줄 따름이다. 묵자가 「천지」와 「명귀」 그리고 「비명」편을 통하여 말하고자 한 요지는 인간이 해야 할 일과 '천'과 귀신이 하는 일을 분명 구분하고자 한 것이다.

묵자의 「천지」편에서 제시된 주장들은 묵학이 지향하는 목표를 이루기 위한 하나의 법칙이고 원리이다. '천'은 선악시비를 가리는 주재자이기도 하다. 그리고 이러한 하늘의 명을 받아 실행하는 존재는 바로 귀신이다. 귀신은 모든 것을 숙명으로 여기고 그 어떤 주체적 노력도 하지 않는 인간과 그렇지 않은 인간에 대해 '천'을 대신하여 정의를 구현하는 존재이다.

첫째, 「비명」은 묵자의 무신론적 관점과는 아무런 관계가 없다. 「비명」에서도 하늘을 존숭하고 귀신을 섬겨야 함[尊天事鬼]은 일관되게 강조되고 있다. '천'을 존숭하고 귀신을 섬기는 것은 『묵자』서 전반에 관철된 가장 기본적인 입장이며, 만약 이러한 입장이 없었다면 겸애(兼愛), 귀의(貴義)에 대한 주장도 불가능했을 것이다.[41]

> 주(紂)왕은 오만하여 하늘을 섬기지 않고 그의 조상들의 신을 버려둔 채 제사지내지 않았다. 그리고 백성들에게는 운명이 있다고 말하면서 백성들에게 모욕을 가하기만 하였다. 하늘 역시 그들을 버려둔 채 보호해 주지 않았다.[42]

둘째, 하늘과 귀신은 사람들이 믿고 있는 명(命)을 부여하지

---

41 李紹崑, 『墨學十講』, 台灣水中出版社, 1990, p.52 참조.
42 『墨子』「非命」中: "紂夷之居, 而不肯事上帝, 棄闕其先神而不祀也. 曰我民有命, 毋僇其務, 天亦棄縱而不葆."

않는다. 묵자는 만약 통치자들이 운명이 있다고 믿으며 국가를 통치한다면 다음과 같은 일이 발생할 것이라고 경고한다.

> 반드시 옥사를 처리하고 정사를 다스리는 일을 게을리 할 것이다. …(중략)… 농부들은 반드시 밭 갈고 씨 뿌리고 심고 가꾸는 일을 게을리 할 것이다. 부인들은 반드시 실을 뽑고 길쌈하는 일을 게을리 할 것이다. …(중략)… 만약 그렇게 천하의 정치를 해나간다면 위로 하늘과 귀신을 섬긴다 해도 하늘과 귀신이 따르지 않을 것이며, 아래로 백성들을 부양한다 해도 백성들에게 이롭지 못할 것이다.43

운명이 있다고 믿는 사람은 하늘로부터 버림을 받게 된다는 말이다. 묵자의 하늘은 통치자가 '겸애교리'를 실천하며 백성을 위해 매진하는 통치자에 대해서는 상을 내리고 백성들의 고달픈 삶을 외면하는 관리(官吏)에 대해서는 벌을 내리며, 모든 것을 인력으로는 어찌할 수 없는 일이라고 생각하며 아무런 노력을 기울이지 않는 사람들에 대해서는 아무런 작용을 하지 않는다. 이를 통해 볼 때 「비명」편은 무신론적 입장을 주장하고 있는 것이 아니다. 그것은 철저히 유신론적 입장에서 인간은 자신 앞에 전개된 갖은 부조리와 맞서 싸워야 하며, 모든 결과는 자신이 만드는 것임을 강조하는 것이다.44 이는 마치 인간이 해야 할 일과 하늘이 하는 일을 명확히 구분하려는 시도로 보인다.

셋째, 「천지」, 「명귀」 그리고 숙명론 혹은 운명론의 시비와 이해(利害)를 따지기 위해 제시된 「비명」편에서 일관되게 흐르고

---

43 『墨子』「非命」中: "今雖毋在乎王公大人, 賁若信有命, 而致行之. 則必怠乎聽獄治政矣. …(중략)… 農夫必怠乎耕稼樹藝矣. 婦人必怠乎紡績織紝矣. …(중략)… 若以爲政乎天下, 上以事天鬼, 天鬼不使. 下以持養百姓, 百姓不利."
44 『墨子』「非命」中: "無天命, 惟予二人, 而無造言. 不自降天之哉, 得之."

있는 정신은 바로 애민(愛民)과 이민(利民)사상이다. 이 세 편은 묵학의 가장 기본적인 이론임과 동시에 주축으로서 상호 유기적 관계를 지니며, 하나의 정체로서 융합된 것이라고 보아야 할 것이다.45

종합컨대, 「비명」편에서도 「천지」와 「명귀」편에서 강조되는 '존천사귀(尊天事鬼)'의 입장은 변함없이 제시되고 있다. 이들은 모두 묵자가 추구하는 하나의 대명제 '겸애교리'를 실현하기 위해 유기적인 관계를 이룬다고 보아야 할 것이다. 결국 '천'과 '인'의 관계에서 묵자는 '천'을 인간이 사회에서 실천해야 할 하나의 준거의 틀로 제시하였으며, 인간은 하늘을 입법의 원리로 삼아 자신의 삶을 주체적으로 개척해야 한다는 것을 말하고자 한 것이다.

「천지」편은 통치자가 백성을 무엇에 입각해서 통치해야 하는지에 대한 근원적인 해답이 담긴 일종의 근원적 규범을 담고 있으며, 이를 인간과 사회에 실행하는 것은 「명귀」편에서 제시된 귀신이다. 또한 '천'과 귀신에 의해 감제되는 인간이 현실 사회에서 어떻게 행동해야 하는가를 잘 보여주는 것이 바로 「비명」편이다. 여기에서 묵자는 인간 스스로의 능동적 실천을 강조하고 있다. 주체적인 자기 노력을 하는 인간에 대해서는 하늘은 도움을 준다는 것이 「비명」편의 주된 논지라고 볼 수 있다. 따라서 「천지」, 「명귀」와 「비명」은 유신에서 무신으로의 전향도 아닌 것이다.

묵자의 사상은 선진 사상가들에게도 일정한 영향을 끼쳤을 것이다. 특히 순자가 「천론(天論)」편에서 "천도의 운행에는 불변하는 법칙이 있다[天行有常]."라고 주장한 것은 하늘이나 귀신이 인간의 명운을 주재한다는 학설을 부정하고 인간은 인간 그 자신이 유일하게 주재한다는 것을 강조한 것이다. 순자의 이러한 관념의 정립은 묵자의 주장과 일정한 연관성을 갖는 것이라고 생각된다.

---

45 任繼愈, 『墨子』, 上海人民出版社, 1956, p.41 참조.

이 장에서 우리는 묵자사상 체계 중 가장 중요한 논제인 「천지」와 「명귀」, 그리고 「비명」편에 대한 내재적 의의를 분석함으로써 묵자가 제시한 천인관계의 본질을 고찰하고자 하였다. 이를 다시 종합 정리해 보면 다음과 같다.

묵자는 제자들을 가르치는 과정에서 「천지」와 「명귀」편을 서로 조합하여 진술하곤 하였는데, 국가가 음란하고 예가 없을 때는 하늘을 존숭하고 귀신을 섬겨야 함을 강조하였다.[46] 묵자가 제시한 '천'과 귀신은 신령하며 본질적으로 동일하다. 하지만 '천'과 귀신은 그 권위적인 측면에서 다르며, '천'이 절대적 원리를 제시하고 있다면 귀신은 하늘의 의지를 실행하는 하나의 수단이라고 보아야 할 것이며, 따라서 그들의 역할과 작용도 다르다. 그러나 '천'과 귀신은 인간의 삶에 간여하는 존재는 아니다. 다만 인간이 현실의 삶 속에서 '겸애교리'라는 '천지'에 위배될 때 '하늘'은 벌을 결정하고 귀신은 그것을 시행할 따름이다.

「비명」편은 하늘의 명을 부정한다는 표면적인 이해로 「천지」, 「명귀」와 상호 모순되는 이론으로 여겨져 왔고, 일부는 「비명」편은 묵자의 유신론적 관점에서 무신론적 관점으로의 전환을 담고 있는 것이라고 주장하기도 하였다. 그러나 이 글의 고찰을 통해 묵자는 그의 유신론적 관점을 수정한 적이 없으며, 만약 그가 하늘을 신앙하지 않았다면 그의 '겸애교리'의 학설도 가능하지 않았을 것이라고 본다. 묵자는 「비명」편을 통해 하늘이 하는 일과 인간이 해야 할 일을 분명히 구분하고자 했던 것이다.

인간이 해야 할 일은 하늘의 뜻을 따라 더불어 사랑하고 이로움을 나누며, 남는 것이 있으면 서로 도와주는 것이었다. 묵자는 굶주린 자가 먹지 못하고, 추운 자가 헐벗고, 피로한 자가 쉬지 못

---

46 『墨子』「魯問」: "國家淫亂無禮, 則語之尊天事鬼."

하는 세 가지의 적폐47를 없애기 위해 인간은 부단히 노력해야 한다고 보았다. 이렇게 자신 앞에 주어진 현황을 타개하기 위해 노력하는 사람들에게 하늘은 귀신을 통해 그들에게 힘을 보태준다. 하지만 인간의 힘으로는 어찌할 수 없다고 체념하는 사람들에 대해서는 하늘 역시 그를 방치한다고 보았다.

사람은 단지 '천지' 즉 '겸애교리'의 도리로써 행위의 준칙을 삼아 자신과 천하를 다스려야 한다. 인간이 자신이 지닌 그 능력을 다할 때 하늘과 상호 소통하고 화합하는 경지에 도달할 수 있는 것이다. 「천지」와 「명귀」 그리고 「비명」 세 편은 하늘의 신앙을 바탕으로 인간의 주관 능동성을 강조한 것이라고 보며, 선진시대 인간의 주체성과 존엄을 제고하는데 좋은 디딤돌 역할을 하였다고 생각한다.

---

47 『墨子』 「非樂」 上: "民有三患, 飢者不得食, 寒者不得衣, 勞者不得息, 三者民之巨患也."

02 묵가의 인식 이론

중국 철학에서 '인식론'이라는 용어가 소개되고 철학의 한 부분으로 자리 잡아 이해되기 시작한 것은 19세기 이후부터 비롯되었다. 그러나 '무엇을 어떻게 아느냐'에 대한 인식의 기본적인 문제에 대해서는 선진 학자들에게 이미 제기되어져 그들만의 독특한 사상체계를 구축해 놓았다고 본다.

대표적인 예로 묵가의 『묵경』이 있다. 『묵경』은 도대체 어떤 책인가? 작자는 누구이며, 어떤 목적에 의해 기술되었고, 당시 사회에 어떤 영향을 주었는가? 이러한 문제에 대해 일반화하기에는 성급한 측면이 없지 않다. 왜냐하면 이와 관련된 학설의 대부분이 객관적 자료나 논증보다는 주관적 추측에 근거하고 있는 경우가 대부분이기 때문이다. 비록 근대 이후 『묵경』 연구가 새로운 국면에 접어든 것은 사실이지만, 이 역시 『묵경』에 대한 순수한 열의나 진정성이 아닌, 중국인들이 겪어야 했던 수모와 열등감을 만회하기 위한 몸부림의 일종이라고 보는 것이 타당하며, 따라서 『묵경』에 대한 연구도 한계성을 벗어나기 어려운 측면이 있었다.[1]

묵가의 『묵경』은 철학, 언어, 과학 등 여러 분야에 걸쳐 다채

---

[1] 아편전쟁 이후 중국 사회가 치명적인 위기에 처했을 때 중국 사상계는 『墨經』을 재조명하기 시작하였다. 당시의 지식인들은 서양이 자신들을 유린한 무기는 '과학과 민주'이지만, 『墨經』은 서양에 앞서 '과학과 민주'를 제시한 특출한 전통 사상이라며 『墨經』을 추켜세우기 시작한 것이다.

롭고 독특한 견해를 담고 있는 묵가 지성의 완결판이다. 그 중 인식과 관련된 이론은 당시의 다른 제자(諸子)들에 비해 보다 체계적이고 합리적이었으며, 묵가가 염원하던 '천하의 이로움을 일으키고 해로움이 없는[興天下之利, 除天下之害]' 사회를 구현하는 데 있어 하나의 핵심적인 수단으로 활용되었다. 또한 묵가의 인식에 관련된 이론들은 다른 학파에 대해서도 일정한 영향을 끼침으로써 중국 인식론의 수준을 제고하는데 일익을 담당했을 것이라고 추정된다.

이 장에서는 『묵경』2에 산재된 인식 이론들을 분류한 뒤 먼저, 인식이란 어디서 어떻게 시작되는가? 둘째, 인식에는 어떤 형태가 있으며 그것은 어떤 특징을 지녔는가? 셋째, 인식은 어떤 과정을 통해 획득되는 것이며, 또 인식을 얻기 위해 고려되어야 할 원칙은 무엇인지에 대해 주안점을 두고 고찰할 것이다. 이러한 작업은 『묵경』의 인식 이론이 지닌 의의를 규명하는 것은 물론이고 중국 고대 인식론의 성격과 수준을 가늠하는데도 좋은 단서가 될 것이다.

1. 인식의 연원

인간의 인식은 어디에서 어떻게 시작되는 것인가? 단순히 보고, 듣는 것만을 인식이라고 할 수 있는가? 먼저 『묵경』은 인식을 인간이 지닌 하나의 기능이라고 규정한다.

제3조 「경상」: 지는 기능이다 [知, 材也]. 「경설상」: 지재를 설명한다.

---

2 『墨經』은 『墨子』 중의 「經上」, 「經下」, 「經說上」, 「經說下」, 「大取」, 「小取」 여섯 편을 지칭한다. 학자에 따라서는 「大取」, 「小取」를 제외한 나머지 네 편을 『墨經』이라고도 하는데, 이를 통상 협의의 『墨經』이라 한다. 이 글은 협의의 『墨經』에 대해서만 논의한다.

지는 자를 할 수 있는 능력을 갖추고 있어도 반드시 지가 되는 것은 아
니다. 가령 명과 같다 [說知材. 知也者, 所以知也, 而不必知, 若明].3

여기에서 '지(知)'는 인간이 지닌 인식을 말하며, '재(材)'는 어
떤 작용이나 기능을 의미한다. 「경상」은 우리가 지니게 되는 인
식이란 우리의 감각 기관의 작용을 통하여 형성되는 것임을 언급
하고 있다.

그런데 「경설상」은 우리가 하나의 감각 기관을 통하여 사물
을 인식할 수 있는 기능을 지니고 있다고 그것이 곧 우리가 추구
하는 인식으로 형성되는 것은 아님을 덧붙여 설명하고 있다.4 예
를 들어 '명(明)'5이라는 것은 우리의 눈이 병으로 인하여 사물을
볼 수 없거나, 혹은 사물을 응시할지라도 정확하게 보지 못하는
등의 눈이 지닌 고유한 기능을 제대로 발휘하지 못하는 경우가
있을 수 있는데, 이 경우 우리의 인식은 제한적일 수밖에 없음을
지적한 것이다.6

일반적으로 우리는 시각을 통하여 인식한다. 시각은 인간의

---

3 이 장에서 사용된 『墨經』 원문과 조의 구분 등은 吳毓江의 『墨子校注』, 중화서국, 1993년 판에 의거하였다. 吳毓江은 畢 沅, 孫詒讓과 더불어 묵자 연구에 탁월한 성과를 거둔 것으로 평가된다. 특히 吳毓江의 『墨子校注』는 참조한 판본 등의 양적인 측면이나 관점과 분석 따위의 질적인 측면 모두 孫詒讓 『墨子閒詁』에 비해 진전된 것으로 회자되고 있다.

4 이 점은 『墨經』 제1조 「經說上」에서 제기된 '대고(大故)'와 밀접한 관계를 가지고 있다. 『墨經』에 의하면 '대고(大故)'란 그것이 있으면 반드시 어떤 결과가 생기는 것이며, 그것이 없다면 어떤 결과가 생기지 않는 것을 말한다. 가령 우리가 어떤 사물을 인식할 때 사물과 빛, 우리의 시각, 그리고 우리의 시각과 사물 사이의 적당한 위치, 사물을 분별하는 사유 기관인 마음 모두가 존재해야만 하나의 인식에 도달하는 것이다. 만약 전제된 조건이 갖추어지지 않았다면 우리는 사물을 보아도 제대로 인식할 수가 없는 것이다.

5 吳毓江은 『예기(禮記)』 「단궁(檀弓)」편 "자하가 그 아들을 잃자 밝음을 잃었다[子夏喪其子而喪其明]"는 귀절 중의 '명(明)'을 '정(精)'으로 해석한 뒤, 사람이 볼 수 있는 재질을 지녔다는 것이 곧 '사물을 볼 수 있는 것[成見]'이 아님을 주장하고 있다(『墨子校注』, p.487). 高 亨도 사물을 보는 것은 눈의 기능임을 인정하고 "눈이 있더라도 병이 생길 경우 사물을 볼 수 없을 수도 있고 사물을 보더라도 자세히 볼 수 없을 수도 있으니 이것이 곧 눈이 밝지 아니함이다[設有目而病, 則或不能見物, 或能見物而不審, 是目不明也]"라고 설명한다(『墨經校詮』, 科學出版社, 1958, p.32).

6 高 亨, 『墨經校詮』, p.33 참조.

인식형성에 있어서 가장 중요한 기능 중의 하나이다. 『묵경』은 이러한 시각의 기능에 착안하여 인간은 감각 기관의 작용을 통하여 인식을 하게 되지만 인식 기관이 있다는 것 자체, 혹은 그것의 단순한 신체적 작용이 곧 인식으로 형성되는 것이 아님을 명확히 하고자 했던 것으로 보인다. 결국 인식이란 단순한 오관의 작용만으로 이루어지는 것이 아니라 다른 그 어떤 작용이 필요하다는 것을 암묵적으로 제시한 것이라고 볼 수 있다.

인식의 근원에는 청각 역시 중요한 부분을 차지한다. 전통적으로 중국인들은 청각을 인간의 오관 중에서 가장 중요한 기관이라고 여겨왔다. 그러나 청각 역시 시각과 마찬가지로 청각 기관을 소유하고 단순히 활용한다고 해서 인식에 이르는 것이 아님을 『묵경』은 지적한다.

제91조 「경상」: 문이란 귀가 듣는 것이다 [聞, 耳之聽也].

'청(聽)'이란 '청각'을 일컫는 말이다. '문(聞)'이란 청각 작용의 결과로써 이루어지며, 이는 인체 중에서 귀의 기능으로 말미암는다. 그런데 인식의 주체가 인식의 대상을 귀라는 감각 기관을 통하여 듣고 있으나, 그것이 우리의 관념 속에 인식되지 못하는 까닭은 무엇인가? 이는 인식이 형성되기 위해서는 인식의 대상과 인식의 주체 사이에 또 다른 작용이 있어야 한다는 말이 된다. 『묵경』은 그것을 인식 주체가 지닌 '심(心)'이라고 보았다.

제92조 「경상」: 듣는 것에 따라 뜻을 얻게 된 것은 심의 통찰이다 [循所聞而得其意, 心之察也].7

---

7 '순(循)'이라고 함은 '성찰하다', '살펴보다'라는 뜻이다.

제94조 「경상」 : 말한 바를 따져 뜻을 보게 된 것은 심의 분별에 의한 것이다 [執所言而意得見, 心之辯也].[8]

어떤 사물에 대해 듣고 그것이 드러내는 의미에 이르게 되는 것은 우리가 열린 귀로써 단순하게 듣는 과정과 엄연히 다르다. 들은 바가 무엇인지를 통찰하는 과정이 반드시 요구된다.『묵경』은 '심'을 인식의 주체가 귀의 기능으로 획득한 어떤 사물의 본질을 궁구하여 인식에 이르게 하는 또 하나의 기관으로 본 것이다.

그리고 언어로서 특정한 사물이 의미하고 있는 바를 명확하게 표출하는 것, 이것이 곧 '심'의 변별이 된다. '변(辯)'이란 인간의 감각 기관을 통하여 감지한 대상의 본질을 신호 혹은 부호로써 결합시키게 되는데 이러한 과정은 '심'에서 이루어진다. 즉 어떤 대상에 대한 감각 기관과 '심'의 상호 유기적인 작용이 발휘될 때 비로소 신호 또는 부호와 그것이 함유하고 있는 의미가 결합되어 궁극적으로 인식이 형성된다는 것이다. 그런데 우리가 말하는 의미 또한 부호와 신호 따위로 발현되는 것이므로 사유 기관인 '심'은 필히 '들은 바에 따르고[循所聞]', '말한 바를 따져야[執所言]' 만이 '뜻을 얻거나[得其意]', '뜻을 볼 수 있는[意得見]' 상태가 될 수 있다.[9]

이처럼『묵경』은 인식이란 인간이 지닌 고유한 기능이며, 따라서 인간에게는 사물을 인식할 수 있는 모든 조건이 기본적으로 내재되어 있음을 설명하고 있다. 하견도(夏甄陶)는 다음과 같이『묵경』에 내재된 인식 이론에 대하여 평가하고 있다.

---

[8] '집(執)'은 '잡다', '움켜쥐다'라는 의미를 지니고 있다. '변(辯)'은 '어떤 일의 이치에 대하여 명백하게 말함'을 뜻하며, '이해되다'라는 의미로도 해석이 가능하다.

[9] 夏甄陶,『中國認識論思想史稿』, 中國人民大學出版社, 1992, p.147 참조.

『묵경』 중 인식과 관련된 사상은 작자의 인식에 대한 심도 있는 관찰과 연구 성과물이라고 보여 진다. 그들은 인식론의 기본 문제에 대하여 명료한 답변과 규정을 내리고 있으며, 이러한 답변과 규정들은 상호간 논리적인 관계를 지니고 있다. 따라서 완전한 구성과 독립된 형태의 인식론 체계를 형성했다고 보아야 할 것이다.[10]

인식의 과정 중 감각 기관과 '심(心)'은 상호 의존적인 불가분의 관계에 있으며, 그것들은 반드시 서로 유기적인 관계를 유지하며 사물에 대하여 작용할 때 비로소 인식에 도달할 수 있다는 주장은 『묵경』 인식 이론이 지닌 주요한 특성으로 보이며 이는 중국뿐 아니라 인류 인식론사에 있어서도 의미 있는 발견이 아닐 수 없다.

2. 인식의 다양한 형태

인식이란 인간이 지닌 하나의 재능이라는 것을 위에서 확인하였다. 또한 인간이 인식의 근원이 되는 요소를 구비하고 있다고 해서 저절로 인식이 형성되는 것이 아니며 객관적인 사물에 대한 반영, 즉 인간 스스로 내, 외의 정보를 주체적으로 받아들일 때 인식이 형성된다는 것을 살펴보았다. 이러한 점들을 바탕으로 『묵경』에서는 '문(聞)', '설(說)', '친(親)'의 세 가지로 나누어 인식의 형태를 제시하고 있다.

제81조 「경상」 : 지는 문, 설, 친이 있다 [知 : 聞, 說, 親]. 「경설상」 : 지를 설명한다. 전수하는 것은 문이며, 추리하는 것은 설이며, 직

---

10 위의 책, p.143.

접 경험한 것은 친이다 [說知. 傳受之, 聞也. 方不障, 說也. 身觀焉, 親也]. 11

「경설상」중의 '신관(身觀)'은 자신의 '눈으로 확인'한다는 의미 이외에 인간 스스로가 '직접 경험한 사실'을 뜻한다. 인간과 인간 사이의 관계를 통해서 전해지는 인식은 '문(聞)'의 예가 되는 것이며, 어떤 사실 속에 내재된 의미를 추론의 형식을 빌려 명시한 것은 '설(說)'의 예가 되며, 자신이 직접 경험한 지식은 '친(親)'이 된다.

'문', '설', '친'의 세 가지 인식의 형태 중 '친'은 모든 인식의 가장 직접적이고 최종적인 인식의 단계이며 '문', '설'로써 형성되는 인식에 비해 우선시 되고 강조되었다.12 덧붙여 『묵경』은 '문'에 대하여 '전문(傳聞)'과 '친문(親聞)'의 두 가지 형태로 다시 나누어 설명한다.

제83조 「경상」 : 문에는 전과 친이 있다 [聞; 傳, 親]. 「경설상」 : 문을 설명한다. 알린 것 등은 전이다. 눈으로 직접 확인한 것은 친이다 [說聞. 或告之, 傳也. 身觀焉, 親也].

'문(聞)'이란 '지식', '견문', '소식' 등의 의미가 있다. 그런데 이러한 '문'에도 제삼자를 거쳐 전해 듣고서 인식되는 것이 있는가 하면, 자신이 직접 듣고 알게 되는 사실도 있다. 이는 인간이 획

---

11 '방(方)'은 '추론하다', '추리하다'의 뜻을 지니고 있으며, '장(障)'은 본래 '장(章)'이었으나 孫詒讓 『墨子間詁』에 근거하여 수정하였다. 陳孟麟은 '방(方)'자에 내재된 '표(表)'의 의미에 주의하여 '게시(揭示)'라는 뜻으로 해석한다(『墨辯邏輯學』, 齊魯書社, 1983, p.187 참조).

12 『墨子』「非命」上편에서는 '본지자(本之者)', '원지자(原之者)', '용지자(用之者)'의 삼표(三表)를, 「비명」하편에서는 '고지자(考之者)', '원지자(原之者)', '용지자(用之者)'의 삼법(三法)을 제시하고 있는데, 이는 묵가가 '신관', 즉 '친'을 인식의 형태 중에서 매우 중시하였음을 예증하는 것이다.

득하는 인식의 형태를 구체적으로 세분화하여 그것의 특징을 분석하여 규명하고자 한 것이라고 보여 진다.

> 제84조 「경상」 : 견에는 체와 진이 있다 [見 ; 體, 盡]. 「경설상」 : 견을 설명한다. 일부분을 보는 것은 체이다. 모두를 보는 것은 진이다 [見 ; 時者, 體也. 二者, 盡也]. 13

시각이라는 감각 기능을 활용하여 사물을 인식할 때에도 두 가지 형태로 구분지어 말할 수 있다. 즉 사물이 지닌 성격의 부분을 관찰하는 것과 전체를 관찰하는 것이 그것이다. 부분 관찰을 『묵경』에서는 체견(體見), 전체 관찰을 진견(盡見)이라고 한다. 인식에 도달하기 위해 활용되는 이러한 관찰 방법 중 어느 것이 더 바람직하다는 견해는 없다. 상황과 조건에 따라 편면 관찰이 필요할 경우도 있을 수 있으며 전면 관찰이 요구되는 경우도 있을 것이다. 다만 시각을 통하여 얻은 인식이 모두 동일한 과정과 방법에 의해 획득된 것이 아니라는 점은 명확한 사실이다.

위에서 언급된 인식 이론들은 우리의 직접적인 감각의 작용을 통한 인식과 그것들의 여러 구체적 형태에 대한 것이라고 볼 수 있다. 이와 관련하여 『묵경』에서는 시간과 공간을 초월하는 인식의 문제에 대해서도 언급하고 있다. 직접적인 관찰이나 경험에 의하지 않고 간접 경험과 추리 등을 통해서 연역되는 '지(知)'가 바로 그것이다.

---

13 孫詒讓의 『墨子閒詁』는 「經說」 중의 '시(時)'에 대해 '특(特)'이라는 추측을 전제로 '일(一)'을 함의한다고 본다. 즉 여기에서 '일(一)'과 '이(二)'는 상호 대칭을 이루면서 사용되고 있다는 것이다. 陳孟麟 역시 孫詒讓의 관점에 기초하여 '일'과 '이'는 상대적으로 활용되었다고 본다(『墨辯邏輯學』, p.188 참조).

제146조「경하」: 오감에 의하지 않고도 인식하는 것은 구를 들 수 있다 [知而不以五路, 說在久].「경설하」: 지를 설명한다. 눈으로써 사물을 볼 때 눈은 광선으로써 사물을 인식하지만 광선 자체가 보는 것은 아니다. 오감으로써 시간을 인식한다고 말한다면 그것은 눈으로써 사물을 인식하는 것과 같지 않으며 광선에 의지하여 사물을 보는 것과 같다 [說智. 以目見, 而目以火見, 而火不見, 惟以五路智. 久不當以目見, 若以].[14]

'오로(五路)'는 다섯 가지의 감각 기관 즉 '오관(五官)'을 일컫는 것으로써 인식의 가장 기본이 되는 기관인 '안(眼), 이(耳), 비(鼻), 설(舌), 신(身)'의 다섯 가지를 의미한다. '구(久)'란 시간으로 해석할 수 있고, 오관에 의해 인식되어지는 대상이 된다.

「경설하」중 '눈은 광선으로써 사물을 인식하지만 광선 자체가 보는 것은 아니다[目以火見, 而火不見]'에서의 '화(火)'는 오늘날의 광선[光]을 의미한다. 눈은 '빛'이 있어야만 사물을 볼 수 있기 때문에 '목이화견[目以火見]'이라는 표현을 사용하고 있다. 그러나 '빛' 그 자체가 물체를 인지하는 것은 아니므로 '화불견(火不見)' 이라고 표현한 것이다.

눈은 '빛'을 이용하여 사물을 감지한다. 그렇다고 감각 조건이 감각 능력을 지니고 있는 것은 결코 아니다. 인간의 다섯 가지 감각 기관을 통한 감각 능력이 발휘되고, 그것이 앞서 언급한 '심(心)'을 통하여 분별될 때 비로소 사물의 인식이 가능해지는 것이다. 우리가 시간을 인식할 때 비록 오관으로 직접 시간을 접한 것은 아니지만 마치 시간을 직접 감각한 것과 같은 생각을 지닐 수

---

14 高 亨은 '약이(若以)' 아래에 '화견(火見)'이 있어야 한다고 주장한다(『墨經校詮』, p.170). 吳毓江은 '목견(目見)'이 있어야 한다고 본다(『墨子校注』, p.586). 앞 뒤 문맥을 따져 볼 때 고형의 주장이 타당하다.

있다.15 하지만, 시간을 인식하는 것은 결코 오관이 아니며, 오관은 단순한 하나의 조건에 지나지 않는 것이다.

위와 관련하여 『묵경』에서는 '불은 반드시 뜨겁다[火必熱]'는 명제를 제시하고 있다. 우리가 '불이 뜨겁다'고 알고 있는 것은 오감의 직접 작용으로 인하여 형성된 것이 아니라 오랜 시간의 축적된 경험에 의하여 그렇게 인식된다는 것이다. 『묵경』은 다음과 같이 말한다.

> 제147조 「경하」 : 불은 반드시 뜨겁다. 그것은 순에 있다 [火必熱, 說在頓]. 「경설하」 : 불에 대해 설명한다. 불을 보고 뜨겁다고 하는 것은 우리가 그것을 직접 감각하고 뜨겁다고 하는 것은 아니다. 이는 마치 우리가 태양을 보는 것과 같다 [說火. 見火謂熱也, 非以火之熱我有, 若視日].

'돈(頓)'이란 '둔(屯)'으로 보는 것이 타당하며 경험을 통한 기억의 뜻으로 해석된다.16 불을 보면 우리는 경험을 통하여 뜨겁다는 연상을 하게 되는데 이것은 우리가 불을 직접 만져보고 느끼는 것이 아니다. 가령 여기에 촛불이 있다고 할 때 우리가 보는 것은 촛불의 빛이지 뜨거움이 아니다. 태양을 보면 뜨겁다고 느끼는 것과 마찬가지의 이치인 것이다. 그런데 우리가 촛불이나 태양을 뜨겁다고 느끼는 이유는 무엇인가? 그것은 오랜 세월 동안 축적된 경험에 의한 결과로 우리는 직접 감각하지 않고도 이와 같이 사물에 대한 인식을 얻게 되는 것이다.

---

15 伍非百은 이러한 인식을 '심지(心知)'라고 한다(『墨子解故』, 新光社, 1933, p. 46 참조).
16 吳毓江은 『墨子校注』에서 "돈은 둔, 혹은 돈으로 읽힌다. 경전의 많은 곳에서 둔이라고 하여 모은다는 뜻으로 사용한다. 곧 경험이나 기억의 의미[頓, 讀爲 '芚', 或作 '囤', 經典多爲 '屯' 爲之. 聚積也, 卽有經驗記憶之意]"라고 본다.

이와 같이 인식 형태에 대한 면밀한 분석과 제시는 당시의 시대적 상황과 학문적 성과에 비추어 볼 때 매우 의미 있고 진보적인 발상이 아닐 수 없으며, 특히 인간의 직접적인 감각 기관인 오관을 통하지 않고 오랜 시간 동안의 경험이 축적되어 연유되는 인식에 대한 언급은 획기적인 발상이라고 평가해야 할 것이다.

3. 인식의 세 가지 단계

『묵경』에 의하면 인간의 인식이란 인간이 지닌 사유 작용을 통해 '대상을 찾아', '대상과 접촉하며', '대상을 관찰'하는 세 가지 단계를 통해 이루어진다. 지극히 단순하고 명료한『묵경』의 이러한 인식 과정에 우리가 주목해야 할 부분들이 있다. 먼저 다음의 진술을 살펴보자.

> 제4조 「경상」: 려란 요구됨이다 [慮, 求也]. 「경설상」: 려를 설명한다. 려라는 것은 인식을 하는데 있어서 요구되는 것이지만 인식을 획득하는 충분조건은 아니다. 이는 마치 예와 같다 [說慮. 慮也者, 以其知有求也, 而不必得之, 若睨].

'려(慮)'는 '사고', '사려', '도모' 등의 의미로 사용되었다. 『묵경』에서는 인식을 얻기 위한 '구지(求知)'의 행위를 '려'라는 문자 속에 함축시켜 활용하고 있다.[17] 「경설상」중에서 '인식을 하는데 있어서 요구되는 것[以其知有求也]'이라는 진술에서 소위 '구(求)'란 인간이 이미 지닌 '지(知)'를 통하여 대상을 인식하고자 한다는 의미

---

[17] 高 亨은 '려란 묵가에 있어서 '지식을 구하는[求知] 행위의 일종이라고 주장한다(『墨經校詮』, p.33 참조).

로 앞서 언급한 제3조의 '지(知)'와 동일한 뜻을 지니고 있다. '예(睨)'란 '흘겨보다'는 뜻으로써 사물에 대한 분별이 없는 상황에서 그저 훑어본다는 것을 말한다.

사려라고 함은 자신이 알고 있는 지식을 통하여 알지 못하는 대상에 대하여 고려함을 의미하는 것이다. 인식의 대상은 실로 광범위하다. 문화의 진보로 인하여 인간의 능력으로는 모든 것들을 온전하게 인식해낸다는 것은 매우 어려운 일이 아닐 수 없다. 사고 작용을 통하여 어떤 결과를 얻고자 하지만 아무런 성과를 얻지 못하는 경우도 있다. 그것은 마치 우리가 눈으로 어떤 사물을 보지만 반드시 모든 사물을 인지하고 그것이 무엇인지 알아내지 못하는 것과 같은 것이다.[18] 이처럼 사고 작용으로 대표 되는 인간의 지각도 감각 작용과 마찬가지로 그것을 통하여 어떤 인식을 추구하지만 그것이 곧 인식으로 연결되지 않는다는 것을 명확히 하고 있는 것이다.

인간의 감각과 관련하여 『묵경』은 인식이란 인간이 어떤 사물에 대해 접촉과 감지 작용을 통해 얻어내는 것이라고 보고 있다.

> 제5조 「경상」: 지는 접이다 [知, 接也]. 「경설상」: 지를 설명한다. 지라는 것은 알고 있는 것으로써 사물을 만나 그것의 모양에 능하게 된 것이다. 예를 들면 견이 있다 [知. 知也者, 以其知遇物, 而能貌之, 若見].

여기서 '지(知)'는 '감각을 통해 얻게 된 인식'을 의미한다.[19] 따

---

18 吳毓江, 『墨子校注』, p.487 참조.
19 陳孟麟, 『墨辯邏輯學』, p.139 참조.

라서 '지접야(知接也)'의 '지'라고 하는 것은 사물과의 접촉 과정을 통하여 형성된 일종의 감각지(感覺知)를 말하는 것이다. 또한 '접(接)'이란 '어떤 대상을 통해 어떤 인상을 받았다'라고 해석될 수 있다. 즉 무수한 인식의 대상 속에서 어떤 사물을 접촉하고 그것이 지닌 내재적 의미를 분별하기 직전을 의미한다. 혹자는 불교에서 이야기하는 '수상행식(受想行識)'의 '수'와 같은 의미로 보기도 한다.[20]

「경설상」에서 말하고자 하는 주된 내용은 인간의 감각이 외부 사물과의 접촉을 통하여 사물의 외적 형태가 우리의 의식 체계 속에 형성됨을 묘사하고 있는 것이다. 가령 우리의 시각이 일정한 물체에 작용함으로써 물체의 외형을 구별하여 볼 수 있는 것처럼 인간의 인식 과정도 유사한 단계를 거친다는 것이다. 그렇다면 사물이 지닌 내외적인 특성을 분별하여 정확한 인식에 도달하는 것은 어떤 과정을 거쳐야 하는가? 『묵경』은 다음과 같이 언급하고 있다.

> 제6조 「경상」: 지는 명이다 [恕, 明也]. 「경설상」: 지를 설명한다. 지는 인간의 인식이 사물을 분별함으로써 사물을 알 수 있는 것을 말한다. 가령 명이 그것이다 [說知. 知也者, 以其知論物, 而其知之也著, 若明].

'지(恕)'는 선진시대의 문헌 중 『묵경』 속에서만 유일하게 사용되고 있는 문자이다. '지(恕)'에 대한 학자들의 견해는 인식론상의 범주로써 '이성 인식'이라는 것이 대체적이다. 따라서 이것

---

20 梁啓超는 "접이란 감수이다. 이는 곧 불전 중의 수상행식의 수이다[接者, 感受也. 卽佛典受想行識之受]"라고 주장한다(『墨經校釋』, 商務印書館, 1922, p.7 참조).

은 위 제5조의 '지(知)', 즉 감각 인식과 구별된다.21

「경설상」중의 '이기지논물(以其知論物)'에서 '론(論)'은 '정리', '분석', '판별', '토론', '의논' 등의 다양한 의미로 해석된다. 「경설상」의 내용을 정리해 보면, 우리의 시각은 응시할 수 없으면 사물을 볼 수 없고, 보았다 할지라도 마음으로 분별하지 못한다면 얻을 수 없으며, 또한 그것을 논하지 않으면 그 진리를 인식할 수 없다는 것이다. 여기서 '명(明)'이란 감각 기관을 통하여 획득된 인상이 '심'의 분별 작용으로 인하여 우리의 관념 속에서 감각되지 않은 부분마저도 명확해 지는 것, 즉 인간의 인식 능력이 사물에 대해 이성 사유를 함으로써 도달하게 되는 사물에 대한 철저하고 명백한 인식을 말한다. 가령, 우리가 돌[石]을 보았을 때 그것이 흰색이라는 것만 감각했을 뿐인데도 단단하다는 것을 동시에 인지할 수 있는 것은 '심지(心知)'의 작용을 통한 '명'에 이른 전형적인 상태라고 볼 수 있다.

『묵경』에서 말하는 '지(恕)'란 사물에 대하여 명백하고 깊이 있는 관찰을 통하여 이해함을 의미한다. 이것은 인간이 인식 능력을 사용하여 사물을 분석 정리하고 '간(看)'→ '견(見)'의 과정을 거쳐 통찰의 경지에 이르게 됨을 하나의 문자로써 집약하여 제시한 것이다.

인식의 과정과 관련된 이상의 견해를 정리해 보면 다음과 같다. ①제4조의 '慮, 求也'는 인식의 대상을 찾아보고('若睨'; see), ②제5조 '知, 接也'는 인식의 대상과 접촉하게 되며('若見'; look), ③제6조의 '恕, 明也'는 인식의 대상에 대하여 통찰('若明'; understand)의 단계에 도달하게 되는 것이다. 이러한 인식 과정에 대한 체계

---

21 陳孟麟, 『墨辯邏輯學』, p.139 참조. 梁啓超는 '지(恕)'를 '지(智)'의 古文으로 보고 있으며(『墨經校釋』, p.8 참조), 高 亨은 顧廣圻의 관점을 인용하여 '지(恕)'는 고대의 '지(智)'자이며 '밝게 살핀다[明審]'는 의미를 지니고 있다고 본다(『墨經校詮』, p.34 참조). 『墨經』에서는 '지(恕)'를 경우에 따라 '지(知)' 혹은 '지(智)'로 혼용하여 사용하고 있다.

적인 제시는 다른 선진 학파의 인식에 관한 이론과 비교해 볼 때 대단히 주밀하고 독창적이다.

또한 『묵경』은 사물 발전의 과정을 '정(正)', '의(宜)', '필(必)'의 연속된 과정으로 통일시켜 이해하고 있다. 그런데 이러한 사물 발전에 대한 『묵경』의 관점이 지금 이 글에서 논하고자 하는 인식 형성의 과정과 전혀 무관하지 않다. 먼저 묵경의 언급을 살펴 보자.

제85조 「경상」 : 합은 정, 의, 필이다 [合 ; 正, 宜, 必].

'합(合)'은 사물 발전의 과정을 통섭하여 일컫는 말이다. 발전의 제1단계에 해당하는 '정(正)'은 전성(全盛)의 단계이다. 이 단계에서는 그 시대 사람들의 사상이나 의지가 서로 일치되는 시기이다. 이 '정'의 단계가 계속적으로 발전하여 '의'의 단계, 즉 수성(守成)의 단계에 접어든다. 이 시기는 사상이 새롭게 창출되지는 않고 앞 시대의 사상을 이어 가는 시기이다. 마지막 단계는 모순과 대립이 생성되어 사회가 혼란을 겪는 시기인 '필'의 단계이다. 대개 성인은 이 시기에 출현하여 '필'의 단계가 요망하는 바를 해결하기 위해 노력한다. '정', '의', '필'의 단계는 다시 반복하면서[22] 사물은 끊임없이 진보 발전한다고 『묵경』은 보고 있다. 또한 이러한 사물의 발전 과정은 인간이 사물을 인식하는 과정, 즉 ①새로운 진리에 도달한 단계, ②진리라고 믿고 따르는 단계, ③진리가 의심되어 새로운 진리를 찾는 단계와 일치된다. 이 과정 역시 반복 순환되며 우리의 인식 체계는 이러한 단계를 거쳐 지속적으로 진보해 왔다는 것이다.

---

22 吳毓江, 『墨子校注』, p.520 참조.

4. 인식과 관련된 몇 가지 원칙

인간은 자신이 지닌 유형과 무형의 조건을 기반으로 사물에 나아가 사물이 지닌 특성을 분석 종합해 내면서 '진지(眞知)'에 도달하게 된다. 이 점에 착안하여 『묵경』은 인식 과정에서 유의해야 할 사물이 지닌 보편성과 특수성, 그리고 양자의 관계와 관련하여 몇 가지의 원칙을 언급하고 있다.

1) 법동법이(法同法異)와 동이교득(同異交得)

전혀 다른 성격을 지닌 두 개체 사이에 엄연히 상동점이 있을 수 있다는 것은 그렇게 신선하거나 획기적인 이론이라고 볼 수 없다. 그런데 그 상동점이란 무엇이며, 어떤 종류가 있는지를 『묵경』이 규명하려 했다는 점은 인식 이론과 관련하여 주목해 볼 가치가 있다. 『묵경』은 두 사람이 하나의 기둥을 보는 것, 혹은 두 사람이 한 사람의 군주를 신봉하는 것 등은 모두 서로 다른 두 개체가 지닌 상동점이라고 주장한다.

> 제39조 「경상」: 동이란 서로 다르지만 하나를 지닌 것이다 [同, 異而俱於之一也]. 「경설상」: 동이란 두 사람이 모두 하나의 기둥을 보는 것이다. 가령 군주를 섬기는 것이다 [佀, 二人而俱見是楹也. 若事君].23

우리는 어떤 대상을 인식할 때 대상이 되는 사물의 공통된 속

---

23 孫詒讓은 『墨子閒詁』에서 "지일이란 마치 시일과 같은 것이다[之一, 猶言是一]"고 하였으며, '동(佀)'은 '동(同)'과 같은 의미로 본다. 범경연(范耕硏)은 위의 제39조는 『묵자』「상동」편에 내재된 중심 사상과 밀접한 관계가 있다고 본다(『墨辯疏證』, 商務印書館, 1935, p.61 참조).

성만을 상동점이라고 생각한다. 그런데 제39조에서는 그 보다도 더 초보적 형태의 상동점을 말하고 있다. 즉 기둥을 바라보는 것 자체, 혹은 군주를 섬기는 것 자체가 하나의 상동점이라는 것이다. 기둥에 대한 두 사람의 견해라든지 군주를 섬기는 두 사람의 자세라든지 이러한 것들은 상동점의 대상에서 일단 제외하고 있다. 이것은 서로 다른 두 사물 사이에 존재할 수 있는 가장 기본적 형태의 상동점을 말하는 것이며, 상동점이란 무엇인지를 예증함으로써 그것을 정의한 것이다. 『묵경』은 이러한 기본 상동점에서 다시 '중(重)', '체(體)', '합(合)', '류(類)'의 네 부분으로 구분하여 상동점을 언급한다.

> 제88조 「경상」 : 동은 중, 체, 합, 류 네 종류이다 [同, 重, 體, 合, 類]. 「경설상」 : 동이란 두 개의 이름이 하나의 실물에 반영된 것은 중동이고, 하나 속에 서로 다름이 구성된 것은 체동24이며, 사물이 존재하는 곳이 동일한 것은 합동이고, 사물의 구성의 소이가 같은 것은 류동이다 [同, 二名一實, 重同也. 不外於兼, 體同也. 俱處於室, 合同也. 有以同, 類同也].

두 개의 이름이 하나의 사물에 반영된 예로는 견(犬)과 구(狗)가 있으며 이 경우를 '중동'이라고 한다. 또 나무에는 뿌리와 줄기 그리고 열매가 있지만 이는 모두 하나 속에 다름이 구성된 것으로서 '체동'이 되는 것이다. 그리고 서로 다른 속성을 지녔다 하더

---

24 譚戒甫는 『墨經』 제2조 '체는 겸에서 나누어진 것이다[體, 分於兼也]'를 근거로 삼아 '불외겸(不外於兼)'에 대해 설명하고 있다. 즉 소와 양은 동일하게 네발을 지닌 동물이라는 점에서는 '겸'이 되지만, 서로 다른 모양의 뿔이 있다는 점은 '체'가 된다고 볼 수 있으므로 '겸'은 '체'에 비해 상위개념이 되고 '체'에는 반드시 '겸'의 속성을 내포하는 것이라고 주장한다(『墨辯發微』, 中華書局, 1966, p.177). 吳毓江은 사람의 신체를 구성하고 있는 손과 발이 바로 '체동(體同)'이라고 본다(『墨子校注』, p.521 참조).

라도 소속된 공간이 동일할 경우 '합동'이 되며, 서로 다른 양태를 지니고 있다고 하더라도 그것이 지닌 내적인 구성 요소가 동일하다면 이는 '류동'이 된다. 우리가 흔히 '같다', '동일하다'고 말하는 것에 대한 이상의 분류는 묵가가 사물에 내재된 원리나 이치를 규명하는데 있어 어떤 태도로 임했는지를 가늠해보는 중요한 단서를 제공한다. 묵가는 이와 같은 인식 태도를 바탕으로 자연 현상에 대해서도 합리적 접근을 시도하였고, 급기야 중국 고대 과학 사상까지 한 획을 긋게 된 것이다.

여기서 나아가 『묵경』에서는 '법동(法同)', '법이(法異)'의 사상을 전개한다. 소위 '법동', '법이'라고 함은 어떤 원리나 원칙 속에 내재된 '상동(相同)'과 '상이(相異)'를 일컫는 것이다.

> 제97조 「경상」: 법동이면 어떻게 동일한지를 본다 [法同, 則觀其同].
> 「경설상」: 법으로 동일함을 취할 때 묘하게 바뀌지 않았는지 살펴본다 [法; 取同, 觀巧傳]. 25

'법(法)'은 표준이나 기준의 의미를 지닌다. '관교전(觀巧傳)'에서 '전(傳)'이란 '전(轉)한다'는 뜻이며 교묘하게 바뀌는 부분에 주의하라는 말로도 해석할 수 있다. 즉 사물 사이에는 필연적으로 상동점과 상이점이 존재하는데 이때 우선적으로 고찰되어야 할 것은 사물 사이에 내재된 동일함이며 우리의 인식과 관념은 동일한 이유와 지점을 단서로 하여 서로 다른 부분으로 분기되는 점, 즉 상이점을 명확히 분별해야 한다는 것이다.26 가령 '원숭이와

---

25 范耕研은 법이란 하나의 규칙, 혹은 본보기를 의미하는 것이지 방법이나 술책을 말하는 것은 아님 [法, 所若而然也. 指型范言, 非謂方術也. 事理學術亦有型范, 卽其立說之根據也]을 주장하지만 (『墨辯疏證』, p.95), 高 亨은 법이란 사물을 만드는 방법이나 일을 하는 술책[凡造物之方, 治事之術, 推理之根據, 皆法也]을 의미한다고 본다(『墨經校詮』, p.98 참조).
26 吳毓江, 『墨子校注』, p.526 참조.

인간' 혹은 '모든 고양이는 쥐를 잡는다.'와 같이 유사한 속성을 지녔다고 동일한 부류의 사물로 치부하거나, 그릇된 편견이나 선입견을 전제로 특수한 경우를 무시하고 사물의 성질을 인식하는 것은 오류일 뿐 결코 참된 인식이 될 수 없다는 것을 의미한다.

> 제98조 「경상」 : 법이라면 어떻게 하는 것이 마땅한지 살핀다 [法異, 則觀其宜]. 「경설상」 : 이것과 저것을 비교하여 원인을 찾아내고 무엇이 당연한 것인지를 생각한다 [法; 取此擇彼, 問故觀宜]. 以人之有黑者有不黑者也, 止愛黑人, 有愛於人有不愛於人. 與以心愛人, 是孰宜?

'의(宜)'란 '적당', '합당'의 의미로 해석되며 『묵경』 제85조의 '의(宜)'와 유사한 의미를 지니고 있다. 어떤 기준이나 표준이 다를 경우 어떤 원리가 합당한 것인지 잘 파악해야 한다. 즉 이 표준을 적용할 것인지 저 표준을 적용할 것인지, 그 적당함과 그렇지 못함을 고려해야 한다는 것이다. 「경설상」의 '이인지유흑자(以人之有黑者)' 이후 제시된 사례는 학자들에 따라 서로 다른 견해와 해석을 피력하고 있다. 이것은 『묵경』 자체가 지닌 문자상의 축약 내지 『묵경』 원문에 대한 정확한 고증과 합의가 이루어 지지 않았기 때문이다. 가령, 진맹린(陳孟麟)의 경우 제98조의 원문과 해석을 다음과 같이 정리하여 제시하고 있다.[27]

> 제98조 「경상」 : '법이(다른 표준)'라면 어떻게 하는 것이 마땅한지를 살펴야 한다 [法異則觀其宜]. 「경설상」 : 이것과 저것을 서로 비교하여 원인을 밝혀내고 그것이 합당한지를 고찰해야 한다. 예를 들어 어떤 이는 검고, 어떤 이는 검지 않다고 할 때, 모든 사람이 검다고

---

27 陳孟麟, 『墨辯邏輯學』, 齊魯書社, 1983, p.200.

하는 것은 아니다. 어떤 이는 사랑을 받고 어떤 이는 사랑을 받지 못할 때 모든 사람들이 사랑은 아니다. 어떤 결론이 더 합당한 것인가 [法; 取此擇彼, 問故觀宜. 以人之有黑者有不黑者也, 止黑人, 與以有愛於人有不愛於人. 止愛人, 是孰宜]?

진맹린(陳孟麟)은 원문 속의 '지(止)'를 부분부정과 전체긍정 사이에서 사용된 개념으로 이해하고 '심(心)'을 '지(止)'로 교정하였다. 이는 논리학적 관점에서 접근한 대표적 사례이다. 그러나 도대체 『묵경』이 주장하고자 한 것이 무엇인가라고 하는 본질적인 문제를 고려할 때, 이러한 접근과 해석은 많은 제고의 여지를 남긴다. 제97조와 연계하고, 『묵경』 전반의 인식 이론 등을 고려해 볼 때 '이인지유흑자(以人之有黑者)' 이후는 다음과 같이 정리해야 옳다고 본다.

만약 어떤 사람은 검고 어떤 사람은 그렇지 못할 경우, 검은 사람만을 사랑한다고 가정하자. 이때 '사랑을 받는 사람이 있다'와 '사랑받지 못하는 사람이 있다'는 두 진술은 모두 사랑이라는 동일한 주제를 가지고 이야기 하고 있으나 기준이나 표준으로 삼기에 어느 것이 더 합당한 것인가?

'사랑을 받는 사람이 있다'와 '사랑 받지 못하는 사람이 있다'는 두 진술 가운데 편벽 된 후자에 비해 전자가 옳은 것이며, 따라서 전자를 선택하여 따르는 것이 보다 더 이치에 부합되는 행위가 되는 것이다. 그렇다면 '겸애(兼愛)'와 '별애(別愛)' 중 어느 것이 더 합당한 것이겠는가? 양자 모두 사람을 사랑한다고 하는 동일점을 지니고 있으나 우리가 행위의 기준으로 삼기에 어느 것이 바람직한 것이겠는가? 여기서 『묵경』이 강조한 내용은 묵가가 일관되게 강조한 윤리적 태도로 귀결되는 것이다.

기준과 원칙은 자신들만이 옳다고 주장한다고 성립되는 것이 아니라 보편성과 타당성을 지녀야 한다. 묵가의 주장만 옳다고 해서도 안되며 유가의 주장이 모두 그릇되었다고 볼 수 없는 것이다.28 무엇이 마땅한 것인지를 따져봐야 할 것이다. 우리가 사물을 변별하여 인식할 때도 바로 이러한 합리적이고 객관적인 원칙과 자세를 견지할 것을 『묵경』은 주문하고 있는 것이다.

상동과 상이의 관계에 대하여 혜시는 '합동이(合同異)', 즉 사물의 상이성이 하나의 사물에 내재된 것에 주목하여 사물의 동일성을 강조하고 있으며, 공손룡은 '별이동(別異同)', '이견백(離堅白)' 등을 내세워 사물에 내재된 상이성에 주목하고 있다. 이와 달리 『묵경』은 먼저 사물이 지닌 '동(同)'과 '이(異)'의 구체적인 함의와 다양한 형태를 제시하고, 나아가 사물이 지닌 상호 대립된 상동과 상이 사이의 통일을 시도함으로써 양자가 합쳐져야만 사물이 형성될 수 있다는 원칙을 제시한다.29 아래에 제시된 진술은 이에 대한 좋은 예이다.

제90조 「경상」: 동이교득은 유무에 근거한다 [同異交得, 放有無]. 30

'동이교득(同異交得)'이란 하나의 사물 속에 내재된 상동 속성과 상이 속성을 통칭하는 것이다. 즉 '동'속에 이미 '이'의 속성이

---

28 묵자는 『묵자』 「公孟」편에서 비록 유가일지라도 옳은 점이 있으면 받아 들여야 한다[程子曰: 非儒, 何故稱於孔子也? 子墨子曰: 是亦當而不可易者也]고 말한다. '우리'이기 때문에 옳고 '상대'이기 때문에 그릇된 것이 아니라 '마땅한 것'을 원칙으로 삼아 시비를 분별해야 한다는 것이다.

29 呂有祥, 『墨子論叢』, 「墨家的若干辯證法思想」, 山東大學, 1991, p.146.

30 「經說」에서는 「經上」에 대해 '유무(有無)', '다소(多少)', '거취(去就)', '견유(堅柔)', '사생(死生)', '장소(長少)', '백흑(白黑)', '중방(中旁)', '시비(是非)', '성미(成未)', '형제(兄弟)', '존망(存亡)', '성적(性敵)', '귀천(貴賤)', '운지(運止)' 등의 예를 들어 이들 모두는 대립되는 범주이지만, 그것은 엄격히 말해서 상호 의존 관계에 있음을 설명하고 있다.

내재되어 있고, 또한 '이'속에 이미 '동'의 속성이 잠재되어, '동'과 '이'가 하나의 사물 속에 내포되어 있는 것을 의미한다.31 이것은 귀납논리에서 사용되는 가장 중요한 원리 중의 하나이다.32 '방유무(放有無)'의 '방(放)'은 '근거' 혹은 '의거'를 의미한다.33

『묵경』은 '유(有)'와 '무(無)'가 의존적 관계에 있는 것과 마찬가지로 '동'과 '이' 역시 상호 의존적이며 불가분의 관계에 있다고 본다. 이렇듯 '동'과 '이'의 범주에 대한 이해를 기초로 『묵경』은 '동'과 '이'가 상호 연계되어 있는 본질적 속성을 파악한 것이다. 어떤 사물이든지 그 사물은 서로 다른 성질의 것들이 모여서 하나의 통일체를 만들어 내는 것이다. 바꾸어 말하면 모든 사물은 상호 동이한 요소가 필연적으로 존재하는 것이다. 이를 『묵경』에서는 '동이교득'이라고 하였는데, 이것은 우리가 인식을 시도할 때 사물 중의 서로 다른 양면의 성질을 면밀히 파악하고 분석해야 한다는 원칙을 말한 것으로 생각된다. 그리고 이러한 원칙은 묵자(墨者)들이 제자(諸子)와의 변론을 진행하는 과정 등에서도 적절히 활용되었다.

> 제107조 「경상」: 서로 다른 사물을 비교할 수 없는 것은 양이 다르기 때문이다 [異類不比, 說在量]. 「경설상」: 이를 설명한다. 목과 야 중 어느 것이 더 긴가, 지와 속 중 어느 것이 더 많은가, 작·친·행·가의 네 개 중 어느 것이 더 귀한가, 미와 학 중 어느 것이 더 높은가, 도와 슬 중 어느 것이 더 슬픈가 [異 : 木與夜孰長, 智與粟孰多, 爵親行賈四者孰貴, 糜與鶴孰高, 蚓與瑟孰悲]?

---

31 張純一은 교득이란 같거나 혹은 다른 두 속성을 서로 얻는 것[交得者, 或同或異兩相得也]이라고 한다(『墨子集解』, 成都古籍書店, 1988, p.309).

32 梁啓超, 『墨經校釋』, p.83.

33 『論語』「里仁」편 "이익에 의거해서 행동하면 원망이 많다[放於利而行, 多怨]"는 진술 중 '방(放)'자의 활용 예가 이와 동일하다.

'이류(異類)'는 '서로 다른 종류의 사물'을 말한다. '양(量)'은 '따져보다', '가늠하다'를 의미한다. 사물들이 지닌 특성을 파악하기 위해 사물에 대한 '동이성'을 찾아야만 한다. 사물 간의 비교는 동이성 유추에 가장 좋은 방법이다. 그러나 사물 간의 비교는 동일한 기준이 설정된 것만으로 무조건 견주는 것이 아님을 『묵경』은 말한다. 사물 간의 속성도 동일한 기준 못지않게 중요하다고 본 것이다. 가령 나무와 밤[夜]은 각각 공간과 시간을 점유하는 개념으로 비교될 수 없는 성격을 지닌 종류들이다. 만약 우리가 하나의 비교 기준을 제시하여 '나무가 더 긴가 아니면 밤이 더 긴가?'라고 한다면 우리는 진정한 의미의 인식을 얻을 수 없다. 서로 다른 성질의 사물을 하나의 표준으로 비교할 수 없는 것이다. '지혜'와 '곡식'의 무게나 양도 동일한 기준으로 비교할 수 없다. '작(爵), 친(親), 행(行), 가(賈)'는 모두 귀중하고 우리가 추구하는 것이지만 '어떤 것이 더 귀중한 것인가?'라고 비교한다는 것은 무지한 것이며, 이것으로써 유추해 내는 인식은 '참'이 될 수 없는 오류임을 지적한 것이다.[34] 땅위의 사슴과 공중의 새도 그 높낮이를 비교하는 것은 불합리하며, 벌레 소리와 거문고 소리를 견주어 어느 것이 더 슬픈지 구별할 수 없다. 비교란 동일한 조건과 속성을 지닌 사물 간의 동일한 기준에서만 가능하다고 보았기 때문이다.

위에 제시된 묵가의 태도는 합리적인 비교 분석을 통해 사물이 지닌 내재적 특성을 정확히 찾아냄으로써 우리가 흔히 범하는 편견과 고정관념 등의 오류를 최소화하자는 것이다. 이 역시 궁극적으로는 보다 완전한 인식에 접근하기 위한 하나의 원칙이었으며, 이 원칙은 묵가 사상 전반에 과학적 합리성을 제고시키데 결정적인 작용을 하였다.

---

[34] 이 밖에도 「經說」에서는 땅에 있는 '짐승과 하늘을 나는 '새의 높이, '풀벌레'와 '비파'의 슬픔의 정도도 비교될 수 없는 것이라고 부연하고 있다.

2) 구물일체(歐物一體)

올바른 인식에 도달하기 위해 『묵경』은 상황이 지닌 특수성을 바탕으로 가변성에 대해 유의해야 함을 제시하고 있다.

> 제117조 「경상」: 그러한 까닭은 이것이라는 것과 까닭이 이러한 사물이 아님을 성찰해야 한다. 이것이 추론의 전제이다 [在諸其所然未然者, 說在於是]. 「경설상」: 재를 설명한다. 요순이 훌륭하게 세상을 다스렸다고 하는 것은 오늘에서 옛것을 본 것이다. 만약 고대의 도리를 오늘에 적용시킨다면 요는 제대로 세상을 통치할 수 없다 [說在. 堯善治, 自今在諸古也. 自古在之今, 則堯不能治也].35

'재(在)'는 '관찰', '성찰'의 의미를 지닌다. 어떤 사물이 이루어진 까닭이 곧 그 사물이 될 수 없다는 「경상」의 진술은 동일한 원인이 곧 동일한 결과를 낳는다는 일반적 인식을 거부하는 것이다. 예를 들어, 요임금이 비록 훌륭하게 국가를 통치하여 오늘날까지 그 이름이 전해지고 있으나 그것은 어디까지나 그 시대를 두고 말하는 것이다. 만약 현 시대를 두고 이야기할 때 고대의 요임금의 통치방법으로는 지금의 이 세상을 통치할 수는 없다. 시간적으로 고대와 현대는 서로 다른 시대적 상이성을 지니는 것이므로 일방적인 기준을 적용시킬 수 없기 때문이다. 이것은 사물인식에 있어서 우리가 취해야 할 태도 역시 상황이나 조건을 기저로 하여 그것이 지닌 가변성을 고려해야 함을 제시한 것이다.

---

35 范耕硏은 '어시(於是)'를 해석함에 있어서 '추지(推之)'가 생략되어 있다고 보고 "그러한 바를 살펴 아직 그러하지 않는 바를 아는 것은 추론함에 있다. 따라서 어시추지라고 한 것이다[察其所然, 而知未然, 是在推之而已. 故曰,於是推之]"라고 본다(『墨辯疏證』, 上海商務印書館, 1935, p.109 참조).

제113조 「경하」 : 서로 다른 사물이 하나의 체가 된다. 서로 같을 수 있고 서로 다를 수 있는데 있다 [歐物一體也, 說在俱一, 惟是]. 「경설하」 : 구를 설명한다. 소와 말은 네 발을 지닌 동일한 하나의 동물이다. 유시로써 설명하면 소와 말은 두 개의 개체이다. 그러나 또 하나이다. 이는 마치 손가락처럼 다섯 개의 손가락은 각기 구분되지만 손가락은 하나에 속하는 것과 같다 [說俱. 俱一, 若牛馬四足. 惟是, 當牛馬, 數牛數馬則牛馬二, 數牛馬則牛馬一. 若數指, 指五而五一].

'구(歐)'는 '구(區)'와 같은 의미이다. 따라서 '구물(區物)'이란 '서로 다른 사물'을 일컫는 것이다. '구일(俱一)'은 외재적인 형상이나 속성이 상통된다는 의미이고 '유시(惟是)'는 서로 다름을 말한다.36 즉 서로 다른 두 개의 형상이나 속성에는 반드시 공통되는 부분과 다른 부분이 내재되어 있다. 그 공통된 부분을 '구일'이라고 한다면 '유시'는 서로 구별이 되는 사물의 속성을 말한다.

모든 사물은 서로 동일한 속성을 지니면서도 부분적으로 구별이 되는 양태를 지니고 있는데, 예를 들어 소와 말은 네 다리를 가진 동물이라는 점에서는 서로 공통되지만 소와 말을 각기 분리해서 그 특성을 말하게 된다면 결국 서로 다른 점을 지니고 있다. 손을 예로 들어도 마찬가지이다. 우리의 손은 분명 하나이지만, 그것을 각각 나누어 보면 서로 다른 다섯 가지의 성격과 용도를 지닌 손가락이 되는 이치와 마찬가지인 것이다.

여기서 『묵경』이 제시하고자 하는 원칙은 사물 사이에 서로

---

36 梁啓超는 구물 일체에 대해 "사물을 분류하여 말할 때 다른 모습은 공통된 형상의 일부분이 된다. 공통된 모습을 두고 말하면 구일이라 하고, 다른 형상을 두고 말하면 유시가 된다[區物一體也者, 謂區類萬物, 凡別相皆共相之一部分也. 自其共相言則俱一, 自其別相言則惟是]"고 하였으며(『墨經校釋』, p.107 참조), 吳毓江은 "유시란 사물 자체의 모습이며 이는 마치 유일무이한 것과 같다[惟是則物之自相, 猶言惟此無二也]"고 하였다(『墨子校注』, p.557). 두 견해를 종합하면 사물 사이에 서로 공통된 요소는 '구일(俱一)'이 되며 '구일(俱一)'의 일부분으로써 오직 한 사물에만 존재하여 서로 분별되는 요소는 '유시(惟是)'라고 이해할 수 있다.

연관되어 있는 공통된 성질을 우선 밝힌 뒤 사물에 내재된 특수성을 파악하라는 것으로 해석된다. 즉 '구일'에 기초하여 '유시'로 나아가는 것이다. 이처럼 사물과 사물 사이에 존재하는 보편성을 바탕으로 특수성을 분별할 수 있어야 편견과 선입견에서 자유로울 수 있으며 사물을 사물로서 인식할 수 있는 것이다.

3) 편거막가소(偏去莫加少)

『묵경』은 사물이 지닌 특수성과 보편성 사이에는 모순적 관계에 있는 것이 아니라 내재적으로 상호 통일된 것임을 말한다. 어떤 사물이 지닌 특수한 성질과 그 사물의 일반성은 상호 분리될 수 없는 관계라는 것이다.

> 제108조 「경하」: 한쪽은 걷어내는 것은 줄어들고 늘어나는 것이 아니다. 그것은 고에 있다 [偏去莫加少, 說在故]. 「경설하」: 편을 설명한다. 사물의 일반 속성은 변하지 않는다 [說偏. 俱一無變].

'편(偏)'이란 '부분'을 의미하는 것으로 '체(體)'와 같은 뜻으로 사용된다. '거(去)'란 '제거하다'로, '막(莫)'은 '무(無)'로, '고(故)'란 '원래의 상태'라는 뜻이다.[37]

「경설하」중의 '구일무변(俱一無變)'의 '구일(俱一)'이란 제113조에서 활용된 것과 같은 의미로서 공통된 속성이 바탕이 된 '모두가 하나'를 의미하며 이는 불교의 '증가하지도 소멸하지도 않는다'는 설, 혹은 장자의 '만물은 이루어짐도 흩어짐도 없다'는 주장을 연상케 한다.[38] '감소(加少)'란 108조를 이해하는데 관건이 되는

---

37 梁啓超, 『墨經校釋』, p.102 참조.

용어로써 '증감(增減)'의 의미를 지닌다.39

가령, 여기에 돌이 있고 돌은 '단단함'과 '흰색'이라는 두 가지의 특성을 지니고 있다고 가정하자. 우리가 돌을 둘로 나누더라도 돌의 근본 속성에는 변함이 없다. 이것은 사물에 어떤 물리적 변화를 가하더라도 그 고유 성질은 변함이 없다는 사물 인식에 바탕을 둔 이론이며 물리학이 고도로 발전되기 이전까지만 해도 하나의 진리로 통용된 것이기도 하다. 이러한 인식은 『묵경』이 자연 현상에 대해 합리적인 사고를 하고 있었음을 증명하는 좋은 사례이기도 하며, 실제 묵가들은 이러한 인식을 토대로 하여 고대 중국 과학 사상을 발전시켜 나갔다.

> 제104조 「경하」: 돌이 지닌 속성 한 부분을 없애더라도 돌을 말하면 버린 속성이 잇닿아 있다. 그것은 인에 있다 [一偏棄之, 謂而因是也, 說在因].

'일편기지(一偏棄之)'에서의 '일(一)'은 공손룡이 「견백론(堅白論)」에서 제시한 '어석일야(於石一也)'의 '일'과 동일하며 돌을 의미한다. '설재인(說在因)'에서의 '인(因)'은 '단단함과 흰색이 서로 섞여 있다[堅白之攖相盡]'에서의 '앵(攖)'과 같은 의미로40 '서로 잇닿다'라는 뜻으로 풀이된다. 돌은 '단단함'과 '흰색' 두 가지의 속성을 지니고 있다. 그런데 우리가 돌에 대해 말할 때 '단단함'만을 이야기하고 '흰색'은 이야기하지 않아도 듣는 사람은 진술되지 않은 '흰색'을 연상한다. 이것은 '단단함'이나 '흰색' 모두 돌의 핵심적 속성이며 이러한 속성은 서로 분리되어져 있는 것이 아니라 언제나

---

38 張純一, 『墨子集解』, p.324 참조.
39 鄧高鏡, 『墨經新釋』, 商務印書館, 1934, p.64.
40 陳孟麟, 『墨辯邏輯學』, 齊魯書社, 1983, p.206.

융합되어 있기 때문이다.

대부분의 사물은 각기 다른 성질이 서로 뒤섞여 구성되어 있다. 그리고 그것을 감지하는 우리의 감각 기관도 다양하다. 그런데도 우리는 사물을 구성하는 성질 중 한 가지 중요한 특성에 대한 설명만으로도 그 사물의 또 다른 특성을 이해하게 된다. 이는 우리의 인식이 경험과 매우 밀접한 관계에 있음을 의미하는 것이며 우리의 경험적 요소가 사물을 인식하는데 중요한 역할을 수행한다고 볼 수 있는 것이다. 이것이 『묵경』 제104조가 말하고자 하는 것이다.

다음은 위에 제시된 이론을 바탕으로 사물이 지닌 특성을 종합하여 인식에 도달하는 경우이다.

> 제105조 「경하」 : 버릴 수 없다고 말할 수 있는 것은 각기 독립된 두 개의 사물이다. 그것은 견과 불견, 돌과 견백, 넓이와 길이에 있다 [不可偏去而二, 說在見與俱, 一與二, 廣與修]. 「경설하」 : 흰색은 볼 수 있고 단단함은 볼 수 없으므로 돌이 지닌 단단함과 흰색이 분리될 수 있는 것이 아니다. 돌과 견백은 서로 융합되어 있다. 이는 마치 넓이와 길이가 서로 합쳐져 있는 것과 같은 것이다 [說. 見不見離, 一二不相盈, 廣修, 堅, 白].[41]

'구(俱)'는 '불견(不見)'의 두 글자가 잘못 합쳐진 것이다.[42] '일여이(一與二)'는 '견(堅)'과 '백(白)'의 두 가지의 속성이 하나의 사물[石]로 이루어져 있음을 의미한다.[43] 『묵경』에 제시된 '견(堅)'과

---

41 高 亨은 張純一의 견해를 인용하면서 '구(俱)'를 '不見'으로 해석한다(『墨經校詮』, p.114 참조). '수(修)'는 본래는 '순(循)'이었으나 대부분의 학자들이 유월(兪樾)의 고증에 근거하여 '수(修)'로 교정하고 있으며 '수단(修短)'의 '수(修)'와 같은 의미로 사용하고 있다.
42 陳孟麟, 『墨辯邏輯學』, 齊魯書社, 1983, p.207.
43 孫詒讓, 『墨子間詁』: "이는 곧 흰색이라는 것과 단단함이라는 성질은 둘이 되지만 색과 성

'백(白)'에 관한 이론은 공손룡의 「견백론」과 긴밀한 관계가 있다고 생각하여 「견백론」에 입각하여 『묵경』을 분석하는 경우가 많다.44 그러나 양자 간에는 분명한 차이점이 존재하며 이 점에 대해서는 글의 끝 부분에서 언급하겠다.

우리가 사물을 인식할 때 편면적 인식은 완전한 인식이라고 말하기 어렵다. 왜냐하면 사물은 외형적으로 표출되는 부분과 그렇지 않은 부분이 있고, 또한 '견(堅)'과 '백(白)'처럼 하나의 사물에 서로 융합되어져 있는 경우도 있으며, 어떤 사물의 '관(寬)'과 '장(長)'처럼 서로 분리되어 고찰할 수 없는 것들이 있기 때문이다. 그러므로 가장 이상적인 인식은 우리의 감각 기관을 활용하여 수집된 정보를 하나로 종합할 때 우리는 진정한 인식에 도달할 수 있는 것이다.

> 제67조 「경상」: 견백은 서로 분리될 수 없다 [堅白, 不相外也]. 「경설상」: 견백이 다른 곳에서 서로 융합되지 않는다면 서로 분리된 것이며 상외가 될 것이다 [堅; 異處不相盈, 相非, 是相外也].

위의 '불상외(不相外)'는 동일한 물체, 즉 하나의 사물에 내재된 구성 부분들은 나눌 수 없다는 것을 의미한다.45 『설문』에 의하면 '비(非)'는 '위(違)'라고 하였고, 다시 '위(違)'는 '이(離)'의 의미를 지닌다고 한다. 그러므로 '외(外)'라고 한 것은 서로 분리되어 배척되고 있음을 뜻하며, '영(盈)'이라고 함은 서로 합쳐져 아예 분

질은 동일한 물체임을 말하는 것이다[卽說白一堅二, 色性同體者也]."

44 『墨經』과 공손룡과의 관계, 이 문제는 『墨經』의 형성 시기와 맞물려 매우 민감한 문제가 아닐 수 없다. 견백과 관련된 『墨經』의 이론이 공손룡의 견해에 대한 비판이 확실하다면 『墨經』의 성서 연대는 전국 중기 이후가 될 것이지만, 공손룡이 묵가 혹은 『墨經』의 견해를 반박하면서 그의 「견백론」을 제기했었을 수도 있다.

45 孫詒讓, 『墨子間詁』: "하나의 물체임을 말하는 것이다[言同體也]."

리될 공간이 없음을 말하는 것이다.46

『묵경』은 '견(堅)'과 '백(白)'이 서로 분리되는 개념이 아님을 강조한다. 돌이라고 하는 사물에는 촉각으로써 인지되는 '견'과 시각으로써 파악되는 '백' 양자의 서로 다른 속성이 내재적 통일을 이루고 있다는 것이다. 단단함에는 흰색을 지니고 있으며 흰색에는 또한 단단함을 지닌다. 그리고 이 양자의 개념을 나눌 수는 없으며 만약 그것을 나누게 될 때 돌이라는 하나의 객관적인 사물이 존재할 수 없다는 것이다. 혹 '견'과 '백'이 서로 다른 곳에 처하여 서로 융합되어 있지 않거나 서로 융합되어질 수 없는 것이라면 '견백'은 서로 분리될 것이며 이를 '상외(相外)'라고 할 것이다.47 이와 관련하여 『묵경』에서는,

제116조「경하」: 견과 백은 인에 있다 [堅白, 說在因]. 「경설하」: 반드시 서로 합쳐져 있다 [說. 必相盈也].

제115조「경하」: 견백이 서로 분리된다고 말하는 것은 시간과 공간에 대한 인식이 없기 때문이다 [不堅白, 說在無久與宇].

제116조「경하」의 '인(因)'은 '중(重)' 혹은 '의(依)'의 의미를 함축하고 있으며, '견백은 서로 의지하며 영만(盈滿)해져 있다'는 뜻으로 해석되어 진다. 제115조의 '구여우(久與宇)'에서 '구'는 시간, '우'는 공간을 의미한다.

공손룡의 '견백리(堅白離)'설의 요지는 돌을 볼 때 돌의 흰색은 볼 수 있지만 그 단단함은 알 수 없으며, 만져볼 때 그 단단함을

---

46 『墨子校注』, p.509 참조.
47 楊 寬, 『墨經哲學』, 重慶中華書局, 1947, pp.138 - 139.

알 수 있지만 그 흰색은 인지할 수 없다는 것이다.48 그러나 『묵경』은 돌의 '견백'은 언제나 동일한 공간과 시간 속에 존재하는 것이므로 서로 분리될 수 없다고 본다. 이것은 양자 사이에 존재하는 가장 중요한 차이점이라고 볼 수 있다. 『묵경』은 '견'과 '백'을 상호 분리하여 인식하는 태도의 편면성만을 강조하는 오류의 일종이라고 본다. 왜냐하면 인간의 인식이란 공간과 시간의 통합이 가능하며 또 이것을 바탕으로 인식을 해야 한다고 보기 때문이다.

사물의 서로 다른 속성은 상호 통일되어 사물 속에 내재한다. 그런데 시각은 촉각을 통해서 얻을 수 있는 '견'을 인식하지 못하며 단지 '백'이라는 색상만을 인식하게 된다. 그렇다고 '견'과 '백'이라는 두 속성이 분리되어 존재해 있는 것은 결코 아닌 것이다. 이것은 마치 공간과 시간을 상분하여 인식할 수 없는 이치와 동일하다. 결국 인간은 사물이 지닌 구체적 속성을 다양한 감각 기관에 입각하여 관찰하고 인식 주체가 지닌 경험적 요소마저도 활용해 낼 때 체계적이며 완전한 인식에 도달할 수 있음을 시사한 것이다.

사물에 내재된 특성을 인식하여 사물 파악의 원칙을 제시하고자 하는 『묵경』의 이처럼 집요하고 철저한 시도는 묵자(墨者)들의 과학성 제고에 기여했을 뿐 아니라 선진 다른 학파의 인식론에도 적잖은 영향을 끼쳤을 것으로 짐작된다.

『묵경』이 지닌 인식 이론은 오랜 시간동안 그것이 지닌 가치에 상응하는 평가를 받지 못했다. 아니 주목조차 받지 못했다. 이것은 『묵경』 자체의 가치 결핍에 기인하는 것은 아니라고 생각한다. 향후 『묵경』의 인식 이론이 지닌 연구가 보다 심도 있게 진행

---

48 公孫龍,「堅白論」: "不得其所堅而得其所白者, 無堅也; 拊不得其所白而得其 所堅者, 無白也."

되어 그것의 진면목이 규명되기를 기대하며 이 장에서 언급된 주요 부분을 정리하도록 하겠다.

첫째, 『묵경』은 인식을 인간이 지닌 고유의 기능으로 보았고, 이러한 기능을 통하여 우리는 어떤 사물이 지닌 본질에 대해 접근해야 됨을 제시한다. 『묵경』은 인간의 대표적 인식 기관인 시각과 청각을 예로 들어 이러한 점들에 대해 설명하고 있는데, 여기서 우리가 주목해야할 것은 '심(心)'을 인식 작용의 한 부분으로 인식하여 기능을 설명하고 있다는 것이다.

둘째, 묵가의 『묵경』에서 제시된 인식의 여러 형태는 우리가 흔히 '알고 있는 것들'에 대해 그것이 우리들의 인식으로 형성되기까지 어떤 경로를 통하여 우리들의 의식체계 속에 자리 잡는 것인지에 대해 심층 분석을 시도하고 있다. 특히 오감의 직접적인 작용이 아닌 경험에 의해 형성된 인식에 관한 이론은 매우 독특하며 이는 묵가 인식론 전반의 주요한 특징으로 자리매김 하였다.

셋째, 인식의 대상과 그것이 우리들에게 인식으로써 작용하는 과정에 대해서도 『묵경』은 소상히 밝히고 있다. 즉 인식의 대상을 찾아 감각 기관을 통해 접촉하며 관찰과 분석 등의 과정을 통해 최종적으로 참된 인식에 도달한다는 과정을 제기한 것이다. 오늘날의 관점에서 보면 이것은 당연한 것으로 간주될 수 있으나, 당시의 사상과 철학적인 관점에서 볼 때 실로 획기적인 이론이 아닐 수 없다.

넷째, 『묵경』의 인식에 관한 몇 가지의 원칙은 사물에 내재하는 상동과 상이 등의 본질적인 특성에 주목하여 사물을 구별하는 기준으로 삼고 있으며, 사물은 동일한 속성을 지니면서도 동시에 구별되는 속성을 지니고 있다는 이론을 제기하였다. 특히 사물에 내재된 특성에 대한 고찰로써 제시된 『묵경』의 '견백론'은 묵가가 지닌 인식론의 성격과 수준을 가늠하는 중요한 척도가 된다.

묵가의 『묵경』에 내재된 인식에 관한 이론은 상호 연계성을 지닌 이론 체계를 구성하고 있으며 이러한 이론은 묵가가 현실세계 속에서 생산에 참여하거나 혹은 여타의 학파와 논변을 진행하는 과정 등에서 광범위하고 유효적절하게 운영되었다. 특히 묵가를 위시한 선진 시대 자연 과학 사상에 대해 심각한 영향을 끼쳤을 것으로 추정된다.

선진시대, 수많은 학파가 독창적인 사상을 전개시켰다. 그들의 사상 기저에는 분명 '앎이 무엇인지', '어떻게 앎에 도달할 수 있는지'에 대한 의문이 필연적으로 제기되었을 것이다. 『묵경』의 인식 이론은 이들에게 어떤 영향을 주었을까? 이점은 이상의 초보적인 고찰을 토대로 지속적인 연구가 필요한 부분이라고 본다.

03 묵자 교육 사상

묵자의 교육 사상과 체계는 그의 도덕적 이상을 실현하기 위하여 정립된 것이라고 볼 수 있다. 이것은 공구(孔丘)와 견주어 볼 때 특별한 차이점이 보이지 않는다. 양자 모두 하(夏), 은(殷), 주(周) 이후의 사상적 전통을 계승하여 노(魯)나라에 교육적 근거지를 설립하고 교육 사업에 종사하였으며, 교육의 대상에 대해서도 차별을 두지 않고 심지어 사회적으로 소외된 사람들마저도 교육의 대상으로 설정한 점, 주유천하(周遊天下)를 통하여 자신의 신념과 철학을 전수하는 일에 열중하였으나, 생존 시에는 제대로 인정받지 못했다는 점 등 많은 부분에서 공통점이 발견된다.

그러나 양자 사이에는 다음과 같은 명확한 차이점도 있다. 우선, 공자의 경우 상류 계층을 염두에 두고 종법(宗法) 신분 사회를 공고히 하기 위한 방편으로 그의 교육 철학을 전개해 나갔으나, 묵자는 전통적이고 세습적인 신분을 타파하는데 교육의 목적을 두고 있다. 교육의 내용과 방법적인 측면에서도, 형이상학적 가치 추구에 그 뜻을 두었던 공자와는 달리 묵자는 교육이 지닌 실질적 기능에 대해 접근하여 당시 사회에 바로 적용될 수 있는 유용한 지식들을 체계적으로 이론화하였다. 특히 묵자는 제자들을 대상으로 실시한 가르침에 대해서는 철저한 실천을 강조하였는데, 이러한 실천 중시의 교육 사상은 묵가 학파의 중요한 특징으로 이해되고 있다.

그렇다면 묵자는 과연 어떤 방법으로 당시 시대가 지닌 모순을 극복하고 인간이 인간답게 사는 사회를 만들고자 하였는가? 또 인간이 지닌 불합리성을 극복하기 위해서 어떤 교육적 처방을 내리고 있는가? 이 장에서는 이러한 것들을 중심으로 고찰하여 제시해 보고자 한다.

1. 교육의 필요성

1) 교육은 곧 '위의(爲義)'

묵가 철학의 전반적 성향을 한 마디로 요약한다면 그것은 '의(義)'일 것이다. 묵자는 "의(義)보다 더 소중한 일은 없다."[1]고 하여 의를 모든 행위의 귀결점이 되어야 함을 논변한다. 여기서 묵자가 강조하는 의란 사리에 맞고 바람직한 행위, 즉 "천하의 이로움을 일으키고, 해로움을 없애는 행위"[2]를 이르는 것이다. 묵자가 보기에 당시 사회가 극도의 혼란에 처하게 된 근본 원인은 바로 의에 대한 올바른 인식과 이를 수행하고자 하는 의지가 결여되었기 때문이며, 만약 천하의 사람들이 의를 행위의 준거로 삼는다면 서로 사랑하고, 서로의 이익을 위해 일을 도모하는 이상 사회 건설도 충분히 가능할 것이라고 생각하였다.

주목할 점은 묵자는 스승이 제자를 대상으로 시행하는 각종

---

1 『墨子』「貴義」: "萬事莫貴於義."
2 『墨子』 전반에 제시되고 있는 "興天下之利, 除天下之害"의 명제는 도덕적 이상 사회를 건설하기 위한 묵가의 과제이며 목표이다. 이를 달성하기 위하여 묵가는 "머리부터 발꿈치까지 털이 다 닳아 없어지더라도 천하를 이롭게 하는 일이라면 행하고(摩頂放踵利天下爲之)(『孟子』,「盡心」上)", 스스로 혹독하게 채찍하여, "잠시도 쉬는 경우가 없었으며…(중략)…참으로 이로운 존재였다(日夜不休…(중략)…墨子眞天下之好也)(『莊子』,「天下」)."라고 전해 온다.

의 교육 활동, 즉 학생으로 하여금 경전을 학습하게 하고 덕을 길러 보편타당한 행위를 하는 사람으로 키우기 위한 교육적 행위도 곧 의라는 생각을 지니고 있었다는 것이다. 다시 말해, 가르치고 배우는 행위 그 자체가 사회적 병리 현상을 치유하고 바람직한 사회를 건설하는 의로운 행위라고 믿었던 것이다.

묵자는 자신뿐 아니라 천하에도 이로움을 도모하는 교육을 확산시키기 위해 특유의 설법으로 제자들을 설득시켜 나갔다. 먼저 묵자는 관직에 천거해 주겠다는 조건으로 제자가 교육 활동에 참여하기를 종용한다. 묵자의 권고로 제자는 학문을 시작하게 되었고, 얼마 후 제자가 약속대로 관직을 요구하자 다음과 같이 제자를 설복시키고 있다.

노나라에 다섯 형제가 있었는데 아버지가 죽었으나, 맏형은 술만 마시고 장례를 지내지 않았다. 보다 못한 네 동생들이 장자인 형에게 술을 주겠다고 설득하여 가까스로 아버지 장례를 지내게 되었다. 장례가 끝나자 형은 술을 요구하였다. 이에 네 동생은 '우리는 술을 줄 수 없다. 형은 형의 아버지 장례를 지낸 것이고, 우리는 우리 아버지의 장례를 지낸 것뿐인데 우리들의 아버지 장례만 지낸 것처럼 말을 하는가? 자식 된 자가 아버지의 장사를 지내지 않는다면 남들이 흉을 볼 것이니 형에게 권고하여 장례를 치르게 한 것이다. 형은 형의 의를 실행했고 우리는 우리의 의를 실행했는데 어찌 우리만을 위한 일을 한 것처럼 술을 요구하는가?'라고 하였다. 나는 그대가 공부하지 않는다면 남들이 비웃는 것이니 그대에게 공부하기를 권했을 뿐이다."3

---

3 『墨子』「公孟」: "魯有昆弟五人者, 其父死, 其長子嗜酒而不葬, 其四弟曰:子與我葬, 當爲子沽酒. 勸於善言而葬, 已葬而責酒於其四弟. 四弟曰:吾未予子酒矣. 子葬子父, 我葬吾父, 豈獨吾父哉? 子不葬, 則人葬子笑, 故勸子葬也. 今子爲義, 我亦爲義, 豈獨

묵자의 논지는 아들 된 자가 아버지의 장사를 지내는 것이 어떤 조건이 필요 없는 당연한 일인 것처럼 교육 활동도 마찬가지라는 것이다. 장례를 거행하지 않은 아들이 주위의 비난과 질책을 면하기 어려운 것과 마찬가지로 교육 활동을 게을리 하는 학생 역시 비웃음의 대상이 된다는 것이다.

묵자는 교육이란 누가 누구를 위해서 하는 것도, 어떤 부가적 혜택을 얻기 위하여 하는 것도 아닌, 인간이면 마땅히 행해야만 하는 일종의 의무적 행위임을 주장하고 있는 것이다. 그리고 이러한 의무에 대한 실천이 선행되어야 국가와 사회에 도움이 되는 의로운 일을 제대로 수행하게 되는 것이므로 교육이 곧 '위의(爲義)'라는 명제를 강조하게 된 것이다.

예나 지금이나 배움을 즐기는 자는 드물다. 묵자의 제자 중에도 배우기를 게을리 하는 제자가 있었다. 묵자의 질책이 이어졌고, 제자는 자신이 배우려하지 않는 것은 '주위 사람 중 공부하는 사람이 없기 때문'이라는 궁색한 변명을 하였다. 이에 묵자는 다음과 같이 말하였다.

> 그렇게 생각하는 것은 옳지 않다. 집안사람 중 아름다운 것을 좋아하는 사람이 없다고 해서 그것을 마다하겠는가? 집안에 부귀를 좋아하는 사람이 없다고 해서 부귀를 마음에 두지 않겠는가? 무릇 아름다운 것과 부귀한 것은 다른 사람들이 그것에 대해 어떻게 생각하든 관계없이 염원하는 것이다. 천하에 의를 실행하는 것보다 더 소중한 일은 없다. 다른 사람의 눈치를 볼 필요 없이 실행하여야 하는 것이다."4

我義也哉?子不學則人將笑子, 故勸子於學."
4 위와 같은 곳, "有游於子墨子之門者, 子墨子曰: 蓋學乎? 對曰: 吾族人無學者. 子墨子曰:不然. 夫好美者, 豈曰吾族人莫之好, 故不好哉? 夫欲富貴者, 豈曰我族人莫之欲, 故

여기서 묵자가 말하는 의란, 곧 배움을 의미하는 것이다. 의로운 행위는 그 자체로 숭고한 의미와 가치를 지니는 것이다. 마찬가지로 자신에게 전제된 조건이 어떻든 자기 자신을 다듬고 소양을 길러 나가는 것 역시 그 자체로 소중한 행위이기 때문에 누구를 의식하여 하고, 하지 않고를 결정할 사안이 아닌 것이다.

그러나 무조건 교육을 받는다고 시대와 사회가 필요로 하는 이상적인 인간으로 형성되는 것은 아니다. 누구로부터 어떤 목적으로 어떤 내용의 교육을 받느냐에 따라 학생에게 나타나는 교육적 성과는 천차만별이며 때로는 예기치 않은 역기능도 생겨나기도 한다. 묵자는 실에 물들이는 일을 예로 삼아 교육 활동이 개인에게 미치는 영향을 이야기한다.

> 청색의 염료를 사용하면 청색으로 변하고 황색 물을 들이면 황색으로 변한다. 염료가 다르니 실의 빛깔도 따라 변한다. 다섯 염료를 사용하면 다섯 빛깔로 변한다. 따라서 물들이는 일은 참으로 신중하지 않으면 안 된다."5

즉 교육은 마치 실을 염색하는 것과 같이 어떤 색으로 물을 들이느냐에 따라 다른 결과가 나타난다. 이때 '염료'는 학파나 스승을 의미하며, '실'은 곧 교육을 받는 학생이 된다. 사람들이 염색하는 작업을 매우 신중하게 하는 것과 마찬가지로 교육 과정에서 누구에게 무엇을 가르치고 배우느냐 역시 신중하지 않을 수 없다는 것이다.

不欲哉? 好美, 欲富貴者, 不視人猶强爲之, 夫義, 天下之大器也. 何以視人? 必强爲之."

5 『墨子』「所染」: "染於蒼則蒼, 染於黃則黃. 所入者變, 其色亦變, 五入必而已則爲五色矣. 故染不可不愼也."

묵가에서 말하는 교육이란 인간을 변화시키는데 궁극적 목적을 두고 있다. 이때의 변화란 정신적 측면에서 행동의 변화까지를 포괄하는 개념이라고 볼 수 있는데, 비록 초보적 단계이지만 묵자는 교육이 인간에게 미치는 영향에 대하여 분명한 견해를 지니고 있었으며 이를 바탕으로 사회를 개조해 나가고자 했던 것이다.

2) 교육의 목적과 의의

묵자가 제시한 교육의 지향점은 묵가의 교육내용과 방법 등에 결정적인 요소로 작용하였다. 또한 그들이 달성하고자 했던 교육 목적은 오늘날 우리가 묵가 교육 철학의 특징을 이해하는 데에도 중요한 단서를 제공한다.

묵자에 의해 교육된 한 젊은이가 전쟁터에서 생명을 잃었다. 자식을 묵가에 맡겨 교육을 청탁한 부모의 의도는 자식이 격변의 시대 속에서 끝까지 살아남아 행복을 누리는 것이었을 것이다. 그런데 남다른 교육을 받고도 호강은 고사하고 생명까지 잃게 되자 묵자에게 원망과 질책을 쏟아 부었다. 이때 묵자는 다음과 같이 답한다.

> 그대가 아들을 나에게 맡겨 가르침을 청하니, 내 모든 것을 다 전수하였다. 그런데 전쟁에서 희생되니 나를 원망하는구나. 이는 곧 식량을 팔려고 나갔다가 다 팔리자 분노하는 이치와 같으니 어찌 황당하다 하지 않겠는가?"[6]

---

6 『墨子』「魯問」: "子欲學子之子, 今學成矣, 戰而死, 而子慍, 是猶欲糶, 售則慍也, 豈不悖哉."

앞서 언급한 바와 같이 묵자가 인식했던 교육이란 사회적으로 가치 있는 것의 전수를 통해 인재를 배양한다는 1차적 목적을 뛰어 넘어 배양된 인재로 하여금 사회를 위하여 일하게 하는 것에 주안점을 두고 있다. 즉 교육이란 사회를 위하여 헌신과 봉사할 수 있는 인간을 키워 내는데 그 궁극적 목적이 있다는 것이다.

전쟁터에 나가 공동체를 위해 자신을 희생한 행위는 교육을 통하여 얻고자 한 바를 모두 달성한 것인데, 이를 원통해 하는 것은 마치 장사꾼이 자신이 팔고자하는 물건이 모두 팔려서 억울하다고 푸념하는 것과 같다는 것이 묵자의 논변이다. 이렇듯 묵자가 교육 활동을 통하여 실현하고자 했던 최종 지향점은 개인의 영화와 부귀가 아닌 공공선을 추구하는 것임을 알 수 있다.

선진 시대의 모든 학파와 학자들이 교육적 행위에 대하여 긍정적인 주장만 견지한 것은 아니었다. 일부의 학자는 올바른 교육이 이루어지지 않을 때 발생할 수 있는 역기능에 대해서도 지적하였고, 심지어 교육은 인간관계를 경쟁으로만 치닫게 하는 그릇된 행위임을 부각시켜 무용론(無用論)을 내세우기도 하였다. 이 점과 관련하여 『묵경』에서는 다음과 같이 전한다.

「경하」 : 배움은 이로움이 있다. 그 이유는 비(誹)에 있다.
「경설하」 : 배움에 정녕 이로움이 없다면 이 역시 가르쳐야 한다. 이로써 배우는 것이 무익함을 알게 되는데 이것이 곧 교육이다. 배우는 것은 무익하다고 하는 것 자체도 곧 교육이니 이로움이 없다는 것은 잘못된 것이다."7

---

7 「經下」: "學之益也, 設在誹也." 「經說下」: "以爲不知學之無益也, 故告之也. 是使知學之無益也. 是敎也. 以學爲無益也敎, 悖."

잘못된 가르침은 개인에게 치명적일 수도 있을 뿐만 아니라 사회를 혼란시키는 중대한 원인이 되기도 한다. 그러나 묵가는 교육이란 분명 유익한 것이라고 단언하고 있다. 왜냐하면 설령 배움은 이로움이 없는 것이라고 말하는 학파의 견해가 사실이라 할지라도 이 역시 교육적 수단에 의하여 전수되어야 하는 것이므로 교육은 무익하다는 주장은 스스로 논리적 오류에 빠지는 것이라고 보았기 때문이다.

도가 학파의 비조(鼻祖) 노자는 "배움을 끊으면 근심이 없다[絶學無憂]("노자』 20장)."[8]라고 하여 세속에서 유행하는 가르침이 오히려 인간의 자연적인 덕성을 그르치고 혼란을 부추겼다고 강변하였다. 그러나 만약 노자의 이러한 관점을 세상에 전수하고자 한다면 어떤 방법을 사용해야 할 것인가? 당연히 교육적 방법과 수단을 통할 수밖에 없다는 것이 묵가의 관점인 것이다.

나아가 묵자는 자신의 안심입명(安心立命)만을 위하여 당시 사회가 구현해야 할 올바른 도리를 감추고 다른 사람에 대하여 가르침을 펼치지 않는 것은 천하의 혼란을 가중시키는 의롭지 못한 일이며 이는 마치 금수(禽獸)의 세상에서나 있을 수 있는 일이라고 보았다. 교육이란 동물의 세계에서는 찾아 볼 수 없는 오직 인간만이 지닌 특성이며[9] 따라서 덕성을 갖춘 선지자는 어떤 틀에 구애받지 않고 언제 어디서라도 가르침을 펼쳐 사회적 책무를 다해야 한다고 보았다.

---

8 노자는 "지혜가 발달하자 인위적인 일들이 널리 퍼지게 되었다[智慧出, 有大僞](『노자』 18장)."라고 하여 '지(智)'가 인간을 기만하여 사회를 도탄에 빠뜨렸다고 주장한다. 따라서 바람직한 경지는 인간의 자연성을 족쇄처럼 묶어 놓은 지식과 규범 그리고 제도를 끊어버린[絶聖棄智](『노자』 19장) 상태이며, 이는 곧 어린아이의 상태로 되돌아가는 것이라 본다.
9 묵자가 「尙同」 상편에서 제기한 "훌륭한 도를 감추고 서로 가르치지 않음으로써 금수와 같았다[隱匿良道, 不以相敎, 天下之亂, 若禽獸然]."고 한 진술은 인간과 동물의 구분을 '교육적 행위의 유무에 두는 것이다. 묵자는 당시 사회에 만연된 혼란은 오직 자신의 영욕만을 추구하며 시대적 아픔에 무관심한 지식인들의 무책임에 기인한다고 보았다.

따라서 묵자가 제시한 이상적인 인간, 혹은 묵자 스스로 본받고자 했던 참된 지성의 모습이란 "침묵을 하면 깊이 있는 사고를 하고, 입을 열어 말을 하면 곧 가르침을 전수하는 것이며, 남에게 이로움이 되는 행위를 적극 실천하는"[10] 존재를 의미하였다. 선진(先秦)시대의 교육 사상사 속에서 가르치고 배우는 일, 즉 교육적 행위의 목적과 의의에 대하여 이처럼 명확하고 철저하게 제시된 경우를 찾기란 결코 쉬운 일이 아니다.

2. 교육의 내용과 방법

1) 담변(談辯), 설서(說書), 종사(從事) - 교육의 세 영역

교육이란 그 시대가 요청하는 바람직한 인간을 육성하는 데 있다. 그런데 '바람직한 인간'이란 고정 불변의 개념이 아니며 또한 그들을 배출하기 위한 방법도 시대에 따라 달랐다. 다만 '교육'이라는 용어가 사용되기 시작한 그 기원에서 짐작할 수 있듯이 '배우지 않으면 인간으로써 제구실을 할 수 없다.'라는 인식은 매우 오래된 동양의 전통이다. 이러한 관점을 기저로 하여, 묵자는 교육 행위란 단순히 '전수'라는 기본적 기능을 떠나 사회적 정의를 실천하고 진보시키는 것이라는 견해를 주장함으로써 교육의 의의와 중요성을 부각시켰고, 이를 바탕으로 당시 사회가 요구하는 소양을 지닌 인재를 육성해 나갔다.

특히 묵자는 '담변(談辯), 설서(說書), 종사(從事)'의 세 영역을 교육의 주요 내용으로 설정하고 인재를 배양해 나갔는데, 이러한 영역은 묵가 학파가 지닌 교육 이론과 방법의 특징을 잘 보여 주

---

10 『墨子』「貴義」: "默則思, 言則教, 動則事."

고 있다. 먼저 묵자는 다음과 같이 말한다.

> 어떤 일이 의를 행하는데 가장 시급한 일이겠는가? 그것은 마치 성을 축성하는 것과 같은 일이다. 쌓아 올리기를 잘 쌓는 자는 쌓아 올리고, 흙을 잘 파는 자는 파고, 이런 후에 성이 만들어지는 것과 마찬가지로 행의(行義)도 그러하다. 말을 잘하는 자는 말을 하고[談辯], 글을 잘 짓는 자는 글을 짓고[說書], 일을 잘하는 사람은 일을 하게 하는 것[從事]이 일을 성사시키는 것이다.11

묵가에 있어서 담변(談辯), 설서(說書), 종사(從事)의 세 부분은 당시 사회에서 일정한 역할을 하기 위해서는 반드시 수련해야 하는 분야이다. 그런데 이에 대한 교육은 먼저 학생의 자질과 재능을 고려하여 배양되어 질 때 각 영역이 지향하는 교육적 목적을 충분히 달성할 수 있는 것이며, 따라서 묵자가 추구한 이상적인 교육 방법이란 학생 개개인이 지닌 재능을 잘 파악하여 그것을 극대화하는 것이다.

담변(談辯)이라는 과정에서 강조된 부분을 분석하면 마치 오늘날의 논리학과 흡사하다고 볼 수 있으나, 보다 넓고 깊은 측면에서 살펴본다면 언어학적인 분야라고 해야 옳을 것이다.12 사실 이 부분은 묵자가 일생을 통하여 그 중요성을 강조하였으며, 묵가 교육 활동 과정 중 가장 기본적인 내용이라고 해도 과언이 아닐 것이다.

---

11 『墨子』「耕柱」: "爲義孰爲大務? 子墨子曰:譬若築牆然, 能築者築, 能實壤者實壤, 能欣者欣, 然後牆成也. 爲義猶是也. 能談辯者談辯, 能說書者說書, 能從事者從事, 然後義事成也."

12 이 부분은 중국 고대의 논리학의 한 부분으로 이해되고 있으나, 형식과 논지 등의 여러 측면에서 볼 때 논리학적인 접근으로 해결되지 않은 점들이 많다. 그리고 묵가의 담변(談辯)은 명제 일반구조 연구의 체계성과 효과적인 추론 형식이 결여되어 있는 까닭에 묵자의 언어학을 논리학으로 보는 것은 다소 견강부회(牽强附會)라고 생각한다. 묵자가 『墨子』를 통하여 제시하고자 했던 담변이란 논리학인 영역보다 광범위한 언어학적 관점에서 해석되어져야 한다고 본다.

지혜롭다함은 내면적 분별력이 뛰어나 번잡하게 말하지 않음이오…
(중략)… 말을 많이 하는 것 보다 지혜롭게 하는데 힘쓰며 드러내놓
는데 보다 살피는데 주안점을 두어야 한다."13

담변(談辯)이라는 교육내용을 통하여 묵자가 이루고자 했던 기본 목적은 가장 적합한 언어적 표현을 사용하여 합리적인 사상을 도출해 내는 것이다. 이는 단순한 언어적 유희가 아닌, 진리를 유추하기 위한 논리적 언변을 강조한 것이다.
『묵자』「소취」에는 담변(談辯)에 대하여 다음과 같이 언급하여 그것의 작용과 중요성에 대해 설명하고 있다.

변론이란 시비(是非)의 구분을 분명히 하는 것이며, 치란(治亂)의 원인을 규명하는 것이며, 동이(同異)의 차이를 밝히는 것이고, 명실(名實)의 이치를 살피는 것이며, 이로움과 해로움을 구분 짓고 의혹을 풀어 나가는 것이다."14

사람들 사이에 야기되는 각종의 분쟁은 말로써 생겨나고 또한 말로써 해결된다. 묵자는 당시 사회가 지닌 많은 문제점 역시 언어에 대한 올바른 사용을 통해 상당 부분 해소할 수 있다고 믿었다. 즉 진리에 대해 올바른 주장을 펼치는 것이 결론적으로 사회를 안정시키는데 매우 중요한 요소가 된다는 것이다. 그리하여 묵자는 이러한 담변(談辯)을 제자들이 반드시 배우고 익혀 실천해야 할 주요 교과 내용으로 설정하고 실제 교육 과정 속에서 심도

---

13 『墨子』「修身」: "慧者, 心辯而不繁說…(중략)…言無務爲多而務爲智, 無務爲文而務爲察."
14 『墨子』「小取」: "夫辯者, 將以明是非之分, 審治亂之紀, 明同異之處, 察名實之理, 處利害, 決嫌疑, 焉摹略萬物之然, 論求群言之比, 以名擧實, 以辭抒意, 以說出故."

있고 광범위하게 실행해 나갔다.

설서(說書)는 전통적인 지식과 새로운 지식에 걸쳐 광범위한 정보를 소화하고 이를 바탕으로 사건이나 사물이 지닌 내재적 의미를 파악하는 것으로써, 주된 학습 내용은 경전(經典)에 내재하는 사상적 의미를 궁구하는 것을 말한다. 특히 묵자는 과거의 경험과 지식을 바탕으로 바람직한 지식을 유추하고, 그것으로써 사회적 결함과 모순을 치유하기 위해 설서(說書)의 중요성을 강조하였다.

묵자는 고대 학문에 대해 매우 해박한 지식을 소유하고 있었다. 그의 지적 편력을 언급한 당시의 문헌을 통해 볼 때 묵자가 지닌 지식은 보통 사람들이 상상할 수 없는 독서량에서 비롯되고 있음을 알 수 있다.15 그리고 묵자는 이러한 전통적 지식을 토대로 현실 사회에 맞는 새로운 이론을 창출하고자 하였다.

이와 달리, 유가에서는 공자 이래로 군자는 창작하지 않고 다만 기술할 뿐임을 자랑처럼 주장해왔다. 이러한 유가에 대해 묵자는 현실 사회에 대한 올바른 태도가 아님을 지적한다.

> 그것은 잘못된 생각이다. …(중략)…나는 옛날의 좋은 것을 따르고 지금의 좋은 것을 새로 만들어야한다고 생각하는데 이것은 좋은 것이 더욱 많아지기를 바라기 때문이다."16

---

15 『莊子』「天下」편에는 묵자를 배우기를 좋아하고 박식한[好學而博] 학자라고 평가하고 있다. 묵자 스스로도 위로는 윗사람을 섬겨야 하는 번잡함과 아래로는 먹고 살아야 하는 어려움이 없으므로[上無君上之事, 下無耕農之難], 주공(周公)과 같이 아침나절에 백편을 읽는 것[朝讀書百篇]이 가능하다고 하였으며, 길을 떠날 때조차 수레에는 많은 책들이 실려졌다[載書甚多]고 기술되어 있다(『墨子』「貴義」). 또한 『墨子』에서는 『詩經』, 『書經』 등의 고전을 인용하여 예증하는 경우가 많은데, 이 역시 그의 박식함을 보여주는 부분이라고 할 수 있다.

16 『墨子』「耕柱」: "公孟子曰: 君子不作, 述而已. 子墨子曰: 不然, 人之其不君子者, 古之善者不述, 今也善者不作. 其次不君子者, 古之善者不述, 已有善則作之, 欲善之自己出也. 今述而不作, 是無所異於不好述而作者矣. 吾以爲古之善者則述之, 今之善者則作之, 欲善之益多也."

과거의 바람직한 일을 단순히 전수하는 것을 '술[述]', 쓸모 있는 일을 새로이 만들어 내는 과정을 '작[作]'이라고 한다. 묵자는 창작을 생각하지 않는 것은 사회에 대하여 무책임한 행위이며, 사회의 진정한 진보는 오직 새로움에 도전하는 창조적 정신을 원동력으로 삼아야 한다고 보았다. 이러한 창조적 정신을 바탕으로 낡은 문화를 새로운 제도와 문화로 바꾸어 나가고자 하는 것이 설서(說書)를 통하여 달성하고자 했던 묵자의 교육 목표였던 것이다.

설서(說書)를 통한 묵가의 교육은 당시의 각종 이론을 바탕으로 새로운 원리를 궁구하는 단계까지 접근해 나갔으며 이러한 것들은 현실 사회, 즉 종사(從事)부분에서 응용되어 백성들의 실생활에 도움을 주기에 이른다.

묵자는 담변(談辯)이나 설서(說書)의 과정을 통하여 사물에 내재된 원리를 찾아 정립하고, 이러한 이론들을 현실 사회에 적용하여 백성들의 현실적인 삶에 도움이 되고자 하였다. 이는 묵가 교육 사상이 실질을 숭상하는 실용주의적 교육관[17]과 깊은 연관을 지니고 있음을 보여 주는 것이기도 하다.

묵자는 평생을 통한 교육 활동 속에서 그 무엇보다도 실천의 의의와 중요성을 강조하였다. 그는 "말한 것은 반드시 실천하라."[18] 언제나 "행동하는 것을 본으로 삼는다."[19] 고 하여 지식이란 실천을 통하여 완성되는 것이며, 실천하지 않는 지식은 공허한 메아리에 불과 하다고 보았다. 또한 그가 이상적인 인간상으로 제시한 '겸사(兼士)'의 조건 역시 실제 행동 과정 중 과연 묵가의 종지

---

17 실용 중시의 묵자의 태도는 인간 행위의 선악마저도 '유용(有用)'과 '무용(無用)'에 의해 그 기준을 삼을 정도였다. 즉 '용(用)'이 없다면 '선(善)'이 될 수 없으며, 모든 '선(善)'한 것은 '용(用)'한 것이라고 생각하였다.

18 『墨子』「公孟」: "口言之, 身必行之."

19 『墨子』「修身」: "行爲本焉."

를 얼마나 제대로 실천하는가에 두고 있기도 하다. "힘이 있는 자는 재빨리 남을 돕고, 재산을 가진 자는 힘써 나누어주며, 도가 있는 자는 부지런히 가르침을 베푼다."[20] 이 말은 묵자의 가르침을 받은 학생들이 사회에 대해 어떤 의식과 책무를 지녀야 하는지를 명확히 표현하고 있다.

묵자는 먼저 제자들이 다방면에 걸쳐 지식을 축적하고, 그것을 활용하여 현실 사회 개선을 위해 적극적으로 실천해 줄 것을 주문하였다. 이러한 묵자의 요망을 충족하기 위해서 묵자(墨者)들은 실제 생활에 도움이 되는 지식을 위주로 수련해야 했고 그것은 최종적으로 실천을 통하여 마무리 되었다. "묵자는 언제나 동분서주하였기 때문에 집의 굴뚝이 검게 될 겨를이 없었다[墨突不黔]."라는 말이 지금도 민간에 회자되고 있는 것은 묵가의 실천력이 얼마나 돈독했는지를 잘 보여주는 점이라고 하겠다.

이러한 실천 중시의 정신은 자연스럽게 생산 노동에 필요한 수공업 지식과 긴밀한 관계를 맺게 되었다. 기록에 의하면, 묵자는 수공업 분야에 출중한 기술을 지니고 있었으며, 다음과 같은 기술과 관련된 기준도 있었다. "공(功)이란 사람들을 이롭게 할 때 교(巧)라 이르고, 사람들에게 도움이 되지 못할 때는 졸(拙)이라 한다."[21] 여기서 '공(功)'이란 기술이나 재능을 통해 얻어지는 결과를 의미한다. 즉 기술과 재능을 '교(巧)'와 '졸(拙)'로 구분할 때 현실 사회와 인간에게 도움이 되느냐를 기준으로 삼아 도움이 되는 것을 '교(巧)'라고 하며 어떠한 도움도 되지 못하는 것을 '졸(拙)'이라고 하였다.

기술과 재능은 인간을 생각하고 인간을 위한 것이어야 함을

---

20 『墨子』「尚賢」下: "有力者疾以助人, 有財産者勉以分人, 有道者勸以教人."
21 『墨子』「魯問」: "所爲功, 利於人謂之巧. 不利於人謂拙."

지적하고 있는 것이다. 이는 인간을 소외시킨 채 기술의 진보만을 추구하다가 가치전도의 혼란을 빚고 있는 오늘날의 우리에게 많은 시사점을 던져 준다.

묵자는 교(巧)와 졸(拙)을 구분하는 정신을 토대로 백성들의 생활에 직접적으로 필요한 생산 기술을 개발하고 교육을 실행해 나갔다. 이러한 과정에서 나타난 묵가의 객관적 실험을 중시하고 주관적 억측을 배제하는 과학적 태도는 중국 고대 수학, 기하학, 광학, 물리학 등의 이론 정립과 발전에도 지대한 영향을 끼쳤다.

현존하는 『묵자』는 담변(談辯), 설서(說書), 종사(從事) 세 영역에 대한 이론과 실제를 종합하고 있다고 해도 과언이 아니며, 따라서 이것들은 "천하에 이로움을 일으키고, 해로움을 없애는[興天下之利, 除天下之害]"것을 실천하고자 했던 묵가의 교육의 기본 내용이라고 보아야 할 것이다. 또한 이 세 영역은 상호 긴밀히 연관되어 있기 때문에 시대적 교육을 담당할 수 있는 스승이 되기 위해서는 세 영역 모두에 정통하여 일정한 경지에 도달해야만 했다.

2) 인재시교(因材施敎)의 교육 방법

교육 방법이란 교육 과정에 운영되는 방식과 수단을 총칭하는 것으로써 교육 목표를 실현하고 교육의 질을 고양하는데 관건이 되는 사항이다. 따라서 어떤 방법으로 교육을 실행하느냐의 문제는 교육의 승패를 가늠하는 척도가 되기도 한다.

어느 날 제자들 중 일부가 자신의 재능을 살피지 않고 활쏘기를 배우고자 하였다. 이때 묵자는 제자들에게 반박하여 말하기를,

지혜로운 자는 반드시 자신의 역량을 헤아려 일을 도모하는 것이다.

국사(國士)도 전쟁을 하고 또 사람을 돕는 두 가지의 일을 동시에 하지 못한다. 지금 그대들은 국사도 아닌데 어찌 학문을 배워 이루고 또 활쏘기도 성취하고자 하는가?"22

이른 바 '학문을 이루는 일[成學]'과 '활쏘기를 잘 하는 일[成射]'은 당시 사회에서 능력 있는 사람으로 인정받기 위해 반드시 요구되는 사항이다. 하지만 양자 모두를 병행하여 전문적인 위치에 선다는 것은 결코 쉬운 일이 아니며, 만약 지나치게 욕심을 낸다면 결국 아무 일도 이루지 못할 수도 있다. 이에 묵자는 자신의 자질과 재능을 충분히 고려하여 스스로에게 가장 적합한 바를 이룰 수 있도록 권고하고 있다. 즉 아무리 사회적으로 요구되는 것일지라도 자신의 자질과 역량을 무시한 시도는 과욕에 지나지 않으며, 이 같은 무리한 추구는 전문성을 상실한 채 교육적인 성과를 얻기 힘들다는 것이다.

이와 동시에 묵자는 묵도(墨徒)들이 국가나 사회의 부름을 받아 가르침이나 정책을 펼치게 되는 기회를 얻게 된다면 무엇보다도 먼저 그 국가나 사회가 구체적으로 처한 실정을 면밀히 검토하여, 그것에 적합한 처방을 내릴 것을 주문하고 있다.

무릇 한 나라에 들어서는 그 나라의 사정에 근거하여, 어떤 측면을 강조할 것인가를 생각해야 한다. 그 나라가 혼란하면 상현과 상동에 대하여, 국가가 빈곤에 시달리면 절용과 절장을 국가의 기강이 해이하면 비락과 비명을 음란하여 예가 없으면 존천과 사귀, 약탈과 전쟁 준비에 힘쓰면 겸애 비공에 대하여 말한다."23

---

22 『墨子』「公孟」: "二三子有復於子墨子學射者, 子墨子曰: 不可, 夫知者必量其力所能至而從事焉. 國士戰且扶人, 猶不可及也, 今子非國士也, 豈能成學又成射哉?"
23 『墨子』「魯問」: "凡入國, 必擇務而從事焉. 國家混亂, 則語之尙賢, 尙同; 國家貧,

여기에 제시된 주요 내용은 하나의 사상이나 주장만을 일률적으로 고집하는 것이 아니라 사회적 정황에 입각하여 적합한 교육과 정책을 실행해야 함을 말하는 것이다. 이러한 '택무이사(擇務而事)'적 교육 기법은 다른 학파에서 발견하기 어려운 묵가 교육의 특징으로 볼 수 있다. 또한 사회적 혼란, 빈곤, 도덕적 해이, 음란, 약탈 따위를 처방하기 위하여 제시된 교육 주제들은 묵학을 구성하는 핵심적인 내용들이기 때문에 묵가의 10대 강목으로 일컬어지고 있다.

그러나 아무리 신중하고 적절한 처방전을 내려도 제후들에 의해 묵살되기 일쑤였다. 예를 들어, 묵자의 제자 고석자(高石子)가 높은 몸값을 받고 위(衛)의 관리가 되었다. 고석자는 전력을 다해 묵학의 정수(精髓)를 말하였으나 제대로 실행되는 바가 없었다. 이에 고석자는 관직을 버리고 위를 떠났다. 이 일이 있은 후, 고석자는 위군(衛君)이 혹 자기를 정상이 아닌 사람으로 오해하지 않을까 걱정되어 묵자에게 자신의 우려를 털어놓는다. 이때 묵자는 다음과 같이 말한다.

> 위국을 떠난 것이 만약 도에 부합된다면 설령 미쳤다는 질책을 받는다할지라도 무슨 좋지 못함이 있겠는가? …(중략)… 무릇 의를 행하는 것은 질책과 비난을 피하여 명예를 쫓는 것이 아니다."24

왜냐하면 의를 실행하는 최종적 목적은 공공 이익 추구에 있는 것이기 때문에 의를 선전하고 의를 실천하는 것은 천하의 가장 존귀한 일이다. 개인의 영욕은 종속적이며 이차적인 것에 불

則語之節用, 節葬; 國家喜音湛湎, 則語之非樂, 非命; 國家淫僻無禮, 則語之尊天, 事鬼. 國家務奪侵凌, 則語之兼愛, 非攻. 故曰, 擇務而從事焉."
24 『墨子』「耕柱」: "去之苟道, 受狂何傷,…(중략)…且翟聞之, 爲義非避毀就譽."

과하여 이를 고려할 필요는 없다는 것이다. 묵자는 고석자의 행위에 대해 의를 수행했다는 점에서 긍정적인 평가를 내리고, 자신들의 교육이 제대로 수용되지 않아도 자신이 해야 할 바를 실행하는 것이 교육자로서의 바람직한 자세로 보는 것이다.

이러한 교학 방법과 태도를 바탕으로 묵자는 자신의 제자를 육성해 나갔으며, 교육 후 묵가 제자들의 성향과 태도는 다른 여타의 제자(諸子)들과는 확연한 차이점을 지니게 되었던 것이다.

3. 묵가의 제자들

1) 상현(尙賢)의 인재양성

묵자가 생존하면서 활동했던 시대는 사회 전체가 초유의 변혁을 겪는 시대였다. 그는 자신의 시대가 지닌 혼란을 극복하고 인류가 구현된 이상 사회를 교육이라는 방법을 통하여 실현시키고자 하였다. 그는 교육만이 사회적 병리 현상을 극복하고 대동(大同)사회를 이룰 수 있는 유일한 길이라고 보았다.

먼저, 묵자는 "현명한 선비가 많으면 국가는 제대로 다스려질 것이다."[25]고 보았다. 따라서 전문적 학식과 고매한 인품을 지닌 현량(賢良)한 이들을 대량 육성하고자 하였으며, 이들로 하여금 자신의 사회적 이상을 실천해 주기를 기대하였다. 그리고 이를 위해 무엇보다도 인재를 인재답게 대우해 주는 사회적 제도가 전제되어야 한다고 믿었다. 묵자는 말한다.

---

25 『墨子』「尙賢」上: "國有賢良之士衆, 則國家之治厚."

벼슬을 하는 사람이라고 언제나 귀할 수 없으며, 백성이라고 언제나 천박할 수 없는 것이다. 능력이 있으면 등용되어야 하고, 능력이 없으면 물러나야 한다."26

인재 등용과 관련된 그의 이상이 현실에 그대로 채택된 것은 아닐 지라도 척박한 시대를 살아가는 백성들에게 하나의 희망이 되었던 것은 부정할 수 없을 것이며, 또한 개개인의 주체적 노력을 통한 능력의 구비 여부를 인재 등용의 기준으로 제시한 점은 출신에 의해 사회적 신분이 결정되었던 당시의 종법(宗法) 사회에서는 매우 급진적이고 혁신적인 사상이라고 할 수 있다.

『묵경』에서는 인재를 양성해 나가는 교육 과정에서 스승과 제자의 상호 관계에 대하여 다음과 같이 언급하고 있다.

「경하」: 창(唱)과 화(和)는 서로 짝을 이루어 일체가 되어야 한다. 그 까닭은 공(功)에 있다.

「경설하」: 창했는데도 화가 없으면 소용없는 것이다. 이는 마치 패(稗)와 같다.…(중략)… 지식이 일천한데도 배우지 않으면 공이 적을 수밖에 없다. 또한 화하고자 하나 이끌어 주지 못하면 가르치는 것이 아니다. 비록 지식이 있으나 가르치지 않으면 그 공이 없는 것과 같다 …(하략)… ."27

「경하」의 요지는 '창(唱)'과 '화(和)'가 서로 짝을 이루어 화합

---

26 위와 같은 곳, "官無常貴, 而民無終賤, 有能則擧之, 無能則下之."

27 「經下」: "唱和同患, 說在功." 「經說下」: "唱無過, 無所用, 若稗. …(중략)… 智少而不學, 功必寡. 和而不唱, 是不敎也. 智多而不敎, 功適息 …(하략)…." 「經下」중의 '환(患)'은 초서의 '우(遇)'와 유사하여 잘못 표기된 것으로 추정된다. '우(遇)'는 곧 '우(偶)'를 의미한다. 「經說下」에서 '패(稗)'는 소용없다는 뜻이며, '적(適)'은 '당(當)' 혹은 '의(宜)'를 의미한다.

을 이룰 때 '공(功)'이 생긴다는 것이다. 여기서 '창'은 가르침, 스승의 교수활동을 의미하고, '화'는 배움 즉 제자의 학습 활동으로 보아도 무방하다. 결국 교육 활동은 스승과 제자라는 양자의 관계 속에서 이루어지는 것이며 이들 양자가 어떤 형태로 묘합(妙合)되느냐의 문제가 '교육의 질[功]'을 결정하는 요소가 된다는 것이다.

다시 말해, 교육이 목적으로 하는 바를 달성하기 위해서는, 스승과 제자는 상호 분리된 개체가 아니라 하나의 유기적 상호 관계에 있음을 명확히 인식하여 양자 모두 적극적이며 능동적인 교육 활동에 참여하는 것으로 '지혜가 적으면 배우고, 지혜가 많으면 가르침을 펼치는[智少則學, 智多則敎]' 자세가 필연적으로 요구됨을 일깨우는 것이다 특히 묵자는 가르침을 펼치는 스승은 무엇보다도 적극적이며 능동적인 자세로써 교육 과정을 주도하고 모범이 되어야 할 것을 강조하였다.

> 공맹자가 묵자에게 이르기를 '군자는 두 손을 잡고 기다리다가 물으면 답을 하고 묻지 않으면 말을 하지 않는다. 이는 마치 종과 같은 것이어서 치면 소리를 내고 치지 않으면 소리를 내지 않는 것과 같은 것이다.' 고 하였다. 묵자는 '그와 같은 경우는 세 가지 경우로 나누어 말할 수 있는데, 지금 그대는 한 가지만 알고 두 가지 경우는 모른다. …(중략)… 비록 치지 않아도 울어야 하는 것이다.'고 반박하였다."28

묵자는 공맹(公孟)의 '치지 않으면 울지 않는다.'는 태도는 하

---

28 『墨子』「公孟」: "君子恭己以待, 問焉則言, 不問焉則止. 譬若鍾然, 扣則鳴, 不扣則不鳴. 子墨子曰:是言有三物焉. 子乃今知其一身也…(중략)…雖不扣, 必鳴者也."

나만 알고 둘은 모르는 방관적, 소극적 태도이며 이는 사회에 대하여 책임을 져야 하는 지식인의 올바른 태도가 아니라고 비판하고 치지 않아도 울어야 하는 적극성과 능동성을 통하여 지식인의 사회적 책무를 다할 것을 강조하고 있다.

스승의 학생에 대한 격려는 기대 이상의 효과를 낸다. 묵자는 교육 과정 중 학생에 대하여 높은 수준과 큰 목표를 이룰 수 있도록 분위기를 조성하고 항상 제자들을 자극하였다. 어느 날 묵자가 항상 소극적인 경주자(耕柱子)를 격려하였다.

> 묵자가 '장차 대행산을 가려 할 때 준마인 기와 소에게 수레를 끌게 한다면 너는 어느 것을 몰겠느냐?'고 물으니 경주자는 '당연히 준마를 사용할 것이다.'라고 하였다. 묵자가 '왜 준마를 사용하는 것인가?'라고 다시 물으니, '준마는 능히 그 임무를 완성할 수 있기 때문이다.'고 경주자가 대답하였다. 이에 묵자는 '내가 보기에 그대는 준마와 같이 큰일을 할 수 있을 것이라고 생각한다.'고 하였다."[29]

묵자는 그 누구보다도 경주자의 능력에 대해서 잘 알고 있었다. 따라서 항상 작은 것에 안주하는 경주자(耕柱子)에게 보다 큰일을 이룰 수 있도록 격려하고 있는 것이다. 이렇듯 묵자와 학생과의 관계는 권위적인 상명하복(上命下服)의 관계가 아니라 학생 스스로 사리를 깨칠 수 있도록 개방되고 유연한 관계를 유지하고 있으며 이점에 대해서는 『묵자』전반을 통하여 어렵지 않게 발견할 수 있다.

훌륭한 사생(師生) 관계는 교육에 있어서 매우 중요한 요소이

---

[29] 『墨子』「耕柱」: "子墨子怒耕柱子, 耕柱子曰, 我毋愈於人乎? 子墨子曰:我將上大行, 駕驥與牛, 子將誰驅? 耕柱子曰, 將驅驥也. 子墨子曰: 何故驅驥也? 耕柱子曰, 驥足以責. 子墨子曰, 我亦以子爲足以責."

다. 묵자가 제창한 바람직한 사생관계란, 위의 경주자의 고사에서도 짐작할 수 있듯, 먼저 스승이 교육현장에서 주도적인 역할을 하여 학생을 능동적으로 학습에 참여할 수 있도록 하고 스승과 학생 양자의 역량이 충분히 발휘되어 극대화되는 것을 의미하였다. 또한 학생과 스승의 관계가 바람직하게 설정되었다는 것은 교육 환경이 참된 방향으로 설정되어 있다는 것을 반증하는 예이므로 어떤 목표이든지 충분히 이룰 수 있는 여건이 조성되었음을 의미하는 것이다. 또한 이러한 분위기 속에서 교육을 받은 학생은 사회생활을 하는 과정 속에서도 적극적으로 자신이 지닌 지식을 발휘하고, 또한 그 역시 교육에 적극적으로 종사(從事)하게 되었던 것이다.

2) 묵자의 제자

묵자는 도덕적 이상 사회가 실현되기를 염원하며 일생을 통하여 '상설하교(上說下敎)'의 자세로써 제자들을 가르치는데 혼신의 힘을 다 하였다. 이러한 과정에서 묵자의 종지를 목숨처럼 소중히 여기며 실천하는 제자들이 생겨나게 되는데 이런 제자들의 행적은 묵가 학파의 성격을 규명하는 데 좋은 자료가 되고 있다.

공자에게는 맹자, 노자에게는 장자가 있다면 묵자에게는 금활리(禽滑釐)가 있다. 『사기』「유림열전」에 의하면, 금활리는 원래 공문(孔門) 자하(子夏)의 제자였으나 천하에 의로움과 이로움을 실천하려는 묵가의 종지에 찬동하고 묵자의 인격에 매료되어 묵도(墨徒)가 되었다고 한다.

묵자는 평생을 통하여 쌓아 온 학식 전반을 금활리에게 전수하였으며, 금활리 역시 스승의 정수를 철저히 습득하여 '묵가 2인자'의 위치를 굳혀 나갔다. 특히 그는 교활하고 쓸모없다고 버려진 사람들을 교화시켜 사회적 역할과 작용을 할 수 있게 하였고 방어용 무기를 개발하여 평화정착에 탁월한 공헌을 하였다고 전해 온다.

금활리는 묵자의 분신과도 같이 묵자의 사상을 천하에 전수하고 실천하였으며 묵자 사후에도 변함없이 묵도(墨道)를 펼쳐나 갔는데, 그를 위시한 묵도(墨徒)들의 활약상을 당시 제자(諸子)의 문헌에서 찾는 것은 어렵지 않다.

> 따르는 무리가 넘쳐 났고, 제자 또한 많아 천하에 가득 찼다. 왕공대인들은 모두 그들의 의견을 수렴하였고, 그들의 자제를 그들에게 교육받게 하였다."30

당시 묵가가 얼마나 성행했으며 묵가의 교육을 받은 제자들의 규모와 위력을 잘 알 수 있다고 하겠다. 당시 묵자의 위세나 지위는 가히 유가를 능가하는 수준이었으며, 묵자들은 사회 전 분야에서 그들의 역량을 유감없이 발휘해 나갔다.

> 천하에 그 맹위를 떨친 자는 가히 헤아릴 수 없을 정도였으며 이들의 영향을 받은 자는 어긋남이 없었다."31

그러나 묵자들의 활동은 진(秦)을 지나고 한(漢)에 접어들면서 거의 절멸 상태에 이른다. 그 이유에 대해서는 많은 학설이 제기되었으나, 묵학이 지닌 이론상의 난해함과 현실적 적용의 어려움, 그리고 유가의 집요한 견제로 요약해 볼 수 있겠다.

---

30 『呂氏春秋』「當染」: "從屬彌滿, 弟子彌豊, 充滿天下, 王公大人從而顯之, 有愛子弟隨而學焉, 無時乏絶."
31 위와 같은 곳, "顯榮於天下者多, 不可勝數, 皆所染者得當也."

손이양(孫詒讓)의 『묵자간고(墨子間詁)』 「부록」에 의하면, 묵자로부터 직접 교육을 받은 제자는 15명, 다시 전수를 받은 제자는 3명, 삼대 제자는 1명, 묵학을 자신의 사상으로 삼았으나 전수 과정이 확실치 않은 제자 13명, 잡가 4명, 모두 합쳐 36명이라고 보고 있으며, 후외려(侯外廬)는 행적을 고증할 수 있는 제자를 10명 내외로 제시하고 있다. 후씨는 묵가의 제자들이 진(秦) 말기 농민혁명과 밀접한 관계를 지니고 있으며, 이들의 주장은 유방(劉邦)에 의해 도용되었음을 주장하기도 한다. 묵가에서 배양된 학생 수와 관련하여 묵자 스스로는 그의 뜻을 따르는 무리를 300명이라고 언급한 사실에도 주의할 필요가 있다[32].

중요한 것은 이들 학생의 대부분이 당시 사회에서 소외되고 억압받는 사람들이거나, 혹은 실제 생활에 직접 종사(從事)하는 사람들이 대부분이었다. 묵자는 이러한 제자들을 대상으로 쓸모있는 인간으로 거듭나게 하기 위하여 엄격한 상벌제도와 기강을 세워 교육을 실시하였으며 묵도(墨道)에 어긋난 행위를 했을 경우에는 가차 없이 묵도(墨徒)에서 배제하였다.

묵가는 교육을 인성(人性)을 개조시키는 유일한 수단으로 생각하였다. 따라서 사회적으로 문제가 있는 사람들을 형벌이 아닌 교육의 대상으로 생각하였으며, 또 실제로 이들을 교육시켜 사회적으로 쓸모있는 사람으로 변모시키는 일을 하나의 긍지로 생각하고 있었다.

고하와 현자석은 제나라의 유명한 폭도였다. 그들의 잔인하고 야만적인 행동은 사람들에게 큰 공포의 대상이었다. 그들은 훗날 묵자의 가르침을 받아 묵도를 수행하는 제자가 되었다. 색호참은 원래 동방

---

[32] 『墨子』 「公輸」: "然臣之弟子禽滑釐等三百人, 已持臣守圉之器, 在宋城上而待楚寇矣."

의 교활한 자였다. 훗날 묵자의 애제자 금활리의 제자가 되었다. 이들 모두 묵가의 가르침을 받은 후 천하의 현인이 되었으며, 천수를 다하고 죽었을 때는 왕공대인의 예우를 받기도 하였다."33

좋은 재목을 사용하여 훌륭한 가구로 만드는 일은 쉬운 일이나, 버려진 재목을 쓸모 있는 가구로 만들어 내는 일은 결코 쉬운 일이 아니다. 교육적 성과를 도저히 기대할 수 없었던 무리를 교화시키고 그들이 세상에 대해 나름대로 역할을 하도록 한 것이 묵자의 교육이었다.

스승의 헌신적 가르침에 대하여 제자들은 철저히 신뢰하고 복종하였다. 기록에 의하면, 묵가의 제자들은 "가히 불 속을 지나고 날카로운 칼날 위일지라도 스승의 분부라면 믿고 따랐다."34고 한다. 그리고 이러한 고난과 역경을 두려워하지 않는 불굴의 정신은 사회 각계에 자신보다 못한 사람들을 위하여 자신을 희생하며 봉사하는 의로운 사람으로 활동해 나갔다.

전국(戰國) 중기 이후 묵가는 거자(鉅子)를 수령으로 삼아 운영되어진 것으로 전해 온다. 『묵자』에는 거자라는 용어가 보이지 않으며 전국 말기 다른 학파의 저술에서 출현되고 있다. 이는 묵자가 활동했던 시기에는 거자라는 호칭이나 제도가 확립되지 않았다가 전국 중기 이후 묵자의 제자들에 의해 정착된 것으로 추정된다.

이들 거자 중 맹승(孟勝)은 신의를 지킴으로써 묵가 철학의 정체성을 과시한 대표적 인물이다. 맹승은 그의 제자이면서 친구였

---

33 『呂氏春秋』「尊師」: "高何, 縣子碩, 皆齊之暴者也. 指於鄕曲, 學於子墨子. 索盧參, 東方之巨狡也, 學於禽滑厘. 由此爲天下名士顯人, 以終其壽, 王公大人從而禮之, 此得之於學也."
34 『淮南子』「泰族訓」: "墨子服役者百八十人, 皆可使赴火蹈刃, 死不旋踵."

고 또한 군주였던 양성군(陽城君)과의 약속을 지키기 위해 죽음 앞에서도 의연한 태도를 견지하였다.

> 내가 그와의 약속을 지키지 않는다면 엄한 스승, 현명한 친구, 좋은 신하를 구하는 이는 묵자(墨者)가 아닌 다른 학파에서 찾을 것이니, 내가 약속을 지키며 죽는 것은 묵자(墨者)의 의를 실행하고 그 전통을 잇는 것이다." 맹승은 결국 죽음을 맞이하였는데, 그를 따라 죽은 제자가 180명이나 되었다고 한다.35

맹승은 의와 제자와의 신뢰를 지키기 위하여 자신을 버렸고, 제자들은 의를 위하여 스승을 믿고서 목숨을 버렸다. 이처럼 묵가의 사생(師生)관계는 의를 매개로 하여 하나의 철옹성을 형성하고 있었던 것이다. 만약, 묵도(墨徒)들이 묵가의 교육 사상에 충분히 감화되지 못했다면 자신을 희생하여 의를 지키고자 하는 행위는 불가능했을 것이다. 이러한 '이신작즉(以身作則)'의 정신은 묵가가 도리를 실천할 때 사용한 오랜 전통이었으며 하나의 원칙이기도 하였다.

스승과 제자의 관계가 신의(信義)로써 설정되어 있다는 것은 묵가 전반의 교육적 환경이 바람직한 방향으로 조성되어져 있었음을 입증하는 것이며, 이는 곧 어떤 교육 목표든지 충분히 완수할 수 있는 가능성을 지니고 있었다고 볼 수 있다. 만약 묵가의 교육 철학이 오늘날 우리 교육 현실에 공헌할 수 있는 점이 있다면 바로 이와 같은 스승과 제자 사이에 굳건히 형성된 인간적 신뢰라고 본다.

---

35 『呂氏春秋』「上德」: "墨者巨子孟勝, 善荊之陽城君.……吾於陽城君也, 非師則友也, 非友則臣也. 不死, 自今以來, 求嚴師必不於墨者矣, 求賢友必不於墨者矣, 求良臣必不於墨者矣. 死之所以行墨者之義而繼其業也. 孟勝死, 弟子死之者百八十."

묵자는 교육의 정의와 가치가 명확히 규정되지 않았던 시대에 교육을 인간이면 당연히 행해야 하는 하나의 '천경지의(天經地義)'로 이해하고 인간과 동물의 구별을 교육적 행위의 유무에서 찾기도 하였다. 그리고 그가 염원했던 윤리적·철학적 이상 역시 교육을 통해서만 실현 가능한 것으로 보았다.

먼저 묵가는 사람이 배워 사회적 정의를 실현하며 그 역할을 다하는 것은 의를 행하는 것[行義]과 다름없는 것이라 믿었다. 따라서 그들이 지향했던 교육이란 개인의 입신영달을 추구하는 것이 아니라 전적으로 공리와 공익을 도모하는데 있었으며, 심지어 공동체를 위해 자신을 희생한 행위는 교육 통해 얻고자 하는 모든 것을 얻어 낸 것으로 간주하기도 하였다.

둘째, 묵가는 교육내용과 교육 방법이 복합된 형태의 교육 과정을 시도하고 있다. 묵가의 담변(談辯), 설서(說書), 종사(從事)는 묵가 학파가 반드시 배우고 익혀야 하는 기본적인 학습 영역이었을 뿐 아니라 묵가 학파의 실용 숭상의 성격을 그대로 반영한 교육 방법이기도 하다. 또한 이 세 영역은 개인이 지닌 재능과 역량에 기초하여 학습이 시작되었으나, 최종적으로는 이들 영역 모두를 통달하는 것을 이상으로 삼고 있다.

셋째, 학습된 내용을 현실 사회에 적용시키는 것도 '인사(因事)', '인지(因地)'에 의해 시행할 것을 주장하였다. 즉 묵자는 사회가 어떠한 정황에 처해 있느냐에 따라 교육해야 할 내용을 구분하여 실행할 것을 주문하고 있는데, 이는 획일적 학습을 지양하고 학생의 수준에 의거하여 교육을 실시한 '인재시교(因材施敎)'의 발전적 형태로 이해해도 무방할 것이다.

끝으로 인재를 육성하는 과정과 관련된 묵자의 사상과 태도는 오늘날 우리들에게 시사하는 바가 적지 않다. 묵자는 교육의 실행 과정에서 제자와 스승은 서로 양분된 개별적 독립체가 아니라 하나의 유기적 상호 관계를 지닌 일체여야 한다고 믿었다[唱和同患]. 그리고 신분이 아닌 능력에 의해 인재를 발탁할 것을 주장한 '상현(尙賢)'사상은 당시의 시대적 정황을 고려해 볼 때 가히 혁신적인 이론이었고, 이렇게 시간을 앞지른 묵자의 교육 사상은 결국 묵학이 중국 고대 사회에서 소외될 수밖에 없었던 하나의 이유로 보인다.

04 묵자의 정치 사상

묵자가 제시한 정치 사상의 핵심은 상동설(尙同說)에 있다. 상동이란 국가를 통치하는데 있어서 원칙과 기준을 설립하고 그것을 통하여 일관성 있게 국가를 통치함으로써 정치에 대한 백성들의 신뢰를 확보하고 사회의 질서를 회복하고자 하는 이론이다. 자칫 이것은 획일적이고 전체적인 사회를 지향하거나 아랫사람은 반드시 윗사람의 견해를 추종해야 한다는 것으로 비추어 질 수 있으나, 이는 묵가 학파의 상동 사상을 제대로 간파하지 못한 데서 오는 편견이며 상동 사상이 추구하고자 하는 본질과는 상당한 거리가 있다.

묵가에 의하면, 기준과 원칙을 제대로 수립하기 위해서는 국가라는 제도가 필연적으로 요청된다. 다시 말해, 국가라는 제도를 통하여 국가 전반에 이익이 될 수 있는 현명한 지도자를 선정하고 그들을 통하여 백성을 위한 원칙과 기준 따위의 제도를 만들며, 이것에 의해 통치 행위를 실행하게 된다면 당시의 정치적 폐단 가운데 하나인 통치자의 독단이 최소화 내지는 근절되어 보편적 규범이 통용되는 정치 질서를 수립할 수 있다고 파악한 것이다.

묵자는 국가를 통치하는데 필요한 원칙과 기준을 '의(義)' 혹은 '법(法)'이라고 하였으며, 이러한 것을 제시한 묵자의 의도는 전술한 바와 같이 통치자의 주관적 의사에 의해 국가가 좌지우지 되는 불합리한 현상을 최소화 할 수 있는 제도적 장치를 수립하자는 것이다. 물론, 묵자가 제시한 제도적 장치라는 것은 통치자가 시행하고자 하는 방향과 백성의 뜻이 하나가 되는 것, 혹은 백성의 소망과 위정자인 왕공대인의 정책이 어김없이 맞아 떨어지는 것 등을 보장하기 위한 하나의 수단이 된다.

이 장에서는 이러한 묵자의 정치 이론을 살펴보는데 그 주요 목적이 있으며, 고찰의 순서는 우선 묵자 정치 철학의 특이점이라고 볼 수 있는 국가의 기원에 대해 살펴보고, 다음으로 국가적 기틀이 마련되지 못한 데서 오는 혼란을 해결하기 위해 묵자가 설정한 통치자의 조건과 그들의 역할을, 끝으로 국가 통치 행위의 구체적 방법으로 제기된 상동설을 중심으로 묵자 정치 사상을 조명하고자 한다.

1. 국가의 필요성과 통치자

국가는 어떻게 생겨났으며, 통치자는 어떤 절차에 의해 선정되었는가? 하는 문제는 정치의 기본 문제임과 동시에 핵심 사항이다. 춘추시대를 지나면서 철제 농기구의 사용이 보편화되고 우경 농법이 확산됨으로써 사회는 급속하게 변화되어 갔으며, 정치 매카니즘에도 거대한 변혁이 일어났다. 이에 즈음하여 묵자는 설득력 있게 국가의 기원과 통치자의 자격을 정립하고자 하였다.

1) 국가의 필요성

근대 서구의 홉스(Thomas Hobbes)가 제기한 '사회계약설'은 국가를 형성하기 이전의 인류는 자신의 욕구 충족을 추구하며 '만

인의 만인에 대한 투쟁'만을 일삼는 혼란의 생활을 하였다고 한다. 이러한 야만의 시대를 벗어나기 위하여 인류는 서로 계약을 맺어 개인의 욕구를 절제하고 질서를 도모하게 되었으며 국가를 형성하게 되었다. 국가 기원에 관한 홉스의 이러한 이론은 이기주의적 인간관 및 국가 권위의 정당화를 위해 형성된 것이다.[1] 그런데 고대 중국의 묵자는 다음과 같은 이유에 의해 국가의 필요성이 제기되었다고 본다.

> 옛날 백성이 처음 살았을 때, 즉 형정(刑政)이 없었을 때는 대개 말하는 사람마다 뜻[義]이 달랐다.[2]

형정(刑政)이란 형법(刑法)과 정령(政令)을 의미하며 국가가 국가로서의 체계를 갖추고 질서를 유지하기 위해 필요한 제도적 밑바탕이 되는 것들이다. 묵자는 이러한 것들이 제대로 갖추어지지 않았을 때, 즉 법(法)과 영(令)과 같은 준거의 틀이 명확하게 형성되지 않았던 시대에는 동일한 사안에 대해 사람마다 자신의 주관에 입각하여 해석하며 서로 의사를 달리하게 되었다고 파악한다.

> 한 사람은 하나의, 두 사람은 두 가지의, 열 사람은 열 가지의 뜻[義]을 지녔으며, 사람이 많아질수록 그 뜻도 더욱 다양하였다.[3]

묵자가 말하는 의(義)라는 글자는 종종 '옳음'이라는 측면을 바탕으로 관점이나 견해를 나타내기도 하며 법도라는 의미를 함

---

1 존 크리스먼, 실천철학연구회 옮김, 『사회정치철학』, 한울아카데미, 2004, p.106 참조.
2 『墨子』「尙同」上: "古者民始生, 未有刑政之時, 蓋其語, 人異義."
3 위와 같은 곳, "一人則一義, 二人則二義, 十人則十義, 其人玆衆, 其所謂義者亦玆衆."

유하기도 한다. 묵자는 사람이 늘어날수록 자신의 이해에 입각하여 의사결정을 하는 무원칙의 상태는 더욱 심화되었고, 이처럼 가치 판단의 기준이 불명확한 사회는 필연적으로 보편성을 상실할 수밖에 없으므로 어떤 일을 처리하고 추진하는 데에도 일관성을 잃게 되었다고 보았다.4 이러한 사회에서 일어날 수 있는 부정적 현상, 즉 사회적 혼란에 대해 묵자는 다음과 같이 진술하고 있다.

> 부자형제(父子兄弟)는 서로 증오하며 흩어져 화합할 수 없었으며, 백성들은 물불독약으로서 서로를 해쳤고, 힘이 남아도는 자는 일하려 하지 않았고, 재물이 남아 썩어도 나누지 않았으며, 올바른 도리는 숨겨 서로 가르치고 배우지 않았으니, 그 혼란됨이 마치 금수의 세상과 다를 바 없었다.5

부자형제가 화목할 수 없는 이유와 백성들이 수단과 방법을 가리지 않고 서로를 위해(危害)하고, 여력이 있어도 적당히 일하며, 창고에 재물이 썩도록 버려둘지언정 남을 위해서 베풀지 않고, 좋은 방도가 있어도 남에게 일러 주지 않는 행위의 본질은 자기만을 고려하는 이기적 속성에 기초하고 있다. 묵자는 이러한 속성이 극성을 부리는 사회는 곧 동물의 세계라고 본 것이다. 동물의 세계는 오직 힘이 센 강자만이 군림한다. 만약 인간이 자기의 생각과 입장만을 고집하게 된다면 구성원 상호간의 반목과 다툼이 끊이지 않는 야만의 세계가 초래하게 될 것이고, 그렇게 된

---

4 黃晟圭·張曉芒, 『墨子的平民學說』, 书海出版社, 2007, p.25 참조.
5 『墨子』「尙同」上: "是以內者父子兄弟作怨惡離散, 不能相和合, 天下之百姓, 皆以火水毒藥相虧害. 至有餘力, 不能以相勞, 腐朽餘財, 不以相分, 隱匿良道, 不以相敎, 天下之亂, 若禽獸然."

다면 결국 사회적 강자에 의해 약자들은 유린되고 지배될 것이라고 묵자는 생각하였다.

위 진술 속에 담긴 묵자의 의도는 가장 가까운 혈연적 관계에 있는 부자 사이에도 당연히 준수해야 할 원칙과 기준이 설정되어야 한다는 것이다. 아버지는 아버지의 논리만을, 자식은 자식의 생각만을 주장하며 굽히지 않는다면 결코 화목할 수 없다. 아버지로서 해야 할 당위 규범, 그리고 그에 상응하여 자식 역시 자식으로서 응분의 도리를 다해야 한다. 나아가 사회에서 힘이 있는 자는 더 열심히 일하고, 재물이 넉넉한 자는 나눔의 덕을 베풀고, 좋은 길은 서로 일러 주어야 한다. 이처럼 나보다는 남을 배려하고, 남을 위해 자기희생을 즐겨하는 사회를 묵자는 정치가 이루어 내야 할 이상 사회로 설정했던 것이다.

그렇다면, 과연 누가 어떤 절차와 방법을 통하여 '의(義)'를 만들고 사회적 혼란을 거두어 낼 것인가? 묵자는 만약 이것이 가능하다면 약육강식의 천하 혼란은 해소될 것이라는 일종의 신념을 지니고 있었다. 그리고 이것에 대한 해결 방안으로써 정치적 지도자의 옹립을 통한 국가의 필요성을 제기하고 나서게 된 것이다.

> 천하의 혼란이 야기 된 이유는 정장(政長)이 없기 때문이다, 따라서 천하에 현명한 자를 뽑아 천자로 옹립하게 된 것이다.6

> 지혜롭고 어진 자를 골라 천자로 옹립하여 천하의 의(義)를 일치 시키는 일에 종사 시켜야 한다.7

---

6 위와 같은 곳, "夫明乎天下之所以亂者, 生於無政長, 是故選天下之賢可者, 立以爲天子."
7 『墨子』 「尙同」 中: "選擇天下之賢良聖知辯慧之人, 立以爲天子, 使從事乎一同天下

위의 두 가지 짧은 언급 속에서 우리는 통치자의 필요성과 역할, 그리고 그 자격이 무엇인지를 가늠해 볼 수 있다. 통치자는 천하의 혼란과 사회적 분란을 잠재우고, 가정과 사회를 화목하고 안정시켜야 하는 임무를 지니며, '현명'한 사람을 등용하여 기준과 원칙이 되는 의(義)를 실천해야 한다. 여기서 이야기하는 '현명'이라는 용어는 오늘날 우리가 사용하는 의미에 비해 훨씬 광범위한 것으로 한 개인이 지니고 있는 현실적 능력이나 도덕적 자질마저도 포괄한다. 그리고 묵자는 바로 이러한 사람들에 의해 비로소 국가라는 조직이 구성되어 정치 행위가 발생하게 되었다고 본다.

묵자는 국가적 형태와 체계가 정착되지 않았던 원시 시대를 서로의 이해와 의견이 상충하는 혼란기라고 보았으며, 그러한 혼란이 생겨난 이유로써 개인 각자가 지닌 원칙과 기준이 서로 달랐기 때문이라고 분석하였다. 원칙과 기준이 없는 사회는 가정과 사회의 불화와 갈등으로 이어졌으며, 급기야 천하 대란을 낳게 되었다. 따라서 그는 이러한 혼란 국면을 수습하고 이상 사회를 구축하기 위해서는 정장(政長)이라고 하는 강력한 지도력을 지닌 통치자를 정점으로 하여 원칙과 기준을 세우고 정치 제도의 설립, 즉 국가를 형성하게 된 것으로 이해하였다.

표면적으로 볼 때 묵자의 국가 기원에 관한 이론은 사유 재산의 신성 불가침성과 인권 평등에 대한 구체적 언급이 결여되어 있으며 당시의 왕권신수설을 도우고, 그것이 건설하고자 하는 이상 사회에 대하여 합리성을 제고하는 것에 그쳤다고 볼 수 있다. 그러나 내면적으로 볼 때 묵자는 제도적으로 무시되고 소외된 백성들의 위상을 제고했다는 측면도 간과해서는 안 될 것이다. 이

之義."

점에 대해서는 다음 부분에서 언급할 것이다.

묵자가 제기한 국가의 필요성과 관련된 이론은 서구의 초기 사회 계약론과 매우 유사 하다고 보는 입장도 있다.8 실제 우리가 중국 선진시대의 정치 사상을 살펴보아도 묵자는 다른 학파와는 달리 구체적으로 국가 기원에 대하여 이론화하고 있다.9 하지만 피통치자의 합리적 이해관계에 기초하여 통치자의 권위를 정당화하려는 서구의 초기 사회 계약론10과는 달리 묵자는 백성들의 권익 옹호하는 것을 우선적 목표로 삼아 이론을 제기했다는 점은 분명하게 구별되어야 할 점이라고 본다.

2) 정장(政長)의 선정과 하늘의 뜻

국가와 사회의 혼란은 인간을 통해서 일어나고 그 혼란을 극복하는 것도 결국 인간이다. 그렇다면 어떤 이가 사회 혼란을 잠식시키는 역할을 해낼 수 있는 최고 지도자[天子]인가? 또 천자를 구별하여 선택하는 주체는 누구인가? 이는 매우 중요한 문제가 아닐 수 없다.11 만약, 묵자가 이 문제에 대해 합리적인 해결 방법을 제시하고 있다면 묵자의 정치 사상은 시대를 초월하는 매우 진

---

8 王桐齡은 묵자의 주장을 홉스 등의 정치 이론과 견주면서 묵자가 이상적으로 내세우는 군주는 오늘날 공화국제의 대통령과 매우 유사한 측면을 지니고 있으며, 특히 그들이 속한 사회 속에서 가장 이상적인 인물을 백성들에 의해 천거하여 그에게 전권을 위임해야 한다는 주장은 고대 중국의 정치 사상을 진일보시켰다고 본다(王桐齡, 『儒墨之異同』, 北平文化學社 1931年, p.63 참조). 최성철도 국가가 존재하지 않은 자연 상태에 대한 묵자의 주장은 홉스의 그것과 흡사하다고 보았다(최성철, 「묵자의 정치사상 연구」, 『사회과학논총제11집』, 한양대학교, 1992, p.43). 이와 달리, 벤자민 슈워츠는 "우리는 주권 국가를 수립하기 위해 동등한 개인들이 상호간에 계약을 맺었다고 추측하는 홉스의 사회 계약론과 이것(묵자)과의 사이에 어떤 섣부른 유사성을 주장하지 않아야 한다."고 강조한다(벤자민 슈워츠, 『중국 고대 사상의 세계』, 살림, 1996, pp.210-214 참조).

9 譚家健, 『墨子硏究』, 貴州敎育出版社, 1996, p102.

10 존 크리스먼, 위의 책, pp. 106-107 참조.

11 서양중 등, 「묵자의 정치 사상의 본질과 한계」, 『경성대 논문집』 제26집, 경상대학교, 1987, p.223.

보적인 생각을 지니고 있다고 해야 할 것이다. 그런데 이 중대하고 난해한 물음에 대한 해결책을 묵자는 '하늘[天]'에서 구하였다.

> 옛 성왕들은 현명한 사람들을 숭상하고 능력 있는 사람들을 부려 정치를 하였는데, 그 법도는 하늘로부터 취하였다. 하늘은 빈부(貧富), 귀천(貴賤), 원이(遠邇), 친소(親疎)에 차별을 두지 않고 현명한 사람을 드러내어 그를 숭상하고, 어리석은 이를 억눌러 물러나게 한다. 그러면 이와 같은 하늘의 뜻을 받들어 상을 받았던 이들은 누구인가? 그들은 곧 요, 순, 우, 탕, 문, 무 같은 분들이다.12

위 진술이 의미하는 바는 천자는 하늘에 의해 선출되어지며 그가 백성을 통치할 경우 하늘을 그 원칙과 기준으로 삼아야 한다는 것이다.13 그 이유에 대해 묵자는 두 가지로 나누어 제시하고 있다. 우선, 당시 사회 인식 속에서 가장 이상적 통치자로 추앙되던 성왕들의 통치 방법은 바로 하늘에 근거[取法於天]하여 국가의 안정을 이루었기 때문이며 둘째, 하늘이란 옳고 의로운 일에 대해 상을 주고 잘못된 행위에 대해 벌을 내리는데 추호의 사사로움이 없다고 보아 천자가 백성을 통치 할 때에도 마치 하늘이 백성을 위시한 만물을 대하듯 해야 하기 때문이라는 것이다.

천자를 내세워 국가를 수립하는 과정에서 하늘을 끌어들여 권위를 부여하고, 다시 하늘에 의해 천자를 견제 하고자 하는 묵자의 진술은 다음과 같이 계속되고 있다.

---

12 『墨子』「尙賢」中: "故古聖王以審以尙賢使能爲政, 而取法於天, 雖天亦不辯貧富貴賤遠邇親疎, 賢者擧而尙之, 不肖者抑而廢之, 然則富貴爲賢以得其賞者誰也? 曰若昔者三代聖王堯舜禹湯文武者是也."

13 郭末若은 『十批判書』에서 묵자가 이야기하는 하늘이란 통치자의 권위를 부여하기 위한 수단에 불과하다고 보았다. 곽씨는 왕의 의지는 하늘의 의지이며, 왕의 시비(是非)는 하늘의 시비임을 내세워, 소위 '천지(天志)' 란 곧 '왕지(王志)' 가 되어 중앙집권적 봉건 사회를 구축하기 위한 하나의 술수였다고 주장한다(『郭末若全集, 歷史篇』, 人民出版社, 1982, p.113 참조).

천자가 좋은 정치를 펼치면 하늘이 상을 내리지만 폭정을 한다면 벌을 내린다.14

묵자 정치 사상에 있어서의 하늘은 그 당시 민도와 깊은 연관을 가진다. 당시 대부분의 사람들은 하늘이란 자연의 하늘이 아닌, 인간 도덕성의 원천이었으며 인간사에 관여하며 절대적 역할과 작용을 하는 존재라고 믿었다. 이러한 믿음을 적절히 활용하기 위해 묵자는 그의 정치 이론의 틀 속에 하늘을 등장시켰던 것이다.

하늘의 뜻15에 순응하는 자는 서로 사랑하고 더불어 이로움을 나누므로 필히 상을 받지만, 하늘 뜻에 반하는 자는 서로 차별하고 반목하며 적대시하므로 필히 벌을 받는다.16

하늘은 능히 모든 인간의 정신과 육체를 지배할 수 있는 능력도 지니고 있었다. 이처럼 전지전능하고 경이로운 역량을 지닌

---

14 『墨子』「天志」中: "天子爲善, 天能賞之, 天子爲暴, 天能罰之."
15 『墨子』「尙同」편을 분석해 볼 때 하늘의 뜻은 다음 몇 가지로 요약해 볼 수 있다. 첫째, 경제적으로 하늘의 뜻은 강한 것이 약한 것을 찬탈하는 행위를 용납하지 않는다. 이는 자본주의 초기 단계에서 제시된 '사유 재산권 신성불가침'과 상당히 근접해 있다. 이 주장의 근본 의도는 대국의 소국에 대한 찬탈과 관부의 백성에 대한 수탈을 경계하기 위한 것이었다고 보여 진다. 둘째, 묵자의 하늘의 뜻은 현자의 등용을 재삼 강조하면서 당시의 혈연 중시의 신분제와 귀족 중심의 사회제도에 대한 일종의 도전을 시도하고 있다. 전국 시대는 커다란 전기(轉機)를 맞이하는 시대였다. 그런데 묵자가 제시한 하늘의 뜻은 당시의 그러한 변혁을 한층 더 뛰어 넘는 자유 사회를 지향하는데 있었다. 하늘이 희망하는 사회에서의 사람의 운명과 신분은 언제나 그가 지닌 능력과 역량에 의해서 바꾸어 질 수 있는 성질의 것이었다. 셋째, 하늘은 '호애 호리(互愛互好)'의 상생 이론을 정치 사회에서 실현시키고자 하는데 그 뜻을 두고 있다. 이는 서로 사랑하며 서로 이로움을 나누고, 타인을 자신처럼 돌보는 묵자 윤리의 근원이 되는 것이기도 하다. 따라서, 묵자가 말하는 하늘의 뜻이란 묵자 자신의 뜻이라고 해야 할 것이다(李亚彬, 『中国墨家』, 宗教文化出版社 1996, pp.168-172 참조). 아울러, 김인규는 묵자가 말하는 하늘은 모든 도덕률의 근거가 되며, 정치에 있어서 최고의 표준일 뿐만 아니라 최상의 주권자이지만 하늘은 주체적으로 일을 처리할 수 없으므로 하늘의 뜻을 실현시킬 수 있는 사람으로 천자를 설정하였다고 본다(김인규, 「묵자의 정치사상과 대동사회」, 『동양고전연구』제15집, 동양고전학회, 2002, p.216) 참조.
16 『墨子』「天志」上: "順天意者, 兼相愛 交相利, 必得賞; 反天意者, 別相惡 交相賊, 必得罰."

존재로서의 하늘은 국가 통치의 최종적 권한을 행사하는 존재이다. 하늘에 의해 선택된 천자는 백성을 통치함에 있어서 당연히 하늘의 의지에 입각하여 국가를 통치해야 한다. 그런데 묵자에 의하면, 하늘의 뜻은 백성들의 실제 생활과 밀접한 연관을 지닌다. 백성을 위한 통치를 천자가 제대로 할 때 하늘이 천자의 권위를 유지시키는 것이며 이를 위배할 때 천자의 권위는 존립될 수 없다는 것이다. 그렇다면 천자는 곧 백성이 결정하고 백성에 의해 유지된다는 논리는 가능한 것인가? 혹은 천자와 백성의 관계는 계약적 관계라고 보아도 무방한 것인가? 『묵경』에는 다음과 같은 내용이 전해 온다.

제34조 「경상」: 천자[君], 신하와 백성은 모두 약속이다.17

병합 전쟁으로 날이 저물고, 종법 등급 사상이 엄중히 시행되며, 사회가 총체적인 혼란을 보이고 있는 상황 아래서 묵자가 천자, 신하 그리고 백성 삼자의 관계에 대해 이론을 제기했다는 것만으로도 주목해 볼 필요가 있으며, 특히 통치자와 피통치자와의 관계를 약속에 의해 성립된 것으로 인식했다는 것은, 비록 원시 형태이긴 하지만 민주 정치에 대하여 이해를 하고 있었다는 추측을 가능하게 한다. 이러한 진보적 견해가 더 구체적으로 개진되지 못한 것은 아쉽지만 묵자의 이론이 구태(舊態)의 정치 이론에 변화를 일으키는 시금석과 같은 역할을 했다고 볼 수 있다.

---

17 "君, 臣萌通約也." 여기서 '萌'은 '氓'과 통하며, '民'을 의미한다. 吳毓江은 '通'은 모두의 의미를 지니며, '約'은 약속을 의미한다고 보고 있다. (황성규, 『묵경사상연구』, 1999, p.139 참조). 이운구(李雲九)는 이 구절을 『荀子』「正名」편의 '약정속성(約定俗成)'과 같은 의미로 파악하고 있다(이운구·윤무학, 『묵가철학연구』, 대동문화연구원, 1995, p.54.).

3) 통치자의 조건

묵자에 의하면 하늘에 의해 천자가 결정되고 천자에 의해 통치자인 현자[賢良之士]가 선정되어 통치 행위가 진행된다. 현자란 구체적으로 국가의 분란을 잠재우고 백성을 평화롭게 살 수 있도록 여건을 마련해 주어야 하는 지도적 위치에 처한 사람들을 말한다. 묵자는 이런 사람들을 발굴하여 우대하는 것이 곧 그가 염원하는 이상 사회를 건설하는 첩경이라고 인식하였고 이러한 현자를 가늠하는 기준에 대해서도 깊이 고민했던 것으로 보인다. 묵자는 현자가 지녀야 할 기본 조건에 대해「상현」상편에서 다음과 같은 원칙을 제시하고 있다.

> 덕행을 실행하고, 언변이 바르며, 박학다식한 사람[厚乎德行, 辯乎言談, 博乎道術].

위의 '덕행(德行)'과 '언담(言談)'과 '도술(道術)'의 삼개 영역은 소위 현량지사를 가늠하는 조건이며 표준이 된다. 묵자는 이러한 덕재(德才)를 겸비한 사람들이야 말로 국가의 진정한 보배요, 사직의 기둥이라고 하였다[國家之珍, 而社稷之佐]. 또한 이 부분은 묵가 교육의 기본 내용이 되는 담변, 설서, 종사와도 긴밀히 연관 되어 있으며 시대를 영도하는 인재가 되기 위해서는 세 영역 모두에 정통하여 일정한 경지에 도달해야만 했다.[18]

① 후호덕행(厚乎德行)

덕행은 현자가 마땅히 지녀야 할 가장 기본적 덕목이며 조건

---

[18] 황성규,「묵자 교육 사상의 특징과 의의」,『도덕윤리과교육』제26호, 한국도덕윤리과 교육학회, 2008, p.225.

이다. 또한, 덕행이란 백성에게 이로움을 주고 해로움을 없애주는 일체의 행위를 말하며, 묵자는 이러한 유덕한 행위를 실천하는 것이 곧 의(義)를 수행하는 것이라고 보았다.

의가 없으면 부유하게 해주지 말고, 의가 없으면 귀하게 하지 말고, 의가 없으면 친하지도 말며, 의가 없으며 가까이도 말라.[19]

따라서 묵가 학파에 있어서의 의란 사회적 행위의 준거인 동시에 가장 비중 있는 범주이며, 묵자는 이를 실천하는 행위를 윤리적 완성으로 여겼다.

힘이 있는 자는 재빨리 남을 돕고, 재산을 가진 자는 힘써 나누어주며, 도가 있는 자는 부지런히 가르침을 베푼다. 이와 같이하면 주린 자는 먹을 것을 얻을 수 있을 것이요, 추운 자는 옷을 입을 수 있을 것이요, 혼란한 자는 안정을 되찾게 될 것이다.[20]

사람이 사람답게 살아갈 수 있는 사회, 아니 사람이 사람으로서 살아갈 수 있는 사회를 구현하는 것이 묵자 정치 사상의 귀결점이다. 그리고 이를 실행하는 것은 바로 덕을 겸비한 현자의 몫이 된다.

현자는 어진 임금을 섬길 때 그 사지의 힘을 다하고, 그를 돕는 일을 싫증내며 힘들어하지 않았다. 만약 좋은 일이 생기면 그 공을 위로 돌리고, 그렇지 않은 일은 자신에게 돌려 편안함과 즐거움은 윗분에

---

[19] 『墨子』「尙賢」上: "不義不富, 不義不貴, 不義不親, 不義不近"
[20] 『墨子』「尙賢」下: "有力者疾以助人, 有財産者勉以分人, 有道者勸以敎人, 若此, 則飢者得食, 寒者得依, 亂者得治. 若飢則者食, 寒則者依, 亂則者治, 此安生生."

게, 근심과 고단함은 신하에게 있게 하였다.[21]

위 진술은 신하로서의 현자가 임금을 섬길 때 마땅히 지녀야 할 기본적 정신과 자세를 말해주고 있다. 이는 유교가 말하는 군신의 도리와 크게 다를 바 없다. 다만 "천하의 이로움을 도모하고, 그 해로움을 없애고자"[22] 하는데 최종적 목적이 있었다는 점은 의로움을 더 중시하는 유가와 다소 차이가 난다고 볼 수 있다.

이상의 인용문을 통하여 의로움을 수행하는 것이 곧 현자이며, 현자는 필히 매우 고매한 인품과 덕망을 지니고 있어야 한다는 것을 알 수 있다. '덕(德)'은 평범한 사람들 가운데 현자를 구별해내는 가장 기본적이며 중요한 분별점이 되는 덕목인 것이다.

② 변호언담(辯乎言談)

언어적 소양을 현자의 표준으로 삼겠다는 것이다. 묵자는 성현의 도리를 이해하고 이를 선전하는데 아주 중요한 요소로써 언어적 소양을 제기했다. 또, 묵가 학파의 학설과 이상을 실현하기 위해서라도 그것의 도구가 되는 이 부분에 대한 중시와 강조는 불가피 했을 것이다. 그 이유가 어디에 있든, 묵가에서 언어적 소양은 정치를 하는 사람에 있어서는 반드시 겸비되어야 할 덕목이 되었다.

> 오늘날 군자들이 언담을 배우고 표현하는 것은 혀를 이롭게 하고자 하는 것이 아니다. 장차 국가 백성들에게 정치를 펼치기 위함이다.[23]

---

21 『墨子』「尙賢」中: "賢人唯毋得明君而事之, 竭四肢之力, 以任君之事, 終身不倦. 若有美善則歸之上, 是以美善在上, 而所怨謗在下, 寧樂在君, 憂慼在臣."
22 『墨子』「兼愛」中: "興天下之利, 除天下之害."

그러나 언담(言談)이란 다른 사람을 모멸하거나 수치심을 주거나, 단순히 말 자체를 잘하는 것만을 의미하는 것이 아니다. 그것은 백성의 고초를 헤아려 격려하고, 그 억울함을 분별해 주어야 하는, 국가를 이롭게 하는데 있어서 매우 중요한 정치적 도구여야 한다. 묵자가 언어적 소양을 현자의 기준으로 설정한 이유는 국가 정사를 펼치는데 있어서 옳고 그름을 분명하게 구별하게 하기 위한 것이었고, 묵자는 언어적 소양을 갖추는 것 역시 '의를 실천(爲義)'하는 한 방법으로 이해했다.24 『묵경』에는 다음과 같은 내용이 기술되어 있다.

제75조 「경상」: 변이란 무엇이 옳은 것인지를 따지는 것을 말하며, 변에서 이겼다함은 논쟁에서 그 타당성이 입증된 것이다.25

묵가에 의하면, 쟁론이 발생 했을 때 어떤 것이 옳은 의견이냐 하는 시비판단의 기준은 어떤 것이 더 타당한 견해인가에 그 기준점을 두어야 한다고 본다. 따라서 현자는 변론의 과정에서 개인의 이해관계가 아닌 객관적이고 실제적인 것에 부합하는 진술을 해야 하는 것이다.

제93조 「경상」: 말하는 것을 잘 들으면 그 의미를 얻게 된다. 이는 마음의 분별력 때문이다.26

---

23 『墨子』「非命」下: "今天下之君子之爲文學出言談也. 非將勤勞其喉舌, 而利其脣吻也, 中實將欲爲其國家邑里萬民刑政也."
24 李亚彬, 위의 책, p.175.
25 "辯, 爭彼也. 辯勝, 當也."
26 "執所言而意得見, 心之辯也."

어떤 사물에 관한 정보를 듣고 그것이 드러내는 의미에 이르게 되는 것은 단순히 듣는 과정과 엄연히 다르며, 들은 바가 무엇인지를 통찰하는 과정이 반드시 요구된다. 이러한 통찰은 마음의 작용에서 일어나는데, 화자가 언어로서 특정한 사물이 의미하고 있는 바를 명확히 표출하여야 청자가 마음이라는 감각 기관을 통해 그것을 정확히 변별하게[27] 되므로 화자의 언담이 중시될 수밖에 없는 것이다. 묵자는 심지어 화술의 능력을 고려하여 적합한 관직을 부여해야 한다고도 주장하였다.

③ 박호도술(博乎道術)

이 부분은 덕(德)과 재(才)를 겸비한 현자를 어떻게 활용해 나갈 것인가에 대한 기본 원칙이 된다. 묵자는 이미 "덕으로서 서열을 매기고, 관직에 따라 일을 하며 노고에 의해 상이 내려지고 공로를 헤아려 녹을 나눈다."[28]는 원칙을 제시한 바 있다. 얼마나 덕을 겸비하고 있느냐에 의해 관직의 서열을 정한다는 것은 매우 의미 있는 것이다. 이와 관련하여 묵자는 성왕들이 국가를 통치했었던 예를 제시하고 있다.

> 국가를 영도할만한 인재는 국가를 통치하게 하고, 장관으로서 역량을 발휘할 수 있는 사람은 장관으로 삼고, 읍을 관리할 수 있는 사람은 읍을 다스리게 하였는데 국가와 관청 그리고 읍을 관리하는 자는 모두 현자였다.[29]

---

27 황성규, 「묵경의 인식 이론에 관한 고찰」, 『한국철학논집』 제24집, 한국철학사연구회, 2008, p.210-211.
28 『墨子』「尙賢」中: "以德就列, 以官服事, 以勞殿賞, 量功以分祿."
29 위와 같은 곳, "故可使治國者使治國, 可使長官者使長官, 可使治邑者使治邑. 凡所使治國家, 官府, 邑里, 此皆國之賢者也."

사람마다 지닌 역량에 의해 관직을 나누고 역할을 맡겨야 한다는 견해는 신분과 지위가 세습되던 종법 사회에서는 가히 상상하기 힘든 의미 있는 발상이다.30 덧붙여 묵자는 천자의 주관적 관점에 의해 개인이 지닌 능력의 한계를 무시하고 지나치게 높은 벼슬을 부여하는 작태에 대해 다음과 같이 비판하고 있다.

> 백 사람도 다스릴 수 없는 사람에게 천 사람을 맡기고, 천 사람도 통치할 수 없는 이에게 만 사람을 다스리게 하였다. ……능력 보다 열 배의 관직을 준 것은, 마치 하나만 다스리고 아홉은 무시하는 것과 같다. 밤낮을 일하여도 담당과 관직을 감당할 수 없을 것이다.31

이처럼 묵자는 주관적 가치 기준에 의해 관리를 등용하고 능력을 무시한 채 과중한 일을 부여하는 것은 잘못된 일이며, 더 나아가 국가의 재앙을 불러 올 것이라고 믿었다. 이와 달리, 각 개인이 지닌 능력에 걸맞게 역할이 부여되어 현자가 통지자의 역할을 수행하게 된다면 다음과 같은 시너지 효과가 생겨날 것이라고 확신하였다.

> 현자는 나라를 다스릴 때 일찍 조정에 나아가고 늦게 물러나며 옥사를 다스리고 정사를 본다. 따라서 나라는 다스려지고 형법은 바로 잡히게 되는 것이다. 또한 현자가 관청의 우두머리가 되면 늦게 자고 일찍 일어나 관문과 시장과 산림과 호수와 다리에서 얻어지는 이익을 거둬들여 관청의 창고를 채운다. 관청의 재정은 충실해지고 재물은 흩어지지 않는다. 현자가 마을을 다스림에 있어 일찍 출근하고

---

30 黃晟圭·張曉芒, 위의 책, pp. 26-28.
31 『墨子』「尙賢」中: "不能治百人者, 使處乎千人之官. 不能治千人者, 使處乎萬人之官.……而予官什倍, 則此治一而棄其九矣. 雖日夜相接, 以治若官, 官猶若不治."

늦게 퇴근하며 밭 갈아 씨 뿌리며 나무를 가꾸고 농사를 짓게 하여 곡식을 거두도록 한다. 그리하여 곡식은 풍부해지고 백성들은 식량이 풍성해져 넉넉하게 되는 것이다.32

위는 어떠한 온정도 연고도 배제된 합리적 절차와 방법에 의해 선발된 현자의 역할이 국가 통치에 있어서 얼마나 중요한지를 설명함과 동시에 통치자가 힘쓰고 책임져야 할 부분에 대해서도 언급한 진술이다. 현자로서의 통치자는 그들이 지니고 있는 모든 역량을 다해 국가와 백성을 돌봐야 하며 국가의 재산을 잘 돌보는 것에 나아가 국가의 살림을 융성하게 하는 데까지 미쳐야 하는 것이다. 이것이 묵자가 강조한 '도술(道術)'인 것이다.

위에서 언급된 사항을 현실 생활 속에 적용시키기 위해서는 현자의 중요성을 체계적으로 부각시킬 필요가 있었다. 묵자의 「상현」편 등을 통하여 주장하고 있는 내용은 바로 이러한 점을 충족시키고 있다. 먼저 묵자는 다음과 같이 말한다.

관리라고 항상 귀한 것이 아니며, 백성이라고 언제나 천한 것도 아니다. 능력이 있으면 등용되는 것이고 능력이 없으면 좌천되는 것이다.33

부형일지라도 편들지 아니하고, 부귀하다고 기울지 아니하였으며 호안미색일지라도 편애하지 않았다. 현명한 사람이라면 등용하여 부유하고 귀하게 해주며 관리로 삼았고, 능력이 없는 자라면 파면시

---

32 위와 같은 곳, "賢者之治國也, 早朝晏退, 聽獄治政, 是以國家治而刑法正, 賢者之長官也, 夜寢夙興, 收斂關市, 山林, 澤梁之利, 以實官府, 是以官府實而財不散. 賢者之治邑也, 早出暮入, 耕稼樹藝, 聚菽粟, 是以菽粟多而民足乎食."
33 『墨子』「尙賢」上: "官無常貴, 而民無終賤. 有能則擧之, 無能則下之."

켜 가난하고 천하게 하여 노역에 종사하도록 하였다.34

묵자는 관리 등용에 있어서 세습을 부정하고 능력을 등용의 잣대로 삼아 기회 균등의 의지를 표방하고 있다. 그에게 있어서는 영원히 관직에 머무르며 귀한 사람도 영원히 빈천한 사람도 없다. 진정 현자를 등용하기 위해서는 그 어떤 틀로서 구속해서는 안 된다고 보았기 때문이다. 이렇듯 인재 등용에 있어서의 기회 균등을 주장하는 묵자의 이론은 선진(先秦) 정치 이론들을 선도하고 있다는 평가를 받고 있다.35

『논어』에도 "현재를 천거한다 [擧賢才]."라고 하여 어질고 덕이 있는 현자의 등용을 강조 하고 있으나, 묵자의 그것에 비해 구체적이지 못하고 설득력도 떨어진다. 유교의 인재 등용 방식은 다분히 '친친(親親)'과 '존존(尊尊)'에 기초하여 자신의 친족에 더 큰 애착과 비중을 두고 있기 때문이다.36 그러나 묵자가 주장한 상현설은 능력 있는 인재를 등용하여 국정에 참여시킨다는 주장으로서 그가 어떤 출신 성분을 가지고 있느냐는 고려의 대상이 될 수 없고 오직 그가 어떤 인간이냐에 의해 관록을 부여 받아야 한다는 주장이다.37 묵자가 비록 관직에 차별을 두고 그 권력의 성격

---

34 『墨子』「尙賢」中: "不黨父兄, 不偏富貴, 不嬖顔色, 賢者擧而上之, 富而貴之, 以爲官長; 不肖者抑而廢之, 貧而賤之, 以爲徒役."

35 王桐齡은 묵자의 상현은 사회 계급의 세습적 전통을 완전히 뒤집는 혁명적 주장으로 보고 있다. 특히, '부당부형(不黨父兄), 불편부귀(不偏富貴)', 그리고 '관무상귀(官無常貴), 민무종천(民無終賤)'을 강조한 것은 당시 사회 현실에 비추어 볼 때 획기적인 발상이었음을 강변하고 있다(王桐齡, 위의 책, pp.75-76 참조). 최성철 역시 상현은 기회균등의 원칙을 내세우면서 계급의 타파를 주장한 것이므로 존비귀천의 차등을 없애자는 것이었다고 본다(최성철, 위의 논문, pp.50-53 참조). 한편 郭末若은 묵자의 이러한 주장이 당시 사회 실상을 반영한 것에 지나지 않는 결코 혁명적 주장이 아니라고 폄하하였다(郭末若, 위의 책, pp.143-144 참조).

36 黃晟圭·張曉芒, 위의 책, p.29 참조.

37 孔鏡昊, 「墨子社會政治思想闡釋與評議」, 『墨子硏究論叢(二)』, 山東大學出版社, 1993, p.168.

도 달리 하긴 하였으나, 이는 어디까지나 그 자신이 지니고 있는 능력에 의해 결정되는 것이지 그가 선천적으로 부여 받은 신분과 지위로서 규정될 수 없다는 것이다. 그렇다면 묵자는 왜 합당한 절차나 기준에 의해 추대된 현자들에 의해 사회의 운명을 맡겨야 한다고 보았는가?

현명한 자에게 정치를 맡기면 어리석은 자도 현명해 질수 있지만, 어리석은 자에게 정치를 맡기면 지혜로운 자도 오히려 어지럽게 된다. 따라서 현자가 정치의 근본이 되는 것이다[38]

현명하고 지혜로운 사람들로 하여금 국가를 통치하게 한다면 국가의 통치는 원만하게 진행될 것이지만 그렇지 않을 경우 국가는 혼란만 가중될 것이다. 이는 마치 '한 마리의 사자가 백 마리의 늑대를 이끄는 집단이, 오히려 한 마리의 늑대가 백 마리의 사자를 이끄는 집단을 이긴다.'는 속언과 일맥상통하는 진술이라고 볼 수 있다. 그러므로 윗자리에 있는 자는 모름지기 출중한 재능을 가져야 하며, 따라서 상현의 정신은 이러한 조건을 충족시키는 '위정(爲政)의 근본'이 되는 것이다.[39]

묵자가 말하는 올바른 통치라는 것은 백성들의 억울함을 없애고 그들의 삶을 윤택하게 하는 것이다. 그리고 이러한 올바른 통치를 이루기 위해서는 역시 현자를 가려 등용해야 한다는 점을 재차 강조하고 있다.

오늘날의 왕공대인은 옷 한 벌도 제대로 만들지 못하여 반드시 훌륭

---

38 『墨子』「尙賢」中: "何以知尙賢之爲政本也? 曰; 自貴且智者爲政乎愚且賤者則治, 自愚賤者爲政乎貴且智者則亂, 是以知尙賢之爲政本也."
39 蕭公權, 최명, 손문호譯, 『中國政治思想史』, 서울대학교출판부, 1998, p.259.

한 재단사의 힘을 필요로 한다. 소나 양도 잡지 못하여 훌륭한 백정의 힘을 빌려야 한다. 이러한 일들에 대해서는 왕공대인들도 현명한 사람을 숭상하고 능력 있는 자들을 부려 다스릴 줄 알고 있다. 하지만 국가의 혼란이나 사직의 위태로움에 이르러서는 현명한 사람을 받들고 능력 있는 사람을 부려 혼란함을 다스릴 줄 모른다.[40]

오늘날 왕공대인은 병든 말을 치료하려면 반드시 좋은 수의사를 찾을 것이다. 고장 난 활을 고치려면 활을 잘 다스리는 공인을 이용한다. 왕공대인들이 이런 일을 함에 있어서 골육을 나눈 친척이나, 이유 없이 부유하고 귀하게 된 사람들, 외모가 준수한 사람이 있다고 할지라도 이런 일은 잘하지 못할 것이라는 사실을 알고 있기 때문에 그들에게 이런 일을 맡기지 않는다.[41]

묵자는 흔히 접할 수 있는 일들을 예로 제시하면서 재능 있는 사람을 쓰는 것에 대한 중요성에 대해 언급하고 있다. 무릇 작은 일에 대해서는 그 일에 적합한 재주 있는 사람들을 쓰지만 정작 크고 중요한 일은 세습된 신분에 의해서 관록을 부여하는 현실은 불합리하며 백성들로부터도 그 정당성을 부여 받기도 힘들다고 보았다. 따라서 묵자는 객관적 기준에 의해 선발된 능력 있는 사람을 적재적소에 배치하여 그들로 하여금 제대로 국가를 통치하게 하자는 것이다.

묵자의 상현 사상은 현자에 의한 정치를 의미한다. 이는 권신

---

[40] 『墨子』 「尙賢」 中: "今王公大人, 有一依裳不能制也, 必借良工; 有一牛羊不能殺也, 必借良宰. 故當若之二物也, 王公大人未知以尙賢使能爲政也. 迨至其國家之亂, 社稷之危, 則不知使能以治之."

[41] 『墨子』 「尙賢」 下: "王公大人, 有一匹馬不能治, 必索良醫; 有一危不能張, 必索良工. 當王公大人之於此也, 雖有骨肉之親, 無故富貴, 面目美好者, 實知其不能也, 必不使."

과 영행(佞倖)들이 관직을 독점하는 것을 비판하면서 기회 평등의 새로운 원칙을 부여했다는 의미를 지닌다.42 또, 묵자는 "국가에 지혜로운 사람이 많으면 국가의 통치는 잘 될 것이므로"43, "무릇 대인의 임무란 현자들이 많아지도록 하는 것일 뿐"44이라고도 하였다. 이러한 현자 정치가 실행되는데 있어서 관건이 되는 사항은 당연히 '선현(選賢)'에 있으며, 따라서 이상과 같은 '현(賢)'의 기준을 설정하고 실행함으로써 의정(義政)45을 달성하고자 했던 것이다.

2. 통일된 견해와 국가 통치

춘추전국시대, 혼란된 사회를 극복하고 평화로운 시대를 열고자 하는 것은 당시 모든 사상가들의 공통된 이상이었다. 특히, 묵자는 질고(疾苦)의 삶을 살아가는 백성들에게 통치자들의 관심을 유도해 내고, 궁극적으로 사회적 폐단과 핍박의 도가니에서 백성을 구하자 하였으며 「상동」편은 이러한 묵자의 열망을 이론화하고 있다.

1) 통일된 견해의 중요성

상동이란 정치 활동에 있어서 통일된 견해, 다시 말해 국론

---

42 蕭公權, 위의 책, pp.260-261 참조.
43 『墨子』「尙賢」上: "國有賢良之士衆, 則國家之治厚"
44 위와 같은 곳, "大人之務, 將在於衆賢而已"
45 『墨子』「天志」上: "順天意者, 義政也反天意者, 力政也." 이처럼 묵자는 정치를 의정(義政)과 역정(力政)으로 구분하고 있다. 의정은 하늘의 뜻에 따르는 것이며 역정은 하늘의 뜻에 반하는 정치를 의미한다. 묵자에 있어서 의정은 천의 뜻과 동시에 마땅히 해야 할 정치의 당위법칙이므로 한나라를 다스리는 통치자가 의정을 실시하는 것은 천의에 순종하는 것이며 당연한 도리였다(최성철, 위의 논문, pp.50-53 참조).

통일을 숭상한다는 의미를 지니고 있다. 묵자는 국론이 통일된 나라가 바로 질서가 잡히고 통치가 잘 되는 나라[46] 라는 인식을 하고 있었다. 나아가 상동은 민의를 살펴 따르는 것을 전제로 하여 백성을 통치하는데 있어서 모든 사람이 납득하고 따를 수 있는 원칙과 기준을 수립해야 함을 역설하는 것이기도 하다. 묵자는 상동이 형성되어지게 된 배경에 대해 다음과 같이 말하고 있다.

천자가 옹립되었으나 그의 귀와 눈만으로 천하 백성의 실정을 보고 듣는 것에는 한계가 있었고 혼자의 힘만으로는 천하의 뜻을 하나로 통일시키지 못하였다. 그러므로 천하의 인재를 발탁하여 그들을 삼공의 자리에 앉혀 천하의 뜻을 하나로 통일하는 일에 종사하도록 하였다. 비록 국가의 기본적 기틀이 갖추어졌으나 천하는 넓고 커서 산림속이나 멀리 떨어진 지방에 있는 백성들까지 그들의 실정을 파악하여 하나의 의견으로 모으기는 힘들었다. 그런 까닭에 천하를 여럿으로 나누어 제후를 세우고 군주를 두어 의견을 하나로 통일 하는 일에 종사하도록 하였다. 제후 나라의 군주들이 이미 섰으나, 그들 역시 한계가 있어 나라의 의견을 통일하지 못하였다. 이에 현명한 인재를 가려 측근의 신하와 장군, 대부 등으로 삼고 멀리 향장에 이르기까지 나라의 의견을 하나로 통일하게 하는 일에 종사하도록 하였다.[47]

---

46 『墨子』 「尙同」 中: "唯以其能一同其國之義, 是以國治."
47 『墨子』 「尙同」 中: "天子旣已立矣, 以爲唯其耳目之情, 不能獨一同天下之義, 是故選擇天下贊閱賢良聖知辯慧之人, 置以爲三公, 與從事乎一同天下之義. 天子三公旣已立矣, 以爲天下博大, 山林遠土之民, 不可得而一也, 是故靡分天下, 設以爲万諸侯國君, 使從事乎一同其國之義. 國君旣已立矣, 又以爲唯其耳目之情, 不能獨一同天下之義, 是故選擇其國之賢者, 置以爲左右將軍大夫, 以遠至乎鄕里之長, 與從事乎一同其國之義."

위 글은 천자로부터 향장에 이르기까지 그들이 해야 하는 일과 그것이 생기게 된 이유에 대하여 설명하고 있다. 여기서 우리의 주목을 끄는 부분은 통치자는 자신의 임의와 독단에 의해 정책을 입안하는 것이 아니라, 파악된 민의를 바탕으로 국가의 정책을 수립해야 하며, 그것은 반드시 모든 백성에게 제대로 전달되어야 한다는 것을 지적하고 있다는 점이다. 이를 위하여 묵자는 천자, 삼공, 국군, 그리고 장군, 대부를 거쳐 향리의 장에 이르는 위에서 아래의 조직 구조는 서로 손발을 맞춰 국론을 통합해 나가야 한다고 본다.[48]

> 천하가 이미 다스려지면, 천자는 천하의 뜻이 하늘의 뜻과 하나가 되도록 해야 한다.[49]

묵자는 천자가 천하의 바른 도리를 통합하여 정책을 실행해 나갈 때 그것이 곧 하늘의 뜻에 순응하여 부합하는 것으로 생각하였다. 앞서 살펴 본 바와 같이 하늘의 뜻은 백성의 뜻이었고, '서로 차별 없이 사랑하고, 이로움을 나누는' 사회를 이루고자 하는 묵자의 이상이기도 하였다.

> 천자가 삼공, 제후, 경과 재상, 향장, 가군을 세운 것은 부귀를 향유하며 편히 쉬게 하려고 그들을 내세운 것이 아니라 혼란한 정국을 다스리기 위함이다.[50]

---

48 李亚彬, 위의 책, p.167 참조.
49 『墨子』「尙同」下: "天下既已治, 天子又總天下之義, 以尙同於天."
50 『墨子』「尙同」下: "是故古者天子之立三公·諸侯·卿之宰·鄉長·家君, 非特富貴游佚以擇之也, 將使助治亂刑政也."

현자를 등용하여 국가 차원의 통치 행위를 도모하려고 하는 것은 혼란한 정국을 수습하고자 하는 매우 뚜렷한 목적을 지니고 있다.51 그러므로 무릇 관리로 임용된 자들은 관직의 높고 낮음에 관계없이 자신의 역량에 걸맞게 이러한 목적을 수행해야 한다.

나라를 세우고 정장을 모시는 것은 그 직위를 높이고 후한 봉록을 주기 위함이 아니다. 백성들에게 이로움을 일으키고 해로움을 없애기 위해서이며, 가난하고 소외된 자들을 부귀하게하고, 위태로운 것을 편안하게하고, 혼란스러운 것을 다스리기 위함이다. 이것이 옛 성왕의 통치이다.52

묵자에게 있어서 정치 제도, 천자와 통치자 존립의 근본 이유는 권력을 과시하며 군림하기 위해서가 아닌 사회 질서를 유지하고 백성에게 이로움을 주기 위해서이다. 이를 위해 가장 우선시되어야 할 부분은 통치자와 피통치자 간의 일치된 견해이며 이것이 가능하다면 천하의 혼란은 잠식될 수 있을 것이라고 보았다.

국군(國君)은 나라에서 가장 어진자(仁人)이며, 국군은 정령을 발하여 백성에게 고한다. 선한 것과 그렇지 않은 것을 듣게 되면 반드시 천자에게 알린다. 천자가 옳다고 하는 것은 반드시 옳은 것이 되고 천자가 그르다고 하는 것은 옳지 않은 것이 된다. 선하지 않은 말을 버리고 천자의 옳은 말을 쫓고 그 옳지 않은 행위를 버리고 천자의 옳은 행위를 따른다면 어찌 혼란스럽다는 말을 들을 수 있겠는가?53

---

51 吳進安은 묵자의 상현은 도덕적 사명감을 지닌 현자를 적절히 활용함으로써 이상의 목적 이외에도 짧은 시간 안에 정치적 실효를 달성하기 위한 것이었다고 분석한다(吳進安, 「墨子尙賢思想與管理哲學硏究」, 『墨子硏究論叢(六)』, 北京圖書館出版社, 2004, pp.407-408).
52 『墨子』「尙同」中: "建設國都立政長也, 非高其爵, 厚其祿, 富貴佚而錯之也, 將以爲萬民興利除害, 富貴貧寡, 安危治亂也. 故古者聖王之爲若此."

여기에서 언급되고 있는 인인(仁人)이라고 함은 백성을 위하여 이익을 도모하는 현자의 또 다른 이름, 즉 관직의 높고 낮음에 관계없이 일정 영역 안에서 가장 지혜롭고 현명한 자를 의미한다. 묵자가 보기에 천하 혼란은 백성으로부터 야기된 혼란이 아니라 통치자의 능력 부족으로 비롯된 것이기 때문에 충분한 능력을 지닌 현자가 통치자가 된다면 천자의 뜻과 백성의 뜻이 반목할 까닭이 없게 되는 것이다. 이러한 점으로 미루어 볼 때 「상현」편에서 부각된 현자는 다시 「상동」편에 입각하여 통치 행위를 실행하게 된다54는 주장이 성립된다.

2) 통일된 견해를 위한 현자의 자세

묵자는 전통적 인재 선발 방식인 종법제의 울타리를 강력히 비판하고 개인이 지닌 역량에 의해서 인재를 발탁할 것을 주장하고 있다. 특히, 그는 인재를 등용하는 방법이 객관적이고 합리적이지 못할 경우 백성들 역시 자신을 통치하는 사람들을 수긍하지 않는다는 점을 분명히 하고자 하였는데, 이는 유교의 '가깝고 먼, 높고 낮음의 차이[親疎尊卑之異]'를 의식하며 반대의 입장을 견지한 결과이다.55 묵자가 말하는 현자는 미천한 신분일 수도 있고 고귀한 신분일 수도 있다. 이는 선천적 신분과 지위가 후천적 계급에 영향을 줄 수 없다는 관점이며 현자의 지위는 그가 백성들에게

---

53 『墨子』「尙同」上: "國君者, 國之仁人也. 國君發政國之百姓, 言曰:聞善而不善, 必以告天子. 天子之所是, 皆是之; 天子之所非, 皆非之. 去若不善言, 學天子之善言; 去若不善行, 學天子之善行. 則天下何說以亂哉?"

54 賈毅平, 「墨子尙賢理論的現代價值」, 『墨子硏究論叢(六)』, 北京圖書館出版, 2004, pp.431-434 참조. 이러한 관점은 孫中原의 상동과 상현은 불가분의 상호 관계를 가지는 이론이므로 연장 선상에서 파악되어야 한다는 견해를 인용한 것이다(孫中原, 『墨學通論』, 辽宁教育出版社, 1993, pp.27-28, 참조).

55 朱傳棨, 「墨子思想與當代中國社會經濟政治發展論要」, 『墨子硏究論叢(三)』, 山東大學出版社, 1995, p.287.

베풀 수 있는 능력 유무에 국한될 뿐이다. 그리고 이렇게 해야만,

> 위에서 옳다고[所是] 생각하는 것을 아래에서도 수긍할 수 있으며,
> 위에서 그르다고[所非] 하는 것 역시 그렇게 믿을 수가 있다.56

통치자에 있어서 '옳음[所是]'와 '그릇됨[所非]'이란 백성의 생각과 다를 수 없다. 다시 말해, 상동설이란 결코 백성이 일방적으로 지배계층에게 복종을 하는 것이 아니며, 오히려 백성이 최고 지도층인 왕공대인에게 비판을 가할 수 있는 일종의 권리를 의미하는 것이라고 볼 수 있다. 묵자는 「상동」 하편의 첫머리에 다음과 같이 상동이 갖는 의의에 대하여 진술하고 있다.

> 무릇 윗사람이 하는 정치라는 것은 아랫사람들의 동향을 잘 살펴, 백성의 옳고 그름을 제대로 아는 것이다. 만약 백성의 옳고 그름을 잘 알아 옳은 자에게는 상을 주고 그릇된 자에게는 벌을 주는 것 즉 상을 주어야 될 사람에게 상을 주고 벌을 주어야 될 사람에게는 벌을 준다면 국가는 제대로 다스려 질 것이다.57

국가를 통치하는데 있어서 무엇보다도 우선되어야 하고 중시되어야 할 점은 바로 백성들의 현실 정황일 것이다. 그리고 백성들의 잘 잘못에 대하여 제대로 평가를 해주는 것이 곧 국가 통치의 기본이 될 것이다.58 위의 진술은 이러한 관점에 입각하여 주

---

56 『墨子』「尚同」中: "上之所是, 亦必是之. 上之所非, 亦必非之."
57 『墨子』「尚同」下: "上之爲政, 得下之情, 則是明於民之善非也. 若苟明於民之善非也, 則得善人而賞之, 得暴人而罰之也. 善人賞而暴人罰, 則國必治."
58 蕭公權은 위와 관련하여 다음과 같이 진술하고 있다. "묵자의 의사는 공리(公利)가 뜻을 같이하는 최후의 표준이며, 군장과 인민이 모두 그것에 맞게 행동하는 것을 목적으로 삼아야 한다는 것을 인정한 것 같다. 만일 군장이 항상 공리에 따라 정치적 제재를 집행할 수 있다면, 군장의 뜻

장된 것이다. 만약,

> 아래 백성들의 실제 정황에 대해 명확하지 못하고, 백성들의 잘 잘 못에 대해서도 제대로 판단을 할 수 없어 잘한 사람에게 상을 줄 수 도, 잘못한 사람에게 벌을 줄 수도 없는 정부라면 혼란한 지경에 이 를 것이다.59

예나 지금이나 통치자가 민의를 거슬리며 독단적인 행위를 계속할 뿐 아니라 백성들의 공적과 과실에 대해 공정한 조처를 하지 못할 경우 국가는 백성들의 신뢰를 상실하게 되어 통치 공백 등과 같은 혼란한 상태에 직면하게 된다. 상동을 단지 아랫사람이 윗사람에 대한 복종, 천자에 대한 백성의 복종이라고만 할 수 없는 이유가 바로 여기에 있다.

묵자는 국가의 역량을 하나로 집중시키고 통일시키는 것이 필요하다고 믿었으며, 이러한 통일은 반드시 민의를 기초로 하여 형성되어야 한다고 보았다. 따라서 통치자와 백성의 시비선악(是非善惡)은 하나로 일치되어야 하고 백성이 바라는 바와 이익에 따라 일을 처리해야 하며, 이렇게 한 후에 비로소 백성들은 윗사람에 대하여 신뢰, 즉 통치자의 뜻에 수긍하며 따르게 된다는 것이다. 이러한 인식을 바탕으로 묵자는 최고 통치자인 천자와 신하인 현자의 관계에 대해서도 언급하고 있다.

천자가 보고 들은 것이 가히 신령스럽다고 하나 이는 신령스러움이

은 공리의 화신으로써 전체 상동의 귀결을 이루게 된다. 그것은 군장이 개인적으로 시비를 결정하는 무상의 권위를 갖는다는 것을 의미하는 것은 아닌 것이다."(蕭公權, 위의 책, pp.245-246 참조).

59 『墨子』「尙同」下: "不得下之情, 則是不明於民之善非也. 若苟不明於民之善非也, 則是不得善人而賞之, 不得暴人而罰之. 善人不賞而暴人不罰, 爲政若此, 國家必亂"

아니다. 신하들의 이목을 잘 활용하여 보고 들으며, 사람들의 입을 잘 이용하여 자신을 대변하게 하고, 아랫사람들의 마음을 잘 헤아려 자신의 생각을 도우며, 사람들의 팔다리를 잘 이용하여 자신의 동작을 돕도록 하기 때문이다.60

묵자의 입장에서 볼 때 통치자인 신하는 천자의 생각을 아래에 전하고 아래의 정황을 위에 알려서 천자의 독단과 독선을 견제하는 중간자적 역할을 한다. 또 이들은 천자에게 신령스러움을 주고 백성들에게는 이로움을 주는 존재이어야 한다. 묵자가 상동사상을 통하여 추구하고자 했던 또 하나의 목적은 "천하를 나의 집안처럼 다스리고, 천하의 백성을 한 사람처럼 부리기[治天下之國 如治一家, 使天下之民如使一夫]" 위함이었다. 이는 마치 집안에서 부모가 자식을 양육하는 것처럼 통치자는 백성에 대해 보다 더 충실해야 한다는 의미로 해석되어야 할 것이다. 이러한 생각은 민의를 중시하고 그것을 체계적이고 용이하게 수렴하여 정치를 펼치는 것이 당시의 혼란상을 극복하는데 좋은 방법이라고 생각한 것에서 연유된 발상이었다.

> 옛날 성왕명군이 천하를 다스리고 제후들을 부리는 방법은 그들 백성을 사랑하여 돌보는 데 있어 충실하였고, 백성을 이롭게 하는 일에 독실하여 백성과 충성과 신의로 서로 맺어졌고, 백성의 이익을 도모하는데 게으름을 피우거나 지루해 하는 일이 없이 죽는 그 순간까지 언제나 늘 백성을 사랑하였다.61

---

60 『墨子』「尙同」中: "天子之視聽也神. 先王之言曰:非神也, 夫唯能使人之耳目, 助己視聽, 使人之吻, 助己言談, 使人之心, 助己思慮, 使人之股肱, 助己動作."
61 『墨子』「節用」中: "古者明王聖王, 所以王天下, 正諸侯者, 彼其愛民謹忠, 以民謹厚. 忠信相連, 又示之以利, 是以終身不厭, 歿世而不倦."

> 백성들은 사랑으로써 부려야 하고, 믿음으로써 그들을 받쳐 주어야
> 한다. 또한 앞으로는 부귀로써 이끌고, 뒤로는 명확한 형벌로써 백
> 성을 통솔한다. 정치를 이와 같이 한다면 비록 백성들과 함께하지
> 않으려 한다할지라도 그렇게 될 수밖에 없을 것이다.62

묵자의 정치적 이상은 당시 통치자들이 자신의 주장을 받아드려 위에서부터 아래의 변혁을 도모하여 국가 제도의 기반을 안정시키고 백성에게 올바른 정치를 전개함으로써 백성의 이익을 두텁게 하는 것이었다. 이것은 상동설이 추구하고자 했던 가장 최고의 목적이었다고 볼 수 있으며, 따라서 묵자「상동」편에 내재된 정치 이론에 있어서 가장 핵심적인 요소는 바로 백성들이었음을 알 수 있다.

묵자에게 있어 백성은 국가 구성의 근간이며 사회 발전의 핵심 축이다. 따라서 그들이 소외된 정치란 무의미하고 불필요한 것이며,『묵자』서 전반에 걸쳐 민리(民利)와 민심(民心) 그리고 민력(民力)을 중시하고 있는 것도 이러한 이유이다. 이는 필요에 의해 백성들을 수단으로 삼았던 당시 제후들과는 근본적으로 구별되는 인식이며, 민본 정신의 진정한 발로라고 할 수 있다.

여기서 나아가, 묵자는 진정한 국론의 일치를 위해서는 자신의 견해에 반하는 의견에 대해서도 신중하게 접근해야 하며, 천박한 신분을 지닌 자들의 주장도 함부로 묵살해서는 안됨을 주장한다.

> 강하의 물줄기도 한 근원에서 나온 물이 아니며 갖옷도 한 마리의

---

62 『墨子』「尙同」下: "必疾愛而使之, 致信而持之, 富貴以道其前, 明罰以率其後. 爲政若此, 唯欲毋與我同, 將不可得也."

여우로 만들 수 있는 것이 아니다. 그러니 어찌 자기와 같은 생각을 가진 사람은 버리고, 자기 입맛에 맞는 자만을 취하겠는가.63

위의 진술은 백성의 권익을 최대한 확충시키기 위해서는 비록 통치자 자신의 가치관과 철학에 위배되는 견해일지라도 수렴하고 받아들여야 한다는 의미로도 해석될 수 있다. 만약 자신의 입장에 위배되는 것이라고 하여 배척하고, 같은 혈연을 지닌 사람만의 말을 쫓는다면, 도도히 흐르는 강하, 값나가는 가죽옷 따위는 가능하지 않을 것이기 때문이다.

묵자는 어느 날 초 혜왕(惠王)에게 자신의 사상을 담은 책을 선물하였다. 혜왕은 묵자의 사상을 수용할 심리적 여유를 가지고 있지 못했다. 사실 묵자의 생각에 동의하지 않았기 때문이다. 이때 묵자는 다음과 같은 말을 남긴다.

비유컨대, 약과 같은 것이다. 비록 풀뿌리라고 하더라도 천자가 그것을 먹어 병을 고칠 수 있다면 어찌 한낱 풀뿌리라고 하여 먹지 않을 수 있겠는가? 지금 농부들은 그들의 수령에게 세금을 바치고 수령들은 그것으로 술과 제물 따위를 장만하여 상제와 귀신에게 제사를 지내는데 천한 사람들이 받친 것이라 하여 제사를 받지 않는가?64

질병을 다스리기 위해서는 비록 천자의 신분이라 할지라도 하찮은 풀을 먹지 않을 수 없는 것과 마찬가지로 농민이 세금을

---

63 『墨子』「親士」: "是故江河之水, 非一源之水也, 千鎰之裘, 非一狐之百也. 夫惡有同方不取而取同己者乎."
64 『墨子』「貴義」: "譬若藥然, 草之本, 天子食之, 以順其疾, 豈曰:一草之本而不食哉, 今農夫入其稅於大人, 大人爲酒醴粢盛, 以祭上帝鬼神, 豈曰賤人之所爲而不享哉?"

내면 군주는 그것으로 좋은 술과 제물을 만들어 하늘께 제사를 드리게 된다. 미천한 백성이 받친 것이라고 해서 하늘이 마다하지 않기 때문이다. 따라서, 비록 백성의 의견이라 할지라도 그것을 존중해야 하며 설령 천민의 주장과 건의에 대해서도 경청하여 실행할 수 있는 것은 정책에 반영되어야 함을 역설하고 있는 것이다.

아울러, 묵자는 비록 자신과 뜻을 달리하는 공자일지라도 그의 사상 속에 합리적인 부분이 있다면 그것에 대해 적극적이며 긍정적인 태도를 취하는 것은 옳은 일이라고 하였다.[65] 이를 뒷받침하는 예로 어느 날 묵자와 정자가 토론하다가 묵자가 공자를 칭찬하였다. 유가를 비방하면서 무슨 까닭에 공자를 칭찬하는지를 정자가 묻자 묵자는 다음과 같이 말한다.

> 옳은 의견은 바꿀 수 없다. 날이 무덥고 가물면 새는 높이 날게 되고, 물고기는 깊이 가라앉게 된다. 이와 같은 일은 비록 우왕(禹王), 탕왕(湯王)이 도모하더라도 어찌할 수 없는 것이다. 새와 물고기는 어리석다고 할 수 있으나 우왕, 탕왕은 오히려 그들을 따른다. 내가 공자를 거론한 것은 이와 같은 연유이다.[66]

묵자는 유가에 대하여 비판적 입장을 견지하였으나, 유가에서 말하는 진리에 대해서는 긍정하고 과감히 수용하여 한 단계 더 높은 경지로 발전시켰다. 위의 언급은 그러한 묵자의 태도를 잘 반영하고 있으며 백성을 위해서 하는 정치 활동이라면 그것이

---

65 『墨子』「公孟」: "子墨子與程子辯, 稱於孔子. 程子曰'非儒, 何故稱於孔子也?'子墨子曰'是亦當而不可易者也. 今鳥聞熱旱之憂則高, 魚聞熱旱之憂則下, 當此, 雖禹湯爲之謀, 必不能易矣. 鳥魚可謂愚矣, 禹湯猶云因焉. 今翟曾稱於孔子乎?'"
66 위와 같은 곳, "是亦當而不可易者也. 今鳥聞熱旱之憂則高, 魚聞熱旱之憂則下, 當此雖禹湯爲之謀, 必不能易矣. 鳥魚可謂愚矣, 禹湯猶云因焉. 今翟曾無稱於孔子乎?'"

설령 통치자의 구미에 상반되고 대립되는 학파의 주장, 하찮은 사람들의 견해일지라도 긍정적이고 합리적인 부분에 대해서는 적극 수용할 것을 강조하고 있는 것이다. 이러한 묵자의 자세는 통치자들에게 백성을 정치의 중요한 요소로 인식시키고, 그들의 견해를 존중하라는 상동설의 근본 취지와도 일치되는 것이다.

상동을 통해 일치된 견해는 국가를 통치하는 구체적 수단인 '법(法)'으로 발전하게 된다. 법을 통한 국가 통치의 중요성에 대한 강조는 묵자에만 국한되는 성질의 것이 아닌 당시 대부분의 사상가들에 의해 제기되었다. 예를 들면, 상앙(商鞅)의 '형무등급(刑無等級)', '경죄중벌(輕罪重罰)'; 신도(愼到)의 '인인정(因人情)'; 관중(管仲)의 '법천합덕(法天合德)', '상지무친(象地無親)' 등이 법이라는 제도적 절차를 통해 국가를 통치해야 함을 강조한 이론들이다. 묵자 역시 국가와 백성을 효율적으로 통치하기 위해 법치의 중요성을 강조하였는데, 그는 법에 대해 다음과 같이 정의하고 있다.

> 법이란 모범과 기준대로 그 결과를 얻는 것이다. 의(意), 규(規), 원(員), 이는 원을 만드는 모범과 기준이 된다.[67]

예를 들어 원의 정의(개념), 원을 그리는 도구인 컴퍼스와 하나의 표준적인 원형, 이것들은 모두가 하나의 원을 만들어 내기 위한 모범과 표준, 즉 법칙이 되는 것이다. 그런데 인간사에도 이런 것들이 필요하다는 것이 묵자의 생각이었다.

> 천하에 종사하는 사람들은 법도가 없이는 그 어떤 일도 하지 못한다. 법도가 없이 일을 성사 시킨 사람은 없다. 그가 장상일지라도,

---

[67] 『墨經』, 第71條 「經上」 : "法, 所若而然也." 「經說上」 : "意, 規, 圓三也, 具可以爲法"

> 혹은 백공일지라도 모두가 법도를 그 근거로 삼아 행위하는 것이다.68

여기서 법도란 인간이 어떤 행위를 하는데 있어서의 기준이며 표준이 되는 것을 의미한다. 묵자에 의하면, 인간 행위는 법을 표준과 근거로 삼아 이루어진다. 국가를 통치하는 것 역시 법을 벗어 날 수 없다. 이렇듯 묵자는 법에 의해서 일을 처리해야 한다는 인식을 지니고 있었다. 그런데 법은 자연적으로 발생하고 존재했던 것이 아니다. 인류 역사의 초기에는 묵자가 말한 바와 같이 국가가 없었던 때[未有刑法]가 있었으며, 이 시기는 자신의 주장만을 원칙으로 삼았다. 그러나 사회가 점점 변화되면서 사람들의 주장도 많아지고 복잡해져 감으로써 원칙과 규범, 즉 법이 필요하게 된 것이다. 그렇다면 무엇을 법으로 삼아야 하는 것인가? 여기서 묵자는 다시 하늘을 끌어들여 법으로 삼고 있다.

> 가령, 모두가 그 부모를 법도로 삼는다면 어떨까? 천하에 부모 된 자는 많으나 진실로 어진 부모는 드물다. 만약 모두가 그 부모를 법도로 삼는다면 이는 어질지 않은 것을 법도로 삼는 것이 된다. 어질지 않은 것으로 행위의 근거로 삼을 수는 없는 것이다.69

묵자는 이와 유사한 논리로 스승과 군주 등도 그들이 지닌 신분적 한계가 있기 때문에 보편적 원리로 삼아 그들을 어떤 행위의 준거로 설정하는 것은 불가능함을 역설하고 있다. 따라서 보

---

68 『墨子』「法儀」: "天下從事者, 不可以無法儀, 無法儀而其事能成者, 無有也. 雖至士之爲將相者, 皆有法. 雖至百工從事者, 亦皆有法."
69 위와 같은 곳, "然則奚以爲治法而可? 當皆法其父母奚若. 天下之爲父母者衆. 而仁者寡. 若皆法其父母, 此法不仁也. 法不仁不可以爲法."

다 굳건하고 완벽한 원칙이나 기준이 필요했을 것인데 그것이 곧 하늘이었다. 앞서 살펴 본 대로 당시의 하늘은 인간 사회가 지닌 한계를 극복한 이상적이고 절대적인 존재였다.

> 하늘을 법으로 삼기에 가장 좋다. 하늘의 움직임은 광대하면서도 사사로움이 없고, 그 베푸는 은혜는 두터우면서도 공덕을 내세우지 않으며 그 밝음은 오래 가면서도 쇠퇴하지 않는다. 따라서 고대 성왕들이 하늘을 법으로 삼았던 것이다.[70]

하늘은 공평하고 치우치지 않는 성향과 사사로움 없이 모든 곳에 혜택을 베푸는 인(仁)의 속성을 지니고 있음을 강조하면서 묵자는 법으로서 하늘이 가장 이상적인 기준이 됨을 주장하고 있다.[71] 그리고 하늘이 지닌 이러한 성향과 속성은 일상생활에 있어서 '의(義)'를 통해 실천되어 발현된다고 생각하였다.

> 인간의 행위를 하늘로써 그 준거로 삼는다. 즉 하늘이 원하는 것은 행하고 하늘이 바라지 않는 것은 행하지 않는다. 하늘은 무엇을 원하고 무엇을 싫어하는가? 하늘은 서로 사랑하며 이로움을 나누는 것을 좋아하고 서로 증오하며 해치는 것을 싫어한다.[72]

이러한 관점은 유신론적이고 미신적이며 봉건 계급을 옹호하고 그들의 권위를 신장시키는 이론으로 인식되어 중국 사회주의

---

70 위와 같은 곳, "莫若法天, 天之行廣而無私, 其施厚而不德, 其明久而不衰, 故聖王法之, 旣以天爲法."
71 朱傳棨, 위의 책, p.293 참조.
72 『墨子』「法儀」: "動作有爲必度於天, 天之所欲則爲之, 天所不欲則止. 然而天何欲何惡者也? 天必欲人之相愛相利, 而不欲人之相惡相賊也."

자들에 의해서 비판의 쟁점이 되어왔다. 그러나 묵자 사상이 지닌 일반적 성향을 통해 볼 때, 하늘을 인간 행위의 원칙으로 삼겠다는 묵자의 의도는 급격한 변혁보다는 안정된 실리를 위한 선택이었다고 본다. 즉, 통치자의 입장을 최대한 존중하면서도 그들의 전횡을 막고, 종국에는 서로가 서로를 사랑하며 이로움을 도모하여 천하의 해로움이 제거된 이상 사회를 건설하기 위해,73 당시 절대적 위치에 있었던 하늘을 활용하는 것이 가장 효과적인 방법이라고 생각한 것이다.

묵자의 정치 이론은 결국 그의 윤리 학설을 천하에 적용시키기 위한 구체적 방법이며 전략이다. 그는 국가 기원에 관한 이론을 바탕으로 국가 제도의 필요성을 부각시키고 국가가 백성을 위해서 해야 할 일들에 대해 정리해 내고 있다.

먼저, 시대가 지닌 한계점으로 인하여 묵자는 하늘에 의해 천자가 결정된다는 점을 인정하고 있으나, 실제로 그는 하늘의 권위를 이용하여 자신의 정치 사상을 펼치고 있다. 묵자에게 있어서의 하늘은 자신의 이론을 뒷받침하는 일종의 응원군이다. 왜냐하면 백성은 하늘에 의해 결정된 천자의 권위를 인정해야 하지만 천자가 백성의 삶을 속박하거나 업신여길 때 하늘은 어김없이 그것에 상응하는 벌을 내린다. 이런 논리와 관점에서 본다면 천자는 하늘이 선택하는 것이 아니라 어쩌면 백성에 의해 유지되는 지위라고 보아도 크게 위배됨이 없을 것이다.

둘째, 묵자는 상현을 정치의 근본이라고 갈파하였다. 그는 국가에 현명한 인재가 많으면 국가의 통치는 원활해지므로 왕공대인의 임무는 훌륭한 인재를 불러 모으는 것이라고도 하였다. 아울러 묵자는 덕행이 높고, 언변이 명확하며, 실천력이 강한 사람

---

73 邢兆良, 『墨子評傳』, 南京大學出版社, 1993, pp.228-229 참조.

을 인재 선발의 표준으로 제시하고 각자가 지닌 능력에 따른 대우를 주장하고 있다. 신분이 세습되던 시대임을 감안하면 매우 획기적이면서 기억할만한 가치가 있는 이론이라고 볼 수 있다.

셋째, 묵자는 모두가 '서로 사랑하고 서로 이로움을 나누는' 이상 사회 건설을 위해 상동을 제기하였다. 상동은 그의 정치 학설의 근간이 되는 이론으로서, 묵자는 백성에서부터 하늘에 이르기까지 평화적인 절차에 의해 상이한 견해를 하나로 일치시킬 수만 있다면 천붕지괴와도 같은 천하의 혼란은 쉽게 잠식될 것이라고 보았다. 묵자에 의하면 진정한 상동이란 통치자의 권위나 의도에 맹목적으로 추종하는 일사분란의 상태가 아닌 반드시 민의에 기초하여 국론을 집중시키고 그것으로 원칙과 기준을 삼는 것이다. 왜냐하면, 묵자에 있어서 백성의 뜻은 곧 하늘의 뜻이기 때문이다.

끝으로, 묵자는 자신의 상동설을 현실에 적용시키는 과정에서 법에 의한 통치를 주장하고 있다. 그가 말하는 법이란 인간 사이의 상호 사랑과 이로움을 나누기 위해 제도화된 원칙이요 기준이다. 따라서 법은 하늘의 의지[天志]와도 상통하는데, 묵가에 있어 하늘은 공정하고, 사사로움이 없으며, 두루 사랑하며, 널리 베풀고, 백성을 돕고, 의(義)를 행하는 최고의 의지였다. 묵자가 하늘을 그의 정치 이론 속에 등장시킨 배경은 당시의 민도를 크게 벗어나지 않은 채 그가 희구하는 정치 이상을 사회에 실현시키고자 하는데 있었다. 급격한 변혁보다는 통치자들의 의식을 전환시킴으로써 소외되고 핍박 받는 백성들을 구제하는 방법을 활용한 것이다. 비록 묵자가 제시한 정치적 이상은 현실 사회 속에서 적용되고 실현되지 못했지만 백성을 중시하고 사랑하는 그의 정신은 선진 정치 사상사에 깊은 영향을 주었을 뿐 아니라 오늘날에도 여전히 현실적 의의를 지니고 있다.

05 묵가의 경제 이론

우리가 사용하는 경제라는 용어는 근대 이후 서양에서 유래된 '이코노미(Economy)'라는 말을 '경세제민(經世濟民)'이나 '경국제민(經國濟民)' 등의 용어가 지닌 의미에 입각하여 만들어진 것으로서 나라를 잘 다스리고 백성을 빈곤이나 어려움에서 구제한다는 의미를 담고 있다.

묵가 경제 사상의 핵심 화두는 절용이다. 절용은 절장, 비악 등의 이론의 기저를 이루는 것이기도 하다. 특히 묵자는 절용을 국가 통치의 가장 중요한 덕목으로 삼았는데 이는 통치자가 소진시키는 재물이란 궁극적으로 백성이 흘린 땀의 결실이라고 생각했기 때문이다. 묵자의 절용 사상은 소극적으로 재화의 절검만을 촉구하는데 그친 것이 아니라, 사회 생산력을 높이기 위한 다양한 방안을 제시하고 있다. 가령, 당시 국가 생산력의 척도는 단연 노동에 참가 하는 인구의 수이다. 인구의 수는 경제력의 척도였을 뿐만 아니라 국가 방위력에도 직결되는 주요 사안이었기 때문에 부국과 강병을 추구하는 통치자들은 인구 증가에 지대한 관심을 표명하고 있다. 그런데 대부분의 통치자들이 선택한 인구 증가의 해결책은 전쟁에 의한 병합이었다.

묵자는 전쟁이 아닌 혼인의 시기를 적절하게 조절함으로써 인구의 자연 증가를 도모할 수 있으며, 또 불필요한 인력 낭비를 조정하여 사회 생산력을 제고시킬 수 있다는 견해를 제시한다. 아울러 안정된 사회 속에서 생산된 재화는 공동체 구성원의 배려와 도움이 있었기 때문에 가능한 것이므로 개인이 생산한 재화의 일정 부분은 자신이 속한 공동체를 위해 되돌려 주어야 한다는 것이 묵자 조세의 기본 입장이다. 묵가가 제시한 조세의 부과 원칙은 개인의 생산량에 따라 자발적, 합리적으로 이루어졌으며 헌납한 세액이 월등한 사람들에 대해서는 적합한 보상이 주어졌다. 이는 조세에 대한 백성의 부담을 감소시키고, 동시에 생산 증대에 관심을 촉발시키고자 하는 의도였다.

『묵경』에는 묵가의 경제 사상이 응집되어 있다고 알려져 왔다. 특히 『묵경』은 생산된 재화의 사용가치와 교환가치에 대해서 주목하고 있으며, 화폐와 재화 간의 상관관계 그리고 적정 가격과 욕구 등과 연관된 이론도 개진하고 있다. 이는 오늘날 시장 경제에서 제시하는 이론과 크게 위배되지 않으며, 이 역시 백성의 삶의 질을 보다 더 향상시키기 위한 묵가의 경제 의식이 반영되어 나타난 이론이라고 생각된다.

이 장에서는 위에서 언급된 묵가 경제 이론들이 오늘날 우리들에게 어떤 의미를 부여하는지를 주안점으로 삼아 첫째, 묵가 절용의 경제 사상이 함유하고 있는 본질적 의미를 규명하고 둘째, 사회적 생산력을 제고시키고 그것을 합리적으로 분배하기 위해 제시한 이론 셋째, 『묵경』 속에 기재되어 있는 경제 이론의 의의 등을 살펴봄으로써 묵가 경제 이론의 면목을 밝히고자 한다.

1. 절용을 바탕으로 하는 경제 사상

절용은 묵자 실리주의를 구성하는 골자이며, 그의 비악, 절장 이론 역시 절용사상에서 파생되어 나온 것이다.[1] 따라서 절용은 묵가 경제학의 시작이며 귀결점이라고 할 수 있다. 그런데 이러한 묵자의 이론들이 지니는 아주 중요한 공통점이 있다. 그것은 주로 가진 자 즉, 왕공대인들에 대한 경고와 견제의 성격을 지니고 있다는 것이다.[2]

1) 절용은 국가를 세우는 근본

묵자는 백성들의 풍족한 삶이 보장된 공동체를 구현하기 위해 검소한 나라는 번창하지만, 사치를 일삼는 나라는 망한다는 원칙을 고수하고 있다. 그렇다면 절용의 주체는 누구인가?

쓸데없는 비용을 줄이는 것이 성왕의 도이며 천하의 큰 이로움이다.[3]

이 진술은 분명 사회적 책무를 지닌 지배층을 의식한 발언이다. 묵자는 통치자가 스스로 검약하면서 백성을 계도하면 백성들이 그들의 다스림을 받들고 따르게 되어 국가 사회에 필요한 자원이 저절로 풍족해 진다고 본다. 이와 반대로 가진 자가 사치와 음벽을 일삼으면서 백성을 다스리고자 한다면 천하는 혼란에 빠질 것이라고 강조한다.

그러나 당시 통치자들은 그들의 품위를 유지하기 위해 재물을 사용하는 것은 하늘이 부여해 준 그들만의 특권으로 생각하여 먹고 마시고 치장하면서 탕진하는 데에 주저함이 없었으며, 오히려 그들이 향유할 수 있는 재력의 양이 곧 그들의 능력임과 동시

---

1 梁啓超,『墨子學案』, 上海商務印仁書館 1921, pp.29-30 참조.
2 趙 靖 主編,『中國經濟思想通史』, 北京大學出版社 1991, p.136 참조.
3 『墨子』「節用」上: "去無用之費, 聖王之道, 天下之大利也."

에 국격을 상징하는 것이라고 생각하였다. 그들에게 있어 백성이란 자신들의 욕구를 충족시키기 위해 그들의 모든 힘을 바쳐야 하는 일종의 노예에 불과했다. 이것이 당시 가진 자들이 생각한 신분관이요, 사회관이다. 이렇듯 가진 자들이 백성이 지닌 힘을 아무 쓸모없는 곳에 소진시키는 행위를 묵자는 일종의 재난으로 본다.[4] 그리하여 가진 자들로부터 비롯된 사회적 악습과 구태를 치유하기 위해 적극적으로 자신의 주장을 전개하기 시작한다.

> 성인이 한 나라를 다스리면, 그 나라의 힘은 배가 된다. 나아가 천하에 정치를 행하면 천하의 부를 배로 할 수 있다. 나라의 힘이란 외부에서 비롯되어 생겨난 힘이 아니다. 쓸모없는 소비를 줄이면 배로 늘이기에 족한 것이다.[5]

이 말은 묵자 경제 사상의 일면을 잘 보여 주는 부분이다. 국가의 재력이란 전쟁, 약탈과 같은 폭력행위에 바탕을 둔 외적 요인을 기반으로 형성되는 것이 아니라, 통치자들이 낭비를 최소화하면서 시작되는 것임을 말하는 것이다. 따라서 가진 자들이 실행하는 모든 소비는 반드시 사회와 백성들의 경제와 실용을 염두에 두고 집행되어야 하며 공동체와 백성의 삶에 이롭지 못하다면 배제되거나 중단되어야 한다.

> 무릇 백성들의 쓸모에 맞춰 공급하는 것에서 그쳐야 한다. 성인은 여러 비용을 소비하고도 백성의 이로움에 보탬이 되지 않는 것을 하지 않았다.[6]

---

[4] 『墨子』 「七患」 : "民力盡于無用, 財寶虛于待客, 三患也."
[5] 『墨子』 「節用」 上: "聖人爲政一國, 一國可倍也. 大之爲政天下, 天下可倍也. 其倍之非外取地也. 因其國家去其無用之費, 足以倍之."

백성이 생업에 종사하면서 재력을 충당하지 않는 이상 통치자들의 재물이란 있을 수 없다. 따라서 통치자들이 집행하는 소비와 지출은 반드시 백성들의 삶을 윤택하게 하기 위한 것이어야 함을 강조하고, 그 본보기를 고대의 현명한 통치자였던 성왕으로 제시하고 있다. 이것은 통치자들 스스로가 통치의 모범으로 설정한 성왕의 소비관을 거론함으로써 입으로만 성왕의 정치를 표방하는, 실제로 백성의 삶을 위해 아무 하는 일없이 '그림자 연극'[7]만을 일삼는 통치자의 형태를 지적하기 위함이었다.

　　묵자가 보기에 경제란 이론이나 관념의 문제가 아니라 절박한 실천의 문제였다. 그가 통치자들의 이상적 주거 조건을 제시하면서[8] 당시 통치자들의 주거 실상[9]을 통렬하게 비판한 것도 통치자들 스스로 절용을 밑천으로 삼아 경제 행위에 적극 가담해 주기를 바라는 열망에서 비롯된 것이다.

　　그런데 묵가의 절용 위주의 경제관은 다소 소극적인 측면이 있다는 주장이 제기되었다. 그 대표적인 학자는 순자이다.

　　묵자는 '천하를 위하여 부족한 것을 근심한다.'는 말을 명백히 하였다. 그가 말한 부족함이란 모든 사람들 공통의 근심이 아니다. 오로지 묵자 개인적인 근심이며 지나친 생각이다. 땅에는 다섯 가지의

---

6 『墨子』「節用」中: "凡足以奉給民用則止, 諸加費不加于民利者, 聖王弗爲."

7 '그림자 연극'이란 제프리 삭스(Jeffrey D. Sachs)가 『빈곤의 종말』에서 빈곤 극복을 위한 전 지구적 협정을 강변하면서 제시한 용어로서 부유한 자가 가난한 자를 도와주는 시늉을 하고 있으나, 실제로 하는 일은 별로 없다는 의미이다(제프리 삭스, 김현구 옮김, 『빈곤의 종말』, 21세기 북스 2006, pp.404-405 참조).

8 『墨子』「辭過」: "옛날 성왕이 궁궐을 짓는데 있어 가장 염두에 둔 것은 편안하게 하는데 있었지 보고 즐기기 위함이 아니었대"是故聖王作爲宮室, 便於生不以爲觀樂也].

9 위와 같은 곳, "지금의 군주들이 궁궐을 짓는데 있어서는 이와 다르다. 반드시 거창한 공사를 하여 그 비용을 백성들로부터 징수하고 백성들이 먹고 입을 재물들을 강탈하여 궁실과 누각, 정자 등을 온갖 모양을 갖추어 짓고, 화려한 채색과 조각을 아로 새겨 장식하고 있대當今之主, 其爲宮室, 則與此異矣. 必厚作斂於百姓, 暴奪民衣食之財, 以爲宮室台榭曲直之望, 青黃刻鏤之飾].

곡식이 자라는데 사람들이 잘 가꾸면 한 이랑에서 몇 동이의 결실을 얻을 수 있고 년 간 두 차례나 수확할 수 있다. ……묵자의 절용은 천하를 빈곤하게 하는 것이다. 10

순자는 왕공대인들이 검소하다고 반드시 백성들의 삶이 풍족해 질 수 있는 것은 아니며, 오히려 적극적으로 '사람들이 잘 가꿀 수 있는' 사회 생산의 메카니즘을 개선하는 것이 물질적 풍요를 구가하는 길임을 제시하고자 한 것이다. 필자가 보기에, 순자의 이의 제기는 묵자 절용 사상의 일면만을 엿 본 것에 불과하다. 왜냐하면 묵자가 절용을 제기한 이유는 첫째, 당시의 절대 빈곤의 책임은 가진 자들에게 있으며 둘째, 따라서 가진 자들의 의식이 바뀌지 않는다면 풍요로운 공동체는 불가능하다는 생각을 가지고 있었기 때문이다. 다시 말해 가진 자들은 당시 사회 제도 전반을 지배하는 계층에 속해 있었기 때문에 이들의 의식 변화는 곧 사회 제도와 정책의 변화로 직결될 수 있다고 묵자는 생각했다.11 묵자의 절용 사상은 가진 자들의 각성을 요구하는 메시지이며, 단순하고 소극적인 재화의 절검만을 강변하는 것이 아니라 물질적으로 풍요로운 사회 구현을 위한 제도의 변화를 촉구하는 적극적 의미를 지닌 것이다.12

---

10 『荀子』「富國」:"墨子之言昭昭然爲天下憂不足. 夫不足, 非天下之公患也, 特墨子之私憂過計也. 今是土之生五穀也, 人善治之, 則畝數盆, 一歲而再獲之.……墨子之節用也, 則使天下貧."

11 황성규, 「공자와 묵자의 의리관의 특성과 통합가능성에 관한 고찰」, 도덕윤리과교육 제33호, 2011, p.198.

12 何鍊成, 『中國經濟管理思想史』, 西北大學出版社 1988, p.147 참조.

2) 음악을 반대한 이유

묵자는 통치자들이 백성들의 힘든 삶을 개선시키기 위해 노력하지 않고, 종을 두드리고 북을 치고 거문고와 비파를 뜯고 피리와 생황을 불면서 방패나 도끼를 들고 춤을 즐기고 있다고 비판한다. 또, 음악을 통한 즐거움에 동원되는 백성들 대부분이 생산 활동에 종사해야 할 청장년층들이라는 이유로 묵자는 통치자들이 향유하는 음악을 반대한다. 묵가 입장에서 보면 당시의 이른바 '예악'은 기득권층이 민중의 재화를 착취하고 낭비하는 수단에 불과하기 때문이다.13

> 장부로 하여금 음악을 연주하게 하면 농사를 짓는 시기를 놓친다. 부녀자로 하여금 음악을 연주하게 하면 옷을 만드는 일을 하지 못하게 된다.14

유희로서의 음악은 심신의 휴식을 제공하고, 새로운 생활을 위한 활력소가 된다. 하지만 백성들은 기본적 욕구조차 충족되지 못한 실정, 즉 굶주림과 헐벗음 피로의 삼환(三患)15에 시달리고 있음에도 이에는 아랑곳하지 않고, 통치자 자신의 귀를 즐겁게 하기 위해 백성들의 노동력을 짓밟는 것은 백성들에 대해 지녀야 할 기본적인 도덕성 상실은 물론이고 본연의 직무를 유기한 것이나 다름없다. 그리고 책무를 상실한 통치자에게는 다음과 같은 결말이 기다리고 있음을 묵자는 경고한다.

---

13 윤무학, 「한국사상사에서의 묵가비판」, 『한국철학논집』 제29집, 2010, p.92.
14 『墨子』「非樂」上: "使丈夫爲之, 廢丈夫耕稼樹藝之時, 使婦人爲之, 廢婦人紡績織紝之事."
15 위와 같은 곳, "民有三患, 飢者不得食, 寒者不得衣, 勞者不得息."

지금 통치자들이 음악을 좋아하여 그것을 즐겨 듣는 다면 일찍 조회에 나가고 늦게 퇴궐하면서 옥사를 처리하고 정사를 다스릴 수 없게 될 것이다. 그러므로 국가는 어려워지고 사직은 위태롭게 될 것이다.16

묵자는 당시 통치자가 즐기는 음악은 모든 사람들에게 이로움이 되지 못한다고 보았다. 1차적으로는 국가의 재정과 생산력을 낭비하게 되어 백성을 궁핍으로 내몰고, 2차적으로는 통치자가 통치하는 국가 그 자체도 보존하기 어렵게 된다는 것이다. 백성이 없으면 국가는 존립할 수 없다. 국가가 없으면 통치자도 없다. 통치자가 즐기는 음악이 통치자를 위태롭게 하는 치명적인 독이 될 수 있다는 말이다. 따라서 통치자는 자신의 심미적 활동보다 더 중요한 것은 굶주림과 추위 속에서 시름하는 백성이라는 신념을 지녀야 함을 강변한 것이다.

어진 이가 하는 일은 천하의 이로움을 일으키고 해로움을 없애는 일에 힘쓰는 것으로써 법도를 삼아 백성들에게 이로움이 되면 행하고 이로움이 되지 않으면 그만둔다. 또한 어진 이가 천하를 위하는데 있어서는 자신의 눈에 아름다운 것, 귀에 즐거운 것, 입에 단것, 몸에 편안한 것을 추구하지 않는다. 이러한 것들은 백성들이 입고 먹는 것의 재물을 축내고 빼앗는 짓이기 때문이다.17

묵자는 현명한 자들이 비악을 실천한 것은 눈에 아름답고 귀

---

16 위와 같은 곳, "今惟毋在乎王公大人, 說樂而聽之, 卽必不能蚤朝晏退, 聽獄治政, 是故國家亂而社稷危矣."
17 『墨子』「非樂」上: "仁之事者, 必務求興天下之利, 除天下之害, 將以爲法乎天下, 利人乎卽爲, 不利人乎卽止. 且夫仁者之爲天下度也, 非爲其目之所美, 耳之所樂, 口之所甘, 身體之所安. 以此虧奪民衣食之財."

에 듣기 좋은 것을 몰라서가 아니라, 위로는 옛 성왕의 법도에 맞지 않고 아래로는 백성들의 이로움과 일치되지 않기 때문이었다고 주장한다. 묵자에게 있어 성왕의 법도는 곧 백성의 이로움을 본질로 삼는다. 따라서 통치자는 백성에게 해로움이 되는 그 어떤 행위도 해서는 안 된다는 것이 바로 성왕의 법도인 것이다. 통치자들이 즐기는 음악이 사회 생산력을 저하시키고 민생고를 가중시킨다면 이는 주저 없이 제거되어야 마땅한 것이다.

그런데 이상에서 제기된 묵자의 논지는 백성에게 해로움이 없는 음악이라면 계속 즐길 수 있다는 여지를 남겨놓고 있다. 즉, 만약 통치자가 음악을 계속하고자 한다면 우선 자신의 책무에 충실함으로써 백성들의 세 가지 근심[三患]을 해결해 내야만 한다. 이를 위해 사회적 재화의 생산을 저하시키는 모든 장애물을 제거하기 위한 정책을 제시해야 할 것이며, 백성들의 재산을 보호하기 위한 제도를 강구해야 할 것이다. 이러한 기반 위에서만 통치자의 심미적 활동이 비로소 보장될 수 있다는 것이다.

3) 상장례에 대한 관점

춘추전국시대의 사람들은 신분을 막론하고 상장례를 매우 중시하였다. 사람이 죽더라도 그것으로 모든 것이 끝나는 것이 아니라 다음 세상으로 간다고 믿었기 때문이다. 따라서 죽은 이에 대해 성대하게 장례를 치르고 오랫동안 죽음을 애도하는 것을 효자의 도리라고 믿었다.[18] 이러한 당시의 '믿음'에 대해 묵자는 강도 높게 비판하고 있는데, 그 궁극적 목적은 사회 생산력을 보호하는데 있었다.

---

18 『墨子』「節葬」下: "今逮至昔者, 三代聖王旣沒, 天下失義, 后世之君子, 或以厚葬久喪, 以爲仁也義也, 孝子之事也."

나라의 창고를 다 비우고, 금과 옥과 여러 가지 구슬로 죽은 이의 몸을 장식하고, 아름다운 실과 끈으로 묶으며 수레와 말도 무덤 속에 함께 묻는다. 그리고 장막과 포장, 솥과 북, 안석과 깔개, 병과 대야, 창과 칼, 깃과 긴 털을 가진 소의 꼬리, 상아와 가죽으로 만든 물건도 함께 묻어야 만족하게 여긴다. 장사지내는 것이 마치 이사를 하는 것과 같다.[19]

이처럼 죽은 이가 생전에 누린 지위에 따라 마치 이사를 하는 것과 같이 죽은 이와 함께 많은 재물을 함께 매장하는 것을 후장(厚葬)이라고 한다. 이런 후장과 함께 묵자가 문제 시 했던 장례법이 바로 구장(久葬)이다. 구장이란 제대로 먹지도 않고 입지도 않은 채 무덤을 지키며 오랜 시간 동안 죽은 이를 애도하는 것을 말한다. 이런 구장은 누가 죽었느냐에 따라 길게는 3년에서 짧게는 수개월까지 정해진다. 이 같은 장례를 치룬 후 사람들의 얼굴과 눈은 핼쑥해지고 안색이 검어지며 귀는 잘 안 들리고 눈은 사물을 보기 어려워지고 손과 발은 힘이 없어 쓸모가 없어졌으며 심지어 "사람들은 반드시 붙잡아 주어야 일어설 수 있고 지팡이를 짚어야 걸어 다닐 수 있을 정도였다.[20] 이런 장례 제도를 묵자는 용납할 수 없었다. 왜냐하면 위의 장례 제도는 소중한 재물을 땅에 묻어 물질적 궁핍을 자초하는 행위이고, 오랜 상례로 인하여 지위 고하를 막론하고 노동력이 상실되는 불합리한 제도라고 생각했기 때문이었다.

묵자는 이런 비합리적인 장례 제도의 개선안을 다음과 같이 제시하고 있다.

---

19 위와 같은 곳, "虛車府, 然后金玉珠璣比乎身, 綸組節約, 車馬藏乎壙. 又必多爲屋幕, 鼎鼓几梴壺濫, 戈劍羽旄齒革, 寢而埋之, 滿意. 若送從."
20 『墨子』「節葬」下: "上士之操喪也, 必扶而能起, 杖而能行."

관은 두께를 세치로 하여 시신 썩기에 알맞게 하고 옷과 이불은 세 벌로써 보기 흉한 것을 가리기에 충분하면 된다. 밑으로는 샘이 솟도록 묻지 말고 위로는 냄새가 새지 않게 하며 봉분은 세 번 갈 밭이랑 정도로 한다. 죽은 사람을 장사 지내고 산 사람은 오래도록 곡을 하지 말아야 하며, 하던 일에 신속하게 종사하도록 하여 사람마다 각기 그 능력을 발휘함으로써 이로움을 나눌 수 있게 한다.21

묵자는 위의 방법으로 장례를 거행하는 것이 인(仁)과 의(義), 그리고 진정한 효도의 길이며, 위로는 옛 성왕의 도리에 부합하고 아래로는 국가와 백성의 이로움에 일치하는 것이라고 본다. 사람이 태어나 이 세상에서 지내는 마지막 통과 의례인 상장례에 대한 묵자의 견해에는 그의 물질 생산을 중시한 그의 경제관이 묻어나 있음을 알 수 있다.

아울러 지배 계층의 불합리한 가치관을 통렬하게 비판함으로써 당시의 관습과 제도를 개선하기 위한 것이다. 순자가 「부국」편을 통해 묵자의 절용과 비악에 대해 비판을 하고 있지만 묵자의 절장에 대해서는 함구하고 있다는 점은 묵자의 합리적 사고와 실용적 가치관을 존중한 것이다.

종합컨대, 절용은 비악과 절장을 포괄하는 묵자 경제 이론의 첫 단추이며 그들의 생활상을 엿볼 수 있는 가장 분명한 자료이다.22 그것은 소극적인 측면의 재화의 절약만을 이야기 하는 것이 아니라 적극적인 생산력의 증대를 염두에 둔 것이기도 하다. 그런데 사회 생산력의 증대는 한 두 사람의 노력과 각성으로만 가

---

21 위와 같은 곳, "棺三寸, 足以朽體, 衣衾三領, 足以覆惡. 以及其葬也, 下毋及泉, 上毋通臭壟若參耕之畝. 則止矣死則旣已葬矣, 生者必無久哭而疾而從事, 人爲其所能, 以交相利也."

22 윤무학, 위의 자료, p.92.

능한 일이 아니라 사회 제도의 근본적인 변화가 뒷받침되어야 한다. 묵자의 절용이 통치자들의 분별 있는 소비를 강조한 까닭은 경제 정책과 제도의 혁신이란 통치자들의 소비관이 변화하지 않고는 요원한 일이라고 판단했기 때문이다. 즉 당시의 통치자들은 단순한 위정자의 신분만 지니고 있는 것이 아니라 모든 사회 정책을 결정하고 제도를 지배하는 절대 권한을 지닌 사람들이다. 따라서 이들이 절용하고 비악하며 절장한다는 것은 곧 경제 정책과 제도의 개혁을 의미하는 것이기도 하다.

2. 생산 활동의 활성화를 통한 경제 성장

묵자는 서로 풍요로움을 나누고자 하는 자신의 경제적 이상 구현에 최대 걸림돌은 사회를 지배하는 통치자들이라고 본다. 백성 개인의 빈천과 부귀 역시 개인의 노력에 의해 결정되는 것이 아니라 통치자들이 좌지우지하는 그릇된 사회의 관행과 제도에서 기인한다고 파악한다. 따라서 성장을 통한 경제 성장을 이루기 위해서는 이러한 점들에 대한 해결이 우선적으로 요청된다고 생각한다.

1) 생산 활동의 중시

생산이란 일정한 재화(goods)와 용역(services)을 이용하여 새로운 형태의 재화와 용역으로 변형시키는 과정을 말한다.[23] 묵자는 백성의 노동을 통해 생산되는 오곡은 백성들의 기본 욕구를 충족시키고 그들을 향상된 삶으로 진보시키는 매우 중요한 매개

---
23 최재선, 『생산경제론』, 법문사 1978, p.47.

라고 생각한다. 굶주림과 궁핍 속의 인간과 사회는 마땅히 지켜야 할 도덕성을 상실한 채 짓밟고, 업신여기며, 교만하고, 속이는[24] 야만의 상태에 처할 것이라고 본 것이다. 따라서 통치자는 농업을 위시한 생산 활동을 장려하는 사업을 국가의 주요 사안으로 책정하여 백성들이 먹을 수 있는 조건을 갖추는 것이 국가 통치의 근본이 되는 것임을 강조한다.

> 백성들이 먹을 것이 없으면 군주는 백성을 부릴 수 없게 된다. 따라서 먹을 것에 힘쓰지 않을 수 없고, 땅을 애써 경작하지 않을 수 없으며 재물을 쓰는데 절약하지 않을 수 없을 것이다.[25]

묵자가 보기에, 식량은 백성과 나라에 있어 보배와도 같다.[26] 식량과 같은 물질이 비록 생활의 수단이라 할지라도 때에 따라서는 생의 가치와 직결된 문제로서 이해되어야 한다[27]고 본 것이다. 따라서 현명한 통치자라면 농업의 중요성을 똑바로 인식하여 생산력 증대를 도모해야 한다. 통치자가 이를 제대로 알지 못하면 국가의 생산력은 낮아질 것이며, 동시에 백성들의 의식은 궁핍해지고 결과적으로 사회는 불안정할 수 밖에 없다. 이처럼 민생을 안정시키고 사회 질서를 유지하기 위해 생산력 증대는 필수 사항이며 이 조건을 충족시키기 위해 통치자가 우선 시행해야 할 정책은 백성들이 마음 놓고 농업에 종사할 수 있는 노동 시간의 절대적 보장이다.

---

24 『墨子』「天志」中: "强劫弱, 衆暴寡, 詐謀愚, 貴傲賤."
25 『墨子』「七患」: "民無食, 則不可事. 故食不可不務也, 地不可不力也, 用不可不節也."
26 위와 같은 곳, "食者國之寶也."
27 최재선, 위와 같은 곳, p.15.

만약 농부에게 농사지을 시간이 없거나 부녀자들이 옷감 짤 겨를이 없으면 국가는 근본을 잃게 된다.28

생산에 종사할 시간의 많고 적음은 주로 절대 권력을 행사하는 통치자에 의해 결정된다. 통치자가 야심을 가지고 전쟁을 일으키거나 자신의 권세를 과시하기 위해 자신의 심미적 활동, 대규모 토목 사업 등을 벌여 백성들의 노동력을 강탈하면 결국 농사를 짓거나 옷감을 짜는 등의 생업에 종사할 시간도 의욕도 상실하게 된다. 따라서 백성들이 생업에 종사하면서 생산에 충실할 수 있도록 노동 시간을 확보하고 보장해 주는 것이 국가 통치의 근본이 되는 것임을 강조한 것이다.

묵자는 백성들의 노동 시간이 보장되지 않는 가장 큰 원인은 군주 개인의 패권의식에서 기인한 전쟁에 있다고 본다. 그는 전쟁을 하지 않아야 부국강병을 이룰 수 있다는 신념을 가지고 있었다. 대부분의 전쟁은 그것을 수행하기 가장 적합한 봄과 가을, 즉 농번기에 수행되었다. 이는 전쟁이 승자와 패자 모두에게 사회적 생산과 생산력 모두를 감소 및 마비시킬 수밖에 없는 이유로 작용하였다. 이러한 비생산적 소모 행위를 근절하는 길은 모든 군주가 자신의 국가를 사랑하는 것처럼 타국을 사랑하는 것이다.29

그러나 이는 한 군주의 평화를 지향하는 도덕성만으로는 불가능하며 천하의 모든 국가와 군주가 이에 동의하며 이를 위반할 경우 제재할 수 있는 법적 근거의 마련 등과 같은 실로 엄청난 노력이 수반되어야 한다. 그가 「비공」편에 이어 「비성문」이하 8편

---

28 『墨子』「非攻」下: "農夫不暇稼穡, 婦人不暇紡績織紝, 則是國家失卒."
29 『墨子』「兼愛」中: "視人之國, 若視其國, …… 則不野戰."

을 통해 방어 전략에 골몰했던 이유는 이 같은 점에 대한 인식에서 비롯된 것이다. 평화가 정착된 기반 위에서 노동 시간을 확보하고 이를 통해 형성된 자신의 재산을 스스로가 지키는 것이 필요하다고 본 것이다.30

생산이후 부과되는 조세에 대해서도 묵가는 독특한 견해를 제시한다. 당시 대부분의 사상들은 공통적으로 조세 경감을 강조하고 있다.31 묵가는 여기서 한걸음 더 나아가 조세 부담 정도에 입각하여 납부자들에 대해 마땅한 대우, 즉 상 또는 벼슬을 주거나 심지어 지은 죄를 사면해 줄 것을 강조하고 있다.

> 곡식과 무명, 비단과 금전 등의 재물을 거두거나 가축 등을 들이고 내고 할 때에는 공평하게 가격을 매기고, 주인에게 그 증권을 써서 준다. 일이 끝나면 모두 각각 그 가격에 따라 그것을 배상한다. 또 백성들이 얼마나 많은 양을 부담했느냐에 따라 벼슬을 내린다. 관리가 되고자 하는 사람은 허락한다. 관리가 되기를 원하지 않고 상이나 녹봉을 받고자 하거나 친척이나 가까운 사람의 죄를 사면하고자 한다면 법령에 입각하여 그것을 허락한다.32

일종의 세액 공제 방안이다. 많은 양의 식량을 생산한 사람이 높은 세액을 감당할 수 있다. 그리고 이런 납세자에 대해서는 그것에 상응하는 대우를 해 주어야 한다고 생각한 것이다. 이러한 처우가 바탕이 될 때 백성들은 더 많은 양을 생산하기 위해 최선

---

30 황성규, 「論'墨子'軍事思想及其現代意義」, 『한국철학논집』 제25집, 2009, pp.319-321.
31 안명자, 「순자의 경제 사상」, 『중앙사론』 vol.12-13, 중앙사학연구회 1999, pp.130-131
32 『墨子』「號令」: "收粟米布帛錢金, 出內畜産, 皆爲平直其賈. 與主劵人書之. 事已皆各以其賈倍償之. 又用其賈貴賤多少賜爵. 欲爲吏者許之. 其不欲爲吏而欲以受賜賞爵祿, 若出親戚, 所知罪人者, 以令許之."

의 노력을 경주하게 될 것이고 국가와 백성들은 절대 빈곤의 늪에서 구제될 수 있다고 생각한 것이다. 이처럼 묵자의 생산 장려 정책은 위로는 통치자들에게 노동 시간의 보장을 요구하고 아래로는 백성들에게 오늘날 조세 정책33과 흡사한 방안을 제시하는 것으로 완성된다.

    묵자가 물질적 생산력에 집중한 것은 결국 그것이 토대가 되어야 사회 발전이 가능하다고 보았기 때문이다. 이는 마치 경제 체제를 변화시키는 근본적 동인을 최하부 구조를 이루는 물적 생산력이라고 보았으며, 물적 생산력이 어떤 생산관계의 테두리에서 어느 수준까지 양적으로 발전하면 사회발전이라는 질적인 변화가 일어난다고 본 마르크스(K. Marx)를 연상케 한다.34

7) 인구 증가와 생산력

    인구란 장소적으로 한정된 인간 집단이고, 이 인구의 구성원인 개개 인간이 스스로 물질적 욕망을 충족시키고자 행동하는 데서 경제 현상이 발생한다. 경제 현상이란 생산이라는 수단으로 소비라는 최종 목적을 달성하려는 인간의 반복적 물질적 욕망 충족행위이다.35 춘추전국시대에 가장 중요한 경제적 자원은 인구였다.36 인구의 수는 한 나라의 군사력임과 동시에 생산력을 의미

---

33 묵가의 이러한 이론들은 마치 오늘날의 '개인 소득세'와 유사한 측면이 있다. 개인 소득세란 지불 능력의 가장 적절한 척도인 개인 소득을 과세의 대상으로 하고 있으며, 제 공제제도를 둠으로써 각 납세자의 지불 능력을 고려하고 있다(김윤환 『경제정책론』, 박영사 1990, p.534 참조).

34 묵자와 마르크스와의 비교는 梁啓超『墨子學案』에서부터 비롯되었으며, 양자의 유물관을 비교하면서 보다 구체화내지 강조한 사람은 李紹崑이다(李紹崑, 『墨學十講』, 臺灣水中出版社 1990년, pp.74-75 참조).

35 김윤환, 위와 같은 곳, p.534.

36 李竸能에 의하면, 묵가는 유가에 비해 보다 구체적으로 인구와 경제 문제를 체계적으로 제시하였으며, 그들이 인구 증가의 중요성을 주장한 기저에는 노동생산과 인구 그리고 그것에 의한 노동의 중요성을 인식하고 있었기 때문이다(李竸能, 「先秦人口經濟思想」, 中國社會科學院

하는 것이기 때문이었다.37 고대의 전쟁은 현대의 그것과는 달리 주로 인력에 의해 진행되는 것이기 때문에 병력의 수가 전쟁 승패의 관건이 되는 경우가 허다하였다. 또한, 아무리 광활한 대지가 있어도 그것을 경작할 사람이 없다면 아무 쓸모없는 황무지에 불과하다.38

그런데, 인구는 어느 날 갑자기 불어나는 것이 아니었기 때문에 이들 군주가 택하는 손쉬운 방법은 전쟁에 의한 복속과 병합이었다. 묵자는 이러한 전쟁은 또 다른 전쟁을 불러 오는 악순환만 거듭될 뿐 국가의 경제나 인구 증가에 궁극적 도움이 되지 않음을 간파하였다. 먼저 인구와 관련된 그의 진술을 들어 보도록 하자.

> 초나라는 광활한 토지를 지니고 있음에도 그것을 경작할 사람이 부족하다. 그 부족한 바를 없애고 남아도는 바를 얻기 위해 다투는 것은 지혜롭다 할 수 없다.39

이 말은 초나라를 도와 전쟁준비를 획책하고 있던 공수반(公輸盤)에게 던진 묵자의 강변이다. 당시에 부족한 것은 토지가 아니라 토지를 경작할 사람들임에도 공수반은 어리석게도 이 점을 간과하고 있다는 것이다. 또, 전쟁은 토지를 경작하고 생산에 종사할 인구수를 갈수록 줄이는 결과만 가져올 뿐 인구 증가를 위

經濟硏究所 主編, 『中國經濟思想史論』 人民出版社 1985, pp.89-93 참조).
37 傅築夫, 『中國古代經濟史槪論』, 中國社會科學出版社 1988, p.45 참조.
38 인구경제 사상에 있어 묵자의 중요한 공헌은 노동력의 각도에서 인구와 토지의 상관 관계를 강조하며 '허지(虛地)'에 대해 가장 먼저 제기했다는 점이다. 그는 매우 엄밀하게 토지와 인구 그리고 농업 생산과의 관계를 연계하여 고찰함으로써 토지와 인구 간의 가장 적당한 비례를 인식하였다(李競能, 위의 책, pp.93-95.).
39 『墨子』 「七患」: "荊國有餘于地, 而不足于民. 殺所不足, 而爭所有餘, 不可謂智."

한 방책이 될 수 없음을 분명히 하고 있는 것이기도 하다. 오랜 전쟁으로 인해 황폐해진 토지를 인구 증가를 통해 생산의 터전으로 만들어 내기 위해 묵자는 다음과 같은 인구 증가 정책을 제시한다.

먼저, 묵자는 혼인 연령을 법령에 의해 정할 것을 주장한다. 그 수를 배로 늘리기에 가장 어려운 것이 인구의 수이지만 만약 혼인 연령을 법으로 정하여 시행하게 한다면 그것이 가능하다고 생각했기 때문이다.

> 옛 성왕의 법에 의하면 남자는 20세가 되면 장가를 가야하며 여자는 15세가 되면 반드시 남자를 섬기게 하였다. 그러나 성인의 시대가 끝나자 사람들은 이 법을 지키지 않았고, 이른 사람은 20세에 장가를 들었고, 늦은 사람은 40이 되어서야 장가를 들고 있다.[40]

묵자에 의하면 당시 남자들의 혼인 연령이 성왕의 법에 비해 대략 10년 정도가 늦어지게 되었는데, 만약 한 사람이 3년에 한명의 자녀를 갖게 된다면 10년이면 3명이라는 계산이 가능하다. 따라서 성왕의 법도에 따라 10년을 앞 당겨 혼인을 하게 된다면 출산 가능 인구수는 자연 2배 이상이 된다는 것이다.

묵자가 이상적 혼인 연령으로 생각한 남자 20세, 여자 15세의 주장은 인간의 생리적 발달 단계를 고려할 때 가장 이상적인 혼인 연령이라고 보기는 어렵다. 또 묵자가 계산한 인구 출산율도 그렇게 합리적인 것이 아니다. 더구나, 법적으로 혼인 연령을 정하고 시행하기 위해서는 일단 사회적으로 안정되지 않으면 결코

---

40 『墨子』「節用」上: "昔者聖王爲法曰, 丈夫年二十, 毋敢不處家, 女子年十五, 毋敢不事人. 此聖王之法也. 聖王旣沒, 于民次也, 其欲蚤處家者, 有所二十處家, 其欲晩處家者, 有所四十處家."

가능할 수 없을 것이다. 이렇게 볼 때, 혼인 연령을 정하고 그것을 통해 출산의 수를 증가시키고자한 묵자의 노림수는 어쩌면 인구가 증가되어 생산이 증대되기 위해서는 무엇보다도 평화 정착이 우선되어야 한다는 또 다른 표현으로 보아야 할 것이다.

인구가 늘어나야 생산이 증대되고 생산이 증대되어야 물질적으로 풍요롭고 안정된 경제생활을 영위할 수 있다는 묵자의 생각은[41] 군주가 부리는 궁녀의 수를 줄여야 한다는 이론으로 이어진다.

> 궁녀의 수가 큰 나라에서는 수천 명을 헤아리고, 작은 나라에서도 수백 명에 이르는 까닭에 천하의 남자들은 홀아비로서 아내 없는 사람이 많고, 여자들은 갇혀 있어 남편 없는 이가 많다. 이와 같이 혼기를 잃어버리는 까닭에 인구의 수가 적어지는 것이며, 군주가 진실로 백성들이 많아지기를 바란다면 궁녀를 두는데 있어 절제하지 않으면 안될 것이다.[42]

위와 같은 상황은 남자와 여자의 인구 균형을 깨뜨리는 심각한 문제를 야기하고 결국 인구의 감소를 불러 온다고 묵자는 보았다. 한 남자가 과도하게 많은 수의 여자를 구속시키는 행위는 군주에게만 국한된 것이 아니었다. 당시 모든 지배계층은 경쟁적으로 많은 처첩을 두면서 자신들의 위세를 과시하고 있었다. 묵자는 이러한 행위는 건전한 사회 발전에 걸림돌이 되는 사회적

---

[41] 인구의 증가가 곧 경제 성장의 기반이 될 수 있다는 묵자의 생각은 현대적 관점에서 수용하기 힘든 측면도 있다. 그런데 이는 전혀 그릇된 생각이 아니다. 즉 경제 규모에 비해 인구 규모가 커지면서 과잉인구를 주장한 멜더스(Thdmas Robert Malthus) 이후 인구와 경제에 대한 견해는 변화를 거듭하여 케인즈(J. M. Keynes)는 인구 감소가 경제에 악영향을 미친다는 주장을 내놓기도 하였다(김윤환, 위의 책, pp.535-536 참조).

[42] 『墨子』「辭過」: "大國拘女累千, 小國累百, 是以天下之男多寡無妻, 女多拘無夫, 男女失時, 故民少, 君實欲民之衆而惡其寡, 當蓄私不可不節."

병리 현상이라는 인식을 명확히 지니고 있었고, 인구 증가와 경제 발전에도 치명적인 것이라고 믿었던 것이다.

3) 생산품 교환 문제의 인식

전국시대에 들어서면서 상품 경제와 화폐 경제는 생산품 교환 과정에서 상호 분리될 수 없는 관계에 있음을 인식하는 등 비약적인 발전 양상을 보인다.43 『묵경』에는 경제 문제와 관련하여 대략 6개 조에서 자신들의 견해를 밝히고 있다. 그 중 특기할 만한 것은 당시 경제적 상황과 맞물려 제기된 생산품 교환에 관한 견해이다.

제103조 「경설하」에는 "자신의 신발이라고 하지만 신발을 매입한 것이지 자신이 제작한 것은 아니다[爲屦以買衣爲屦]."44라는 진술이 있다. 대개 이 조는 동명이실(同名異實)의 인식론적 관점에서 주로 고찰되어 왔다. 그런데 이것을 "동일한 신발이지만 매입한 신발과 제작하여 매매한 신발은 다르다."라는 경제학적인 측면에서의 해석도 가능하다고 본다. 다시 말해 묵가는 신발이라고 하는 하나의 생산품에는 사용가치와 교환가치가 있음을 인지한 것이다. 물론 묵가가 경제적인 관점에서 이를 거론했다고 보기 어렵다. 하지만 하나의 생산품 속에 내재된 두 가지의 경제적 가치를 인식했다는 것만으로도 매우 의미 있는 것이다. 공교롭게도 아리스토텔레스 역시 신발을 사례로 들어 생산품에 내재된 사용가치와 교환가치에 대해서 논하고 있다.45

---

43 傅築夫, 『中國古代經濟史槪論』 中國社會科學出版社 1988, pp.57-58 참조.
44 '구(屦)'는 신발을 의미한다. 孫詒讓의 『墨子閒詁』에 의하면 '의(衣)'는 '불(不)'자가 잘못된 것이다.
45 趙 靖 主編, 『中國經濟思想通史』, 北京大學出版社 1991, p.152.

묵가는 화폐의 구매력은 물가의 변동에 따라 변화한다고 보았다. 화폐의 구매력이 변동된다는 것은 16, 17세기 고전 경제학에서 출현한 이후 사람들에게 알려졌으며, 20세기 초 화폐구매력 개념이 운용되기 시작하였다.

제130조「경하」: 물가에는 높고 낮음이 없다. 왜냐하면 화폐가치가 낮으면 물가는 높아지고 화폐가치가 높으면 물가는 낮아지기 때문이다 [買無貴, 說在仮其賈].「경설하」: 가격을 말한다. 화폐로써 곡물을 매입할 때, 화폐가 얼마나 있느냐에 따라 곡물 가격이 드러난다. 반대로 곡물이 얼마만큼 있느냐에 의해서도 화폐가치가 나타난다. 화폐가치가 하락하였다고 곡물이 귀하게 된 것은 아니다. 화폐가치가 높아졌다고 곡물가치가 낮아진 것도 아니다. 왕도의 가치는 변하지 않는다. 곡물의 수확은 해마다 변화가 일어난다. 이는 마치 죽자와도 같은 것이다 [說買 刀糴相爲買 刀輕則糴不貴 刀重則糴不易. 王刀無變 糴有變 歲變糴 則歲變刀 若鬻子].

『설문해자』에 의하면 '매(買)'는 '시(市)'라고 하였는데, 여기서는 넓은 의미의 물가를 의미한다. '가(賈)'는 '가(價)'의 줄여 쓴 문자이다. "반기가(仮其賈)"에서 '반(仮)'은 '반(反)'의 이체자(異體字)이다.[46]

묵가가 보기에 재화 그 자체에는 귀천이 없다. 다만 화폐의 가치가 낮아지면 재화의 가치가 높아지게 되고 화폐가치가 높아지면 재화가치가 낮아지게 된다고 본다. 이는 화폐가치와 재화가치는 상호 제약되는 관계임을 말하는 것이다. 만약 화폐가치가 변하지 않았는데 재물의 생산량이 변하게 되면 화폐가치에도 변

---

46 畢 沅,『墨子注』참조.

화가 발생하게 된다.47

「경설하」중의 '도적(刀糴)'의 '도'는 옛날 화폐인 '천도(泉刀)'를 말하며 칼 모양으로 만들었기 때문에 '도'라고 한다. 오육강(吳毓江)은 '적(糴)'이란 '곡식[穀]'을 의미한다고 본다.48 오비백(伍非百)은 "옛날 교역에서는 먹는 것[食]과 재화[貨]를 중시했기 때문에 「경설하」에서 이를 사례로 제시한 것"49이라고 한다. "죽자와도 같다"는 진술은 판매하는 사람을 두고 볼 때 사람은 본래 귀천은 없지만 곡식 수확량이 달라지면서 그 역시 귀하게 보이기도 하고 천하게 보이는 것을 비유한 것이다. 오육강(吳毓江)의 진술을 바탕으로 위의 조를 정리하면 다음과 같다.

> 재화의 교환가치에 대해서 말하고 있다. 넓은 의미에서 말하면 재화의 가치는 두 재화를 교환할 때, 환산되는 재화의 수량을 말한다. 예를 들면, 한말의 곡식은 10도로 교환 된다면 한말의 곡식의 가치는 10도의 가치를 지니게 된다. 1도의 가치는 10분의 1말 곡식의 가치를 지닌다. 도는 곡식의 가치가 된다. 곡식 역시 도의 가치가 된다. 만약 도의 구매력이 변화하면 곡식의 귀천을 정할 수 없게 된다. 도의 가치가 낮아지면 10도로써 한말의 곡식을 구매 할 수 없는 것이다. 이는 가격가치가 하락한 것이지 곡식의 가치가 높아진 것이 아니다. 『후한서·주희전(朱暉傳)』에 의하면 "곡식의 가치가 높아진 것은 돈의 가치가 하락한 까닭이다[穀所以貴, 由錢賤故也]."라는 진술이 이를 뒷받침한다. '도'의 가치가 높아져 10도로써 한 말 이상의 곡식을 살 수 있다면 이 역시 화폐가치가 높아 진 것이지 곡식의 가치가

---

47 趙 靖, 위의 책, p.152 참조.
48 吳毓江, 『墨子校注』, 中華書局 1993, p.575.
49 伍非百, 『墨辯解故』, 北京中國大學出版部 1931, p.29.

변한 것이 아니다. 만약 왕도의 구매력은 변하지 않았는데 곡식의 가치가 변하였을 때, 가령 풍년으로 인하여 곡식의 양이 많아지면 화폐의 가치도 이에 따라 하락되고, 흉년이 들었을 때는 곡식의 화폐가치 또한 높아진다.50

현대 경제 이론 가운데 가격 변화에 대한 수요 변화의 반응(response), 즉 '수요의 가격 탄력성'이론이 있다. 가격이 수요에 어떤 영향을 끼치는지는 상식에 입각해서 보더라도 쉽게 이해된다. 어떤 상품의 가격이 적당하다면 그것을 구매하고자 하는 소비자에 의해 상품은 팔려 나갈 것이다. 이와 관련하여 『묵경』에서는 다음과 같이 기재되어 있다.

제131조 「경하」: 가격이 적당하면 팔린다. 그 이유는 진에 있다 [賈宜則讎, 說在盡].「경설하」: 가란 판매를 방해 하는 모든 요소들이 완전히 사라진 것을 말한다. 판매를 방해 하는 요소들이 사라지면 물건은 팔려나간다. 이때의 판매 가격은 적정 가격이다. 가격 적정여부에 의해 매도자는 팔 것인지 팔지 않을 것인지를 결정하게 되고, 매수자는 살 것인지 사지 않을 것인지를 결정한다. 마치 패방에서 죽실에 딸을 시집 보내는 것과 같다 [說買, 盡也者 , 盡去其所以不讎也, 其所以不讎去, 則讎, 正賈也宜不宜, 正欲不欲, 若敗邦鬻室嫁子].

위 제시문 속에 언급된 '판매를 방해 하는 요소'란 하나의 상품이 판매가 되지 않는 경우를 말한다. 고 형(高亨)은 위의「경설하」에 대해 "사고자 하는 구매욕이 있으면 재화가 설령 비싸다고 할지라도 가격이 적당하다고 생각할 것이며, 구매자가 사고자 하

---
50 吳毓江, 위의 책, pp.575-576 참조.

는 욕구가 없다면 가격이 설령 싸다고 할지라도 가격이 적당하다고 생각하지 않음을 말한다."고 하였다.51

고 형의 견해를 참고해 볼 때, 하나의 상품이 매매되기 위해서는 팔려고 하는 욕구와 사려고 하는 욕구가 맞아야 한다. 이 중 하나라도 결여되면 '판매가 방해'받게 된다. 이때 적정 가격은 욕구 충족, 즉 매매성립의 필요조건은 될 수 있지만 충분조건은 아니다. 즉「경설하」말미의 '패방(敗邦)'은 전쟁에서 패한 나라를 의미하며, '죽실(鬻室)'은 곧 상인들의 상점을 의미한다. '가자(嫁子)'는 시집보낸다는 뜻이다.

이를 정리해 보면, 난세의 사람들은 누구나 자기 딸을 상인에게 시집보냄으로써 지참금 따위의 경제적 이익을 얻고자 하지만 남자의 입장에서는 그것을 무조건 받아들일 수는 없다. 인간은 상품처럼 쌓아 둘 수 있는 것이 아니기 때문이다. 이것은 공급이 넘쳐나 가격이 하락해도 소비자의 구매욕이 없다면 매매가 성립될 수 없음을 당시의 불행한 사례를 들어 제시하고 있는 것이다. 그런데 만약 누가 시집을 가게 되었다면 몸값은 상인이 제시한 것이며 곧 적정 가격이 된다는 뜻이다.

이상의『묵경』진술들은 체계적이고 엄밀한 경제 현상에 대한 분석이라기보다 물물 교환 시대에서 일어날 수 있는 경험적 요소에 지나지 않겠지만 화폐와 상품의 교환 그리고 구매 욕구 따위를 인식하고 제기하는 일은 분명 쉬운 일이라고 보기 어렵다.52 또한 이러한 인식을 기저로 하여 민생을 위한 보다 차원 높은 경제 이론들이 개진될 수 있었을 것이다.

경제가 한 국가의 존망을 결정할 만큼 중요하다는 의미를 담

---

51 高亨,『墨經校詮』, 科學出版社 1958, p.150.
52 丁鵬,「墨經中關於價格和商品貨幣關系思想」, 中國社會科學院 經濟研究所 主編『中國經濟思想史論』人民出版社 1985, p.245 참조.

고 있는 '경제가 살아야 나라가 산다.'는 말은 어제 오늘 회자된 표현이 아니다. 묵가 역시 공동체를 빈곤에서 해방시키는 것을 사상의 지향점으로 삼았던 학파였던 만큼 경제가 그들의 사상체계에서 매우 중시되었음을 알 수 있다. 우리는 그들이 제기한 이론들에서 다음과 같은 현대적 의의를 찾아 볼 수 있겠다.

우선 그의 절용 정신이다. 당시 대부분의 사상가들이 절검을 통한 경제 안정을 공통적으로 주장하고 있다. 하지만 묵자의 경우처럼 통치자들의 사치와 낭비를 통렬하게 비판하고 그것이 국가 생산 경제에 미치는 영향을 속속들이 밝힌 사상가는 찾아보기 힘들다.[53] 묵자가 제시한 절용은 사회적 재화의 충족 여부를 떠나 언제나 중시되어야 할 덕목이다. 지속적인 경제 발전을 위해서는 '재화가 없어도 절검해야 되고 있어도 절약'해야만 하기 때문이다. 우리 시대가 지닌 많은 문제의 원인 가운데 지나친 소비로 초래되는 것들이 단연 수위를 차지하고 있음을 생각해 볼 때 묵가의 절용 정신은 그 현대적 의의가 크다고 할 것이다.

둘째, 묵자는 가진 자의 사회적 책무를 강조하고 있다는 점이다. 그는 사회가 물질적으로 결핍되어 있는 근본 원인을 통치자에 있다고 단언한다. 가진 자의 의식이 변화되지 않고는 사회적 재화와 노동력이 보장될 수 있는 합리적인 제도를 갖추기 어렵다고 보았던 것이다. 빈부의 차이가 극심하여 양극화로 치닫고 있는 우리 경제 현실 속에서 이 문제의 해결을 위해 누가 먼저 발 벗고 나서야 하는 지를 속 시원하게 웅변하고 있다고 본다.

셋째, 묵자는 생산과 생산력의 중요성을 가장 먼저 인식한 중국 사상가이다. 묵자는 물질적 조건이 인간의 윤리적 삶과 사회 제도에 결정적 영향을 끼친다고 보았다. 또한 묵가는 조세에 대

---

53 何鍊成, 위의 책, p.147.

한 백성의 부담을 경감시키기 위해 소득에 입각하여 조세를 부과하게 하고, 생산을 독려하기 위해 성실히 조세를 납부한 사람들에 대해 응분의 배려가 있어야 한다고 주장하였다. 이러한 이론들은 묵가의 경제 이론들이 얼마나 현대성을 지니고 있는지를 예증하는 것들이다.

 넷째, 인구 증가와 관련된 묵자의 생각이다. 앞서 살펴 본 바와 같이 인구의 증감이 경제에 어떤 영향을 끼치는가에 대한 견해는 분분하다. 다만 우리가 짚고 넘어가야 할 부분은, 묵가는 한 사회의 인구 증감은 사회 제도와 정책에 깊이 영향을 받는다는 사실을 인지하고 있었다는 사실이다. 이는 인구의 감소로 몸살을 앓고 있는 우리 사회에도 좋은 모범이 된다. 한국 사회가 아이를 낳지 않으려고 하는 원인은 어디에 있는가? 다양하고 복합적인 이유가 있겠지만, 그 핵심은 그릇된 사회 제도와 정책에 있는 것이다. 이것들이 개선되지 않고 인구 증가를 외치는 것은 적어도 묵가 입장에서 볼 때 공염불에 불과하다.

 끝으로 묵가는 서로 사랑하고 서로 이로움을 나누는, 인륜이 구현되고 물질적 풍요를 구가하는 사회를 이루기 위해 여러 현상들을 분석하여, 재화의 교환가치, 화폐의 구매력 등과 같은 당시로서는 매우 획기적인 이론들을 제시하였다. 궁핍이라는 시대의 아픔을 자신의 고통으로 받아들이고 이를 해결하겠다는 의지가 있었기에 가능한 이론들이었다고 본다. 21세기에 살고 있는 우리는 절대 빈곤 속에 허덕이는 많은 사람들을 위해 무엇을 하고 있는지, 무엇을 해야 할 것인지를 자문해야 할 것이다.

06 묵가의 과학 사상

　이 장은 묵가에서 제기한 과학 사상에 대한 20세기 초 학자들의 연구 업적들을 기저로 하여 『묵경』의 물체 운동 관련 이론들에 대해 재조명할 것이며 다음의 사안들에 주안점을 두고 고찰을 진행할 것이다. 먼저, 물체 운동에 관한 이론을 묵가가 정립하게 된 배경이 무엇인지를 살펴보겠다. 이와 동시에 중국 고대 과학 기술의 대표적 저작인 『고공기(考工記)』와 『묵경』에 내재된 과학 이론 간의 상호 연관성에 대해서도 고찰을 시도할 것이다. 이러한 작업은 『묵경』이 추구한 과학 정신의 궁극적 목적은 물론이고, 당시 묵가의 과학 사상이 중국 고대 과학 사상사에 있어서 어떤 반향과 작용을 하였는지를 가늠하는 중요한 작업이 될 것으로 보인다.
　다음으로, 이 장의 가장 핵심적인 부분으로서 물체 운동에 관한 『묵경』의 여러 이론들을 살펴보는 것이다. 『묵경』에서는 물체 운동과 관련하여 시간과 공간 그리고 물체 운동과의 관계를 정립하고 있으며, 물체 운동의 근본 원인을 힘이라고 규정 하는 등의 이론들을 제기하고 있는데, 이러한 이론들에 대한 이해는 이 글이 중점적으로 살펴보게 될 지레 원리, 도르래 원리, 빗면 원리를 분석하는데 중요한 기반이 된다고 생각한다.
　이 장은 지레 원리와 도르래 원리 그리고 빗면 원리에 대해 보다 정확하고 면밀한 해석을 시도하여『묵경』이 제기한 물체 운동에 관한 이론들이 지닌 가치를 제시해 내는 일이다. 이들 원리는『묵경』물체 운동의 핵심을 이루는 것들이며, 묵가가 왜 물체 운동을 분석하고자 했는지에 대해서도 잘 보여 주는 부분이기도 하다. 또한 이러한 원리들은 객관 현상에 대한 묵가의 과학적 분석이 없었다면 제기할 수 없는 이론들이기도 하다.

이러한 묵가의 이론들이 오늘날 우리에게 새로운 과학적 지식과 삶의 지평을 열어주는 것은 결코 아니다. 하지만 이 글에서 시도한 고찰을 통해 우리는 헐벗고 굶주린 백성들의 삶의 질을 개선하기 위해 사소한 현상마저도 철저히 분석하고 이론을 정립함으로써 노동 생산력을 제고시키고자 한 묵가의 정신을 이해하게 될 것이다. 다시 말해,『묵경』속에 내재된 과학 사상은 애민 사상의 실천이라는 묵가의 궁극 지향점과 긴밀한 연계를 지닌다는 사실을 인정하게 될 것이다.

1. 묵가의 과학 사상과『묵경』

1) 묵가 과학 사상의 궁극 목표

일반적으로 묵자가 종사했던 직업이 농사도 장사도 아니고, 기계를 만드는데 능했던 장인(匠人)이었던 까닭에 남다른 과학적 소양과 이론들을 겸비하고 있었고, 이것을 백성들의 고단한 삶을 해소하는데 적용시켰다고 한다. 이러한 견해는, 만약 묵자의 신분이 수공업자가 아니었다면 그의 과학 이론과 기술을 개진하고 발전시키기 힘들었을 것이라는 가능성을 열어 둔 것으로써 묵자는 물론이고 그가 제창한 과학 사상의 진면목을 외면한 것이라고 본다.

묵자는 당시의 백성들이 당면한 가장 큰 근심은 "주린 자가 먹지 못하고 추운 자가 입지 못하며 수고로운 자가 쉬지 못하는 것"[1] 이라고 보았다. 묵자는, 그중에서도 물질의 궁핍은 백성들이 지닌 근심의 본질을 이루는 것이어서 이를 치유하기 위해 통치자들은 대내적으로 절용(節用)을 숭상하여 모범이 되어야 하며, 또 대외적으로는 전쟁을 억제 또는 포기함으로써 백성들이 생산 활동에 종사할 수 있도록 해야 한다고 강변하였다. 여기서 묵자가 말하는 절용은 단순한 물자의 절검만을 의미하는 것이 아니라 백성들의 평화로운 삶과 밀접한 관계를 지닌다는 점에 주목해야 한다.

> 옛날 성왕은 절용의 법을 제정하여, 천하의 백공들, 즉 수레 장인, 수레 바퀴 장인, 가죽공, 도공, 대장장이, 목공 등으로 하여금 각기 그 전문적인 재능에 맞는 작업을 갖게 하였고, 백성의 소용을 만족시킬 수 있는 정도에서 그치게 했다. 백성의 이익에 보탬이 되지 않는 재화의 소비를 성왕은 일절 용납하지 않았다.[2]

위의 제시문은 『묵자』「절용」편의 종지를 담고 있는 부분으로서 우리는 두 가지 점에 주의를 기울여 읽어야 한다. 첫째는 재화의 소비는 '백성의 소용을 충족시키는 정도에서 만족'해야 한다는 것이고, 둘째는 '백성의 이익에 보탬이 되지 않는 소비를 성왕은 일절 용납하지 않았다'는 점이다. 새롭고 편리한 문물을 향유하되 그것은 반드시 백성들의 이로움을 보장하는 범위로 제한되

---

1 『墨子』「非樂」上: "民有三患, 飢者不得食, 寒者不得衣, 勞者不得息, 三者民之巨患也."
2 『墨子』「節用」中: "是故古者聖王, 制爲節用之法, 曰凡天下群百工, 輪車鞼匏, 陶冶梓匠, 使各從事其所能, 曰 凡足以奉給民用則止, 諸加費不加于民利者, 聖王弗爲."

어야 한다는 것이다. 묵자는 인간의 무한한 욕구는 경쟁적 소비 심리를 불러와 불필요한 소비를 촉발시킬 것이고, 고갈된 재화를 충당하기 위해 지배 계층은 결국 백성들을 동원하여 이웃을 약탈하게 될 것이라고 보았다.

그러나 묵자는 지배 계층의 전폭적인 지지가 요청되는 이러한 설득과 방법으로는 강자가 약자를 약탈하고, 있는 자가 없는 자를 업신여기는 상황[3]을 완연히 제거하기 어렵다는 사실을 깨닫게 된다. 또한 이러한 방법은 풍족한 사회를 위한 하나의 방법은 될 수 있을지 몰라도 최선의 대책이 될 수 없음도 알게 되었다. 보다 적극적이고 실천적인 방법, 설령 자신의 「절용」책이 수용되지 않더라도 백성들의 이로움을 항구적으로 보장할 수 있는 방안을 모색하게 된 것이다. 이것이 바로 묵가가 과학 기술에 집착하게 된 결정적인 원인이라고 본다. 즉, 물질적 풍요를 위해서는 절용(節用)이라는 소극적 방법으로는 실현할 수 없으며, 백성들의 노동력 절감과 같은 보다 적극적 방법을 통해 현실 사회를 개선시켜 낼 수 있어야 한다고 본 것이다.

백성들의 삶과 과학 기술의 관계는 묵자가 제시한 과학 기술의 기본 방향을 통해서도 잘 표출되고 있다. 묵자는, "공(功)이란 사람들을 이롭게 할 때 교묘[巧]하다고 하고, 사람들에게 도움이 되지 못할 때는 졸렬[拙]한 것"[4]이라고 하였는데, 이는 과학 기술의 방향과 중요성을 동시에 언급하고 있으며 묵가 과학 사상 전반을 관통하는 것이기도 하다. 다시 말해, 백성들의 삶을 개선하는데 현실 사회와 인간에게 도움이 되느냐를 기준으로 삼아 도움이 되는 것을 '교(巧)'라고 하며 어떠한 도움도 되지 못하는 것을

---

[3] 『墨子』「兼愛」下: "大國之攻小國也, 大家之亂小家也, 强之劫弱, 衆之暴寡, 詐欺愚."

[4] 『墨子』「魯問」: "所爲功, 利於人謂之巧; 不利於人謂拙."

'졸(拙)'이라고 하여 기술과 재능은 궁극적으로 백성들의 생활을 개선하는 것이어야 함을 지적하고 있는 것이다. 이처럼 묵자는 그 신분이 수공업자였기 때문에 자신이 지닌 기술을 백성들을 위해 사용한 것이 아니라 백성들의 척박한 삶을 주체적으로 개선시키기 위해 기술을 발전시켜야 한다는 생각을 한 것이다. 이것이 묵가 과학 사상의 출발점이면서 궁극적인 목적이라고 보아야 할 것이다.

2) 『묵경』과 『고공기』의 연관성

『묵경』은 묵자와 묵가의 이상을 고스란히 담아내고 있다. 그런데 '당송 이래로 이 책을 완전하게 이해할 수 있는 사람은 한 사람도 없다'[5]는 말이 있을 정도로 『묵자』는 난해하고 기이한 책으로 여겨져 왔다. 그 주된 이유는 『묵경』에 있다. 앞서 언급했듯이 「경상」에서 「경설하」의 네 편은 전달하고자 하는 진술이 극히 간략하면서도 구성 내용이 윤리부터 정치, 우주, 언어[6], 경제, 자연과학에 이르기까지 방대하여 분야별 전문지식이 밑바탕 되지 않고서는 제대로 그 의미를 이해할 수 어렵게 기재되어 있기 때문이다. 무엇보다도, 『묵경』에 대한 이해가 힘든 까닭은 많은 사람들에 의해 지속적으로 읽히지 못하였고, 따라서 그것에 대한 체계적인 연구가 이루어지지 않았기 때문이었다. 특히, 과학 분야와 관련된 『묵경』의 이론들은 기나 긴 세월 동안 어둠속에서 방치된 채 홀대를 받아 왔었다. 근대이후, 묵가에 대한 연구가 급물

---

5 方授楚, 『墨學源流』, 中華書局, 上海書店, 1989, p.158.
6 『墨經』은 언어의 형식과 본질 및 언어의 운용 방법과 규칙에 대해 세밀하게 언급하고 있다. 이 진술들은 서양의 논리학과 유사한 측면이 없지 않다. 그러나, 거시적 측면에서 입각할 때 이들 이론들은 언어적 관점에서 접근할 때 정확한 해석과 그것의 내재적 의미를 온전하게 파악할 수 있다고 본다(黃晟圭, 『墨經思想硏究』, 中國人民大學博士學位論文, 1999, p.79 참조).

살을 타면서 『묵경』 속의 과학 이론들이 서양의 그것들과 비교되면서 정립되었고, 이러한 연구 성과로 인해 우리는 고대 중국인들이 사물과 현상에 내재된 이치를 어떻게 궁구하고 개진하였는지, 또 그것이 백성들의 삶에는 어떤 영향을 끼쳤는지를 어느 정도 가늠할 수 있게 되었다.

고대 중국의 과학 기술의 백미로 알려진 『고공기』는 제나라 관부에 의해 편집되어진 것으로 알려져 있지만 전국초기, 전국후기, 심지어 한나라 때 비로소 완성되었다는 학설도 제기되어 있다.7 그러나 그것에 기재된 내용들은 전국시대 이전 여러 분야에서 축적된 경험적 지식과 기술들이 집대성되어 있다는 사실에 있어서는 일치된 견해를 보이고 있다. 이러한 관점에서 볼 때 『고공기』에 기재된 상당 부분이 『묵경』과 긴밀한 관계, 심지어 양자는 연원(淵源)의 관계에 있다고 보여 진다.8

먼저, 『고공기』는 관부의 서책으로 대부분 관부가 운영하는 작업장에서 기술자들이 만든 규범과 기술을 반영하고 있다. 그런데 춘추이래로 늘어난 수공업자들은 그들이 만든 수공품을 곡식과 바꾸어서 생활을 유지해야 했기 때문에 그들이 제작한 생산품의 질과 생산 기술의 개선에 높은 관심과 적극성을 지니고 있었고, 그들이 지닌 선진 기술을 『고공기』가 응집하지 않을 수 없었을 것이다. 이러한 수공업자들 중 묵가는 백성들의 삶과 직접 관련지어 생각할 정도로 과학 기술에 대한 지대한 관심을 표방하였고, 따라서 그들이 체득한 여러 방면의 기술이 『고공기』 형성에 직·간접적으로 영향을 줄 수밖에 없었을 것이다.9

둘째, 『고공기』에 기재된 수공업 관련 기술은 대부분이 과학

---

7 胡維佳 主編, 『中國古代科學技術史』 技術卷, 遼寧教育出版社, 1996. pp.1-2.
8 邢兆良, 『墨子評傳』, 南京大學出版社, 1993, p.159 참조.
9 邢兆良, 위의 책, p.158 참조.

기술 문제에 이르고 있다. 재료의 역도(力度), 질량과 밀도의 측정, 마찰력과 운동의 관계, 물이 지닌 부력의 응용, 불의 색깔과 온도와의 관계 등등이 그것이다. 그런데 이러한 문제들 대부분은 묵가가 백성들의 현실 생활 개선과 관련하여 주목하였던 것들이며, 특히 마찰력과 운동의 관계와 관련된 묵가의 이론들은 당시 현실 생활에서 그대로 응용된 것으로 알려져 있다. 따라서 『고공기』에서 제기된 초보적 형태의 과학 기술 관련 경험들이 『묵경』에 의해 체계화되고 정립된 것[10]이라고 볼 수도 있다.

위의 첫째와 둘째 진술을 종합해 볼 때 선진시대 과학의 정수라고 할 수 있는 『고공기』는 『묵경』과 상호 긴밀한 영향을 주고받았다는 사실에 대해서는 의심할 나위가 없겠다. 물론 이점에 대해서는 앞으로 좀 더 깊이 있는 연구와 논의가 이루어져야 할 것이다.

2. 물체 운동과 관련된 이론

1) 시간, 공간과 물체 운동

『묵경』에 기재되어 있는 시간, 공간 그리고 물체 운동과 관련된 개념과 정의들은 자신들의 생활 경험에서 출발하여 고도의 추리 능력과 상상력을 발휘한 결과라고 할 수 있다.[11]

이미 오래전부터 중국인들은 시간과 공간이라는 개념에 대해 관심을 가지고 정의를 내리기 위해 노력하였다. 이것은 중국인들

---

10 邢兆良, 위의 책, pp.162-164 참조.
11 『墨經』 원문에 대해서는 많은 주석서가 있으나, 이 글은 吳毓江의 『墨子校注』, 中華書局 1993년판을 위주로 하고, 孫怡讓의 『墨子閒詁』, 中華書局 1983년 판을 참고하면서 원문을 제시할 것이다.

에게만 국한된 문제가 아닌, 고대 서양의 과학자들 역시 시간과 공간이 지닌 의미를 규정하기 위하여 논쟁을 벌이기도 하였다.

중국인들은 우(宇)를 공간 개념, 주(宙)는 시간 개념으로 보았다.[12] 오늘날 우리가 흔히 사용하는 '우주'라는 말은 공간과 시간을 합친 용어라고 볼 수 있다. 『묵경』에서는 옛날과 지금, 아침과 저녁을 '구(久)'라고 표현하고 있는데 '구'와 '주(宙)'는 고대에는 그 음(音)이 상통하는 말로서 '구'는 곧 '주'가 되며 무궁한 시간을 의미하며 '우'는 동서남북을 나타내는 말로서 모든 공간을 포괄하는 개념이다.[13]

아울러, 『묵경』은 시간, 공간, 운동은 모두 물체 존재의 방식이며 물체는 이 세 가지를 떠나서는 존재될 수 없다는 사실에 대해 인식하고 있었다.[14] 가령, 한 사람이 노나라를 출발하여 먼저 근처의 송나라를 거쳐 나중에 비교적 먼 초나라에 도착했다고 할 경우[者行者, 必先近而後遠], '노나라', '송나라', '초나라'는 서로 다른 지방이며 이는 공간 개념이다[遠近, 修也]. '출발', '먼저', '나중' 따위는 시간 개념이라고 볼 수 있다[先後, 久也]. 이 두 가지의 조건을 통하여 『묵경』은 한 사람이 노나라에서 송나라를 거쳐 초나라에 도착하는 운동 변화를 설명하고 있는 것이다.[15]

물체의 운동은 당연히 공간[宇] 중의 운동이며, 필연적으로 시

---

12 『尸佼』「尸子」: "天地四方曰宇, 往古來今曰宇." 및 『淮南子』「齊俗訓」: "往古來今謂之宇, 四方上下謂之宇."

13 『墨經』의 제40조에서는 '구는 서로 다른 시간을 포괄한다[久, 彌異時也].'고 하였고, 제41조에서는 '우는 서로 다른 장소를 포괄한다[宇, 彌異所也].'고 하였다. 여기서 우리는 묵가가 제기한 시공의 공통성을 발견할 수 있는데, 그것은 연속과 충만[彌] 그리고 다름[異]을 의미하는 '미이성(彌異性)'이다. 이처럼 『墨經』은 시공의 지속성, 변화성, 운동성에 대해서도 초보적 인식을 하고 있다(李春泰, 「論墨子與亞里斯多德自然哲學的差別及其意義」, 『墨子研究論叢』 第三輯, 1995, p.127 참조).

14 「經說下」: "說行. 者行者, 必先近而後遠. 遠近, 修也. 先後, 久也. 民行修必以久也."

15 孫中原, 『墨學通論』, 遼寧教育出版社 1995, p.214.

간(間)과 연관되는 계속성을 갖는 것이다. 따라서 물체의 운동 변화가 없으면, 시간과 공간은 존재하지 않고, 물질은 근본적으로 생성과 어떤 운동 변화도 불가능하다. 따라서 이 세 가지는 서로 통일되어 있으며 분리될 수 없는 성질을 가진다[民行修必以久也]는 것이다.

여기서 나아가, 『묵경』은 순간 운동과 시간이 걸리는 운동에 대해서도 설명하고 있다.16 즉, 『묵경』의 '무구지부지[無久之不止]'는 순간 운동을 의미하는데, '무구'는 순간을 뜻하고, '부지'는 정지됨이 없는 운동을 의미한다. 예를 들어, 우리가 화살을 쏘면 한 순간에 지나가는 것처럼 보이지만 사실은 매 순간 순간마다 정지했던 것들이 연결된 것이며 정지 순간마다 시간을 점유한다는 것이다[若矢過楹]. '유구지부지[有久之不止]'는 시간이 걸리는 운동을 의미하며, 여기서 '유구'는 상당한 시간이 경과 된다는 뜻을 지닌다. 가령, 다리 위에 서 있는 사람은 일정한 시간이 지나야만 다리를 건널 수 있다[若人過梁]는 이치와 같다.

이 밖에도 『묵경』은 뱀의 움직임에서 일부분은 움직이고 일부분은 움직이지 않는 현상을 관찰하고 '어떤 물체의 운동은 단절성과 연속성의 통일'이라는 견해도 피력하고 있다.17 이러한 물체 운동의 원인과 물체 운동에 대한 묵가의 견해를 통해 볼 때 그들은 힘과 운동에 대해 해박한 지식을 지니고 있었던 것으로 생각된다.

---

16 「經上」: "止, 以久也." 「經說上」: "說止. 無久之不止, 當牛非馬, 若矢過楹. 有久之不止, 當馬非馬, 若人過梁."
17 孫中原, 위의 책, p.213 참조.

2) 물체 운동의 원인

물체의 운동에 관한 법칙을 연구하는 학문의 한 분야인 역학은 인류가 자연계의 수많은 현상을 관찰한 후 비로소 형성된 것으로서 힘의 평형을 다루는 정역학, 힘과 운동의 관계를 다루는 동역학, 운동만을 다루는 운동학이 있다. 그런데 여기서 힘이란 무엇인지 분명하게 정의내리기 어렵다. 이것은 물체와는 달리 눈에 보이지 않기 때문이다. 다만, 어떤 물체에 힘이 작용하면 물체는 여러 가지 변화가 일어난다. 이 변화는 시각에 의해 확인이 가능하며, 그 변화를 통하여 물체에 힘이 작용하고 있다는 사실을 알게 된다. 『묵경』에서는 힘[力]과 운동[動]과의 관계에 대하여 다음과 같은 의미 있는 주장을 개진하고 있다.

> 「경상」: 힘, 형체가 운동하는 바가 된다. 「경설상」: 힘은 곧 중량을 말하는 것이다. 중량이 내려가거나 올라가는 것이 형체의 운동이다.18

「경상」에서 관건이 되는 용어인 '분(奮)'에 대해 '물체의 운동'이라고 보는 견해와 '본래 상태의 변화'라는 주장이 있다.19 이를 토대로 볼 때 「경상」은 물체로 하여금 운동을 하게하여 상태를 변하게 하는 것이 곧 힘이라는 해석이 가능하다. 힘의 작용이 없다면 물체는 운동을 할 수 없으며 그 상태도 변화될 수 없다. 「경설상」의 진술에 의하면 힘이 물체에 가해져 운동이 일어나지만,

---

18 「經上」: "力, 形之所奮也." 「經說上」: "力, 重之謂. 下擧重, 奮也."
19 가령, 方孝博은 "『廣雅釋詁』에서 '분은 동[奮, 動也]'이라 하였으나, 분(奮)과 동(動)은 미묘한 차이가 있다. 즉, 동은 정지와 상대적으로 말할 때의 운동을 의미하며, 분은 정지상태가 운동상태로 변하거나 직선운동상태가 곡선운동상태 등으로 변화는 것이다"고 하였다(『墨經中的數學和物理學』, 中國社會科學出版社, 1983, p51 참조).

힘은 가시적인 것이 아니다. 그러나 가해지는 힘에 의해 일정한 무게를 지닌 물체[重]가 아래에서 위로, 혹은 위에서 아래로 위치가 이동되는 것은 볼 수 있는데, 이러한 공간 이동이 곧 힘이라는 것이다. 묵가는 힘이란 물체 운동의 근원이 된다는 사실을 인지한 것이다.

이처럼 묵가가 힘에 대해 정의를 시도한 것은 그들이 평소 노동 생산을 중시한 결과의 산물, 즉 묵가가 현실에서 획득한 실제 경험을 통해 자연스럽게 얻게 된 이론이라고 생각된다. 가령, 묵가는 방어전에 능숙했던 학파로 알려져 있다.[20] 그들은 방어를 위해 성벽을 높였고 새로운 방어용 무기를 개발하였다. 특히 성곽을 쌓는 일은 상대가 공격해 오기 전에 할 수 있는 일이었기 때문에 묵자도 축성을 매우 중시하면서 그의 병법의 요체로 삼고 있을 정도이다. 묵가는 이러한 축성의 과정에서 중력의 작용에 대해서도 비록 초보적이긴 하지만 그 핵심을 인식했던 것[21]으로 알려져 있다.

---

20 묵자가 방어에 아주 능숙했다는 점은 사마천의 『사기』「맹자순경열전」에서도 언급되고 있으며, 오늘날 중국에는 '묵수(墨守)'라는 말이 남아 있다.
21 孫中原의 경우, 제128조「經說下」의 "并石,垒石,循夹寝者, 法也. 方石去地石, 矢石于其下, 悬丝于其上, 使适至方石. 不下, 拄也. 胶丝去石, 挈也. 丝绝,引也. 未变而名易, 收也."를 분석하면서 다음과 같은 견해를 피력하고 있다. 아래의 그림은 위의 『墨經』 내용에 대한 孫中原의 견해를 그림으로 구성한 것이다.

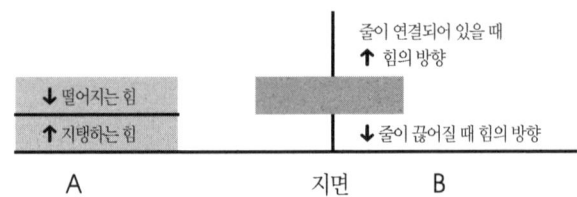

ㄱ. 그림 A와 같이 위에 있는 돌은 떨어지지 않는데 이것은 아래 돌에 지탱해 주는 힘이 생기기 때문이다[不下, 拄也].
ㄴ. 그림 B처럼 돌에 줄을 고정하고 아래에 있는 돌을 빼 내면 줄은 돌을 들어 올리는 힘이 생긴다[胶丝去石, 挈也].
ㄷ. 줄이 끊어지면 돌은 스스로 아래로 떨어지려고 하는 힘이 생긴다[丝绝, 引也].
ㄹ. 줄에 고정되어 있던 돌은 끌어당기는 힘에 의해 아래로 떨어진다. 이때 끌어당기는 힘

3. 지레, 도르래, 빗면 원리에 대한 인식

지레, 도르래, 빗면 원리의 활용 등은 묵가의 물체 운동과 관련된 여러 지식이 현실에 그대로 활용된 대표적인 사례이다. 이러한 이론들이 필요했던 것은 짧은 시간 안에 적은 수의 노동력만으로도 높은 성과를 창출해 내어야 했기 때문이었다.

1) 지레의 원리

동양에서 지레의 활용이 보편화하기 시작한 것은 춘추시대부터라고 알려져 있다. 지레의 가장 중요한 특징은 인류가 발명한 도구 중에서 가장 이른 시기에 발명된, 가장 간단한 구조와 원리를 지닌 물체 이동이나 운동의 수단이라는 것이다.22 『묵경』에 의하면, 지레는 작은 힘으로 큰 힘을 내는데 쓰이는 도구이며, 힘점(사람이 힘을 주는 곳), 작용점(물체에 힘이 작용하는 곳), 받침점(지레의 받침대)의 세 가지 요소를 갖추어야 한다. 『묵경』에서는 지레와 관련하여 다음과 같이 진술하고 있다.

> 「경하」: 평형을 이루며 기울지 않는 것은 형목이 무게를 이겼기 때문이다.

[收]이 생긴다[未変而名易, 收也].
여기서 『墨經』은 ㄱ의 지탱하는 힘과 ㄴ의 들어 올리는 힘, ㄷ의 아래로 떨어지는 힘과 ㄹ의 끌어당기는 힘은 그 크기가 동일하고 같은 방향으로 작용하지만, ㄱ과 ㄷ, ㄴ과 ㄹ은 비록 힘의 크기는 동일하지만 상반된 방향으로 작용하게 된다고 보고 있다(孫中原, 위의 책, pp.224-225). 만약, 묵가가 위에서 말하고 있는 힘의 양을 용수철저울 따위를 활용하여 측정한다든지 혹은 이 이론의 심도를 조금만 더 구체화시킬 수 있었다면, 중력에 관한 상당한 이론적 접근이 가능했을 것이다. 비록 묵가가 제기한 이론이 완전한 것은 아니었다 하더라도 이천여 년 전의 사람들이 그들의 실제 생활에서 체득한 경험을 토대로 이러한 이론으로 정립할 수 있었다는 사실에 놀라지 않을 수 없다.

22 胡維佳 主編, 위의 책, pp.251-252

「경설하」: 정을 말한다. 형목이 기울지 않고 평형을 이루는 것은 형목이 중량을 이겼기 때문이다. 오른 쪽으로 받침점을 이동하면 중량을 더하지 않아도 기울게 되는데, 이는 형목이 무게를 이기지 못했기 때문이다. 어느 한 쪽의 중량을 더하면 반드시 아래로 기울게 된다. 물체와 추의 중량이 서로 같을 지라도 힘점에서 받침점, 혹은 작용점에서 받침점까지의 거리가 다르면 반드시 기울게 된다.[23]

위의 원문에 입각할 때, 『묵경』은 물체에 힘이 작용하면 힘의 크기에 따라 물체에 미치는 효과가 다르며 또, 힘의 크기가 같다고 하더라도 작용하고 있는 방향과 작용점에 따라 그 효과도 달라진다는 사실을 체득하고 있었음을 알 수 있다. 오육강(吳毓江)은 다음과 같은 그림을 통해 「경설하」의 이론을 해석하고 있다.

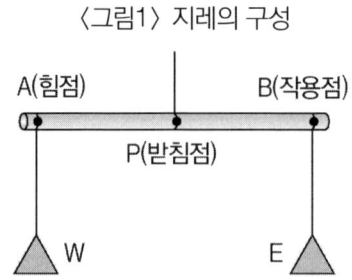

〈그림1〉 지레의 구성

즉, 지레가 위의 그림과 같이 평형을 이루고 있다면 'W× AP의 거리 = E ×BP의 거리'라는 공식이 성립되며 이는 지레의 가장

---

[23] 「經下」: "貞而不撓, 說在勝." 「經說下」. "說貞. 橫木如重焉而不撓, 極勝重也. 右校交繩, 無加焉而撓, 極不勝重也. 衡加重於其一旁, 必垂. 權重相若也, 相衡則本短標長. 兩加焉, 重相若, 則標必下, 標得權也."

기본 공식이 된다[衡木如重焉而不撓, 極勝重也]. W나 E의 무게는 변하지 않았으나 받침점 P가 우측으로 이동했다면 'W× AP 〈 E×(BP+오른쪽으로 이동한 거리)'의 식이 성립된다[右校交繩, 無加焉而撓, 極不勝重也]. 또, 받침점의 위치는 위의 그림과 같이 변하지 않고 W 혹은 E의 중량이 변하면 '(W+더해진 중량)×AP 〉 E ×BP'와 같은 공식이 성립된다[衡加重於其一旁, 必垂].

마지막으로 지레가 위의 그림처럼 평형한 상태에서 힘점 A에서 받침점 P까지의 거리와 작용점 B에서 받침점 P까지의 거리가 다르다면 반드시 기울게 된다. AP가 BP의 거리보다 짧다는 가정 하에 이를 공식으로 표시해 보면, '(W+더 해진 중량)×AP 〈 (E+더 해진 중량)×BP'라는 공식이 성립한다[權重相若,也相衡則本短標長. 兩加焉, 重相若, 則標必下, 標得權也].[24]

위 오육강의 해석은 고 형(高亨)의 『묵경교전(墨經校詮)』, 담계보(譚戒甫)의 『묵경발미(墨經發微)』의 견해보다 구체적이고 합리적이다. 그래서인지 오늘날 『묵경』을 해석하는 대부분의 학자들은 오육강의 견해를 따르고 있다고 해도 과언이 아니다.

그런데, 이들 학자들은 한 가지 중요한 사실을 놓치고 있다고 보여 진다. 오육강이 마지막에 제시한 지레의 원리, 즉 힘점 A에서 받침점 P까지의 거리와 작용점 B에서 받침점 P까지의 거리가 다르다는 가정 하에 제시된 공식, '(W+더 해진 중량)×AP 〈 (E+더 해진 중량)×BP'와 두 번째 공식 'W× AP 〈 E×(BP+오른쪽으로 이동한 거리)'의 두 공식 모두 형목에서 받침점의 위치가 바뀐 사항을 제기한 것에 지나지 않는다.

필자가 보기에, 본은 짧고 표는 길다[本短標長]는 『묵경』 원문에 대해 좀 더 면밀한 검토가 있어야 한다고 본다. 즉 '장'은 힘점에

---

24 吳毓江 『墨子校注』, 中華書局 1993, p.569 참조.

서 물체를 이어주는 끈의 길이를 의미하며, '단'은 작용점에서 추에 이르는 끈의 길이를 말하는 것이다. 따라서 원문을 공식으로 표기하면 '선분 AW가 선분 BE보다 길때, 'W× AP의 거리〉E ×BP의 거리'의 공식이 정확한 것이다.25

위의 지레와 관련된 이론에서 우리가 주목해야 할 점은 묵가가 힘점, 작용점이 수평을 이룰 때 받침점이 중앙에 위치해야 한다는 것을 알고 있었다는 사실이다. 무거운 추와 가벼운 추로 수평을 만들려면 무거운 추는 축에 가깝고 가벼운 추는 축에서 멀어야 하며, 수평을 이룰 수 있는 조건은 물체의 무게 비와 거리 비에 의해 정해지기 때문이다. 가령, 아래 그림과 같이 널판지의 양쪽에 다른 수의 나무토막을 올려놓으면 왼쪽으로 기울게 된다.

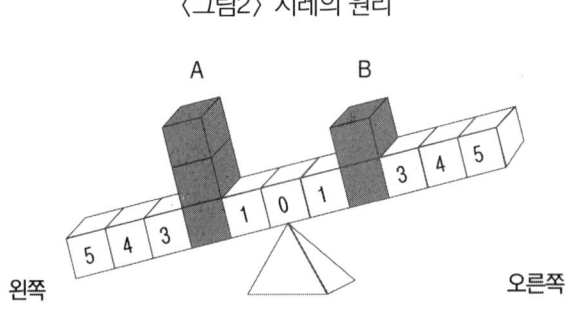

〈그림2〉 지레의 원리

이것을 수평이 되게 할 수 있는 방법은 물체 B를 눈금 4에 옮기는 방법과 물체 A를 눈금 1로 옮기는 방법이 있다. 이를 이용하

---

25 胡維佳에 의하면 힘점에서 받침점까지의 거리를 본(本), 작용점에서 받침점까지의 거리를 표(標)라고 하고 있다(『中國古代科學技術史』 技術卷, p.251 참조). 만약 이 해석이 맞다면 吳毓江의 두 번째 공식이 위에서 제기한 대로 수정되어야 할 것이다.

여 작은 힘으로 큰 힘을 내는 방법은 받침점에서 힘점을 멀리하거나 받침점에서 작용점을 가까이 하면 될 것이다.

이러한 원리는 고대 중국의 과학자들에게도 적지 않은 영향을 끼쳤다. 예를 들면, 132년 후한의 장형(張衡)이 발명한 지동의(地動儀)는 속이 빈 통 안에 막대가 바로 세워져 있고, 통 바깥에는 팔방에 용의 장식이 달려 있어 땅이 흔들려 그릇 안의 막대가 쓰러지려 하면, 그 방향에 있는 용의 입에서 공이 떨어져 진앙(震央)의 방향을 추측할 수 있게 한 것이다. 여기에 활용된 기본 원리나 기술이 바로 묵가가 창출한 지레의 원리를 기저로 하여 발전시킨 것이다.[26]

지레의 원리를 바탕으로 묵가는 현실 생활에서 백성들의 이로움을 제고하는데 활용시켰으며, 그중에서도 특히 두레박틀의 응용과 원리에 대해 설명하고 있다. 두레박틀이란 두레박질을 쉽게 하기 위해 만든 장치로 기둥을 세우고 그 위에 긴 나무를 가로질러 한쪽에는 두레박을 다른 한쪽에는 돌을 달아 놓은 기구의 일종이다. 만약, 지렛대가 평형 상태를 유지하고 있을 때 한쪽에 무거운 물체를 달면 다른 한쪽은 반드시 내려가게 된다. 만약, 물체와 힘의 크기가 똑 같다면 평형을 이루게 되어 받침점은 힘점과 작용점의 중간에 위치하게 될 것이다. 이 두레박틀은 동역학 원리를 응용한 기계 장치이며 수평잡기는 정역학 원리를 응용한 기구라고 할 수 있다.

일상의 경험을 바탕으로 어떤 원리를 찾아내고 그것을 다시 현실 생활을 개선하는 기술로 승화시키는 것이 묵가 과학의 최대 공헌이라고 볼 수 있다. 아래에 소개되는 도르래의 기술 또한 위의 지레와 같은 선상에 있는 내용들이다.

---

26 秦彦士,「略論『墨經』與中國自然科學」,『墨子研究論叢』第三輯, 1995, p.141 참조.

2) 도르래 기술

도르래는 건축 공사에 많이 사용되었던 기구로 사람의 노동력을 절감시키는 효과가 있다. 역사상 도르래의 발명은 언제 누구에 의한 것인지는 정확하게 밝혀지지 않았지만, 이 역시 춘추시대에 이미 활용한 것으로 추정되고 있다. 『묵경』에는 다음과 같은 도르래에 대한 이론이 보인다. 먼저 「경하」에서 제시된 이론을 살펴보자.

> 「경하」 : 위로 끌어 올리는 힘과 아래로 끌어당기는 힘의 방향은 서로 상반된다. 그것은 반드시 그렇게 되지 않으면 안 된다.[27]

위의 진술은 도르래가 지닌 원리를 간명하게 정리한 것이다. 여기서 '반드시 그렇게 되지 않으면 안 된다'는 진술은 강보창(姜寶昌)이 안사고주(顔師古注)에 근거하여 '박(薄)'을 '박(迫)'으로 보아야 한다는 주장에 따라 해석한 것이다. 이것은 하나의 물체가 아래로 떨어지면 반드시 다른 물체는 위로 올라가게 되는 현상을 말하며 이는 가장 『묵경』 원문에 근접한 해석이라고 생각된다. 다만 강보창이 물체가 땅에 떨어지는 현상을 지구의 인력과 연계하여 해석한 것[28]은 다소 견강부회한 측면이 없지 않다고 생각한다.

「경설하」에 대해 오육강은 지레의 원리와 연계하여, 인(引)과 수(收)를 같은 뜻으로, 제(制)는 억제의 의미이고, 수(遂)는 매달린 물건이 떨어지는 것으로 보아 다음과 같은 해석을 내놓고 있다.

---

27 「經下」. "挈與收板, 說在薄."
28 姜寶昌, 위의 책, p. 270 참조.

「경설하」: 매달린 물체가 위로 들어 올려지는 것은 힘이 작용했음을 의미하는 것이고, 아래로 떨어지는 것은 힘이 작용하지 않았기 때문이다. 위로 올라 가거나 밑으로 내려가는 가는 것은 모두 '바름(正)'을 얻지 못했기 때문이다. 매달린 물체의 '바름(正)'과 '기우는 것(邪)'은 줄의 억제력에 의해 작용하는 것이다. 이는 간격이 길면 무거운 쪽이 아래로 내려가고 간격이 짧으면 가벼운 것이 위로 올라가는 지렛대의 기본 원리에 근거하고 있다. 따라서 위로 올라가는 쪽은 갈수록 힘을 얻고 아래로 내려가는 쪽은 갈수록 힘을 잃는다. 내려갈려고 하는 힘과 끌어올리는 힘이 동일할 경우 정지된다.[29]

고 형 역시 제(制)를 일정한 힘이 작용하여 줄을 잡아 당긴다[挈]는 의미로 이해하고 있는 것 이외에는 오육강이 제시한 위의 견해와 큰 차이를 보이지 않는다. 그런데 손준원은 『묵자』 전반에 걸쳐 도르래의 원리에 관한 언급이 나오고 또 실제 그것이 현실에 적용되고 있는 점을 근거로 하여 위의 「경설하」를 다음과 같이 두 부분으로 나누어 이해하고 있다.

먼저, 도르래는 길고 무거운 것이 아래로 내려오면 짧고 가벼운 것은 위로 올라간다. 즉, 끌어 올리는 힘이 셀수록 내려오는 힘은 잃게 된다[上者愈得, 下者愈亡]는 것이다. 이 견해를 그림으로 그려보면 아래 그림과 같다.

---

[29] 「經說下」: "說. 挈有力也, 引無力也, 不正. 所挈之正於施也, 繩制挈之也, 若以錐刺之, 挈長重者下, 短輕者上, 上者愈得, 下者愈亡. 繩直權重相若, 則正矣. 收, 上者愈喪, 下者愈得. 上者權重盡, 則遂挈."

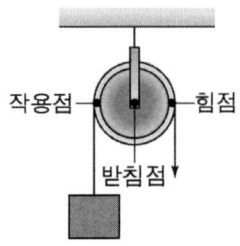

〈그림3〉 고정 도르래의 원리

    손중원의 이 견해는 줄 한쪽을 당겨서 줄의 다른 쪽에 걸려있는 물건을 끌어 올리는 고정 도르래를 염두에 둔 것이다. 고정 도르래는 일정한 곳에 고정되어 있으며 물건을 들어 올릴 때 필요한 힘의 크기는 변화하지 않는다. 왜냐하면 받침점으로부터 힘점과 작용점이 각각 같은 거리만큼 떨어져있기 때문에 힘에는 덜하고 더함이 없으며, 다만 힘의 방향이 바뀔 뿐이다. 따라서 고정 도르래는 직접 올라가기 힘든 곳에 물건을 이동시켜야 할 때 유용하게 사용하고 있다. 묵가는 고정 도르래를 무고한 나라를 침략하는 행위[攻伐無罪之國][30]에 대비하기 위해 성을 쌓거나 백성들의 삶의 공간을 건축할 때 활용하였다.

    둘째, 첫째와 달리 도르래는 위로 올리는 힘이 작아지면 아래로 내려 갈려고 하는 힘이 더욱 세어진다[上者愈喪, 下者愈得]. 이를 그림으로 표현하면,

---

30 『墨子』「非攻」下에 의하면 묵자는 정의전쟁[誅]과 비정의전쟁[伐]으로 나누고, 잘못이 없는 나라에 대해 침략하는 행위를 비정의전쟁으로 규정하여 반대하고 있다. 묵자 병법은 바로 이러한 무고하고 작은 나라를 보호하기 위해 형성된 것이며, 비정의전쟁에 효과적으로 대처하기 위해 묵가가 지니고 있었던 과학 사상이 적용되었다(황성규, 「论『墨子』军事思想及其現代意义」『한국철학논집』 25호, pp.328-329 참조).

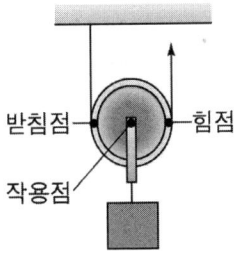

〈그림4〉 움직 도르래의 원리

    손중원에 의하면 이것은 움직 도르래의 원리를 말하는 것이다. 움직 도르래는 도르래에 건 줄이 양쪽에서 하중을 지탱하게 되므로 하중을 지탱하려면 하중과 도르래의 무게를 합한 힘의 반이면 되는 특징을 지닌다.31 이와 같은 손중원의 「경설하」에 대한 해석은 『묵경』에서 제기하고자 하는 본의에 가장 접근한 체계적이고 합리적인 해석이라고 생각된다.

    움직 도르래는 고정되어 있는 것이 아니라 물체와 함께 움직이는 특성을 지니며, 물건을 들어 올리는데 필요한 힘의 크기가 감소되는데, 그 이유는 받침점과 힘점 사이의 거리는 받침점과 작용점 사이 거리의 두 배이기 때문이다. 움직 도르래는 작은 힘으로도 물체를 들어 올릴 수 있으나 힘의 방향은 변하지 않는다. 이 원리는 성을 쌓거나 건축을 할 때 활용되었고, 적차(籍車)와 같은 묵가가 발명해 낸 신무기에 응용되었다.

    묵가가 활동한 시대에는 노동력이 절대 부족하였다. 그래서 작은 노동력으로 높은 효율을 창출해 내어야 했다. 도르래 원리를 규명하고 적용함으로써 묵가들이 방어하는 성벽은 더욱 높아졌으며, 그들의 생산력은 배가 되었다. 또한 체득한 원리를 이론화함으로써 중국의 과학 기술도 가일층 발전하는 계기가 되었다.

---

31 孫中原, 위의 책, pp.219-220 참조.

3) 빗면의 원리

지레와 도르래이외에도 빗면의 원리 역시 인류는 오래 전부터 활용하기 시작하였는데, 큰 힘을 들이지 않고 물체를 이동시킬 수 있다는 측면에서는 지레나 도르래 원리와 동일 선상에 있다고 보아야 할 것이다. 『묵경』 원문 중 가장 긴 것에 속하는 제128조에서는 빗면의 원리와 물체 이동에 대해 다음과 같은 주장을 제시하고 있다.

「경하」 : 기우는 것은 바르지 못하기 때문이다. 사다리 수레가 그 예이다. 「경설하」 : 두 개의 바퀴는 높고, 두 개의 바퀴는 낮다. 무게의 중심은 낮은 앞바퀴에 있으며, 무게 중심을 유지하기 위해 무거운 물체를 밧줄로써 앞바퀴 전단에 매단다. 매단 물체를 분리한 후 어깨에 매고 앞으로 간다. 물체는 중력과 밧줄이 끄는 힘이 동시에 작용하면서 천천히 위로 오르거나 내려간다. 끄는 힘과 중력의 방향은 평행을 이루지만 상반된다. 떨어지려는 방향이 빗면이면 물체 운동은 빗면의 제한을 받는다. 혹은 수직이 아닌 힘이 작용하는 방향으로 움직이는 제한을 받는다. 물체가 빗면에서 운동을 하는 것과 자유롭게 낙하는 것은 다르다. 중량을 가진 물체가 지면에서 떨어지지 않는 것은 중력과 지면의 반작용이 균형을 이루는 것 이외에 어떤 다른 힘이 물체에 가해지지 않기 때문이다. 물체가 평면 운동을 할 때 지면과 수평을 이루며 힘이 작용한다. 수면 위에 있는 배의 선단을 끌 때 배에 매단 밧줄과 수면이 수평을 이루며 전진하는 것과 같다. 빗면에서 물체가 움직이는 것과 수면의 배에서 물체가 움직이는 것은 같지 않다. 물체를 등에 질 때, 버팀목의 사용, 매단 물체를 끌 때, 물체를 던질 때 모두 빗면이 작용되며 이것은 수평이나 수직으로 대신할 수 없다.32

「경하」에서 "기우는 것은 바르지 못하기 때문이다[倚者不可正]."고 한 것은, 수직이나 수평을 이루어 바르게 되면[正] 기울지 않게 되며, 기울었다는 것은 곧 바르지 못하다는 것을 말하는 것으로 빗면에서의 물체 운동 원리를 말하고자 한 것으로 보인다.[33]

「경설하」는 '사다리 수레의 형상과 용법 그리고 운행방법', '물체의 자유낙하운동 및 빗면과 수면 위에서의 물체 정지와 운동에 관한 이론', '4개의 사례를 제기함으로써「경하」에서 말한 빗면 원리를 보충'하는 등의 모두 세 부분으로 구성되어 있다.

「경하」에서 제기한 사다리 수레의 특징은 수레를 구성하는 앞뒤 양 바퀴의 크기가 다르며, 앞바퀴는 바퀴살이 없는 바퀴로 되어 있다[兩輪高, 兩輪爲輲, 車梯也]. 방효박에 의하면, 앞의 두 바퀴의 반지름은 뒷바퀴 반지름의 1/2이 되어[34], 〈그림-5〉와 같이 빗면이 형성된다.

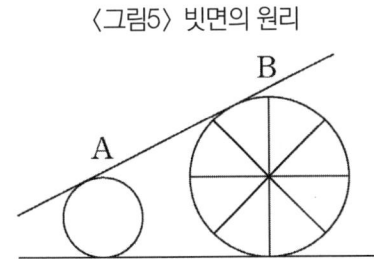

〈그림5〉 빗면의 원리

---

32 「經下」: "倚者不可正, 說在梯. 「經說下」: 說. 兩輪高, 兩輪爲輲, 車梯也. 重其前, 弦其前, 載弦其軴, 載弦其軴, 而縣重於其前. 是梯挈且挈則行. 凡重, 上弗挈, 下弗收, 旁弗劫, 則下直. 抴, 或害之也. 流梯者, 不得流直也. 今也廢石於平地, 重不下, 無旁也. 若夫繩之引軴也, 是猶自舟中引橫也, 倚, 倍拒堅軴. 倚焉則不正." 吳毓江『墨子校注』에 의하면「經說下」마지막 부분의 倚자 이후는 "倚倍拒堅, 邪倚焉則不正, 誰竝石, 至石, 耳夾帶者法也."라고 되어 있으나 譚戒甫, 方孝博 등의 견해를 수용하여 수정하였음.

33 孫中原, 위의 책, p.222 참조.

34 方孝博, 위의 책, p.64 참조.

위와 같이 빗면이 형성되면 수레의 중심은 'A'쪽으로 편중하게 된다. 'A'상에 위치한 물체를 'B'쪽으로 이동시키기 위해서는 무게 중심이 앞바퀴에 고정되어야 하며 이를 위해 앞바퀴 전단에 중량을 지닌 물체를 매달아야 한다[重其前, 弦其前, 載弦其前, 載弦其帖, 而縣重於其前]. 만약 사다리 수레에 실린 물체를 다른 지점으로 이동하기 위해서는 전단에 묶어 놓은 물체를 해체하고 밧줄을 어깨에 매고 이동하면 된다[是梯挈且挈則行].

이때 사람의 어깨는 뒷바퀴의 반지름 보다 크기 때문에 기울어져 있던 경사면이 위로 상승하게 되고 사람은 밧줄을 조절함으로써 이동 방향을 수직이나 수평으로 전환할 수가 있다. 그리고 사람의 어깨와 뒷바퀴가 사다리 수레에 실린 물체의 중량을 나누어 부담하게 되어 사다리 수레와 지면간의 마찰력이 줄어들게 됨으로써 노동량의 절감되는 것이다.[35]

필자가 보기에, 「경설하」에서 제시된 사다리 수레의 핵심은 '수레'에 있다고 생각한다. 수레는 이동이 용이한 기동성을 지니고 있고 또 빗면으로 제작되어 있기 때문에 운반하고자 하는 물체를 향해 신속하게 이동하여 물체를 수월하게 적재할 수 있으며, 다시 원하는 위치로 이동한 뒤 'B'의 위치에서 수직으로 누르거나 당겨서 힘을 가하면 'A'에 위치한 물체는 손쉽게 높은 곳으로 이동시킬 수 있다.

그리고 하나의 특정 물체를 직선 이동시킬 경우에도 'A'에 물체를 적재한 뒤 'B'에서 힘을 가하면 물체는 이동하게 된다. 이때 'B'의 바퀴가 크면 클수록 혹은 'A'와 'B'의 거리가 멀면 멀수록 이동 폭은 더욱 커지게 되는 것이다. 묵가의 사다리 수레는 지렛대와 도르래의 원리가 적절히 묘합된 최상의 운송 수단이었던 것이다.

---

35 姜寶昌, 위의 책, p. 276 참조

「경하」에서 제기된 물체의 운동에 관한 이론도 주목해 볼 필요가 있다. 「경하」는 모든 물체는 수직 낙하하려는 성질을 지닌다고 규정한다. 그런데 빗면 위에서는 다른 외부의 힘이 작용되지 않는 한 물체는 빗면이 이루고 있는 경사각에 일정한 제한을 받게 되어 수직 낙하운동을 할 수 없다는 것이다[凡重, 上弗挈, 下弗收, 旁弗劫, 則下直. 扡, 或害之也. 流梯者, 不得流直也]. 물체의 빗면상의 운동과 자유 낙하 운동을 비교하여 그 다른 성질을 밝혀 낸 것이라고 볼 수 있다.

또한, 한 개의 중량을 가진 물체가 지면 위에 있을 때 운동을 하지 않는 것은 중력과 지면의 반작용이 균형을 이룬 것 이외에 외부에서 어떤 힘이 가해지지 않았기 때문이라고 분석하고 있다[今也廢石於平地, 重不下, 無㫄也]. 그런데『묵경』은 이때의 물체의 정지는 빗면 위에서 물체가 정지한 것과 동일한 것이 아니라고 본다. 나아가 「경하」에서는 물체의 수면(배) 위에서의 운동 역시 빗면의 운동과 다르다는 것을 말하고 있다[若夫繩之引軲也, 是猶自舟中引橫也].

빗면의 사례에 관하여 「경하」에서는 네 가지의 사례를 제시하고 있다[倍拒堅軸]. 사람이 물건 등을 등에 질 때 형성된 기울기, 또 물체가 기울지 않게 하기 위해 사용된 버팀목, 물체를 밧줄에 묶어 앞으로 끌 때 밧줄이 지면과 이룬 경사각, 물체를 먼 곳으로 던지고자 할 때 생기는 포물선 등이 그것이다. 빗면 원리에 관한 묵가의 이론은 향후 논의가 계속되어야 할 것이지만, 분명한 사실은 객관 현상에 대한 묵가의 주도면밀한 관찰과 분석이 없었다면 제기할 수 없는 이론이라고 생각한다.

손중원은『묵경』에서 제기된 빗면의 원리는『묵자』「공수반(公輸般)」편에서 공수반이 성(城)을 공략하기 위해 제작한 '운제(雲梯)'의 원리와 유사하다는 주장을 제기하였는데[36] 이는 매우 의미 있는 견해가 아닐 수 없다. 위에서 제기된 빗면의 원리만 적절히 활용한다면 낮은 곳에 위치한 병력을 효과적으로 높은 곳으로 이동시킬 수 있기 때문이다.

그러나 묵가 병법의 특성상 그들은 성을 공략하기 위해서가 아니라 무거운 돌을 운반하여 성을 쌓기 위해서 이러한 원리를 활용했을 것이다. 다시 말해,『묵경』에서 이러한 빗면의 원리를 제시한 것은 물체 이동에 대한 원리를 분석해 냄으로써 인간 노동 효율성을 극대화시키고 그것을 통해 평화롭고 풍족한 사회를 도모하기 위함이었다.

우리는 지금까지 묵가의『묵경』에서 제기된 물체 운동과 관련된 이론들을 중심으로 묵가의 과학 사상에 대해 살펴보았다. 묵가가 제기한 과학 기술 관련 이론들은 기초 이론에 불과하다. 하지만 과학의 발전은 기초가 되는 부분이 해명되지 않으면 결코 진전될 수 없다.

묵가가 제기한 물체 운동과 관련된 이론들이 다시금 주목을 받게 된 가장 중요한 이유는 무심코 지나칠 수 있는 현상에 대해 정확하게 분석하여 내재된 원리를 밝혀내고 그것을 통해 실제 생활에 적용시키고자 하였기 때문이다.

이러한 묵가의 태도는 분명 중국 고대 과학 발전에 적지 않은 영향을 끼쳤을 것이다. 또한『묵경』물체 운동 관련이론들은 서양의 역학과 엄밀한 의미에서 볼 때 거리가 있으나, 사물의 현상을 관찰하고 관찰한 사물에서 규칙을 찾아내어 현상을 체계적으로 설명한다는 측면에서는 서양의 그것과 별반 차이가 없다.

이 장에서는 지레 원리와 관련하여「경하」원문에서 추론되는 공식에 대해 분석을 진행하였고, 기존 연구 성과 중 불합리한

---

36 孫中原, 위의 책, p. 221.

점을 지적하여 바로 잡았다. 또한, 묵가가 체득한 지레 원리의 핵심 이론들은 장형(張衡)이 지동의(地動儀)를 발명하는데 결정적인 바탕이 되었음을 지적하였다. 아울러,『묵경』에서 제기된 도르레 원리에 대해 분석을 시도함으로써 이러한 이론은 단순히 사물에 내재한 이치와 현상만을 궁구하거나 설명하기 위해서 제기된 것이 아니라 백성들의 삶의 질을 개선하고 재화 부족이라는 사회가 지닌 문제점을 해결하기 위한 묵가의 실천적 노력의 일환이었음을 알게 되었다.

또한 사다리 수레의 형상과 운행방법, 물체의 자유낙하운동, 빗면 운동과 수면상의 정지와 운동 등의 이론이 제기된『묵경』의 빗면 원리 역시 노동 효율을 높이기 위해 묵가가 현실에서 파악한 이론들을 결집한 것이라고 볼 수 있다.

묵가의 과학 기술 관련 이론은 처음부터 끝까지 백성을 아끼고 사랑하는 애민(愛民) 정신의 다름 아니다. 생산력을 높여 백성의 삶의 질을 높이고, 백성들의 평화를 유린하는 강제력에 맞서기 위해 묵가는 과학이라는 무기를 발전시켰던 것이다. 묵가가 제기한 과학 사상은 향후 중국 사회가 과학 기술을 선도하는 강국이 되는데 결정적인 역할을 했다고 볼 수 있다. 그러나 과학 기술을 하찮게 보는 사회적 편견은 묵가의 사상이 계속 발전해 나가는데 걸림돌이 되었고, 묵가 학파가 지닌 무수한 합리적 이론들은 중국인들의 기억 속에서 사라진 채 더 이상의 발전을 이루기 어려웠다.

07 묵가의 수학 이론

　묵가의 『묵경』은 모두 19개의 조에서 수학과 관련된 이론을 제시하고 있다. 이들 대부분은 「경상」과 「경설상」에 기재되어 있으며, 주로 기초 수학과 관련된 개념과 이론들이라고 볼 수 있다. 사실 오늘날 우리들의 입장에서 이것들을 수학으로 분류하고 평가하는 것은 견강부회와 같은 무리가 있을 수 있다고 생각한다.
　수학이라는 학문 자체가 자연과학으로부터 분리되어 독립된 학문 분야로 자리 잡기까지는 많은 시일이 소요되었으며, '『묵경』 중의 수학'이라고 하는 분류 자체가 오늘날의 고정된 시각으로 과거의 성과를 평가하는 일이 될 수 있기 때문이다. 그럼에도 『묵경』의 19개 조를 굳이 수학과 연관 짓는 것은 그것이 지닌 엄정한 논리 체계 때문이며, 이는 '과학적 언어', 즉 수학으로 불릴 가치가 충분히 존재한다고 본다. 이 글은 『묵경』에 내재된 수학 개념과 이론의 정수를 정확히 파악하기 위해 당시 묵가의 사상과 입장을 바탕으로 『묵경』을 이해하고 분석[以墨治墨]해 나가고자 한다.
　그렇다면 묵가의 수학 관련 개념과 이론들은 어떻게 형성될 수 있었을까? 묵가는 무엇을 목적으로 고도의 추리를 요하는 수학 개념과 이론들을 구체화시키고 기술하려고 했을까? 또 이것들은 백성과 더불어 이로움을 나누고자 하는 묵가의 애민 의식에 어떤 형태로 어떻게 도움이 될 수 있었을까? 이와 같은 의문은 앞으로 논의가 되어야 할 과제이며, 이러한 문제들과 관련하여 다음에 제시된 이야기는 묵가의 수학 개념과 이론들이 어떤 방법으로 발견되고 개진될 수 있었는지를 시사한다.

플라톤(Platon)의 「대화」중 메논(Menon)편에는 한 노예가 "주어진 정사각형의 넓이의 두 배가 되는 정사각형은 주어진 정사각형의 대각선을 한 변으로 하는 정사각형임"을 이해하는 이야기가 기재되어 있다. 소크라테스(Socrtes)는 이 노예에게 어떤 것도 가르치지 않았으며, 단지 그가 생활 속에서 알게 된 사실을 재조직하고 회상할 수 있도록 도왔을 뿐이라고 말하고 있다. 누구나 경험을 하지만 경험한 현상을 조직하는 것은 아무나 할 수 있는 일이 아니다. 소크라테스의 도움과 유사한 방법으로 묵가는 스스로를 자극하여 현상을 재조직할 수 있었으며, 이로써 묵가의 수학 개념과 이론들이『묵경』속에서 일정한 체계를 갖추며 형성될 수 있었다고 생각된다.

『묵경』에서 제기된 수학 개념과 이론이 당시 사회에 어떻게 영향을 주었는지, 중국 수학사상사에서는 어떤 작용을 했는지를 정확하게 입증하기는 어렵다. 하지만 『묵자』서를 분석해 보면, 그렇게 유추하기 어려운 문제만은 아니다. 묵가의 현실 참여는 두 가지 측면에서 이루어졌다. 이론적 측면과 실천적 측면이 그것이다. 묵가는 현실에서 이론을 추론하여 정립하고 그것을 현실 개선에 적용시킴으로써 또 다시 새로운 이론을 연역해 내고 있다. 즉 그들이 직접 관찰하고 실험한 내용들을『묵경』에 기재하여 천하의 이로움을 일으키기 위한 방편으로 활용하였으며, 이를 다시 후예들에게 전수함으로써 앞선 이론이 재조직되고 발전해 나갈 수 있었던 것이다.

묵가의 다양한 수학 개념과 이론들 대부분은 세밀하고 심오한 분석과 논증을 보이고 있으며 완정된 하나의 논리체계를 구성하고 있다. 그 중 부분과 전체의 관계 문제, 기본 도형의 정의, 그리고 그것들의 상호 관계와 관련된 문제는 묵가 수학 이론 체계 속에서도 가장 기본적인 것들이며 이것들 역시 묵가의 사회적 신분과 관련하여 그들이 현실 생활에서 관찰하고 획득한 경험적 요소들이 바탕을 이루고 있다. 또한 묵가의 포괄적인 추론과 논리를 통해 제기된 수학 개념과 이론들은 중국 수학사에 있어서도 매우 중요한 자료가 되며, 또한 기하학에 관한 최초의 체계적인 논의를 시도한 유클리드(Euclid)의 『기하원본』에서 거론된 내용과 상당 부분이 유사한 것으로 알려져 왔다.

　이 장은 『묵경』 속에 내재된 수학 개념과 이론들을 고찰함과 동시에 그것이 지닌 의의를 규명하기 위해 다음 두 가지 측면에서 전개될 것이다. 먼저 『묵경』에서 제시된 부분과 전체에 대한 견해를 설명하고자 한다. 왜냐하면 부분과 전체에 대한 관념에서 점과 선 등의 기본 도형들이 파생되어 나왔다고 보기 때문이다. 둘째는 각 도형들의 특성을 규명하기 위해 제기된 '상영(相攖)', '상비(相比)', '상차(相次)'에 대한 고찰을 시도하고자 한다. 이상 분야에 대한 논의의 기저에는, 첫째, 묵가가 제기한 수학 개념과 이론들은 단지 수학 그 자체를 위한 이론이 아니라 보다 향상된 현실 생활을 위한 수단이었을 수도 있다는 점, 둘째, 『묵경』의 수학 명제들은 묵가 내부에서 그들 자신의 합리적 사고 증진을 위한 자료로 활용된 것이라는 두 개의 가설에 입각하여 『묵경』 수학 개념과 이론을 살펴 볼 것이다. 묵자이래로 묵가는 사실을 토대로 관찰하고 그것을 통해 진리를 추구해 온 집단이다. 이러한 묵가 고유의 특색을 고려해 볼 때 그들은 그들이 실행하는 행동에 대해서 확신을 가지고 그들이 추구하는 가치를 수학적 방법을 통해 세상에 드러내기 위하여 수학 개념과 이론들을 제기했을 가능성도 배제할 수 없다.

1. 기본 도형에 대한 이해

묵가는 천하의 '의'를 실천하기 위해 결성된 학파이다. 그들이 말하는 '의'란 "천하의 이로움을 일으키고 해로움을 없애는 것"[37]이며, 이는『묵자』전반을 관통하는 묵가의 시대적 사명이다. 지금부터 살펴 볼 기본 도형에 대한『묵경』의 개념과 이론들 역시 천하의 이로움을 일으키겠다는 묵가의 사상이 그 출발점이 되었다고 생각한다.

점, 선, 면, 입체는 가장 기본적인 도형에 속한다.『묵경』은 이러한 기본 도형들에 대한 완정된 정의는 물론이고, 그것들이 내재적으로 지니고 있는 상호관계에 대해서도 분석하면서 일반적인 현상을 이론화시키고 있다. 이처럼 기본 도형들에 대한 정의와 분석이 가능할 수 있었던 바탕에는 무엇보다도 묵가가 부분과 전체에 대한 명확한 이해와 인식을 할 수 있었기 때문이라고 본다.

1) 부분과 전체의 파악

부분과 전체에 대한『묵경』의 이해와 인식은『묵경』수학 이론에 있어서 중요한 기초가 될 뿐만 아니라, 묵가 우주관, 논리 사상 등의 기층이 되는 주요이론이다. 그리고 부분과 전체에 관한 묵가의 입장은 그들이 주장하는 집합 이론과도 일정한 관계를 지닌 것이기도 하다. 오늘날의 입장에서, 부분은 전체의 일부분이고 전체는 부분을 포함한다는 명제는 그렇게 이해하기 어려운 점은 아니다. 그러나『묵경』이 이러한 관점을 정립하고 이론화하기

37『墨子』「兼愛」中: "興天下之利, 除天下之害."

까지는 무수한 관찰과 논쟁 그리고 분석이 필요했다.38 『묵경』 제2조에서는 '체(體)'와 '겸(兼)'을 제시하고 그 관계에 대해서 기술함으로써 우리가 상식적으로 이해하고 있는 부분과 전체에 대한 정의를 내리고 있다.

제2조「경상」: 체는 겸에서 나누어진 것이다 [體, 分於兼也].

'체(體)'는 개체, 곧 부분을 말하고, '겸(兼)'은 각 개체들이 합쳐진 전부를 지칭한다. 어떤 사물이 있다고 가정할 때 이 사물을 구성하고 있는 각각의 요소가 바로 '체'이며 그것을 통해 형성된 사물은 '겸'에 해당된다. 따라서 '체'와 '겸'의 관계는 사물의 부분과 전체의 관계이며, 『묵경』은 다음과 같은 예를 들어 이 양자의 관계를 부연 설명한다.

제2조「경설상」: 체는 마치 둘에서 하나와 같으며, 척의 단과 같은 것이다 [體, 若二之一, 尺之端也].39

위에서 '척(尺)'은 기하학에서 말하는 '선(線)'이며, '단(端)'은 '점'에 해당한다. 묵가가 보기에, '2'는 두 개의 '1'이 합쳐져서 이루어진 것이며, 마찬가지로 '선'은 수많은 '점'들이 모여서 구성된

---

38 전국시대의 일부 학자들은 이미 집합과 원소의 관계에 대해 관심을 가지고 자신들의 주장을 펼치고 있다. 『墨經』은 오늘날 집합이라고 하는 개념을 '겸명(兼名)'이라고 하였고, 원소에 해당하는 개념을 '체명(體名)'이라고 하여 양자의 관계를 설정해 내고 있다. 제167조「경하」에는 "우마는 소가 아니라는 진술과 우마는 소라는 진술은 같다. 두 진술 모두 그릇된 진술이다. 그 이유는 우마는 하나의 집합이기 때문이다[不可牛馬之非牛, 与可之同, 說在兼]."라고 기재되어 있다. 여기서 '우마는 소와 말이라는 두 개념이 합쳐진 집합, 겸에 해당한다. 체는 겸에서 분리된 원소 개념을 의미한다. 두 개 이상의 사물이 모여 형성된 개념에서 한 개의 사물을 분리해 낼 수 있을 때 이 한 개의 사물이 곧 원소, 체에 해당된다고 보았다. 이러한 관점은 묵가가 공손룡의 관점을 비판하면서 형성되어진 것이다.

39 이 글에서 적용한 『墨經』의 조 분류는 高 亨의 『墨經校詮』에 의거하였으며, 원문은 吳毓江의 『墨子校注』를 위주로 따랐다.

것이다. 제2조에 대한 학자들의 해석과 견해는 대부분 일치하며 특별한 쟁점도, 논의도 없다. 다만, 다음 두 측면에 대해 주의를 기울여야 된다고 생각된다.

첫째, '겸'이 지니고 있는 한계이다. 즉 묵자가 말한 '겸상애(兼相愛)'의 '겸'과 위의 '겸'은 서로 다른 성격을 지니므로 특별히 구별하여 이해할 필요가 있다는 것이다. 왜냐하면, 『묵경』은 "체는 겸에서 나누어진 것"이라고 말하였지 "체는 모든 것에서 나누어진 것"이라고 말하지 않았다. '1'은 '2'의 부분이지만 '2'가 모든 수의 총체는 아니며, '점'은 '선'의 부분이지만 '선'이 곧 모든 것이라고 말 할 수는 없기 때문이다.[40] '겸'은 무한 개념이 아니며 일정한 범위와 한계를 지닌 개념임을 밝히고자 한 것이다. 묵가가 '겸'를 사용했을 뿐 모든 것을 의미하는 '전(全)'를 사용하지 않았다는 것[41]은 바로 이러한 의도였다고 생각된다.

둘째, '체'는 '겸'에서 파생된 것이라는 점이다. '겸'을 구성하는 여러 '체'는 각자 독립하는 것이 아니라 서로 관련을 가지며, 그 본질적인 측면에서 일정한 유사성을 지닌다. 『묵경』이 숫자를 활용하여 부분과 전체를 말한 의도가 여기에 있는 것이다. 따라서 '겸'이 어떤 특성을 지니느냐에 의해 '체'의 성격도 결정되는 것이다. 가령, 여기에 한 줌의 흙이 있다고 가정할 때 흙의 일부분을 제거하면 남아 있는 흙은 본래의 양과는 다르게 된다. 남아 있는 흙이든 제거된 흙이든 흙이라는 고유한 속성과 본질은 변화하지 않지만, 본래 흙의 양은 이전과 다르게 되는 것이다. 흙과 같이 전체에서 결손된 일정 부분을 『묵경』은 '손(損)'이라는 개념을 활용하여 설명한다.

---

40 方孝博, 『墨經中的數學和物理學』, 中國社會科學出版社 1983, p.2.
41 方孝博, 위와 같은 곳.

제46조 「경상」 : 손이란 편이 제거된 것이다 [損, 偏去也]. 「경설상」 : 손을 말한다. 편이란 겸에서 체를 말한다. 체는 제거될 수도 있고 남아 있을 수도 있는데, 남아 있는 것의 손이다 [說損. 偏也者, 兼之體也. 其體或去或存, 謂其存者損].

『설문해자』에서는 '손'을 수량이 줄어든다[減]고 하여, 주로 양적인 측면의 감소를 의미하는 글자로 보고 있다. 앞서 언급된 제2조의 진술을 토대로 볼 때 '손'의 의미는 더욱 명확해 진다. '편(偏)'은 불완전하다는 의미를 지니고 있으며 '겸'의 측면에서 볼 때 '체'는 하나의 '편'이 된다. '겸'은 '체'가 모여 형성된 집합체이다. 만약, '겸'중에서 일부분의 '체'를 없앴을 때, '체'는 '겸'의 '손'에 해당하는 것이다.

이처럼 『묵경』은 '겸'과 '손'의 관계를 통해 전체와 부분이 지닌 속성을 파악하고자 하였다. 그런데 '손'이 아닌, 상대적 의미인 '익(益)'의 경우에도 위의 논리에는 전혀 변함이 없다. 즉 '겸'은 얼마든지 늘어나거나 확대될 수 있다는 의미도 가능하다는 것이다. 2에서 1이 나왔지만, 1이 다시 더해지면 3이 될 수 있듯이 선에서 점이 나왔지만 선에 점이 더해지면 선이 지닌 본래성에는 변화가 없겠지만 또 다른 어떤 무엇이 될 것이라는 추론이 가능해지는 것이다.[42]

부분은 전체에서 파생되어 나온 것이고, 부분이 합쳐지면 다

---

[42] 또 다른 측면에서, 『墨經』은 다음과 같이 진술한다. "제108조 「經下」 : 偏去莫加少, 說在故 [한쪽은 걷어내는 것은 줄어들고 늘어나는 것이 아니다. 그것은 고에 있다.]" '거(去)'란 '제거하다'로, '막(莫)'은 '무(無)'로, '고(故)'란 '원래의 상태' 라는 뜻이다. 가령, 여기에 돌이 있고 돌은 '단단함'과 '흰색'이라는 두 가지의 특성을 지니고 있다고 가정하자. 우리가 돌을 둘로 나누더라도 돌의 근본 속성에는 변함이 없다. 이것은 사물에 어떤 물리적 변화를 가하더라도 그 고유 성질은 변함이 없다는 사물 인식에 바탕을 둔 이론이며 물리학이 고도로 발전되기 이전까지만 해도 하나의 진리로 통용된 것이기도 하다(황성규, 「묵경의 인식 이론에 관한 고찰」, 『한국철학논집·제24집』, 한국철학사연구회 2008, pp.229-230 참조).

시 전체가 될 뿐 아니라 전체에 다시 '체'를 더하면 더 큰 전체가 될 수 있다는 관점이 정립되었다면, 점과 선 그리고 면과 입체의 관계에 대해서도 쉽게 접근할 수 있다.

2) 기본 도형들의 상호 관계

『묵경』에 기술된 묵가 학파의 수학 개념과 이론 대부분은 기하학과 관련된 내용이다. 본래 기하학은 측량술에 그 역사적 기원을 두고 있다. 토지를 측량하여 그 경계를 분명히 하기 위하여 발전된 측량술의 여러 결과들이 유클리드 기하원리의 구성 체계에 수용되고 있다.[43] 이와 달리 『묵경』의 기하학과 관련된 이론들은 토지 측량보다는 생산 기술과 언어적인 측면에 중점을 두고 시작되었다. 따라서 『묵경』의 수학 개념과 이론들은 수학 이론이 아니라 언어 혹은 논리적 이론 체계를 구축하기 위함이었다고 주장되기도 하였다.[44] 그러나 분명한 것은 묵가 학파가 제시한 수학적 기본 개념과 이론들이 현대 수학의 관점에서 보더라도 매우 합리적이며, 상당 부분 고대 그리스의 기하학 이론과도 일치한다는 점이다.[45]

먼저, 도형의 가장 기본이 되는 점에 대해 살펴보자. 점이 무엇인지 우리는 너무나 잘 알고 있지만 이것을 정의하고 이론으로 정립한다는 것은 결코 쉬운 일이 아니다. 점을 의미하는 '단(端)'과 관련된 『묵경』의 진술은 대략 7차례 정도이다. 그 중 아래의 진술은 점을 정의하는 가장 대표적인 것으로 알려져 왔다.

---

[43] 김위성, 「기하학의 성격에 관한 인식론적 및 논리적 고찰」, 『부산수산대학교 논문집』 제13집 1974, p.51.

[44] 王裕安, 牛家驥, 「墨子與數學」 『墨子論叢(三)』, 山東大學出版社 1993, pp.377-378 참조.

[45] 孫中原, 『墨學通論』, 辽宁教育出版社 1993, pp.210-211.

제62조 「경상」 : 단은 체에서 서가 없으며, 가장 앞쪽의 것이다 [端, 體之無序而最前者也]. 「경설상」 : 단을 말한다. 단은 같지 않다 [說端, 是無同也].

일반적으로, 『묵경』이 말하는 '단'은 두 가지의 기본적인 의미를 지닌다. 첫째는 기하학에서 말하는 점의 의미이고, 둘째는 한 물체의 가장 앞부분, 혹은 직선상의 양 끝, 따라서 더 이상 나눌 수 없는 것을 말한다. 이 두 함의는 약간 다를지라도, 밀접한 연관을 가진다. 「경상」의 '서'는 순서를 의미하며, 한 물체와 또 다른 물체가 일정한 순서에 의해 배열되는 것을 말한다. 따라서 '무서(無序)'란 순서가 없는 어떤 독보적 위치를 지닌 것임을 의미한다고 본다.

제62조에서 말하는 '단'은 물체의 제일 앞쪽을 지칭하는 것이며, 그것 앞에는 어떤 또 다른 것이 존재할 수 없다. 왜냐하면 '단'은 항상 '가장 앞쪽[最前]'을 말하는 것이기 때문이며, 따라서 다른 점의 뒤에 위치할 수 없다. 다른 점 뒤에 위치하는 '단'은 더 이상 점이 아닌 것이다. 점은 길이, 넓이와 높이가 없기 때문에 두 점이 완전히 동등한 위치에 처할 수도 없다. 「경설상」 중의 '무동(無同)'은 점유 위치의 양상을 염두에 둔 것으로서 한 곳에 두 개의 점이 동시에 존재할 수 없다는 뜻이다. 이 규칙에 위배되면 '단'을 이룰 수 없기 때문이다.

제62조는 "점이란 부분이 없는 것, 선의 끝"이라고 본 유클리드 원론[46]에서 제시된 정의와 매우 흡사하다. 평소 현실 속에서

---

46 유클리드는 고대 그리스 수학 지식을 집대성하여 13권으로 된 책 『기하원본(Stoicheia)』를 저술하였는데 후세 사람들은 이를 "유클리드 원론(Euclid elements)"이라고 불렀다. 여기서는 평면기하, 입체기하, 수론 등이 다루어져 있는데, 이들은 우선 점, 선, 면 등 몇 개의 무정의(無定義) 용어로부터 시작하여 각각 다섯 개의 공준(公準)과 공리(公理)를 바탕으로 구성되어 있다(기우항, 「평행선 공리로부터 발견된 기하학」, 『과학교육연구지』 제28집, 경북대학교 과학연구소 2004, p.2 참조).

너무나 자명한 것으로 알려진, 그래서 소홀히 다루는 문제에 대한 정확하면서도 날카로운 『묵경』의 점에 대한 분석은 묵가 수학 개념과 이론에 대한 공리(公理, axiom)[47]로서 손색이 없어 보인다. 특히, 위의 『묵경』 제62조는 역사적으로 주목을 받아 왔다. 진(晉)나라 노승(魯勝)은 『묵변주(墨辯注)』에서 '무서(無序)'와 관련된 논변[無序之辯]을 진행하고 있으며 양계초는 "모든 사물을 나누면 분자가 되며 이를 다시 나누면 원자가 되고 원자를 나누면 전자가 된다. 전자는 더 이상 나눌 수 없는 것으로 알려져 있는데, 이는 곧 묵가가 말하는 '단'과 같은 것이다."[48]라고 하였다. 오육강 역시 '단'을 우주의 본체이며 만물의 시원인 원자(元子)[49]로 이해하고 있다. 이러한 견해가 지닌 문제점에 대한 논자의 관점은 잠시 후 언급하도록 하겠다.

이상의 견해들을 통해 볼 때, 『묵경』이 언급한 점[端]은 다음과 같이 정리될 수 있다.

ㄱ. 더 이상 나눌 수 없는 것
ㄴ. 길이, 넓이와 높이가 없는 한 물체의 제일 앞부분

점은 선을 이루는 가장 기본적 요소가 된다. 그래서 묵가는 점을 설명할 때 긴 막대를 예로 들어 설명하고 있다. 먼저 긴 막대 하나를 반으로 자르고, 자른 막대를 다시 반으로 자르고, 그 자른 막대를 다시 반으로 자르고 계속 이렇게 자르다 보면 더 이상 자를 수 없는 부분이 생기게 된다. 묵가는 이 부분을 물체의 제일

---

[47] 모든 수학적 명제는 반드시 공리로부터 추론되어야 한다. 따라서 공리는 어떤 사실에 대해 누구도 부정할 수 없는 자명한 것으로 가정된 명제들을 의미한다.
[48] 梁啓超, 『墨經校釋』, 商務印書館 1933, pp. 48-49.
[49] 吳毓江, 『墨子校注』, 中華書局 1993, p. 507.

앞부분인 점이라고 주장하였다. 너무 명쾌한 설명이어서 누구나 쉽게 이해가 된다. 또, 고대 그리스의 원자론자들이 원자를 설명한 것과도 유사하다. 그래서 일부 학자들은 묵자가 원자에 대해서도 이해를 하고 있었다는 착각에 빠지기도 하였다.

특히, 진맹린(陳孟麟)은 『묵경』에서 제기된 '점[端]'에 관한 이론은 수학에서 말하는 단순한 점이 아니라, 물체 상의 가장 기본적이며 더 이상 나눌 수 없는 미세한 입자, 즉 세계의 근원이나 본질과 연관된 이론이라고 보고, 이는 데모크리토스(Demokritos)의 원자론과 유사하다고 주장한다.[50] 진씨의 이런 주장은 오육강(吳毓江)의 견해를 토대로 제기된 것이다. 분명 이것은 지나친 견강부회가 아닐 수 없다.

왜냐하면 첫째, 만약 '단'이 만물의 본질이라면 이는 『묵자』 전반을 관통하는 주요 개념으로 부상되어야 한다. 그러나 『묵자』의 사상이 가장 잘 반영되어 있는 「상현」편에서 「비명」편까지를 분석해 보면, '단'은 단 두 차례 출현할 뿐이며 근원이나 원자와 같은 의미는 전혀 아니다.[51] 무엇보다도 묵자를 위시한 묵가는 이러한 문제에 대해 관심이 없을뿐더러 이는 묵가 사상이 지향하는 본질에도 부합되지 않는다.

둘째, 『묵경』에만 한정해 놓고 보더라도 '단'을 원자로 볼 수 없다. '단'이 만물의 시원이나 본질이라면 '단'과 관련된 다른 명제 역시 우주의 본원과 연관되거나 추론되어져야 마땅하다. 그러나 '단'은 우리가 위에서 제시한 성격과 크게 벗어나지 않는다.[52] '단'을 데모크리토스가 제시한 원자로 본 것은 글자가 지닌 의미에

---

50 陳孟麟, "關於『墨辯』'端'的槪念", 『墨子硏究論叢』, 山東人民出版社 1995년, p.170-172.
51 『墨子』 「非儒」: "이것은 먹고 입을 실마리이다[此衣食之端也].", "자리가 반듯하지 않으면 앉지 않았다[席不端弗坐]."
52 제20조 「經說下」의 "遠近有端"의 '단'은 작은 바늘구멍을 의미한다.

지나치게 집착하여 닮은꼴만 보려고 했지 상이점을 소홀히 했기 때문에 빚어진, '이묵치묵(以墨治墨)'의 원칙에서 벗어난 대표적인 사례로 생각된다.

묵가는 점에 대한 정의를 바탕으로 점과 선, 선과 면, 면과 입체와의 관계를 규정짓고자 하였다. 『묵경』이 보기에, 점과 선은 부분과 전체의 관계이다. 선은 수많은 점이 모여 이루어진 것이고, 점은 선의 일부분이다. 무수한 점이 모여 선이 되고, 다시 선이 모이면 면이 되고 면과 면이 합쳐져 입체가 된다. 이것은 전체에서 부분이, 부분이 모여 다시 전체가 된다는 인식을 바탕으로 형성되었으며 도형들이 지니는 성격과 관계를 완벽하게 이해하고 있었기 때문에 가능한 이론이었다.

점에서 시작된 도형은 하나의 입체로 완성되어 질 수 있다. 입체는 길이, 넓이와 높이 모두를 지닌 도형의 완결판이다. 『묵경』은 입체에 대해 다음과 같이 정의한다.

> 제56조 「경상」 : 후는 큰 것이 있다 [厚, 有所大也]. 「경설상」 : 후를 말한다. 크지 않은 것이 있다 [說厚. 惟無所大].

위의 '후(厚)'는 기하학 중의 입체를 말한다. 「경설상」의 '유(惟)'는 '유(有)'이다.[53] 「경」과 「경설상」이 서로 모순된 진술처럼 보이지만 그 의미를 잘 살펴보면 모두 '후'라고 하는 입체에 대한 진술이라고 볼 수 있다. 기하학에서는 길이, 넓이와 높이의 삼자를 갖춘 것을 입체라고 한다. 입체는 일정한 부피를 지닌다. 점은 공간에서 길이, 넓이와 높이에 있어서 크고 작음이 없다. 선은 오직 길이에 있어서만 길고 짧음이 있으며, 면은 공간의 넓이와 길

---

53 吳毓江, 위의 책, p.505 참조.

이에서만 크고 작음이 있고, 입체는 길이, 넓이와 높이 모두 길고 짧음, 크고 작음이 있다. 그러나 우리가 관념적으로 이해하고 있는 것과 달리 현상 속에는 길이, 넓이와 높이가 없는 점이란 있을 수 없다. 또한 넓이가 없는 선도 존재할 수 없다. 마찬가지로, 입체는 길이, 넓이와 높이 모두를 갖추고 있지만 점보다 더 작은 부피를 지닌 입체도 존재할 수 있다.54 「경」에서는 '큰 것이 있다.'고 하고, 「경설상」에서는 '크지 않은 것이 있다.'고 한 것은 이러한 다양성을 기술한 것이다.

『묵경』에서 선과 면 그리고 입체에 대한 정의와 진술이 점에 비해 상대적으로 부족하며, 설령 있다하더라도 이것은 수학 상의 면이나 입체 따위를 말하기 위해서 '단'을 이야기 한 것이 아니라는 입장55이 있을 수 있다. 그러나 이러한 관점은 아래에 제시된 『묵경』의 진술을 통해 볼 때 재고의 여지가 있다고 본다.

제64조 「경상」: 간격은 옆 사물에 관계하지 않는 것이다 [間, 不及旁也].

「경설상」: 간격은 끼어드는 것이다. 척은 구혈 앞에 있으며 단 이후에 있다. 그러나 단과 구안에 존재하는 것이 아니다 [間, 謂夾者也. 尺前於區穴而後於端, 不夾於端與區內].

'급(及)'은 '관련되다'는 의미이다. '구혈(區穴)'은 면을 가리킨다. 제64조는 점과 선 그리고 면과의 관계에 대해 정의한 것이다. 『묵경』은 점, 선, 면은 우리의 관념에 의해서만 분리될 수 있을 뿐, 현실적으로는 서로 나눌 수 없는 불가분의 관계를 지닌다고

---

54 吳毓江, 위와 같은 곳.
55 陳孟麟, 위의 책, pp.164-165.

본다. 선은 면 앞에 있으며 점이 있은 이후에 있다. 선은 점의 집합이고, 면은 선의 집합이다. 점이 있은 연후에 선이 가능하며, 선이 있은 이후라야 면이 만들어진다. 점이 없다면 선이 만들어질 수 없으며, 선이 없다면 면의 형성도 불가능하다. 점, 선, 면은 각자 독립해서 존재하는 것이 아니라 상호 연계하여 유기적으로 형성된 것이다.

각 도형의 형성과 존재 형태를 두고 볼 때, 선은 점 이후에, 면 앞에 형성되지만, 선이 점과 면의 중간에 끼어서 존재한다고 할 수 없다. 선과 점은 반드시 일정한 상관관계를 지니는 것이며, 선과 면 역시 예외가 될 수 없다. 이처럼 『묵경』은 원소와 집합의 개념을 활용함으로써 점, 선, 면, 입체의 상호 관계를 아주 간명하게 정의하고 있는 것이다.[56] 따라서 『묵경』은 '단'을 거론하기 위해 선이나 면, 그리고 입체를 거론했다는 견해는 '단'과 선, 면의 관계와 그 특성을 제대로 이해하지 못한 것으로서 재고의 여지가 있다고 본다.

그렇다면 『묵경』이 이상의 관점을 제기한 이유는 어디에 있는 것일까? 첫째, 합리적이고 논증 가능한 이론들을 제기함으로써, 묵가가 추구하는 이상에 대한 신뢰를 높이기 위한 의도였을 것이다. 즉 윤리적 목적을 달성하기 위하여 사물과 현상에 대한 과학적 분석을 제시함으로써 묵가 사상 전반의 타당도를 인정받겠다는 의도가 숨어 있다고 본다. 실제, 묵가의 사상은 현학적 허세에서 나온 궤변이 아니다. 그들은 실험과 관찰이 수반된 지식[57]

---

56 方孝博,『墨經中的數學和物理學』, 中國社會科學出版社 1983, p.14.
57 『墨子』「非命」上편에서는 '본지자(本之者)', '원지자(原之者)', '용지자(用之者)'의 삼표(三表)를, 「非命」下편에서는 '고지자(考之者)', '원지자(原之者)', '용지자(用之者)'의 삼법(三法)을 제시하여, 근거에 입각한 인식의 중요성을 언급하고 있으며, 제81조「經上」에서도 "지는 문, 설, 친이 있다[知 : 聞, 說, 親]."고 하여 자신이 직접 경험한 지식인 '친(親)'을 모든 인식의 가장 직접적이고 최종적인 인식의 단계라고 보았다.

을 가장 중요하게 여겼으며, 이는 모두 백성들의 실생활 개선을 전제하고 있다. 오늘날 관점에서 보면 수학 상의 공리(公理)에 가까운 묵가의 점, 선, 면, 입체에 관한 개념과 이론은 백성의 지지를 이끌어 내는 좋은 매개가 되었을 것이다.

둘째, 묵가 자신들의 현실적 필요였을 것이다. 점, 선, 면, 입체 등은 도형의 가장 기본적인 요소로서 그들의 직분과도 밀접한 연관을 지니는 개념들이다. 묵가의 신분은 수공업에 종사하는 천민 집단으로 알려져 왔다. 그들은 제작 기술 경험 속에서 사물이 지닌 소이연(所以然)의 원인을 밝혀 일반적인 법칙을 추론하고자 하였다.[58] 이러한 그들의 필요가 도형의 기본적인 특성을 궁구하게 하는 원인이 되었다고 본다. 무엇보다도, 『묵경』수학 개념과 이론들은 어떤 분야에도 적용 가능한 기본적 사실들을 숙지하게 함으로써 또 다른 원리를 재발견할 수 있도록 하기 위한 포석일 수도 있다. 앞서 메논(Menon)편에서 보인 소크라테스의 태도와 같이 『묵경』의 작자는 묵자(墨者)들이 습득한 지식을 재조직하고 이론화하여 제3의 발견이라는 진일보된 이론을 가능하게 할 수 있도록 길을 연 것이다. 이러한 점들은 아래 부분에서 구체화될 수 있을 것이다.

2. 각 도형들의 비교와 배열

『묵경』은 기본 도형들의 정의와 그 상관관계를 토대로 가일층 진전된 이론을 제기한다. 도형의 교차점[相攖], 비교[相批], 그리고 배열[相次] 등이 그것이다. 이 부분을 연구해 온 학자들 대부분은 손이양(孫詒讓)과 양계초(梁啓超)의 주석과 연구 성과를 기본 자

---

[58] 孫中原, 위의 책, pp.194-194.

료로 삼고 있어 학자들 간의 논쟁은 거의 없다. 다만 다시 한번 검토하고 해석되어져야 할 부분은 있다고 생각한다.

1) '상영(相攖)'을 통한 교차점의 제기

묵가가 현실 속에서 관찰과 실험을 통해 추론해 낸 경험적 지식은 곧 그들의 수학적 개념과 원리로써 자리매김하였다. 아래의 진술은 두 도형이 합쳐지는 현상에 대해 진술하고 있다.

> 제66조 「경상」 : 영은 합쳐지지 않음이 없다 [盈, 莫不有也]. 「경설상」 : 영을 말한다. 후가 없으면 영도 없다. 척은 어디서나 합쳐지지만 후를 얻은 것은 아니며, 두 개를 얻어야 한다 [說盈. 無盈無厚. 於尺無所往而不得, 得二].

두 도형이 중첩되어 포개지는 것을 '영(盈)'이라고 한다. 포개어진다는 것은 두 도형이 완전히 하나로 부합된다는 의미를 지닌다. 가령 입체는 면을 포용하고, 면은 선을 포용하며, 선은 점을 포용하는 것이다. 여기서 포용한다는 것은 포용해야할 것을 모두 포용한다는 의미이다.[59] 즉, 한 도형이 길이, 넓이와 높이에서 또 다른 도형에 완전히 일치되는 것을 '영'이라고 한다.

「경설상」은 「경상」에서 제시된 관점에 대해 사례를 들어 보충하고 있다. 길이, 넓이와 높이가 있는 물체라야 용적[厚]이 있을 수 있고, 다른 모든 사물을 포용할 수 있다. 따라서 입체는 모든 것을 포용할 수 있다. 만약 용적이 없다면 이는 기하학 상에서 말하는 면에 지나지 않으며, 면은 단지 선만을 포용할 수 있다. 그런데 선은 높이도 넓이도 없이 오직 길이만이 있을 뿐이기 때문

---

59 梁啓超, 『墨經校釋』, 商務印書館 1933, pp.52-53 참조.

에 어디든지 다 포용될 수 있다. 용적이 없으면 포용할 수 없지만 용적이 없기 때문에 포용될 수 있는 것이다.[60]

이 이외에도 「경설상」은 또 다른 의미를 담고 있다. 두 개의 입체가 만약 체적이 서로 다르거나 혹은 형태가 같지 않다면, 양자는 포개지지 않고 서로 포용되지도 않는다. 그러나 두 직선은 서로 길이가 달라도 양자는 완전히 합쳐질 수 있다.[61] 이상의 해석이 제66조에 대한 일반 학자들의 견해이다. 각 도형간의 포용관계를 말하고 있지만 쉽게 이해되지는 않는다. 더구나 양계초, 담계보 등은 「경설상」에서 "於尺無所往而不得, 得二"의 구절을 제67조로 옮겨놓고 있다.

필자가 보기에, 제66조는 하나의 입체를 두고, '영(盈)'을 '포함하다'는 의미로 해석하면서 접근해야 정확한 해석이 가능하다고 본다. 즉 하나의 입체에는 점, 선, 면이 포함되지 않을 수 없다[莫不有也]. 이것은 입체의 가장 중요한 특징이기도 하면서, 입체가 길이, 넓이와 높이의 부피를 가지고 있기 때문에 가능한 것이다. 부피가 없다면 모두를 포함할 수 없다[無盈無厚]. 점이 모여진 선은 어떤 곳에도 포함될 수는 있으나, 포함할 수는 없다[於尺無所往而不得]. 만약 다른 것을 포함하려면 길이를 제외한 넓이와 높이의 2요소를 얻어야 가능하다[得二]. 제66조는 점, 선, 면이 모여 이루어진 입체의 특성을 설명함과 동시에 한 입체를 구성하고 있는 각 도형들의 관계를 분석한 것이라고 볼 수 있다. 이러한 관점을 토대로 『묵경』은 교차점에 대한 이론을 제기하였다.

---

60 譚介甫, 『墨經易解』, 商務印書館 1935, pp. 57-58.
61 方孝博, 앞의 책, p. 16.

제68조 「경상」 : 영은 서로 교차하는 것이다 [攖, 相得也]. 「경설상」 : 영을 말한다. 척과 척은 모두 완전히 교차되지 않는다. 단과 단은 서로 완전히 교차된다. 적과 단은 교차되기도 하고 교차되지 않기도 한다. 견과 백은 서로 완전히 교차된다. 물체가 서로 완전히 교차되는 것은 아니다 [說攖: 尺與尺俱不盡, 端與端俱盡, 尺與端或盡或不盡, 堅白之攖相盡, 體攖不相盡].

영(攖)은 곧 '영(嬰)'을 말한다. '영'은 당시 학파들 간 진행되었던 변설(辯說) 과정에서 유행했던 용어이며 서로 교차하다, 서로 만나다는 의미를 내포하고 있다. 「경」에서 말하는 상득(相得)이란 '영'의 의미를 구체적으로 해석하여 제시한 것이다. '진(盡)'은 서로 교차되지 않음이 없다는 뜻이고, '부진(不盡)'이란 완전하게 교차되지 않는다는 의미이다. 두 직선이 서로 만나면 오로지 한 점에서 만난다. 두 곡선이 만날 때에도 제한적인 부분만이 서로 교차될 뿐이다. 그런데 점은 부피가 없으므로 한 점과 또 다른 점이 만나면 반드시 하나로 겹치게 된다.

위에서 언급된 '견백(堅白)'은 명가학파의 공손룡이 지은 『견백론』중의 핵심 논점이다. '견'은 사람들에게 딱딱하다는 느낌을 부여하는 감각이고, '백'은 사람들에게 희다는 느낌을 주는 감각이다. 공손룡은 '견'과 '백'은 하나의 돌 속에 이 두 개념은 동시에 존재할 수 없다고 보았다. '견'과 '백'의 두 감각은 서로 위배된다고 보았기 때문이다.62 『묵경』은 이 점에 대해서 반대를 하고 있다. 『묵경』의 입장을 살펴보자.

---

62 公孫龍「堅白論」: "不得其所堅而得其所白者, 無堅也; 拊不得其所白而得其所堅者, 無白也."

제67조 「경상」 : 견백은 서로 분리될 수 없다 [堅白, 不相外也]. 「경설상」 : 견백이 다른 곳에서 서로 융합되지 않는다면 서로 분리된 것이며 상외가 될 것이다 [堅; 異處不相盈, 相非, 是相外也].

'불상외(不相外)'는 동일한 물체, 즉 하나의 사물에 내재된 구성 부분들은 나눌 수 없다는 것을 의미하며, '영(盈)'은 위의 제66조에서 살펴본 바와 같이 서로 합쳐져서 분리될 공간이 없는 포용, 포함 등을 말한다. 『묵경』은 '견(堅)'과 '백(白)'이 서로 분리되는 개념이 아님을 강조한다. 돌이라고 하는 사물에는 촉각으로써 인지되는 '견'과 시각으로써 파악되는 '백'의 서로 다른 속성이 내재적 통일을 이루고 있다는 것이다. 단단함에는 흰색을 지니고 있으며 흰색에는 또한 단단함을 지닌다. 그리고 이 양자의 개념을 나눌 수는 없으며 만약 그것을 나누게 될 때 돌이라는 하나의 객관적인 사물이 존재할 수 없다는 것이다.[63]

앞서 제시한 제68조 「경설상」의 '체(體)'는 객관 사물을 가리킨다. 사물들은 모두 고유한 특성을 가진다. 그런데 두 사물이 서로 하나로 합치게 되면 양자는 얼마든지 섞을 수는 있어도 각 사물이 지닌 고유한 특성들마저 융합하여 하나로 일치시킬 수 없다는 것이다. 따라서 "물체는 완전히 교차되는 것은 아님[體攖不相盡]"을 진술한 것이다. 이상의 『묵경』에서 제시된 '서로 교차하다[相攖]'는 관점을 각 도형의 비교에 적용한다면 다음과 같은 이론이 가능할 것으로 본다.

---

63 황성규, 앞의 논문, p. 232.

ㄱ. 점과 점이 만날 때: 점과 점이 서로 교차할 때는 완전히 합쳐진다. 이 둘 사이에는 빈 공간이 없다. 왜냐하면 점은 길이, 넓이와 높이가 없기 때문이나.

ㄴ. 선과 선이 만날 때: 선과 선이 교차할 때는 점과 다르다. 완전히 합쳐지지 않는다. 왜냐하면 선은 무수한 점들의 집합이므로 아래 그림처럼 두 직선이 만나는 교차점은 오직 하나이다.

ㄷ. 점과 선이 만날 때: 점과 선이 교차할 때는 점은 완전히 합쳐지지만 선은 그렇지 않다. 왜냐하면, 점이 만날 수 있는 것도 선을 구성하고 있는 점 중에서 오직 한 점이기 때문이다.

ㄹ. 원과 원이 접할 때: 접점은 오직 하나이다. 아래 그림처럼 원과 원은 오직 한 점만을 공유할 수 있다.

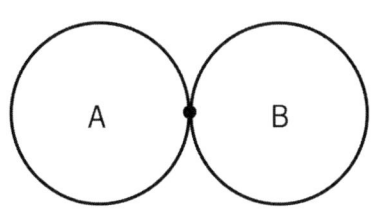

ㅁ. 원과 직선이 만날 때: 원과 원이 접할 때와 마찬가지로 원과 직선이 만날 때도 오직 한 점만이 교차된다.

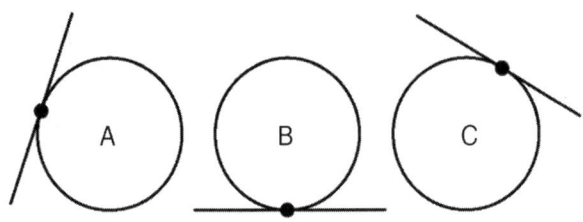

이와 같이 『묵경』은 점과 점, 선과 선, 점과 선, 나아가 원과 원이 교차할 때 생기는 점에 대해 분석을 하고 있다. 이러한 『묵경』의 이론은 만물이 지닌 본질을 살펴 개괄하고, 여러 사람들의 견해를 비교하여 논함으로써[64] 사물에 내재된 객관적인 규율을 찾고자 했던 순수한 현학적 노력일 수도 있다. 다시 말해, 평행사변형의 정의를 얻기 위하여 평행사변형의 성질을 나열하는 것은 평행사변형의 개념적 영역을 수학화하는 것[65]과 마찬가지로 『묵경』이 기하에 관한 정의를 추론하기 위해서 몇 가지의 기하학적 경험을 언어적 수단을 빌려 정리함으로써 수학화를 시도한 것이라고도 볼 수 있다.

그러나 진정한 묵가라면 자신의 관찰과 실험의 성과가 백성에게 소용되지 않는 것이라면 '졸(拙)'[66]일수 밖에 없다는 명분에

---

64 『墨子』「小取」: "摹略萬物之然, 論求群言之比."
65 황우형·이지연, 「기하판을 활용한 수업의 효과에 관한 질적 연구」, 『수학교육』 제39권, 제1호, 한국수학교육학회 2000, p.22.
66 『墨子』「魯問」: "백성에게 이로움을 주는 것을 일러 오묘하다고 하는 것이며, 백성에게 이로움이 되지 못하는 것은 졸렬하다고 하는 것이다[利于人谓之巧, 不利于人谓拙]."

서 자유로울 수 없었을 것이다. 수학 개념과 이론을 고찰하면서 우리가 항상 묵가의 신분을 떠올리지 않을 수 없는 이유는 바로 여기에 있다. 묵학를 연구하는 학자들에 의하면 묵가 학파를 구성하는 사람 대부분이 수공업자에 종사하는 장인들이라고 한다. 위의 이론들은 묵가가 성을 축성하는 따위의 건축 구조물을 제작하거나 당시에 필요한 생필품 등을 생산하기 전 반드시 인지해야 할 기초 지식이었다. 이러한 기본이 숙지되어야만 생산에 참여할 수 있었고, 불량과 부실도 최소화 할 수 있었기 때문이었다. 특히, 당시는 사회적 재화가 매우 부족했던 시대였기 때문에 수공업자들은 아주 치밀한 설계와 계산이 세워져야만 비로소 제작에 들어갈 수 있었다. 수공업자가 만든 생산물의 불량이나 부실은 곧 재화의 낭비와 다름없었기 때문이었다.

2) 도형의 크기 비교를 위한 '상비(相批)'

고대 중국에서는 일찍부터 생활과 생산 방식에서 정사각형과 원 그리고 직선을 이용하였다. 그러나 지금처럼 통일되고 규정된 척도가 있지 않았다. 따라서 생산량을 측정한다든지 건축물을 지을 때 적지 않은 혼선이 있었을 것으로 추정된다. 묵가가 직선, 각, 원, 사각형의 크기에 대한 비교를 정리하여 기록에 남기고 있는 것은 통일된 도량형의 필요를 가장 먼저 절감한 결과로 보인다. 『묵경』에서는 도형을 비교하여 측정하는 방법에 대해 다음과 같이 제시하고 있다.

제69조 「경상」: 비는 서로 중첩되는 부분도 있고 중첩되지 않는 부분도 있다 [批, 有以相攖, 有不相攖]. 「경설상」: 비를 말한다. 두 개의 선단 있을 때 비교할 수 있다 [說批 兩有端而後可].

손이양(孫詒讓)은 '비(批)'와 '비(比)'는 서로 통한다고 본다. '비(比)'는 비교하다는 뜻이다. 사물을 비교할 때에는 반드시 같은 형체에 국한하여 서로 비교할 수 있다. 따라서 「경하」에서는 "서로 다른 종류는 비교할 수 없다."[67]고 한 것이다. 지금 여기에 두 개의 직선, 두 개의 호(弧), 두 개의 각, 두 개의 원, 두 개의 직사각형이 있다고 하자 이들의 크기 비교는 아래 그림과 같은 방법에 의해 이루어진다.

```
a————————A————————a'

b————————B————b'
```

위의 그림과 같이 직선 A, B를 포개 놓으면 직선 A의 점a와 직선 B의 점b는 서로 일치하면서 만나게 된다. 그러나 A직선의 점 a'와 직선 B의 점b'는 만날 수가 없다. 이로써 두 직선 중에서 어느 것이 얼마만큼 더 길고 짧은지를 비교할 수 있게 된다. 두 호의 장단 역시 같은 방법으로 가능하다.

묵가는 두 직선 A, B의 길이를 비교할 때 서로 만날 수 없는 부분을 찾아내고, 이 부분이 두 직선의 차이가 되는 부분이라고 정의하고 있다. 이러한 비교는 공식적으로 규정된 자(척도)가 없

---

[67] 사물 간 비교와 관련하여, 『墨經』은 동일한 기준이 설정된 것만으로 무조건 견주는 것이 아님을 지적하기도 하였다. 사물 간의 속도 동일한 기준 못지않게 중요하다고 본 것이다. 제107조「經上」에서는 "서로 다른 사물을 비교할 수 없는 것은 양이 다르기 때문이다[異類不比, 說在量]."라고 한다. 여기서 '이류(異類)'는 '서로 다른 종류의 사물'을 말한다. '양(量)'은 '따져보다', '가늠하다'는 의미를 지닌다. 사물들이 지닌 특성을 파악하기 위해 사물에 대한 '동이성'을 찾아야만 한다. 사물 간의 비교는 동이성 유추에 가장 좋은 방법이다. 그러나 가령 나무와 밤(夜)은 각각 공간과 시간을 점유하는 개념으로 비교될 수 없는 성격을 지닌 종류들이다. 만약 우리가 하나의 비교 기준을 제시하여 '나무가 더 긴가 아니면 밤이 더 긴가?'라고 한다면 우리는 진정한 의미의 인식을 얻을 수 없다. 서로 다른 성질의 사물을 하나의 표준으로 비교할 수 없다는 것이다(황성규, 앞의 논문, p.226 참조).

없을 때 유용하게 활용되었다. 물론 이러한 비교는 누구나 할 수 있는 것이지만, 『묵경』은 이러한 비교 방법을 이론화하고 있다는 것에 주목해야 할 것이다. 또 이러한 정의를 통해, 비교는 반드시 명확한 기준과 표준이 필요하다는 점이 강조되는 것이다.

각을 비교하는 방법 역시 다를 바가 없다. ∠aoc 를 A, ∠aob를 B라고 할 때, 이 두 각 중 어느 각이 더 크다고 할 수 있을까? 물론 오늘날과 같이 공인된 각도기 없이 두 각의 크기를 비교해 내야 한다. 이 물음에 대한 『묵경』의 해답은 아래 그림처럼 ∠B(∠aob)를 ∠A(∠aoc)위에 포개 놓으면 된다는 것이다. 두 각 ∠A와 ∠B를 포개었을 때 각의 꼭지점 o는 중첩되고, 각의 한변인 $\overline{oa}$ 역시 포개어 진다. 그러나 다른 변인, $\overline{ob}$와 $\overline{oc}$가 중첩되는 정도를 비교 측정함으로써 ∠A와 ∠B의 크기를 비교할 수 있다는 것이다.

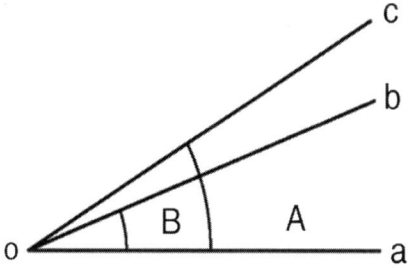

다시 정리하면, 각의 꼭지점 o와 $\overline{oa}$는 일치하나, $\overline{ob}$와 $\overline{oc}$는 각의 크기를 나타내는 선분이기 때문에 일치할 수가 없다. 이때 일치되지 않는 부분이 두 각의 차이가 된다는 것이다. 이러한 방법은 원의 크기를 비교하는데도 활용되었다. 원 A와 원 B를 포개 놓으면 두 원의 중심 o는 일치하지만 두 원의 반지름 r1과 r2는 두 원의 크기를 나타내는 것이므로 일치하지 않는다. 이 때 반지름 r1과 r2 중 어느 것이 길고 짧은가의 차이를 비교하면 원의 크기와 면적을 비교해 낼 수 있다.

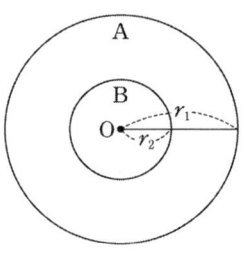

묵가가 말하는 원은 중심이 오직 하나이고 중심에서 주변에 이르는 변의 길이가 동일한 도형을 말한다.[68] 이러한 이해를 바탕으로 『묵경』은 '원규'라는 도구를 제시하기도 하였는데, 원규는 원을 그리는 도구로 원규의 한 쪽 발은 중심을 다른 쪽은 원의 크기를 결정한다. 묵가는 이와 같은 원규를 사용하여 원을 만들고 그 원들의 공통점을 찾고자 하였다. 원은 반지름의 크기 여하를 불문하고 중심이 그 원의 내부에 있다는 것을 인지한 결과이다.

사각형 간의 비교 역시 위의 방법이 적용 가능하다. 즉, 사각형 A위에 사각형 B를 포개 놓으면 네 각 중 한각인 각 c와 c'는 일치하나 $\overline{ab}$와 $\overline{a'b'}$, $\overline{bc}$와 $\overline{b'c'}$, $\overline{cd}$와 $\overline{c'd'}$, $\overline{ad}$와 $\overline{a'd'}$는 각 사각형의 크기를 나타내는 것이므로 일치하지 않게 된다. 이를 통해 두 변의 길이와 면적의 크기를 비교할 수 있다.

---

[68] 제59조 「經上」: "圓, 一中同長也."

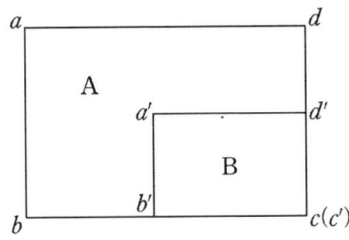

덧붙여 『묵경』은 사각형에 대해서도 '4개의 모서리각이 모두 직각인 것'[69]이라고 정의하고 있다. 사각형에 대한 이해가 필요했던 이유는 그들이 '곱자'[70]를 활용하여 생산 기술에 참여했기 때문이다. 묵가가 사용한 곱자는 용도에 따라 대략 세 종류가 있었다고 전해지며 성을 쌓는 축성과 집을 짓는 건축에서는 없어서는 안 될 가장 중요한 도구였다.

이상 제시된 묵가의 도형 비교법을 볼 때, 두 형태를 비교하는 방법 중에서 필요한 일부분의 형체는 반드시 서로 만나게 되며[相攖], 다른 부분은 만나지 않는다[不相攖]. 두 형체의 크기의 대소가 본래 차이가 있기 때문에 두 개를 비교할 필요가 있다. 만약 두 개의 형체가 완전히 일치하면서 겹쳐진다면 두 형체는 크기를 비교할 필요가 없어지는 것이다. 또한 반드시 일정한 대소의 범위 내에 있는 유한한 형체만이 비로소 비교를 할 수 있다[兩有端而後可]. 비교의 대상이 너무 크다면 그것은 양 단이 없기 때문에 비교를 할 수 없기 때문이다.

위의 방법들은 주먹구구식의 비교인 것처럼 보이지만 인류의 지혜가 지금과는 달리 아직 발달되지 않았던, 또 공인된 측량 도구가 발달되지 않았던 시대에 이와 같은 측정법은 가장 합리적이

---

69 제60조 「經上」: "方, 柱隅四讙也."
70 곱자는 90도 각도의 'ㄱ'자 모양으로 만들어진 자를 의미한다.

고 정확한 방법의 하나였을 것이다. 묵자는 일의 효율성과 사회적 생산력을 높이기 위해 기준이 되는 도량형[71]이 반드시 필요하다고 보았다. 이러한 묵자의 의중이 『묵경』의 수학적 정의로 이론화되어 제기된 것이다. 도량형과 관련하여 묵자는 다음과 같이 말한다.

> 모든 장인은 네모를 만들 때는 곱자를 이용하고, 원을 만들 때는 원규를 사용하고, 직선을 그릴 때는 먹줄을 이용하고, 수직을 만들 때는 추가 달린 줄을 활용한다. 모든 장인은 이러한 다섯 가지의 도구를 가지고 법도를 삼는다. 재주있는 사람은 정확하게 맞게 할 수 있고 재주 없는 사람은 정확히 맞게 할 수 없다고 할지라도 이러한 것에 의지해서 일을 하는 것이 자기 나름의 기준을 가지고 일을 하는 것 보다 정확할 것이다.[72]

위 진술은 묵자가 통치자들이 백성을 통치할 때 반드시 어떤 원칙과 기준, 즉 법도에 의해서 실행되어야 함을 강조할 때 예를 든 것이다. 국가 통치의 기준과 원칙이 없거나 있다하더라도 통치자의 주관으로 설정될 때 야기될 수 있는 백성의 불리(不利)를 미연에 방지하고자 하는 의도였다. 통치자를 장인에 비유한 것만 보아도 묵자가 기술을 얼마나 중시 했는지를 알 수 있다. 그러나 무엇보다 우리의 주목을 끄는 부분은 그가 표준이 되는 도량형의 중요성을 절감하고 있었다는 점이다. 위에서 우리가 살펴 본 『묵경』의 도형의 비교와 관련된 수학 이론은 일정한 기준과 표준을

---

71 일반적으로 측정이란 동일 종류의 기준이 되는 측정량과 비교하여 이루어진다. 도량형(Weights and measures)은 이런 비교를 하기 위한 표준량들을 표시한다.
72 『墨子』「法儀」: "百工爲方以矩, 爲圓以規, 直以繩, 正以縣. 無巧工不巧工, 皆以此五者爲法. 巧者能中之, 不巧者雖不能中, 放依以從事, 猶逾已."

설정하기 위한 일종의 기초 작업이었으며 이 이론들은 실제 생산과 군용·민용 기계를 제작하는 과정에서 유효하게 응용되었을 것으로 추정된다.

3) 도형의 순차적 배열과 '상차(相次)'

『묵경』은 서로 교차되지도 않으면서도, 양자 사이에 간격도 없이 도형이 배열된 상태를 '차(次)'라고 하였다. 과연 이러한 현상이 가능한 것일까? 이러한 현상에 관한 이론들은 수학적 원리에 대해 전혀 알지 못하는 사람들을 위한 묵가의 배려였을 수 있다고 생각된다. 즉 묵자들이 발견한 수학 개념이나 이론들을 그것에 대한 이해가 전무한 사람들이 그대로 따라 가면서 현상을 다시 조직해 내는 수학적 역량을 배양하기 위함이었다고 본다.[73]

> 제70조 「경상」 : 차는 틈도 없고 서로 교차되지도 않는다 [次, 無間而不相攖也]. 「경설상」 : 차를 말한다. 두께가 없어도 서로 배열된다 [說次, 無厚而後可].

위에서 제기된 '차(次)'와 앞에서 제기된 '비(比)'는 서로 같지 않다. '비'는 두 도형을 비교하는 것이므로 두 형 가운데 어느 한 부분은 반드시 교차되거나 중첩된다. '차'는 두 도형을 순서대로 배열은 하였으나, 서로 접촉은 되지 않는[不相攖]상태를 말한다.

「경설상」은 그 해석이 학자들마다 차이를 보인다. 손중원의 경우, '상차(相次)'를 '상영(相攖)'과 혼동하여 '차'를 일종의 접점[相

---

[73] 프로이덴탈(Freudenthal, H.)에 의하면, 수학의 역사적 발달은 현상이 본질로 조직화되는 과정으로 설명될 수 있는데, 이러한 현상과 본질은 절대적인 것이 아닌 상대적인 것으로, 현상이 본질로 조직되어지고 그 본질이 다시 현상이 되어 새로운 본질로 조직되어지는 연속적 과정으로 수학의 역사적 발달을 설명하고 있다(황우형·이지연, 앞의 논문, pp. 22-24 참조).

切,74 즉 직선과 원, 직선과 구(球), 평면과 구(球), 구(球)와 구(球) 등이 한 점에서 서로 만나는 것이라고 주장한다. 따라서 제70조의 「경설상」은 어떤 틈도 없으며, 오직 한 개의 공통점에서 만나는 것을 의미한다고 본다.75 이 해석은 분명 잘못된 것이다. 오육강은 「경설상」의 '후(後)'를 필완(畢沅) 등에 근거하여 '후(厚)로 교정한 뒤, 다음과 같이 해석하고 있다. "후와 무후는 하나로 통하며, 이는 우주라고 하는 불가사의한 것 가운데 만물이 형성되어 틈도 없는 가운데 서로 교차되지도 않으면서 나열되어 나타나는 것을 형용한다. 순자가 「수신」편에서 '무후'와 '후'를 살피지 않을 수 없다[有厚無厚之察, 非不察也]고 말한 것은 바로 이와 관련된 것이다."76 그는 우주 만물의 존재 형태가 서로 배열되어 있으면서도 서로 접촉되지 않는 상태를 제70조에 적용시키고 있는 것이다. 그러나 이 역시 「경설상」에 대한 정확한 해석이라고 보기 어렵다. 강보창(姜寶昌)은 다음과 같은 그림을 통해 자신의 견해를 밝히고 있다.

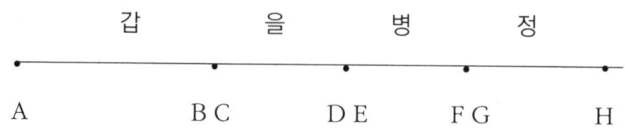

$\overline{CD}$는 $\overline{AB}$ 다음에 접해있고, $\overline{EF}$는 $\overline{CD}$ 다음에, $\overline{GH}$는 $\overline{EF}$ 다음에 접해있다. 여기서 $\overline{AB}$의 끝점 B와 $\overline{CD}$의 시작점 C,

---

74 제70조를 상호 교차되는 접점으로 '상절(相切)'로 처음 해석한 학자는 高 亨이다(『墨經校詮』, 科學出版社 1958, pp.72-73) 孫中原은 高 亨의 관점을 보다 구체화시킨 것이다.
75 孫中原, 앞의 책, pp.205-206 참조.
76 梁啓超, 앞의 책, p.59 참조.

$\overline{CD}$의 끝점 D와 $\overline{EF}$의 시작점 E, $\overline{EF}$의 끝점 F와 $\overline{GH}$의 시작점 G는 서로 연속하여 계속되고 있지만 서로 중첩되지 않는다. 이는 곧 $\overline{AB}$, $\overline{CD}$, $\overline{EF}$, $\overline{GH}$가 상차의 관계에 있기 때문이다.

「경설상」에 대해서는 $\overline{AB}$, $\overline{CD}$, $\overline{EF}$, $\overline{GH}$ 가 상차(相次)의 관계를 가지는 것과 같이 '을'은 '갑' 다음에, '병'은 '을'에 이어서 '정'은 '병'에 이어서 연속하여 계속되고 있으나, 이들은 중첩되지 않고 배열되어 있다. 이와 같이 구성되어 있지 않으면 배열[치]되었다고 할 수 없으며 여기에는 어떤 부피나 두께[厚]가 필요 없다.77

이러한 강보창의 견해는 『묵경』이 제기한 상차에 대한 가장 정확하면서 합리적인 해석이라고 볼 수 있다. 그런데, 이 진술은 방효박(方孝博)의 관점을 조금 발전시킨 것에 지나지 않는다. 방효박은 다음과 같은 그림을 통해 배열에 대해 설명한다.

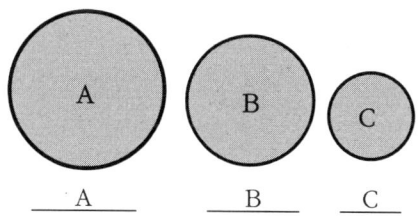

위 그림의 원이나 직선A, B, C를 보면, B는 A의 다음이고, C형은 B형 다음에 위치하게 된다. 이들은 서로 겹쳐지거나 서로 교차하지 않는다. A와 B사이에는 사이[間]가 존재하지 않기 때문이다. 따라서 C는 A다음에 위치한다고 할 수 없다. 왜냐하면 A와 C사이에는 B가 위치하기 때문이며 만약, A와 B사이에 간[間]이

---

77 姜寶昌, 『墨經訓釋』, 齊魯書社 1993, pp.114-115.

있다면 그 사이에 또 다른 도형인 D가 끼어들게 된다. 이때 D는 A다음에 B는 D 다음에 위치하게 되어 B는 A다음에 위치한다는 진술이 그릇된 것이 된다. 따라서 서로 교차되지 않고 중첩되지 않으면서 간격이나 틈이 없을 때[無間] 비로소 서로 '배열[次]'이 되었다고 말할 수 있다.[78]

그러나 방효박 역시 「경설상」은 해석하기가 매우 어렵다고 전제한 뒤, 『묵경』에서 제시된 여러 관점을 종합하여, "두 도형이 서로 일정한 순서를 가지고 배열될 때, 이 도형은 반드시 우리의 시각에 의해 관찰될 수 있는 것이어야 배열된 순서가 명확해진다. 그런데 그 중 한 도형이 지나치게 부피가 커서 [厚] 그 끝을 볼 수 없다면 우리는 그 도형의 정확한 위치[次]를 이해할 수 없다. 이로써 '무후이후가[無厚而後可]'라고 진술한 것이 아닌가 추정된다."고 하였다.[79]

필자가 보기에, 위의 오육강의 견해는 우주 현상에서 어떤 수학적 표현을 찾아내어 수학은 자연과 긴밀한 관계를 가진다는 사실을 말하고자 한 것으로 보인다. 이는 마치 피보나치(Leonardo Fibonacci)가 해바라기 씨앗의 배열 등을 통해 자연에 접근하려고 하는 수학적 표현을 찾아 낸 것과 같은 맥락에서 이해할 수 있을 것이다. 이 점은 우리가 오육강의 관점을 홀시할 수 없는 이유이며, 여기에 강보창의 견해를 적절히 참고한다면 『묵경』이 의도한 바를 정확히 알 수 있을 것이다.

『묵경』 제70조는 도형이나 사물을 순차적으로 배열하는 방법에 대해서 논한 것이다. 도형을 포함한 사물의 배열에는 일정한 원칙을 필요로 하지만, 이것들이 어떤 전제조건, 가령 부피가 있

---

78 方孝博, 『墨經中的數學和物理學』, 中國社會科學出版社 1983, p.21.
79 方孝博, 위의 책, p. 22.

어야 한다는 따위의 제한은 필요하지 않다는 것임을 말하고자 한 것이다. 마치 현대 수학에서 말하는 순차적 배열의 아주 기본적인 원리와 유사하다고 생각된다.『묵경』의 의도는, 만약 순차석 배열과 같은 질서에 부응하지 않는다면 수학은 물론이고 논리적 혹은 윤리적 체계 역시 어긋나게 된다는 것을 강조하기 위함이었다.

물론 좀 더 심도 있는 논의가 이루어져야겠지만,『묵경』속의 수학 개념과 이론들은 실행 수학(acted out math)의 형태를 띠고 있다고 본다. 실행 수학이란 선행 연구자의 연구 결과를 이후의 사람들이 이미 발명된 수학을 발명되던 방식을 그대로 다시 한 번 발명하게 함으로써 새로운 발명이 가능하게 할 수 있다는 이론이다.[80]『묵경』이 제기한 '상영(相攖)', '상비(相批)', '상차(相次)'의 이론들에 대한 분석은 바로 이러한 측면에 주의하면서 진행되어야 할 것이다.

지금까지 우리는 두 가지 측면에 주안점을 두고 진술해 왔다. 먼저『묵경』에서 제시된 부분과 전체의 관계에 대한 이해를 바탕으로 하여 점, 선, 면, 입체에 관한 정의와 그것의 관계를 살펴보았다. 다음으로 각 도형들의 특성을 규명하기 위해 제기된 '상영(相攖)', '상비(相批)', '상차(相次)'에서 제기된 수학 개념과 이론의 특색을 알아보았다. 이러한 논의에 결과 우리는 다음과 같은『묵경』수학 개념과 이론의 특색을 추론할 수 있었다.

첫째, '체(體)'는 개체, 곧 부분을 말하고, '겸(兼)'은 개체들의 집합체를 의미한다. 따라서 '체'와 '겸'의 관계는 부분과 전체의 관계이다. 그런데, '겸'을 구성하는 여러 '체'는 각자 독립하는 것이 아니라 서로 관련을 가진다. 이러한『묵경』의 관점은 수학의 기본적

---

[80] 황우형·이지연, 앞의 논문, p. 23.

인 도형을 정의하고 그 관계를 설정하는데 이론적 기반이 된다.

둘째, 『묵경』은 점이란 공간에서 너비, 높이, 길이의 차이가 없다는 공리(公理)적 관점을 바탕으로 점과 선, 선과 면, 면과 입체와의 관계를 규정짓고자 하였다. 점과 선은 부분과 전체의 관계이며 점이 모여 선이 되고 다시 선이 모이면 면이 되고 면과 면이 합쳐져 입체가 된다는 것이 묵가의 주장이다.

셋째, 상영(相攖)을 통해 묵가는 점과 점, 선과 선, 점과 선, 나아가 원과 원이 교차할 때 생기는 점에 대해 정확한 분석을 하고 있다. 또한 상비(相批)를 통해 두 형태를 비교하는 방법 중에서 일부분은 반드시 서로 만나고 다른 부분은 만나지 않는다는 점을 제시함으로써 직선, 각, 원, 사각형의 크기를 비교하는 방법을 제시하고 있다. 그리고 도형이나 사물을 순차적으로 배열하는 방법을 제기하여 도형을 포함한 사물의 배열에는 일정한 원칙이 있으며, 또 이러한 원칙에 의해서 사물이 배열되어 있음을 거론하기도 하였다.

『묵경』에 대한 과거 연구의 중점은 묵가의 이론의 성격을 규명하기 위하여 서양의 어떤 이론과 얼마나 닮았느냐에 중점을 두어 왔다. 이 장에서는 이러한 연구방향에서 전환하여 『묵경』의 수학 개념과 이론들은 무엇 때문에 제기 되었으며 그 가치는 무엇이냐는 문제에 집중할 필요가 있다고 보았으며, 이는 묵가 학파 내부적 혹은 이론적 측면과 사회적 실천과 관련된 외부적 측면으로 나누어 개괄할 수 있다고 생각한다.

우선, 내부적 측면에서 『묵경』 수학의 개념과 이론은 그들의 현실적 필요와 밀접한 연관을 지닌다고 본다. 수공업에 종사하는 그들의 직분은 점, 선, 면, 입체 등 도형의 본질적 원리를 규명하지 않을 수 없었을 것이다. 또한 그들은 다른 학파와의 논쟁 과정에서 우위를 점하기 위해, 합리적이고 논증 가능한 이론들을 체계화하여 '따질 수 있는 능력'을 함양할 필요가 있었을 것이다. 이러한 그들의 내부적 필요는 표준이 되는 기본적 사실들을 숙지시킴으로써 제자들로 하여금 새로운 원리를 연역할 수 있도록 길을 열었다고 생각된다. 수학뿐 아니라 모든 분야에서 앞선 발견자의 절차와 과정을 밟아 뒤따르는 사람들이 다시 발견해 나가는 것은 매우 선진적이고 합리적인 전수 방법의 하나이다. 『묵경』에서 제시된 수학 개념과 원리 역시 이러한 점들에 관심을 가졌던 것으로 생각된다.

둘째, 외부적 측면에서 볼 때 『묵경』 수학 개념과 원리는 이론 그 자체에 목적이 있는 것이 결코 아니다. 지적 편력의 산물은 더 더욱 아니다. 묵가의 사상은 한마디로 애민 사상이다. 그들은 천하의 모든 사람들이 서로 사랑하고 서로 이로움을 나누는 사회가 되기를 희망하였다. 이러한 그들의 이상을 실현하기 위해 그들에게 가장 필요한 것은 위로는 위정자, 아래로는 백성들로부터 자신들이 지향하는 주장들에 대한 신뢰와 타당성을 확보하는 일이었을 것이다.

『묵경』 수학 개념과 이론들은 묵가의 현상에 대한 명철한 인식을 여실히 보여주는 것들이다. 이것들을 통해 묵가는 현학적 허세를 부리는 궤변론자가 아니라, 현상에 대한 엄밀한 분석을 통해 누구도 부정할 수 없는 원리를 규명하는 지성인으로서 인정을 받을 수 있었을 것이다. 아울러 그들은 자신들이 찾아낸 수학 개념과 원리들을 당시 사회 현실, "굶주린 자는 먹지 못하고, 추운 자는 입지 못하며, 피로한 자는 쉬지 못하는"[81] 문제에 직접 적용시킴으로써 자신들의 입지를 공고히 할 수 있었고 다른 학파와는 차별되는 묵가만의 선명성을 더욱 부각시킬 수 있었다고 본다.

---

81 『墨子』「非樂」上: "飢者不得食, 寒者不得衣, 勞者不得息, 三者民之巨患也."

08 묵가의 광학 이론

　　모두 182개 조로 구성된 『묵경』은 중국 고대 과학 사상을 연구하는 데 있어서 매우 귀중한 자료이다. 그러나 이것에 대한 상세한 분석이나 선행 연구가 부족하여 여전히 논의되어야 할 문제가 산적해 있다. 그 대표적인 것 중의 하나가 바로 『묵경』의 광학과 관련된 이론이다. 『묵경』의 「경하」와 「경설하」에는 모두 8개 조의 그림자의 정의와 생성 원인, 본 그림자와 반그림자 현상과 생성 원인, 빛의 직진 원리의 증명, 평면 반사면과 오목 반사면, 볼록반사면 등의 공통점과 특징 등 광학의 기본 문제를 다루고 있다. 지금까지 수행된 연구 대부분은 현대 광학적 관점에서 이들 8개의 조에 대해 해석하고 그 의의를 조명하는 데 매달려 있다고 해도 과언이 아니다.

　　그렇다면 2천여 년 전 묵가는 왜 빛에 대해 관심을 가졌을까? 이러한 의구심을 갖게 하는 것은 광학과 관련된 묵가의 이론들은 얼핏 보기에 "서로 사랑하고 이로움을 함께 나눈다."는 묵가의 근본정신과 쉽게 연관이 되지 않기 때문이다. 묵가가 제기한 과학 사상, 즉 물리학이나 수학 등의 과학 이론들은 당시 사회의 생산력을 제고라든지 백성들의 삶의 양식을 개조한다는 것 등을 염두에 두고 개진한 것들이기 때문에 서로 이로움을 나누자는 묵가 근본사상의 연장선상에서 그것을 구현하기 위한 일종의 수단이라고 보아도 손색이 없다. 그런데 빛을 통찰하고 그것에 내재된 의의를 규명하고자 한 그들의 태도는 이러한 것과는 거리가 있는 일련의 현학적 활동으로 보인다는 것이다.

그러나 묵가의 광학 이론을 면밀히 검토해 보면 이들의 성과는 "나는 새의 그림자는 움직인 적이 없다."는 식의 현학적 진술과는 차별화되는 현실 생활 속에서 지속적인 관찰과 분석을 통해 얻어낸 매우 정교하고 합리적인 광학적 관점이라는 사실이다. 그렇다면 『묵경』에 기재된 8개의 광학 이론들은 어디에 소용되는 것이었을까? 다시 말해 묵가 광학 이론의 목적은 무엇이었을까? 이 장에서는 이러한 점들에 착안하여, 먼저 묵가의 진리 추구에 대한 기본 입장을 살펴보는 것에서 시작하고자 한다.

『묵경』 광학 이론에 내재된 기본 정신은 사물의 특성을 있는 그대로 밝힌다는 것이다. 일상에서 자신이 직접 관찰하고 경험한 사실을 바탕으로 사실을 있는 그대로 밝혀내는 것은 매우 고차원적인 실용정신이 아닐 수 없으며 사물에 내재된 특성을 규명하여 진리에 도달하는 것은 묵자가 추구한 근본정신과 전혀 무관 것이라고 볼 수 없으며 오히려 묵가 본연의 모습을 잘 보여는 것이라고 생각된다. 뿐만 아니라 묵가의 교육정신을 잘 반영한 것이라고 추측된다. 이러한 점에 유의하여 『묵경』에 기재된 광학 이론들을 재조명하면서 묵가의 진리추구의 기본적 태도를 살펴보고자 한다. 특히 1930년대 이후 묵가에 대한 연구가 활발하게 진행되면서 시작된 『묵경』 광학 이론에 대한 학자들의 연구의 성과를 중심으로 그들의 상이점을 중심으로 개진하면서 『묵경』 속의 광학 이론들이 궁극적으로 지향한 점을 살펴보도록 하자.

1. 묵가 진리 추구의 기본자세

묵가는 당시 사회의 혼란이 옳은 것을 옳다고 여기지 않기 때문에 생겨난 것이라고 이해하였다. 즉 '서로 사랑하고 서로 이로움을 나눔'을 옳은 것으로 여기지 않음으로써 다툼과 전쟁이 발생한다고 생각했다. 따라서 그들은 자신들이 주장하는 바를 개진하고 설득하기 위해 노력하였고 그런 과정에서 그들은 옳은 것을 옳은 것으로 주장하는 것이 타인을 설득시키는 가장 중요한 원칙임을 터득하게 되었다. 다음의 진술 속에는 이러한 묵가의 입장이 잘 반영되어 있다고 생각된다.

> 변론이란 시비(是非)의 구분을 분명히 하는 것이며, 치란(治亂)의 원인을 규명하는 것이며, 동이(同異)의 차이를 밝히는 것이고, 명실(名實)의 이치를 살피는 것이며, 이로움[利]과 해로움[害]을 구분 짓고 의혹을 풀어 나가는 것이다.[1]

묵가는 자신들 주장의 타당성을 인정받고 상대를 설복시키기 위해서는 사실에 근거하지 않으면 안 된다고 보았다. 진실보다 더 중요한 것은 없다고 생각한 것이다. 따라서 변론이란 단순한 언어적 유희로서 상대를 현혹시키는 것이 아니라 사실을 바탕으로 타인을 설득해야 한다는 것이다.

누구도 부정할 수 없는 객관적이고 보편적인 사실에 입각하기 위해서는 개인의 주관적 감정이나 판단이 배제된 공정한 기준이 요구된다. 이러한 기준은 곧 사실의 타당성을 높이며, 진리로

---

[1] 『墨子』 「小取」 : 夫辯者, 將以明是非之分, 審治亂之紀, 明同異之處, 察名實之理, 處利害, 決嫌疑, 焉摹略萬物之然, 論求群言之比, 以名擧實, 以辭抒意, 以說出故.

서 자리매김하게 된다. 묵가는 바로 이러한 기준을 설정한 최초의 선진 학파이다. 그들은 인간의 삶 속에서 정해진 숙명이란 없다는 것을 증명하기 위하여 '본지자(本之者)', '원지자(原之者)', '용지자(用之者)'의 삼표(三表)를 제시하고 있다.

> 무엇을 삼표라고 하는가. 묵자가 말하였다: "근본을 두는 것, 근원을 삼는 것, 쓰임을 보는 것이다. 어디에다 본本할 것인가? 위로는 옛 성왕聖王의 일에 뿌리를 두어야 한다. 어디에다 원原할 것인가? 아래로 백성들의 이목(현실)을 살펴야 한다. 어디에다 용用할 것인가? 나라의 법과 행정이 잘 시행(發)되어 그것이 국가, 백성, 이민의 이익에 합치하는가를 검토하는 것이다. 이 세 가지를 소위 판단(言)의 세 가지 표준이라고 한다.2

묵가는 무엇이 옳고, 왜 옳은지에 대한 쟁론이 발생했을 때 위의 삼표에 근거에 입각하여 판단해야 한다고 주장하였다. 첫째로 내세운 '본지자'는 논리적 근거를 말하는 것으로서 진리를 추구할 때에는 과거에 경험한 역사적 사실, 즉 고전에 기술된 성왕의 업적들이 그 기초가 되어야 한다는 것이다. 둘째의 '원지자'는 백성들의 견문(見聞)에 의해 직접 경험한 사실을 말한다. 셋째 '용지자'는 민중의 광범위한 생활 이익과 실제로 부합되느냐의 실용적 효과를 기준으로 삼아야 한다는 것이다.3 이를 정리하면, 선행된 업적에 대한 고찰 그리고 자신들이 직접 관찰하고 경험한 내용을 토대로 해야 하며 그것은 반드시 백성들의 삶에 유용하여야

---

2 『墨子』「非命」上: 何謂三表. 子墨子言曰. 有本之者. 有原之者. 有用之者. 于何本之. 上本之于古者聖王之事. 于何原之. 下原察百姓耳目之實. 于何用之. 廢以爲刑政. 觀其中國家百姓人民之利. 此所謂言有三表也.
3 이운구·윤무학, 『묵가철학연구』, 성균관대학교 대동문화연구원, 1995, pp.157-159.

한다는 것이다. 이는 묵가학파가 진리를 추구과정에 염두에 두어야 할 가장 중요한 기준이 되었으며, 이를 근거하여 변론함으로써 시(是)와 비(非), 치(治)와 난(亂), 동(同)과 이(異), 명(名)과 실(實), 이(利)와 해(害)등을 분별해 할 때 염두에 두어야 할 매우 중요한 기준이 되었다.

필자가 보기에 삼표에서 사실을 사실로서 인식하고 진리에 이르기 위해서 가장 주안점을 두었던 부분은 '원지자'였을 것으로 생각된다. 왜냐하면, '본지자'의 경우 선행된 업적이 있을 수도 있고 없을 수도 있으며, 또 '용지자'는 시대나 장소에 따라 가변적일 수 있기 때문에 자신들이 직접 관찰하고 경험한 내용인 '원지자'를 진리 추구의 핵심적인 방법으로 설정하였다고 본다. 이는 『묵경』에서도 변함없이 나타난다. 즉 「경상」에서는 지식을 '문(聞)', '설(說)', '친(親)'의 세 부분으로 분류하여 자신이 직접 경험한 지식인 '친'을 진리 탐구에 있어서 가장 기본적이면서도 최종적인 단계라고 보았다.

> 제81조 「경상」: 지: 문, 설, 친이 있다 [知: 聞, 說, 親]. 「경설상」: 지를 설명한다. 전수하는 것은 문이며, 추리하는 것은 설이며, 직접 경험한 것은 친이다 [說知. 傳受之, 聞也. 方不障, 說也. 身觀焉, 親也].

「경설상」중의 '신관(身觀)'은 자신의 '눈으로 확인'한다는 의미 이외에 인간 스스로가 '직접 경험한 사실'을 뜻한다. 인간과 인간 사이의 관계를 통해서 전해지는 인식은 '문(聞)'의 예가 되며, 어떤 사실 속에 내재된 의미를 추론의 형식을 빌려 명시한 것은 '설(說)'이고, 자신이 직접 경험한 지식은 '친(親)'이 된다.[4] 사실을 있

---

4 황성규, 「묵경의 인식 이론에 관한 고찰」, 『한국철학논집』, 제24집, 2008, p.212.

는 그대로 인식하고 진리에 이르는 가장 확실한 방법은 자신의 시각을 통하여 직접 관찰하고 자신의 청각을 통하여 직접 들은 것에 입각해야 한다는 것이다.5 이것이 묵가 진리 추구의 가장 기본적인 입장이며 이는 일상에서 사물을 인식하는 태도로 발전되어 갔다. 다음에서 살펴 볼 묵자의 광학 이론 역시 이러한 인식을 바탕으로 형성된 것이다.

2. 빛과 그림자에 대한 해석

1) 빛과 그림자의 관계

광학이란 빛을 관찰하여 그 성질과 변화를 관찰하는 물리학의 한 분야이다. 『묵경』은 아주 독특하게도 빛에 대한 체계적이고 과학적인 이론을 제기하고 있는데, 이 역시 일상에서 자신들이 직접 관찰하고 실험한 내용을 보여 주는 것이라고 볼 수 있다. 그들은 먼저 그림자가 생성되는 원인에 대해서 규명하고자 하였다.

> 제118조 「경하」: 그림자는 움직이지 않는다. 그 이유는 변화는 것에 있다 [景不徙, 說在改爲]. 「경설하」: 그림자: 빛이 도달하면 원래 그림자는 소멸되고; 물체가 움직이지 않으면 그림자도 영원히 그 자리에 머문다 [景: 光至景亡; 若在, 盡古息].6

---

5 위의 글, pp.213-214 참조.
6 「經下」의 '경(景)'은 곧 '영(影)'의 옛 글자이다. '도(徒)'는 원래 '종(從)'으로 기재되어 있었으나 왕인지(王引之)의 견해에 의거 수정되었다. 吳毓江에 의하면 제118조는 그림자는 움직이지 않으며 원래 생성된 곳에서 정지되어 있다는 견해로서 『莊子』, 「秋水」편의 "나는 새의 그림자는 움직인 적이 없다."는 진술과 유사한 것이다 (吳毓江, 『墨子敎注』, p.560 참조). 장

그림자는 빛이 물체에 의해서 차단될 때 형성되는 것이다. 따라서 그림자가 형성되기 위해서는 두 가지가 전제되어야 한다. 첫째는 빛이고, 둘째는 물체이다. 이 두 가지의 전제 조건이 충족되지 않는다면 그림자가 생길 수 없다. 제118조「경」은 바로 이러한 점들에 대해 설명하고 있다. 빛과 물체가 있는 조건 아래서 만약 빛이 움직이지 않고, 사물 역시 움직이지 않는다면 그림자 역시 영원히 정지된 상태를 유지할 것이다. 그런데 물체는 고정되어 있는데 빛이 이동한다거나 빛은 그대로인데 물체가 움직인다면 그림자가 움직이는 것을 볼 수 있다.「경하」에서 '변화[改爲]'라는 말은 이와 같은 관점을 함축하고 있다고 볼 수 있다.7

물론 그림자 그 자체가 이동하는 것은 아니다. 빛이 이동하거나 물체가 움직일 때 우리는 그림자도 움직인다고 생각한다. 그림자를 생성하는 원인들이 변화하면서 새로운 그림자가 생기고 이전의 그림자는 소멸된다. 그러나 이러한 과정은 매우 순식간에 벌어지는 일이어서 우리는 마치 그림자가 이동한다고 생각하는 것이다.

그림자를 형성하는 빛의 수가 달라져 두 개의 빛이 하나의 물체를 비출 때는 어떤 현상이 생길까? 즉 빛은 그림자를 생성하는 핵심 요인이라고 할 수 있는 빛이 조건이 다양하게 변화되면 그림자에는 어떤 현상이 일어날까?『묵경』은 두 개 이상의 빛이 비칠 때 생기는 중첩된 그림자 현상에 대하여 본 그림자와 반그림

자와 다른 점이 있다면 장자는 논리학적인 측면에서 새와 새의 그림자의 관계를 설명한 것이라면 묵가는 그림자 생성의 원인을 탐구하는 과정에서 빛과 물체 그리고 그림자와의 관계를 설명했다는 점에서 다르다고 볼 수 있다. 아울러, 이 글에서 활용한『墨經』원문 번역은 孫中原의 현대 중국어 해석에 근거하였음을 밝힌다.(『墨學通論』, 辽宁教育出版社, 1993, pp. 227-241 참조).

7 谭家健,『墨子研究』, 贵州教育出版社, 1996, pp. 288-289 참조.

자로 구분하여 다음과 같이 설명하고 있다.

> 제119조 「경하」: 두 개의 그림자는 중첩되는 것에 그 이유가 있다 [景二, 說在重]. 「경설하」: 두 개의 그림자는 빛이 섞인 것이다. 하나의 그림자는 빛이 하나이다. 그림자는 빛에 의해 생긴다 [景二, 光夾. 一, 光一. 光者景也].[8]

「경하」에서 '중첩'은 두 개의 빛이 중첩되었다는 것이다. 두 개의 빛이 중첩되면서 두 개의 그림자가 형성된다. 이때 두 개의 빛이 중첩되어 형성된 그림자는 진한 그림자를 형성하게 된다. 현대 광학에서는 이러한 중첩된 그림자를 본그림자라고 하고 본그림자의 주변에 형성된 그림자를 반그림자라고 한다.[9] 『묵경』은 이러한 현대적 개념을 정립하여 활용하고 있는 것은 아니지만 이러한 현상에 대해서는 오늘날의 광학과 거의 차이가 없는 인식을 하고 있는 것이다. 아래 〈그림1〉은 위의 진술을 그림으로 도식화한 것이다.

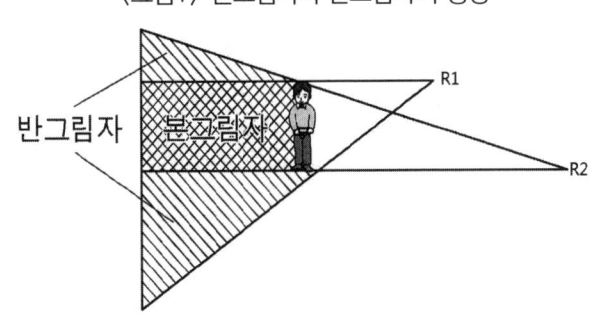

〈그림1〉 본그림자와 반그림자의 형성

---

8 '景'은 곧 '影'이다. 吳毓江은 「經說下」의 '자(者)'는 '제(諸)'를 줄여 쓴 것이며, '지(之)'를 의미한다고 본다(吳毓江, 위의 책, p.561.).

9 方孝博, 『墨經中的數學和物理學』, 中國社會科學出版社, 1983, p.79.

R1과 R2의 빛에 의해 생긴 두개의 그림자는 서로 중첩된 부분에 생기는 본그림자와 그 본그림자 주위에 생기는 반그림자로 설명할 수 있다. 만약 하나의 빛만 있다면 하나의 그림자만 형성했을 것이다.

우리는 지금까지 본그림자와 반그림자를 중심으로 위의 『묵경』을 고찰하였지만, 학자들에 따라서는 위의 진술에 대해 빛에 의해 그림자가 생긴다. 빛이 다양하게 변화하면 그림자도 역시 다양하게 변화한다는 것으로 해석하는 학자들도 있다. 어디에 주안점을 두느냐에 따라 해석이 달라진 것이지만 일상에서 흔히 접할 수 있는 빛과 그림자의 관계에 대해 이처럼 면밀히 따져서 기재할 수 있었다 점은 묵가가 지닌 진리 추구의 자세를 여실히 보여주는 것이라고 하겠다.

그림자에 대한 묵가의 관찰은 더욱 더 심도를 더해 가고 있다. 다음의 진술은 그림자가 거꾸로 맺히는 이유에 대해 분석한 것이다. 오늘날 상식에 입각할 때 그림자가 거꾸로 맺히는 이유는 빛의 직진 성질 때문이다.

> 제120조「경하」: 그림자가 거꾸로 형성되는 것은 길이가 있는 사물이 작은 구멍에서 교차되었기 때문이다. 관건이 되는 것은 작은 구멍에 있다 [景到, 在午有端與景長, 說在端].「경설하」: 빛의 전파는 마치 화살같다. 아래쪽 빛은 벽의 높은 쪽에, 위쪽의 빛은 아래쪽에 맺힌다. 사람의 발은 아래쪽 빛을 차단하므로 따라서 그림자는 위쪽에 형성되고, 사람의 머리는 위쪽 빛은 차단하므로 아래쪽에 그림자가 형성된다. 또한 빛의 가깝고 먼 것이 작은 구멍에서 교차함으로써 안쪽에 상이 거꾸로 맺힌다 [景: 光之入照若射, 下者之人也高, 高者之人入下. 足蔽下光, 故成景於上. 首蔽上光, 故成景於下. 在遠近有端與於光, 故景庫, 內也]. 10

사방이 둘러 쌓인 장막에 작은 구멍이 있고 그 구멍 사이로 어떤 사물이 장막 안에 맺힐 때 상이 거꾸로 맺히는 이유는 빛의 직진 현상에 기인한다.[11] 『묵경』에서는 빛의 직진현상이라는 용어를 사용하지 않았으나 그들이 관찰하여 제시한 결론은 빛의 직진 원리와 깊은 연관을 지닌다. 이러한 원리를 규명해 내게 위해 묵가는 작은 구멍을 통해 만들어지는 그림자를 아래 〈그림2〉와 같이 실험으로 증명해 내고 있는 것이다.

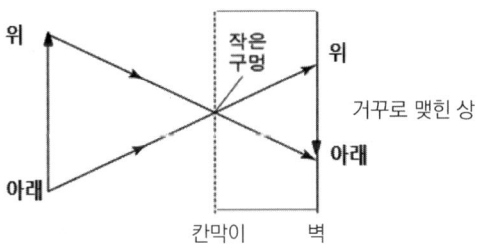

〈그림2〉 상(像)이 거꾸로 맺히는 원리

이것은 지금의 바늘구멍 사진기의 원리와 동일하다. 바늘구멍 사진기는 좁은 구멍으로 빛을 지나게 하여 구멍을 지난 위치에 상이 맺히도록 하는 장치로 이것은 빛의 직진 성질을 이용한 것이다.[12] 빛이 구멍을 통해서만 상이 맺히는 면에 도달하게 되므로 상을 맺게 하려면 물체의 한 부분에서 출발한 빛이 상이 맺히는 평면의 한 점에 도달해야만 생기는 것이다.

---

10 方孝博에 의하면 '경(景)'은 '영(影)' 혹은 '상(像)'으로 이해할 수 있다(方孝博, 위의 책, p.81). 吳毓江에 의하면 「經下」의 '도(到)'는 '도(倒)'자이며, '오(午)'는 교차, '단(端)'은 '점(點)'을, '장(長)'은 장막을 의미한다(吳毓江, 위의 책, p.561.).
11 高亨, 『墨經校詮』, 科學出版社, 1958, p.129 참조.
12 孫中原, 위의 책, p.232 참조.

이때 구멍이 작으면 작을수록 맺히는 그림자는 더욱 선명해진다. 따라서 관건이 되는 이유는 작은 구멍에 있다고 말한 것이다.「경설하」에서는 이것의 이유에 대해 상세히 설명하고 있다. 즉 빛은 화살처럼 직진하기 때문에 작은 구멍을 통과할 때도 역시 화살처럼 직진을 하는 것이다. 따라서 물체의 아래쪽은 작은 구멍을 통과한 뒤 벽의 위쪽에 맺히게 되며 반대로 물체의 윗부분은 벽의 아래쪽에 그림자가 형성되는 것이다.[13] 그림자가 거꾸로 맺히는 원인은 빛이 직진하는 것 이외에도 빛의 원근과도 관련이 있다. 빛에 가까우면 그림자는 커지고 흐릿해지며 물체가 빛과 멀어지면 그림자는 작아지고 뚜렷해진다.「경설하」에서 "빛의 가깝고 먼 것이 작은 구멍에서 교차함으로써 안쪽에 상이 거꾸로 맺힌다."고 기재하고 있는 것은 바로 이러한 점을 설명하기 위한 것으로 보인다.

제120조「경하」는 대략 60여 글자로 구성되어 있으나 작은 구멍을 통해 장막 안에 형상이 맺히는 현상에 대해서 매우 정확한 이론을 제시하고 있으며 이는 인류 과학사에서도 매우 획기적인 견해가 아닐 수 없다. 묵가가 제기한 이상의 이론들은 과학에 있어서 매우 중요한 기초 분야이다. 그들이 만약 이 부분에 대한 명확한 해명이 이루어지지 않는다면 과학은 발전하기 어렵다.

그러나 이러한 표면적인 이유보다도, 묵가는 진리를 추구하기 위한 기본 전제로써 사물에 대한 참된 인식의 중요성을 어느 학파보다 먼저 깨달았고, 따라서 인식에 필요한 모든 요소에 대해 면밀한 분석을 한 것이 아닌가 생각된다. 한 가지 분명한 사실은 묵가가 제기한 빛과 관련된 이론들은 오늘날의 광학적 관점에서 보더라도 매우 정확하고 전혀 손색이 없다는 사실이다.

---

[13] 谭家健,『墨子研究』, 贵州教育出版社, 1996, p.289.

2) 빛의 반사에 의해 생성된 그림자

태양 빛이 사람의 왼쪽을 비추면 그림자는 사람의 오른쪽에 생긴다. 태양 빛이 사람의 뒷면에 있으면 그림자는 사람의 앞쪽에 생긴다. 그런데 사람이 태양을 마주보고 있는데도 그림자가 태양과 사람 가운데 생기는 것은 태양 빛이 어떤 물체에 반사된 후 사람을 비추고 그림자를 만든 것이며 빛이 어떤 물체에 의해 진행 방향이 전환되었기 때문이다. 이런 현상에 대해 묵가들은 그들이 일상생활에서 직접 경험한 사실을 토대로 다음과 같이 기재하고 있다.

> 제121조 [경하] : 태양을 마주할 때 그림자, 관건이 되는 것은 전환에 있다 [景迎日, 說在轉]. 「경설하」 : 그림자: 태양 빛이 반사되어 사람을 비추면 곧 그림자는 태양과 사람 가운데 생긴다 [景: 日之光反燭人, 則景在日與人之間]. 14

직진하는 태양 빛이 사람을 비추면 사람은 태양 빛과 그림자 사이에 있게 된다. 그런데 어떤 사물에 의해 반사되어 나온 빛이 사람을 비추게 되면 그림자는 사람과 태양 사이에 존재하게 된다. 반사란 빛이 물체의 표면에 부딪쳐 반대로 방향을 바꾸는 것을 의미한다. 빛의 반사가 이루어질 수 있는 가장 좋은 환경은 반사면이 평면이 되어야 한다. 당시 평면 반사면의 역할을 할 수 있는 것은 청동경이 있었을 것이다. 그렇다면 위의 관찰은 청동경을 통해 이루어졌을까?

---

14 '전(轉)'은 '박(搏)' 혹은 '박(博)'으로 표기되어 있었으나, 孫詒讓 등의 견해를 참조하여 '전(轉)'으로 교정한다. 전(轉)이란 태양 빛이 어떤 사물에 반사되어 사람을 비춤으로써 그림자가 생기는 현상을 의미하는 글자이다.

『묵경』에서는 태양이 어떤 물체에 의해 반사되는지에 대해 명확한 기술을 하지 않고 있다. 또 빛의 입사각과 반사각 간의 관계에 대한 견해에 까지 이르지 못하고 있다는 점도 아쉽다. 그러나 분명한 것은 다양한 그림자 생성의 요인을 분류하여 제시했다는 점은 반드시 인정해야 할 부분이라고 생각된다. 다음의 진술 역시 이와 같은 맥락에서 진행된 것으로서 동일한 물체한 물체인데도 그림자의 크기가 각기 다른 것에 대한 관찰이다.

> 제122조 「경하」: 그림자의 크고 작음은 기울기와 원근에 그 까닭이 있다 [景之小大, 說在柂正遠近]. 「경설하」: 그림자: 나무가 기울면 그림자는 짧고 크고, 나무가 바로 서면 그림자는 길고 작다. 기울기에 따라서만 그렇게 되는 것이 아니라 빛의 원근에 따라서도 그렇다
> [景: 木柂, 景短大; 木正, 景長小. 大小於木, 則景大於木. 非獨小也, 遠近].15

위에서 관건이 되는 글자는 '기울기[柂]'와 '원근(遠近)'이다. 『묵경』은 하나의 사물에서 생기는 그림자의 크기가 일정치 아니한 것은 물체의 기울기와 사물과 빛과의 거리가 다르기 때문에 발생하는 현상이라고 보았다.16 이점에 대해 「경설하」에서는 나무를 예를 들어 설명하고 있는데 나무의 기울기에 따라서 그림자의 크기가 변하는 현상, 그리고 빛과 사물과의 거리에 따라 그림자의 크기가 달라짐을 설명하고 있다. 오육강은 위의 진술은 단순한 기울기와 원근에 국한 문제가 아니라 고대 천문학과 관련된 이론

---

15 「經下」의 '대소(大小)'와 장단(長短)은 그 의미가 동일하다. 또 '이(柂)'는 '지(地)'로 되어 있었으나 孫詒讓의 『墨子間詁』의 관점에 의거 '이(柂)'로 교정해야 한다. '이(柂)'는 이(迤)를 빌려 쓴 것이며, 속자는 사(斜)이다(吳毓江, 위의 책, p.562). 또 「經說下」의 '대소어목(大小於木)'에 대해 孫詒讓은 '광소어목(光小於木)'으로 교정하였으나 원문을 그대로 두어도 『墨經』 본래의 취지에 크게 어긋나지 않는 것으로 보아 그대로 두었다.

16 孫中原,『墨學通論』, 辽宁教育出版社, 1993, p.234.

으로서 여름에서 겨울에 이르는 동안 태양과 그림자의 변화를 관측한 결과라고 주장하고 있다.17

3. 각종 반사면에 대한 이론

우리가 어떤 물체를 볼 수 있는 이유는 빛의 반사에 의한 것이다. 그러나 반사면이 어떤 성질을 지녔느냐에 따라 물체는 여러 다른 모습으로 보인다. 즉 이것은 사물 자체의 변화에 의해서 생기는 현상이 아니라 반사면이 평면, 오목, 볼록 등으로 구분되기 때문이다.『묵경』은 평면, 오목, 볼록과 같은 반사면의 특성에 대해 분석을 시도하고 있다.

1) 평면 반사면의 특징

평면 반사면이란 반사면이 평면을 이룬 거울을 말한다. 일반적으로 우리가 말하는 거울이 이에 해당된다. 반사면이 평면일 경우 비추어진 상의 크기가 물체의 크기와 같고, 좌우가 반대로 보이는 특징을 지닌다. 이러한 평면 반사면의 일반적인 특징을 『묵경』 역시 인지하고 있었다.

> 제123조「경하」: 반사면 앞에 섰을 때 비추어진 형상은 전도된다. 비추어진 상이 실제 사물보다 적은 것은 반사면이 작기 때문이다 [臨鑑而立, 景到, 多而若少, 說在寡區].「경설하」: 평면 반사면에서 사물이 비추어질 때, 비추어진 상의 크기, 형태·명암·원근·기울기의 다름은 빛에 의해 그대로 드러난다. 사물과 상이 가까워지거나 멀어

---

17 吳毓江, 위의 책, p.563 참조.

지는 것은 동시에 일어나지만 방향은 구별된다. 반사면에 사물이 비추어지면 비추어지지 않은 사물은 없다. 반사면의 상은 무수히 많지만 반드시 평면 반사면에 빛이 지나치고 난 이후 상이 형성된다. 표면이 정제되지 않았다면 동일한 사물을 비추더라도 다른 모습의 상을 형성한다 [臨: 正鑑, 景多寡(大小), 貌能, 白黑, 遠近, 柂正異於光, 鑑景當俱. 就去亦當俱, 俱用北. 鑒者之容, 於鑑無所不鑒. 景之容無數, 而必過正, 景過正. 故同處其體俱鑒分]. 18

제123조는 학자들 마다 해석하는 방법과 견해가 상이하다. 이는 『묵경』이 태생적으로 지니고 있는 문자 축약의 문제점과 더불어 광학에 대한 전문적인 지식이 결여된 상태에서 해석함으로써 발생된 문제라고 생각된다. 가령, 위 『묵경』이 무엇에 대하여 말하고 있느냐에 대해서도 오육강, 담계보, 고 형 등이 평면 반사면에 대한 성질을 말하고 있다는 견해와는 달리, 방효박과 손중원 등의 경우 당시 거울 제작의 기술력과 출토되는 문물 등을 근거로 하여 위의 「경」하는 평면경에 대한 전문적인 진술이 아닌 오목[凹]과 볼록[凸]의 성질을 지닌 거울의 특징을 종합하여 제시한 것이라고 주장하기도 한다.19 이 글은 일단 제123조에 대한 일반적인 견해를 토대로 하여 평면 반사경의 이론이라는 점이라는데 논의한다.

위 「경하」의 '도(到)'는 '도(倒)'이며 여기서는 제120조와 같이

---

18 「經下」의 '임(臨)'은 비추다는 의미로, '경(景)'은 '상(像)'으로 해석하는 타당하다. 『墨經』에서는 물체의 그림자와 반사면에 형성되는 '상(像)'을 구분하지 않고 있다. '과(寡)'는 작다는 의미이며, '구(區)'는 반사면을 뜻한다. 「經說下」의 '능(能)'은 '태(態)'를 잘못 기재한 것으로 보이며, 譚家健은 '북(北)'을 '배(背)'로 해석하였으나 吳毓江은 분별의 의미를 지니고 있다고 본다. 이 글은 사물과 거울에 비친 상은 서로 분별된다고 보아 吳毓江의 견해를 따른다. '취(臭)'를 '얼(臬)'로 보아 반사면 앞의 사물은 쏜살같이 반사면에 비추어진다는 뜻으로 해석하는 학자도 있으나 이 글은 孫中原의 견해에 입각하여 '용(容)'으로 해석한다.

19 方孝博, 위의 책, pp.88-89.

반사면에 맺힌 상의 상하만 전도되는 현상을 말하는 것이 아니라, 반사면에 비추어진 물체의 좌우라든지 생김새의 형태, 물체가 지닌 색의 농남, 물체와 거울이 가까이 있거나 멀리 있는 정도, 기울기의 상태가 실제와 다르게 보이는 현상을 총체적으로 말하는 것이라고 생각된다. 또한 평면 반사경의 가장 중요한 특징은 사물을 있는 그대로 보여준다는 것이다.[20] 그런데 만약 평면 반사경이 실제 사물보다 작을 경우에는 사물은 실제보다 작게 평면 반사경에 형성된다는 것이 「경」하의 요지라고 볼 수 있다.

 묵가에 의하면, 평면거울에서 평형하게 들어 온 빛은 항상 그대로 반사되어 나가기 때문에 빛이 한 점에 모이지 않아 초점이 없어 상도 한가지 밖에 생기지 않게 된다고 한다. 그리고 반사된 빛의 연장선에서 빛이 모여 상을 이룬 것처럼 보인다고 보았다. 현대 광학에서는 이런 현상을 정립허상이라고 한다. 허상과 실상은 빛이 모여 상이 생긴 것인가, 아니면 빛이 퍼지면서 상이 생긴 것인가의 차이점이지 진짜로 맺는 상이고 가짜로 맺는 상이라는 의미는 아니다.

 우리의 인체에서 거울과 가장 가까운 역할을 하는 기관은 눈이다. 그런데 눈은 그 크기가 아주 작으면서도 실물을 크기 그대로 인지할 수 있는 이유는 무엇일까? 묵가가 평면거울을 주목한 것은 평면거울이 지닌 특성을 바탕으로 이러한 의문의 베일을 벗기고자 한 것은 아닐까?

2) 오목 반사면의 특성 분석

 오목 반사면의 가장 중요한 특징은 거울에 비친 상의 크기가

---

20 姜寶昌, 『墨經訓釋』, 齊魯書社, 1993, p.249.

거울과 물체 사이의 거리에 따라 달라 보인다는 것이다.『묵경』에서는 오목 반사면에 비치는 상을 두 가지로 정리하여 제시하고 있다. 첫째, 물체가 오목 반사면의 초점 안에 있을 때, 즉 가까이 있는 물체는 크게 보인다. 둘째, 물체가 오목반사면의 초점 밖에 있을 때, 즉 멀리 있는 물체는 거꾸로 회전한 모양으로 작게 보인다.

제124조「경하」: 오목 반사면에 맺힌 상은 작으면서 바꾸어져 맺히기도 하며, 형상이 크면서 정립되기도 한다. 관건이 되는 이유는 사물이 초점 안에 있느냐 밖에 있느냐에 있다 [鑒位景二, 一小而易, 一大而正, 說在中之外內].「경설하」: 초점안, 사물이 오목 반사면의 초점에 가까워지면 거울 속의 상은 커지고, 초점에서 멀어지면 거울에 맺힌 상은 작아진다. 맺힌 상은 실물보다 크며 맺힌 상은 모두 정립한 것들이다. 초점 밖: 반사면에 접근할수록 상은 커지고, 멀어질수록 거울의 상은 작아진다. 맺힌 상은 모두 실물보다 작으며 거꾸로 맺힌다. 광선이 초점을 통과하여 초점에서 서로 교차하여 상을 만든다 [鑒: 中之內: 鑒者近中, 則所鑑大, 景亦大; 遠中, 則所鑒小, 景亦小, 而必正; 起於中緣正而長其直也. 中之外: 鑒者近中, 則所鑒大, 景亦大; 遠中, 則所鑒小, 景亦小, 而必易; 合於中而長其直也]. 21

현재 우리가 알고 있는 오목 반사면은 오목하게 생겼기 때문에 평행하게 들어오는 빛을 모으게 되고 따라서 초점이 생기게 된다. 그리고 실제로 빛을 모아 상을 만들게 되므로 이 상은 실상이 된다.22 그런데 우리가 오목 반사면을 통해 사물을 볼 때, 물체

---

21 「經下」에서 '역(易)'은 상하좌우가 바뀐다는 '도(倒)'를 의미한다. '합어이장기직(合於而長其直也)'에서 왕인지(王引之)의 교정을 참고하여 '중(中)'을 첨가하며, 이때의 '중(中)'은 광학에서 말하는 초점의 의미를 지닌다.

22 孫中原, 위의 책, p.237.

가 초점 안에 있으면 똑바로 선 모양으로 크게 보이고, 초점 밖에 있으면 거리에 따라서 크게 보이거나 작게 보이며 항상 뒤집혀진 모습을 하게 된다.

오목 반사면은 그 특성이 빛을 모아주는 작용을 하기 때문에 물체를 더 밝게 볼 수 있게 한다. 그래서 오늘날에도 자동차의 헤드라이트, 현미경의 반사경 등에 활용되고 있으며, 얼굴 모습을 확대하여 자세하게 보여주기 때문에 화장용 거울 등에도 쓰이는 것이다.

3) 볼록 반사면에 관한 이론

볼록 반사면은 반사면에 비친 상의 크기가 실물보다 작게 보여 넓은 지역을 볼 수 있는 특징을 지니고 있다.『묵경』에서는 물체가 볼록 반사면 앞에 있으면 반사면의 거리에 상관없이 모두 볼록 반사면의 뒤에 형성되는 작은 허상이라고 보았다.[23] 그러나 이 허상은 모두 똑 바로 선 정립된 상이다.

제125조「경하」: 볼록 반사면은 하나의 상을 만든다 [鑑團, 景一].
「경설하」: 반사면에 가까워지면 비친 상은 커지고, 반사면에서 멀어지면 거울에 비친 상은 작아지나 반드시 정립한다 [鑑: 鑒者近, 則所鑒大, 景亦大; 亦遠, 所鑒小, 景亦小, 而必正. 景過正故招].[24]

볼록 반사면은 언제나 축소 정립된 상을 만든다. 현재 우리가 알고 있는 볼록 반사면은 가까이 있는 물체, 또는 멀리 있는 물체

---

23 姜寶昌,『墨經訓釋』, 齊魯書社, 1993, p.260 참조.
24 '단(團)'은 '원(圓)'을 의미한다. 王引之의 교정에 따라 '역원(易遠)'의 '易'자를 '기(其)'로 교정한다.

모두 작고 똑바로 선 모양이다. 그 이유는 볼록 반사면은 빛을 퍼지게 하므로 물체로부터 나온 빛이 볼록한 반사면에 반사되어 분산되므로 초점이 맺히지 않아 허상이 생기게 되는 것이다. 볼록 반사면은 물체를 실물보다 축소되어 보이게 하지만 넓게 많은 부분을 비출 수 있다는 장점을 지니고 있다고『묵경』은 지적한다. 오늘날에도 볼록거울은 시야가 넓어져 매장이나 길 전체의 모습을 볼 수 있기 때문에 매장이나 굽은 도로의 구면경, 자동차의 사이드 밀러 등에 활용되고 있다.

묵가의 과학 사상은 경험과 실용을 중시하여 현실을 개선하기 위해 고안된 것이 대부분인데, 광학은 이러한 묵가 과학 사상의 기본 목표에서 벗어난 느낌을 준다는 지적도 가능하다. 그러나 잘 생각해보면, 묵가가 제시한 각종 거울에 대한 이론은 단지 거울의 종류와 특성을 이야기하기 위한 것이 아니다. 이것들은 모두 묵가가 제기한 진리를 인식하기 위한 방법과 깊은 연관을 지니는 부분이라고 생각된다. 묵가에 의하면 우리는 눈을 통해 사물을 인식한다고 보았다. 그러나 눈과 인식 대상만 있다고 해서 인식이 가능한 것이 아니라, 눈과 사물 사이에 빛이라고 하는 매개체가 있어야 한다. 따라서 묵가에서는 빛이 지닌 성질을 규명하는 이론이 필요했을 것이다. 그리고 빛에 의해 사물이 거울에 비추어 지는 것과 같이 우리가 지닌 눈은 거울의 역할을 한다고 믿었을 것이다. 그런데 우리의 눈은 거울과는 다른 특성을 지니고 있음을 생각하는 과정에서 위와 같은 결과물이 나온 것으로 추정된다.

3. 묵가 광학 이론의 의의

『묵경』의 광학 이론에 대한 선행 연구의 대부분은 묵가의 탁월한 과학 정신에 주안점을 두어 마무리 하고 있다. 이 글 역시 묵가의 합리적 과학정신에 대해 전적으로 동의한다. 하지만 또 다른 각도에서 묵가의 광학 이론이 주는 시사점은 없는 것일까? 필자가 보기에 묵가의 광학 이론은 그것의 과학적 성과이외에도 진리 탐구의 기본적 태도를 일깨워 주는 교육적 역할을 하고 있다고 생각된다.

다시 말해 필자가 서론에서 묵가가 백성들의 현실 생활과는 거리가 먼 광학 이론을 고찰한 것은 자연현상을 있는 그대로 밝혀 내고자하는 고차원적 실용태도라는 점을 거론한 것과 같이 묵가는 진정한 실용에 이르기 위해서는 실사구시의 태도가 무엇보다 요구된다는 사실을 잘 알고 있었다고 보인다. 그들은 백성들의 현실 생활에 이로움을 보장하기 위해서는 철저하게 사실에 입각해야 한다는 신념을 가지고 있었던 것이다. 이러한 전제 아래 그들은 자연현상, 빛에 대한 연구를 진행했을 것이라고 생각할 수 있다. 이러한 묵가의 진리 추구의 기본 태도는 다음과 같은 의의를 지니고 있다고 판단된다.

먼저, 자연현상을 고찰하고 그것을 기록으로 남긴 태도이다. 『묵경』에 기재된 광학 이론들은 한 사람의 자연에 대한 경험이며, 이를 묵가는 기록으로 남겨 다른 사람들과 공유하거나 전달되게 함으로써 이후 더욱 차원 높은 연구를 가능하게 했을 것이다. 이것은 이로움을 나누자는 묵자의 교육과 긴밀한 연관을 지니는 것이라고 생각 할 수 있다. 또 묵가의 광학 이론이 당시 사회에서는 눈에 드러나는 실제적 이로움에는 부합되지 않을 수도 있겠으나 자연이 지닌 베일을 벗겨 냄으로써 언젠가는 백성들의 현실 생활에 유용하게 작용할 것이라는 믿음을 지녔을 것이다.

그리고 묵가는 광학 이론을 개진함으로써 진리란 고도의 인지력을 지닌 특정한 사람이 지어 내는 것이 아니라 현상에 대한 관찰과 실험을 통해 밝혀내는 것임을 교육했을 것이라고 생각된다. 가령 그들은 빛과 그림자와의 관계에서 두 개 이상의 빛이 비칠 때 생기는 중첩된 그림자 현상에 대하여 본그림자와 반그림자로 구분하여 설명하고 있으며 이를 기록으로 남기고 있다. 너무나 당연한 이론이지만 이 이론을 통해 묵가는 사물에 대해 있는 그대로 밝혀야 쓸모 있는 지식이 될 수 있다는 점을 사물의 내재적 특성을 규명하려는 사람들이 지녀야 할 바른 자세로 교육했을 것이다.

끝으로 사소한 것일지라도 얼마든지 탐구의 소재가 될 수 있다는 점을 교육하고 있다는 점이다. 빛과 그림자는 우리는 매일같이 대하는 흔한 소재이다. 묵가는 흔히 소홀하기 쉬운 빛과 그림자를 면밀하게 관찰하고 분석해 냄으로써 그들의 지성을 제고하였을 뿐만 아니라 고대 중국에서 찾아보기 어려운 광학 이론을 제시하고 있다. 진리 추구에는 특별한 영역이 따로 있을 수 없으며 일상의 모든 사물이 대상이 된다는 사실을 교육했을 것이라고 생각 할 수 있다. 이는 특정한 사람만이 할 수 있는 특별한 작업이 아니라 누구라도 있는 사실을 밝혀낼 수 있다는 것을 교육한 것이라고 생각된다. 또 이것은 묵가의 광학 이론이 단순한 자연 현상에 대한 분석을 넘어 모든 사물에 내재된 원리를 규명하고자 하는 교육적 의의도 지니는 것이다.

묵가의 광학 이론들은 묵자가 제시한 교육의 세 영역과도 관련이 있다. 묵자는 '담변(談辯), 설서(說書), 종사(從事)'의 세 영역을 제자들을 교육하는 주요 과정으로 설정하여 인재를 배양하였다.[25] 즉 학생들이 지닌 잠재적 역량이 현실에서 충분히 발휘되는 것을 묵자는 매우 중시하였는데, 그는 "어떤 일이 의를 행하는데

---

25 황성규, 「묵자 교육 사상의 특징과 의의」, 『도덕윤리과교육』 제26호, 2008, pp. 171-172 참조.

가장 시급한 일이겠는가? 그것은 마치 성을 축성하는 것과 같은 일이다. 쌓아 올리기를 잘 쌓는 자는 쌓아 올리고, 흙을 잘 파는 자는 파고, 이런 후에 성이 만들어지는 것과 마찬가지로 행의(行義)도 그러하다. 말을 잘하는 자는 말을 하고[談辯], 글을 잘 짓는 자는 글을 짓고[說書], 일을 잘하는 사람은 일을 하게 하는 것[從事]이 일을 성사시키는 것이다."[26] 여기서 행의란 교육을 실행한다는 의미이며 이 글을 통해 묵자가 말하고자 한 점은 자신의 재능을 온전하게 발휘하게 하는 것, 즉 사물에 대한 관찰력이 뛰어난 사람은 빛이나 빛의 움직임을 관찰하게 하는 것이 바로 교육이라는 것이다.

묵가에 있어서 담변(談辯), 설서(說書), 종사(從事)의 세 부분은 당시 사회에서 일정한 역할을 하기 위해서는 반드시 수련해야 하는 분야로 설정하고 있는데 이의 주된 목적은 학생들이 지닌 잠재적 역량을 발휘하게 하고 그것을 극대화하려는 태도와 입장이 광학을 연구하는 데까지 발전되었다고 생각된다.[27] 다시 말해 묵자 교육영역의 밑바탕에 흐르는 정신은 묵가가 광학 이론에서 개진하였던 진리추구의 기본자세와 다르지 않다고 본다. 그것은 바로 자신의 역량을 토대로 억측이 아닌 논증을 통한 진리를 찾아내는 것이었다.

이상으로 우리는 묵가가 추구한 진리 추구의 기본적 태도와 그것과 연관하여 묵가의 광학 이론이 지닌 교육적 의의를 간략히 살펴보았다. 이러한 고찰을 통해 볼 때 묵가의 광학 이론은 오늘을 살고 있는 우리에게 다음과 같은 시사점을 주고 있다고 생각된다.

---

26 『墨子』「耕柱」: "爲義孰爲大務? 子墨子曰: 譬若築牆然, 能築者築, 能實壤者實壤, 能欣者欣, 然後牆成也. 爲義猶是也. 能談辯者談辯, 能說書者說書, 能從事者從事, 然後義事成也."

27 황성규, 위의 글, p.174.

첫째, 어떤 학설이나 주장이 당시 사람들로부터 수용되고 권위를 보장받기 위해서는 그들은 항상 사실에 근거해야 한다는 점이다. 관념에서만 비롯되는 진리는 진리일 수 없으며 이는 사람들로부터 외면 받을 뿐만 아니라 자연과학의 발달에도 아무런 도움이 되지 못한다. 이것은 묵가가 광학 이론을 개진한 가장 중요한 원인임과 동시에 그들이 진리를 추구하는 기본적인 태도이기도 하다.

둘째, 묵가의 광학 이론은 백성들의 실생활과는 아무런 연관을 짓지 못한다. 그것이 백성들의 경제적 삶에 직접적인 연관을 지니지 못하기 때문이다. 그럼에도 불구하고 그들이 오랜 시간에 걸쳐 빛을 연구하여 이론을 정립한 것은 사실을 사실대로 고찰하는 것보다 더 실용적인 것이 없다는 인식이 있었기 때문에 가능했다고 본다. 직접적으로 백성들의 삶에 영향을 주는 것은 아니었지만 그것을 탐구하는 과정에서 우리 주변에 일어난 현상에 대해 있는 그대로 인식하는 것이 중요하다고 생각한 것이다. 그것은 곧 더 큰 이로움이 될 수 있다는 신념에 기인한 것이라고 볼 수 있다. 현실적 이익만을 고려하여 특정 학문을 도외시하는 우리에게 좋은 가르침이 되는 태도라고 생각된다.

셋째, 묵가는 대부분 실제 생활에서 우리가 경험하는 것들을 실험의 대상으로 삼는 경우가 많았다. 그리고 그것은 자신들의 주관적 관점이 아니라 누구에게나 적용될 수 있는 보편성을 추구하고 있었다는 것이다. 사실이 아닌 것을 어떤 권위를 통해 사실로 믿게 하는 것이 아니라 주변에서 흔히 목도할 수 있는 빛과 그림자, 그리고 여러 반사면을 대상으로 삼아 그것에 내재된 원리를 구명해 내고 있다는 점이다. 또 그들이 제시한 광학 이론들은 매우 초보적인 수준에 불과하지만 인류 과학사상 가장 먼저 빛에 대해 체계적인 이론을 제시하였다는 점은 무시할 수 없는 사실이다.

2부 묵자와 공자, 현대적 적용

01 공자와 묵자의 인간관

중국 춘추전국을 풍미했던 제자들의 인간관은 각기 나름의 체계와 논리를 지니고 있다. 그들 중 공자(기원전551-기원전479)는 인(仁)을 통하여 인간에 대한 이해와 존엄의 기치를 세웠으며, 인본사상의 전형으로 지속적인 영향을 미치고 있다. 또한 공자와 곧잘 병칭1 되었으며, 겸애(兼愛)를 주창한 묵자(기원전468-기원전376)는 능동적이고 실천적인 인간상을 중시함으로써, 고대 인간관 형성에 새로운 전기를 마련했다고 볼 수 있다.

그러나 인간본위, 인간존엄을 귀결점으로 하는 공자와 묵자의 사상은 그 착안점과 방법론적 측면에서 서로 독특한 양상을 보이고 있는 바, 여기에는 공자와 묵자 인간관의 특징을 중심으로 살펴보고, 그들이 지닌 인간관의 동이를 분석함으로써 공자와 묵자 사상의 의의를 조명하고자 한다.

---

1 『韓非子』「顯學」: 世之顯學 儒墨也. 儒之所至, 孔丘也; 墨之所至, 墨翟也.", 『呂氏春秋』「當染」: "孔丘墨翟二士, 無爵位以顯人, 無賞祿以利人, 擧天下之顯榮者, 必稱此二士也."

1. 공자의 인간관

1) 인(仁)의 내재적 함의

공자 인간관을 관통하는 핵심 범주는 '인(仁)'이다. 두 사람 사이의 친함을 의미하는 이 단순한 글자2 에 대한 공자의 언급은 많지 않았다지만, 『논어』 482단락 중 대략 58개 단락이 인에 대한 진술로 구성되어 전해온다.

일반적으로 인간에 대한 인식이 진보하던 주초의 주공에 의한 경덕보민(敬德保民)사상이 인에 대한 관념의 초기단계로 파악되고 있으며, 동주 이후에야 비로소 인관념에 대한 견해가 계속적으로 출현함을 볼 수 있는데3 공자는 이 시대의 인 관념을 계승하여, 인간 중심 철학 체계의 기석으로 발전시켜 나갔다.

먼저 공자는 "인은 곧 인(人)"4 이라 하여 인간이 마땅히 지녀야할 가치 표준과 도덕 이상으로써 인을 제시하고, 다시 그것을 '애인(愛人)'5이라고 정의하였다. 여기에서 지칭된 인간이란 지배 계층의 특정한 사람만을 의미하는 것이 아닌, 일체의 사람을 의미한다. 조기빈(趙紀彬) 등의 견해에 의하면 공자에게 있어서 '애인'의 개념은 노예와 평민이 제외된 특수 계층만을 의미한다고 주장하고 있으나6 이는 잘못된 견해이다. 공자는 "몸을 닦아서 백성을 편안히 할 것이니, 이는 요순도 어렵게 여기셨다."7라고 하였

---

2 許愼『說文』: "仁, 親也. 從人二." 段注"親者, 至密也. 會意."
3 焦國成, 『中國倫理學通論』, 山西教育出版社, 1997, pp. 283-284 참조.
4 『中庸』: "仁者, 人也."
5 『論語』「顏淵」: "樊遲問仁, 子曰; 仁者, 愛人也."
6 "人是統治階級, 民是被統治階級, 所以孔丘對人言愛, 對民言使, 『論語』全書, 只有愛人說法,絕無愛民詞句; 從愛使的對象不同, 是以顯示人, 民的階級差別."(趙紀彬, 『論語新探·上』, 人民出版社, 1977. pp. 1-2 참조).

으며, 또한 그가 뜻하지 않은 변을 당했을 때 "사람이 다쳤느냐?"⁸라고 하여, 백성과 어인(圉人) 역시 그가 제시한 인간관의 주된 대상임을 명백히 하였다. 무엇보다도 "널리 대중을 사랑하라"는 뜻의 '범애중(汎愛衆)'⁹에서 '중(衆)'자의 본래 의미는 농업에 종사하던 노예와 미천한 신분을 일컫던 말임을 고려해 볼 때 공자에게 있어서 인간의 범위를 충분히 알 수 있으며 아울러 공자의 인간에 대한 관심과 주의를 엿볼 수 있다.

이렇듯 공자 인간관의 출발점은 인이며 그것은 다름 아닌 자연계의 생물과 상대적인 개념으로써 모든 인간을 사랑하라는 것이다. 이러한 인과 애(愛)가 현실 사회에서 가시화되고 발양될 때, 사회·국가는 인도와 평화를 유지할 수 있다고 보았던 것이다. 그렇다면 어떤 방법과 과정을 통하여 자신에서부터 남을 사랑하는 경지까지 도달할 것인가?

안연이 인에 대하여 의문을 제기하였을 때 공자가 말한 다음의 말은 자신에서부터 시작하여 애인(愛人)에 이르는 방법과 과정을 명쾌하게 설명하고 있다고 본다.

> 자신을 이기고 예에 돌아가는 것이 인을 행하는 것이니, 하루라도 자신을 이겨서 예에 돌아가면 천하가 인에 돌아올 것이니, 인을 하는 것은 자기에게 있는 것이니, 어찌 남에게서 말미암을 것인가? … (중략)… 예가 아니면 보지 말며, 예가 아니면 듣지 말며, 예가 아니면 말하지 말며, 예가 아니면 움직이지 말라 ¹⁰

---

7 『論語』「憲問」: "修己以安百姓, 修己以安百姓, 堯舜其猶病諸."
8 『論語』「鄕黨」: "廐焚, 子退朝曰; 傷人乎, 不問馬."
9 『論語』「學而」 참조.
10 『論語』「顏淵」: "顏淵問仁, 子曰; 克己復禮爲仁, 一日克己復禮, 天下歸仁焉. 爲仁由己而由人乎哉? …(중략)… 非禮勿視, 非禮勿聽, 非禮勿言, 非禮勿動."

흔히 '극기복례(克己復禮)'로 요약되는 위의 진술은 공자의 인에 대한 관념을 정면에서 전면적으로 하고 있는 것이라고 평가된다. 앞서 살펴본 '애인'이 객체와의 문제라면, '극기'는 자신을 절제하는 힘으로써 '나'라고 하는 주체와의 문제가 되는 것이며, '복례'란 외재적 형식으로써 '극기'를 통해 '시, 청, 언, 동'등이 사회도덕과 규범에 모순됨 없이 실천됨을 의미한다. 그것이 곧 인이라는 것이다.

위의 관점을 통해 볼 때, 사람을 사랑하는 행위는 바로 '나'를 통해 가시화되는 것이므로 애인 역시 '극기'를 전제로 해야 한다. 만약 '극기'가 이루어지지 않는다면 타인을 사랑하는 것도 있을 수 없다. 오직 자신의 노력에 의지한 수양 과정을 통하여 군자의 표준에 도달하는 것이 곧 인간을 사랑하는 전제조건이 되는 것이다.

2) 예(禮)와 인의 관계

예와 인의 관계에 있어서, 예는 인의 종속 관계에 있는 것이며 예의 본질은 인이라고 볼 수 있다. 공자는 일찍이 "예를 배우지 아니하여[11]; 알지 못하면 몸을 세울 수 없다."[12] 라고 하였거니와 이것은 예를 사회적 독립체가 되기 위한 필수 과정이라고 보았던 것이다. 그러나 공자는 "사람이 어질지 못하다면(不仁), 예(禮)는 해서 무엇하랴"[13]라고 하여, 인이 부재한 예에 대하여 부정적인 입장을 취하기도 하였다. 이는 인과 예는 서로 분리될 수 없는 하나의 정체로 파악한 것이며, 인간에게 있어서 인과 예 양자가 조화롭게 체득되어지는 것을 가장 이상적으로 파악한 것이라

---

11 『論語』「季氏」: "不學禮, 無以立."
12 『論語』「堯曰」: "不知禮, 無以立也."
13 『論語』「八佾」: "子曰; 人而不仁, 如禮何, 人而不仁, 如樂何?"

고 생각된다.

　인의 극치는 곧 성인(聖人)이다. 공자에게 있어서 성인은 첫째, "자신의 몸을 닦아 백성을 편안하게 하는 것이며[修己以安百姓]" 둘째, "널리 덕을 베풀어 중생을 구제하는 것"으로 보았다.14 이를 위하여 "자신이 서고 싶으면 남을 먼저 세우고 자기가 먼저 도달하고 싶으면 남을 먼저 도달하게 해야"15 하며, 자기가 하고 싶지 않은 일은 남에게 시켜서도 곤란하다. 여기에서 자신과 타인은 별개가 아닌 하나의 선상에서 '추기급인(推己及人)'의 인간관이 형성되는 것이다.

　이와 같이, 인이 표방하고 있는 종지는 간략하지만 그것이 함유하고 있는 내용은 광범위하면서도 체계적이다. 이러한 인을 기저로 한 공자의 인간관은 당시는 물론 오늘에 이르기까지 지대한 영향을 미치고 있으며, 향후 인류가 추구해야 할 이상으로도 그 손색이 없을 것이다.

3) 천(天), 천명(天命)의 본의

　천이란 무엇인가? 하는 문제는 인간의 존재 문제와 결부되어 중국 선진시대 사상 논쟁의 초점이 되고 있다. 공자의 천인관에 대하여 그 모호성을 비판하는 견해도 있으나 사실 공자는 이 부분에 대하여 매우 명확한 견해를 지니고 있었다고 보아야 한다.

　공자가 생존했던 시대는 대부분의 사람들이 귀신의 존재와 그것의 영험함에 대하여 깊은 신뢰를 가지고 있었다. 공자는 대

---

14 方立天, 『中國古代哲學問題發展史』, 中華書局, 1992, p.416 참조.
15 『論語』「雍也」: "子貢曰: 如有博施於民而能濟衆, 如何, 可謂仁乎? 子曰; 何事於仁, 必也聖乎! 堯舜其猶病諸! 夫仁者, 己欲立而立人, 己欲達而達人. 能近取譬, 可謂仁之方也已."

중들의 이러한 믿음에 대하여 매우 지혜로운 태도를 취하고 있다. 즉 공자는 대중들의 믿음에 대해 긍정하면서, 그것이 현실을 벗어난 미신은 경계해야 한다고 하였다.

『논어』를 통하여 천과 관련된 공자의 진술을 찾아보기 힘들며[16] 공자의 제자들 역시 "스승의 문장은 얻어들을 수 있었지만, 성품과 천도를 말씀하신 것은 듣지 못하였다."[17] 또한 "괴이함과 힘센 것과 어지러움과 귀신 등을 말하지 않았다."[18]고 하였다. 그렇다면 공자는 천에 대하여 어떤 태도를 취하고 있는 것일까?

공자는 우선 "사람을 섬기지 못하면서 어찌 귀신을 섬기겠느냐? 삶을 알지 못하면서 어찌 죽음을 알겠느냐?"[19] 라고 하였다. 또한 지혜를 묻는 제자에게 "백성의 뜻을 힘쓰고 귀신을 공경하되 멀리하면 지혜롭다."[20]라고도 하였다. 이상의 언론을 관통하고 있는 요체는 무엇보다도 '생(生)'에 있다고 볼 수 있다. 즉 공자는 천(天)보다도 현실적인 존재로서의 인간에 더욱 더 비중을 두고 있음을 알 수 있겠다. 인생은 그 무엇과도 견줄 수 없는 귀중한 것이며 이러한 존엄한 인생을 결코 명확히 알 수 없는 일에 낭비할 수는 없다는 것이다. 여기서 우리는 인간을 중심으로 하여 천을 조명하고 그것에 대하여 합리적이며 객관적인 태도를 취한 공자의 면모를 찾아 볼 수 있다.

공자가 귀신과 관련하여 즐겨 말하지 않았다 할지라도 우리

---

16 張立文云: "儒家創始者孔子, 言天者有限且不系統. 『論語』除天下, 天子等一類專用術語外天15見. 漢以後, 以『易傳』爲孔子所作, 梁啓超在硏究孔子天論時, 仍以『易傳』爲主."(張立文, 『中國哲學范疇發展史(天道篇)』, 中國人民大學, 1988, 71-72 참조).

17 『論語』「公冶長」: "子貢曰; 夫子之文章, 可得而文也, 夫子之言性與天道, 不可得而聞也."

18 『論語』「述而」: "子, 不語怪力亂神."

19 『論語』「先進」: "季路問事鬼神, 子曰; 未能事人, 焉能事鬼. 敢問死, 曰; 未知生, 焉知死."

20 『論語』「雍也」: "樊遲問知, 子曰; 務民之義, 敬鬼神而遠之, 可謂知."

는 『논어』를 통해 천과 귀신에 대한 긍정적 요소를 발견할 수 있다. 즉 "제사 지내시되 선조가 살아 있는 듯이 하시며, 신을 제사하시되 신이 있는 것처럼 하였다."[21] 또한 안연이 30세의 나이로 죽자 공자는 하늘을 원망하며 비통해하기도 하였다.[22]

공자에게 있어서 천은 추호의 불미함도 불허하는 최고의 권위를 가진 존재이다. 즉 공자가 말한 "죄를 천에서 얻으면 빌어도 소용이 없다."[23], "도가 장차 행하는 것도 천명이며 도가 장차 폐하는 것도 천명이니 공백료가 그 천명에 어찌 하겠느냐."[24], "천이 덕을 나에게 주셨으니 환퇴가 나를 어찌하겠느냐?"[25] 여기에서 천명(天命)이라 함은 천이 내린 명령을 말한다. 천명은 인간이라면 반드시 복종해야만 하는 절대적인 것이다.

그러나 이와 동시에 천은 매우 공정한 것이다. 사사로운 감정에 의하여 자신의 주장을 바꾸지 아니한다. 인간이 할 수 있는 일이라는 것은 명확한 현실 인식을 통하여 인과 의에 힘쓰며 천명(天命)을 들어 존중해야 하는 것이다.

공자에게 있어서 천과 천명 등의 범주는 도덕의 원천이 되고 있다. 공자는 "천명을 알지 못하면 군자가 될 수 없다"[26]고 하였다. 또한 "위대하도다. 요이시여, 높고 높음이 오직 하늘이 큰 것인데 요께서 본받으셨다."[27] 이는 천이 인격적이면서 덕성을 가진 존재임을 의미하는 것이다. 이렇듯 공자는 천과 귀신의 존재에

---

21 『論語』「八佾」: "祭如在, 祭神如神在."
22 『論語』「先進」: "天喪予, 天喪予."
23 『論語』「八佾」: "獲罪於天, 無所禱也."
24 『論語』「憲問」: "子曰; 道之將行也與, 命也; 道之將廢也與, 命也, 公伯寮其如命何!"
25 『論語』「述而」: "子曰; 天生德於予, 桓魋其如予何."
26 『論語』「堯曰」: "子曰; 不知命, 無以爲君子也."
27 『論語』「泰伯」: "子曰, 大哉, 堯之爲君也, 巍巍乎唯天, 爲大, 唯堯則之."

일말의 기반을 남겨두고 있는 것이니 당시의 시대적 정서를 바탕으로 하여 그의 학설의 절대성 및 대중성을 확보하려 했다고 볼 수 있다.

결론적으로 공자의 인간관은 "인(人)→인(仁)→성(聖)→천명(天命)→천(天)"의 방향으로 깊어짐을 볼 수 있다. 그러나 이는 천인관계에 있어서 인간이 내재적으로 침잠하여 가라앉고 마는 것이 아니라, 다시 천→천명→성→인→인의 방향으로 돌아 나와서 역사현실에 나타나게 되는 것"[28]이다. 이와 같이 공자의 '인→인→성→천명→천'으로 연결되는 인간관은 서로 단절된 형태가 아닌 하나의 유기적인 관계를 지닌 형태를 취한다고 볼 수 있다. 이것은 각 단계를 구성하고 있는 어느 한 부분이라도 각자의 기능을 발휘하지 못하면 앞으로 나아 갈 수 없는 것이다.

2. 묵자의 인간관

1) 겸상애(兼相愛), 교상리(交相利)

묵자 역시 공자의 가르침을 배웠다.[29] 그리고 묵자 스스로도 공자사상 속에 합리적인 부분이 있으며 그러한 것에 긍정적인 태도를 취하는 것은 옳은 일이라고 하였다.[30] 공자에게서도 배워야 할 부분은 배워야 한다는 주장이다. 이와 같은 학문적 태도를 통해 볼 때 묵자는 공자의 인 사상에 대해 적지 않은 영향을 받았다

---

28 李東俊, 『儒敎의 人道主義와 韓國思想』, 한울아카데미, 1997, p.17 참조.
29 『淮南子』 「要略」 : "墨子學儒者之業, 受孔子之術."
30 『墨子』 「公孟」 : "子墨子與程子辯, 稱於孔子. 程子曰; '非儒, 何故稱於孔子也?' 子墨子曰; '是亦當而不可易者也. 今鳥聞熱旱之憂則高, 魚聞熱旱之憂下, 當此, 雖禹湯爲之謀, 必不能易矣. 鳥魚可謂愚矣, 禹湯猶云因焉. 今翟曾稱於孔子乎?'"

고 보여 진다.

그러나 도덕적 주체로써의 인간을 강조하고 인간과 동물의 구별 역시 도덕적 실천으로써 준거로 삼았던 공자31와는 달리, 묵자는 자신의 능동적인 노력에 의해서 생존을 보장 받아야하는 존재를 인간이라고 보았다. 즉 인간과 동물의 가장 큰 차이점은 동물은 자연에 의지하여 생존해 나가지만, 인간은 오로지 자신의 능력과 역량에 의존하여 생존하고32 진보한다는 주장을 펼쳤다. 묵자는 여기에서 한 걸음 더 나아가 생산 노동의 중요성을 역설하고 있다.

> 자신의 힘[力]에 의지하는 자는 생존할 수 있으나 그 힘[力]에 의지하지 않는 자는 살아갈 수 없다. 33

여기에서 묵자가 제시한 력(力)은 단지 육체적인 생산 노동에만 국한되는 것이 아니라 위정자들의 통치활동 등 정신노동도 포괄하고 있는 개념이다. 즉 힘[力]이라는 것은 체와 지의 노동력을 통칭하는 것임을 알 수 있다. 이와 같이 노동 혹은 힘을 인간과 동물을 구별 짓는 중요한 기준으로 설정한 것은 유가는 물론 당시 제자들의 인간관을 통해 볼 때 매우 독특한 견해가 아닐 수 없다.

이러한 관점에서 출발하여 묵자는 인간의 주체적이고 능동적인 삶을 저해하는 '천하대해(天下大害)'를 일소하고 인도와 평화의 인간세상을 구축하려 하였다. 묵자가 분석한 당시의 혼란상은

---

31 『論語』「爲政」: "子游問孝, 子曰; 今之孝者是謂能養, 至於犬馬皆能有養, 不敬, 何以別乎."
32 『墨子』「非樂」上: "今人固與禽獸麋鹿蜚鳥貞蟲, 異者也, 今之禽獸麋鹿蜚鳥貞蟲, 因其羽毛以爲衣裘, 因其蹄蚤以爲絝屨, 因其水草以爲飮食."
33 『墨子』「非樂」上 : "賴其力者生, 不賴其力者不生."

"강한 자가 약한 자를 위협하고, 귀한 자가 천한 자에게 오만하며, 약은 자가 어리석은 자를 기만하는 것"[34]으로 요약할 수 있다. 이로 인하여 "주린 자는 먹지 못하고, 추운 자는 입지 못하며, 피로한 자는 쉬지 못하는"[35] 세 가지의 거환(巨患)에 처하게 된다고 하였다. 그렇다면 이러한 혼란이 일어나는 근원적인 이유는 무엇인가? 묵자는 다음과 같이 말하고 있다.

> 아버지가 아들을 자애로서 돌보지 아니하고, 형이 아우를 우애로서 사랑하지 않으며, 군주가 신하를 사랑하지 않는 것 또한 천하의 혼란이다. 아버지는 자신을 사랑하면서도 아들은 사랑하지 않고, 아들을 해함으로써 자신을 이롭게 하며, 형이 자신을 사랑하면서도 아우를 사랑하지 않고, 아우를 해하여 자신을 이롭게 하고, 군주가 자신은 사랑하면서도 신하를 사랑하지 않고, 신하를 해하여 자신을 이롭게 하 는 것, 모두가 서로 사랑하지 않는데서[不相愛] 기인하는 것이다.[36]

묵자가 말하고 있는 '불상애(不相愛)'는 다른 사람의 안전과 생명을 위협하여 자신의 이익만을 도모하는 것이며 결국 이러한 당시의 세태가 사회 혼란의 근원적 요인이라고 분석하였던 것이다. 이러한 '불상애'를 버리고, 태평세계를 이루는 방법으로 묵자는 '겸상애(兼相愛)'의 원칙을 제시하였다.

---

34 『墨子』 「天志」 上: "强者劫弱, 貴者傲賤, 多詐欺愚."
35 『墨子』 「非樂」 上: "饑者不得食, 寒者不得衣, 勞者不得息."
36 『墨子』 「兼愛」 上: "雖父之不慈子, 兄之不慈弟, 君之不慈臣, 此亦天下之所謂亂也. 父自愛也不愛子, 故虧子而自利, 兄自愛也不愛弟, 故虧弟而自利, 君自愛也不愛臣, 故虧臣而自利, 是何也, 皆起不相愛."

남을 사랑하기를 자신의 몸을 사랑하듯이 한다면 어찌 불효와 같은 짓을 할 수 있겠으며, 자애롭지 않은 사람이 있을 수 있겠는가? 자식과 아우와 신하 보기를 자신의 몸과 같이 한다면, 어찌 자애롭지 않음이 있을 수 있겠는가?37

만약 천하로 하여금 서로 사랑할 수 있게 한다면, 국가와 국가는 서로 침략하지 않고, 집안과 집안은 서로 다투지 않을 것이고, 도둑이 없어지고, 군주와 신하, 아버지와 아들이 모두 효도하고 자애로울 수 있을 것이니 이와 같이 되면 천하가 다스려질 것이다.38

타인의 아버지를 나의 아버지처럼 사랑한다면 타인 역시 나의 아버지를 자신의 아버지처럼 사랑할 것이다.39 만약 자신의 아버지를 사랑하지 못하는 사람은 남의 아버지도 사랑할 수 없다. 그러므로 타인에 대한 사랑도 자신의 사랑에서 시작되는 것이며, 따라서 '무부(無父)'40라고 말한 맹자의 주장은 다소 설득력을 잃는다고 생각된다. 왜냐하면, 묵자의 '겸상애'의 원칙은 인(人)과 기(己)를 하나의 정체로 파악하여, 애인(愛人)이라는 것 역시 "자신의 사랑함과 다름에 있는 것이 아님"41을 말하고 있는 것이며, 이는 애기(愛己)와 애인은 서로 상충되거나 모순관계에 있는 것이 아니며, 진정한 애인의 시작은 지극한 애기의 마음에서 비롯됨을 설

---

37 『墨子』「兼愛」上: "若使天下兼相愛, 人若愛其身, 惡施不孝, 猶有不慈者乎, 視子弟與臣若其身, 惡施不慈, 不孝亡有."
38 『墨子』「兼愛」上: "若使天下兼相愛, 國與國不相攻, 家與家不相亂, 盜賊無有, 君臣父子, 皆能孝慈, 若此則天下治."
39 『墨子』「兼愛」下: "必吾先從事乎愛利人之親, 然後人報我以愛利吾親也."
40 『孟子』「滕文公章句」下: "楊氏爲我, 是無君也; 墨氏兼愛, 是無父也. 無君無父, 是禽獸也."
41 『墨子』「大取」: "利人不外己."

명하고 있는 것이다. 그리고 평화로운 사회의 건설은 이렇듯 인과 기가 서로 하나가 되는 정체 위에서 성립될 때 가능한 것으로 보았다.

또한 묵자는 인간관계에서 '상애'는 '상리'와 서로 불가분의 관계에 있음을 밝히고 있다. 그의 관점에서 볼 때 '겸상애'와 '교상리'는 모든 인류가 희망하는 사항이다. 동시에 반드시 존중되어야 하는 원칙이기도 하다. 묵자는 이러한 '겸상애, 교상리'를 애인(愛人, 이인(利人)이라고도 하였으며 '겸(兼)'으로 약칭하기도 하였다. 또한 '불상애, 불상리'를 악인(惡人), 해인(害人)이라고도 하였으며 '별(別)'이라고도 하였다. 그리고 '별'을 '겸'으로 바꾸어 나가는 것을 그의 인간관의 목표로 설정하고 있는 것이다.

결론적으로 '겸'이라는 것은 신분의 차별을 두지 않는 것이며, 그것의 실제적인 내용은 '이(利)'를 보장하는데 있다. 그것은 손인이기(損人利己)의 태도를 부정하는 것이며 그 어떤 친소의 구분도, 원근의 구분도 불허하는 다른 사람들의 이익을 강조하는 것이었다. 모든 인류가 함께 살아가는 평화의 애인 것이다. 이렇듯 인류가 '겸상애'의 원칙을 실행할 수만 있다면 제가, 치국, 평천하의 바람직한 효과가 거두어 질 수 있을 것이라는 신념을 묵자는 지니고 있었던 것이다.

2) 상현의 관점

묵자 역시 현자의 작용을 중요시하였다. 묵자의 현자란 '덕행(德行)'과 '언담(言談)'과 '도술(道術)'을 겸비한 양현지사(賢良之士)를 의미하였다.[42] 여기에서 '덕행'은 현자가 반드시 구비해야 할 전

---

42 『墨子』「尙賢」上: "厚乎德行, 辯乎言談, 博乎道術."

제조건이 되는 것으로써 그것이 사회 현실 속에 발현되는 것을 의(義)라고 하였다.[43] 의는 묵학 사상체계의 중요한 범주가 되며 "힘이 있는 자는 남을 도울 것이며, 재산이 있는 자는 그것을 나눌 것이며, 도가 있는 자는 남을 가르치는"[44] 평화와 인도의 발원이 되는 것으로 보고 있다.

'언담'은 성인의 도와 묵자 학설을 선전하는 중요한 도구로 보고 현자의 조건으로 삼았는데 '재(才)'로 약칭할 수 있겠다. 그것은 시비를 판별하는 현명함을 의미하며 의를 실현시키는 중요한 구성 요소가 되고 있다. 그러므로 '언담'은 반드시 '이국이민(利國利民)'을 위해 실행되어야 하는 것이지 얄팍한 말장난으로 다른 사람을 모함하거나 곤궁에 처하게 해서는 안 된다. '도술'은 현실의 각종 상황 중에서 덕재가 겸비된 현자들이 마땅히 취해야 할 원칙을 의미한다. 현자들은 전력을 다하여 각자가 지닌 역량을 발휘하고 국가에 손실을 끼치지 않는 기본적인 것에서부터 시작하여 백성의 행복된 삶을 보장해주는 궁극적인 실천을 목표로 한다.

이상의 조건들을 겸비한 인재들을 묵자는 "국가의 보배로써 사직의 기둥"[45]이라 인정하고 존중해 나갔다. 왜냐하면 그들이 사회의 각 방면에서 자신의 역할을 다할 때 인간과 인간 관계는 상호 공생하여 협조하게 되고, 사회는 질서 있으며 안정의 국면을 차지하게 될 것이라고 보았다.[46] 이러한 현인 존중의 가치관은 공자의 인간관과 같은 맥락에서 파악될 수 있으며, 인간존엄에 기

---

43 同上: "不義不富, 不義不貴, 不義不親, 不義不近."
44 『墨子』「尙賢」下: "有力者疾以助人, 有財者勉以分人, 有道者勸以教人. 若此, 則飢者得食, 寒者得衣, 亂者得治."
45 同上: "國家之珍, 而社稷之佐也."
46 同上: "國有賢良之士衆, 則國家之治厚, 賢良之士寡, 則國家之治薄."

초하여 표출된 것으로 여겨진다.

현자 존중의 사상과 관련하여 묵자는 일찍이 위정자라고 언제나 귀한 것이 아니며 또한 백성이라고 언제나 천하지 않다고 보고 다만 능력에 의해 천과 귀가 결정된다고 하는 관점을 전개하였다.47 개인의 능력이야 어떻든 신분에 의해 일정한 지위가 세습으로 보장되었던 시대 속에서 개인의 능력을 주요 준거로 삼아 인재등용을 종용한 것은 묵자 인간관의 단면을 보여주는 신선한 견해가 아닐 수 없다.

3) 천지(天志)와 명귀(明鬼) 그리고 비명(非命)

공자와는 달리 묵자는 天과 귀신의 존재를 인정하고 그것의 존재를 증명하였다. 그러나 천이나 귀신이 그 자체로써 묵자의 사상체계 속에서 중요한 위치를 점유하고 있는 것이 아니라 애민사상과 직접적으로 관련되어져 인간관의 한 형태로 존재하고 있다고 보아야 할 것이다.

먼저 묵자는 천하의 사람들이 천이나 귀신의 존재에 대하여 믿고 따른다면, 천하의 혼란이 일어날 수 없다고 보았다.48 이는 강력하고 절대적인 천과 귀신의 존재를 긍정함으로써 인간의 이기적 욕구를 절제하고 평화로운 사회를 구현하고자 했던 것이다.

또한 천과 귀신은 만사만물의 표준이며 인격을 갖춘 전지전능한 존재였다. 그것은 인간의 행위를 감독하여 상벌을 내리는 존재이기도 하였다. 이러한 천에 관한 사상은 전통적 천의 관점을 계승 발전시킨 것이다.

---

47 同上: "官無常貴 而民無終賤, 有能則擧之, 無能則下之."
48 『墨子』「明鬼」下: "今若使天下之人, 皆若信鬼神之能尙賢而罰暴也, 則夫天下豈亂哉."

천의 뜻에 따르는 사람들은 누구인가, 그것은 천하의 사람들을 두루 사랑하는 사람이다.49

하늘의 뜻에 따르는 사람은 서로 사랑하고 서로 이롭게 해주어 반드시 하늘의 상을 받을 것이다. 하늘의 뜻에 반하는 자는 사람을 차별하여 서로 미워하고 서로 해롭게 하여 반드시 하늘의 벌을 받을 것이다.50

'천지'는 곧 겸애인 것이다. 묵자의 천과 귀신은 단지 높은 곳에 위치하고, 군림하며 우리가 예측할 수 없는 신비한 것이 아닌, 겸애를 실행하는 수단이나 방법으로써 존재하고 있음을 알 수 있다. 앞서 말한 바와 같이 묵자의 천과 귀신은 단순한 숭배와 경외의 대상이 아닌 인간들의 불인(不仁)을 감독하는 존재이며, 위정자 역시 위정자로서 하늘의 뜻에 위배됨이 없이 세상의 해로움과 어지러움을 제거하고 천하의 이로움을 발양시켜 나가야 한다.

천자가 선을 행하면 천이 상을 내릴 것이요 난폭하면 벌을 내릴 것이다.51

위정자에게도 일종의 통제 수단으로써 천이나 귀신이 존재했음을 알 수 있다. 강국이 약소국을 침략하고 강자가 약자를 약탈하는 사회 현실 속에서 가장 낭패를 당하는 계층은 역시 힘없는 백성들이었다. 그들을 보호하고 인간다운 삶을 보장해줄 수 있는

---

49 『墨子』「天志」下: "順天之意何若, 曰; 兼天下之人."
50 『墨子』「天志」上: "順天意者, 兼相愛, 交相利, 必得賞; 反天意者, 別相惡, 交相賊."
51 『墨子』「天志」上: "天子爲善, 天能賞之, 天子爲暴, 天能罰之."

길은 절대적인 지위와 권위를 가진 하늘을 통하여 위정자를 감시함으로써 이루고자 하였던 것이다.

천과 귀신은 지고한 존재이긴 하지만 결국은 인간을 위한 정치 이상과 도덕관념의 수단이 될 뿐이었다. 천과 귀신의 의지는 결국 인간이 희망하는 바와 완전히 일치하는 것이다. 예를 들어 묵자는 '천은 반드시 인간이 서로 사랑하며, 서로 이익이 되어야 할 것을 바라고 있다."52 고 하여 그가 주장한 천지와 명귀는 겸애사상의 출발점이면서 겸애를 성실히 이행하기 위한 일종의 수단이라고 역설하고 있는 것이다.53

묵자는 또한 그의 경험적 요소를 기초로 하여 명에 반대하는 비명론을 전개하였다. 흔히 묵자의 천지, 명귀와 비명과의 관계를 상호 모순된 이론으로 규정하는 경우도 있으나 이것은 올바른 견해가 아니다. 묵자가 말하고 있는 명이란,

천하가 태평을 이루었던 것은 탕과 무의 노력에 기인하는 것이다. 결코 명으로서 다스렸겠는가? 54

묵자는 천과 명(命)을 서로 분리하여 미신적인 측면을 명이라고 하였는데, 만약 빈부가 천에 의하여 결정된다면 인간은 자신의 환경을 개선하기 위한 노력을 하지 않을 것이라고 믿었다. 하늘은 스스로를 도왔던 탕, 무를 도와 태평한 천하를 만들 뿐, 숙명 따위로 개인의 운명을 지배하는 존재가 아닌 것이다. 묵자가 제나라를 방문할 때 일자(日者)를 만났다. 여기서 일자는 당시의 숙

---

52 『墨子』「法義」: "天必欲人之相愛相利 而不欲人之相惡相賊也."
53 梁啓超 『墨子學案』, 商務印書館, 1921, p.48 참조.
54 『墨子』「非命」下: "天下之治也, 湯武之力也; 天下之亂也, 桀紂之罪也.……夫豈可以爲命也! 故以爲其力也. 今賢良之人, 尊賢而好功道術, 故上得其王公大人之賞, 下得其萬民之譽, 遂得光譽令問於天下. 亦豈以爲其命哉! 又以爲力也."

명론자를 의미한다. 묵자는 북쪽으로 가면 반드시 흉할 것이라는 일자의 말을 무시하고 그는 뜻을 굽히지 않았다.⁵⁵ 일자에 대한 묵자의 행위에서 능동적이고 실천적인 인간의 삶을 강조하며 미신적 숙명을 배척한 묵자 「비명」의 본의를 찾을 수 가 있다.

묵자의 천지와 명귀는 실제의 생활과 떨어질 수 없는 관계이다. 현실의 곤궁함을 개선하려고 노력하려는 자에게 하늘은 상을 내린다. 현실 생활을 등한시한 채 천과 귀신에게 상복만을 비는 것을 묵자는 용납하지 않았다. 이렇듯 천지와 명귀 그리고 비명에 대한 묵자의 본래의 뜻은 첫째, 현실의 개조에 있었으며 둘째, 백성의 이익을 도모하기 위함이었으며 셋째, 어떤 종교처럼 자신의 행복만을 기원하는 미신적 존재와는 상당한 차이가 있음을 알 수 있겠다.

결론적으로 묵자가 말하고 있는 천의 의지는 '겸상애, 교상리'의 정신으로 자신의 일에 충실하고, 자신의 노동의 댓가로 얻어진 성과를 향유하며, 결코 남의 것을 탐내지 아니하는 것이었다. 이러한 그의 주장은 묵자가 일관되게 주장한 일종의 신념과도 같은 것이었다.

3. 공자와 묵자 인간관의 동이점

1) 공자와 묵자 인간관의 지향점

공자와 묵자가 궁극적으로 제시하고자 했던 바는 인간을 근본으로 하는 인도적이고 평화로운 세상을 건설하는데 있었다. 그러나 그 방법적인 측면에 있어서는 양자가 일치하고 있는 것은

---

55 『墨子』「貴義」 참조.

아니다. 공자는 인을 기저로 하는 내면적 성찰과 자기 수양을 강조하였다. 즉 '수기이안백성', '극기복례'등에서의 '수(修)'와 '극(克)'용어는 자아를 도덕의 주체로 보고, 자아의 각성을 중시한 것이다. 이와 달리, 묵자는 인간의 실천적 행위를 더욱 중요시했다고 보여 진다. "머리부터 발꿈치까지의 털이 닳아 없어지도록 천하를 위해 일한다[摩頂放踵利天下爲之]."56에서 짐작할 수 있듯이 묵자는 자신의 주장을 현실 속에서 실천해 나가는데 조금도 주저함이 없었다.

천과 인의 관계에서 공자는 매우 지혜롭고 합리적인 입장을 취하고 있다. 즉 공자는 전통적인 천의 권위에 조금도 손상이 없이 그의 천명사상을 통해 신성성과 궁극성을 인간에 내재시켰다.57고 볼 수 있다. 묵자는 공자에 비해 보다 정교하고 체계적인 천인관을 제시하고 있는데, 천과 귀신이 인간의 불인을 감독하며, 상벌을 이행하는 종교적 색채를 띠고 있다. 묵자를 중국 신학사의 대표적인 인물로 평가하고 있는 것도 이와 같은 맥락에서 찾을 수 있겠다.

2) 인간관의 공통점과 차이점

위의 관점에 유의하여 공자와 묵자가 지닌 인간관의 공통점을 다음과 같은 세 가지로 요약할 수 있겠다. 우선, 모든 사회 문제의 근간은 나에게서 시작한다는 것이다. 공자의 경우, 자아에 내재한 인을 밝혀 수기와 극기를 통해 예를 회복하고 종국에는 애인의 경지에 이르며, 그것이 곧 사회의 온갖 부조리를 치유하

---

56 『孟子』「盡心」上.
57 李東俊, 『儒敎의 人道主義와 韓國思想』, p.24 참조.

는 첩경으로 인식하고 있다. 묵자의 경우도 마찬가지로, 진정 나의 몸을 사랑하듯이 타인의 것을 사랑할 수 있다면, 남의 것을 탐내거나 유린할 수 없으며, 세상의 모든 사람들이 이를 하늘의 뜻이라 여기고 존중하게 된다면 평화의 길이 열릴 것이라고 보았다.

공자와 묵자의 이러한 사상은 타인을 존중하며 자신을 낮출 때 가능한 것이다. 세상의 분쟁들의 본질은 그것이 개인 간의 다툼이든 국가 간의 분쟁이든 상대를 탓하면서 비롯된다. 춘추전국시대 두 철학자의 시각도 바로 이점에 착안하여 시대와 사회를 힐문하기보다 자신을 질책하려 했던 것이다. 그것이 바로 사회의 부도덕성을 극복하고 인간위주의 평화로운 세상을 여는 길이라고 믿었다.

둘째, 공자와 묵자 모두 이상적인 인간상으로 성인을 설정하고 따르도록 하였다. 공자는 성인을 도덕적으로 완벽한 인격체로서 인의 결정체로 보았다. 묵자는 "천하의 이로움을 일으키고, 천하의 해로움을 제거함[興天下之利, 除天下之害]."을 적극적으로 실천하여 평화로운 세상을 만드는 이를 성인으로 보았다. 공자와 묵자의 성인관은 다소 차이가 있지만 그들 모두 성인을 존중하며, 인류의 모범으로 제시하고 있다. 이렇듯 실존했던 성인을 통하여 명확한 인생의 목표를 설정하고, 부단히 노력하면 이룰 수 있다는 인간에 대한 신뢰를 공자와 묵자는 공통적으로 지니고 있었다.

끝으로, 천을 철학적 체계 속에 어떻게 활용했는지는 서로 다른 양상을 보이는 것이 사실이지만, 공자와 묵자가 하늘에 대하여 지닌 공통적인 인식은 천은 인간의 적극적인 후원자였다는 것이다. 공자에게서 천과 천명은 자신이 주장한 도덕적 관념의 원천이었다. 천은 인간이 왜 인간을 사랑해야하는지의 당위성을 제공하였다고 볼 수 있다. 묵자의 천지는 곧 인지를 의미하였다. 결국 천 등의 개념을 통해 공자와 묵자 양자는 인간의 주체적인 능동성을 강조하고 그것을 통하여 천하대란을 치유하려 했다는 것이다.

현대 사회는 과거 어느 시기보다 인간의 존엄에 대하여 제도적 보장이 가능해졌지만, 실제적으로 인간의 가치가 상실의 차원을 넘어 몰락의 위기에 처한 것이 오늘날의 실정이다. 황금지존, 과학독존의 물질만능의 가치관에서 연유된 것이다. 우리가 이러한 물질위주의 가치관에서 벗어나 인간 중심의 가치관에 집중할 수만 있다면 우리 사회에 내재된 많은 문제가 해소 될 수도 있을 것이다. 오늘을 사는 우리들에게 인간의 이성과 의지에 기초하여 합리적인 실천을 강조한 공자와 묵자의 인간관은 그 시사하는 바가 크다고 할 것이다.

02 공자와 묵자의 개인선과 공동선

　　공자와 묵자는 중국 선진시대의 주요 사상가들로서 각기 독특한 개성과 특성을 지니고 있으며 당시는 물론이고 오늘날까지도 사상적 영향이 지속되고 있다. 이들에 대한 비교 연구도 많이 진행되었으나 주로 양자의 차이점을 규명하는데 그 주안점이 있었다.

　　『회남자』기재에 의하면 묵자는 유가에 종사하며 공자의 가르침을 받은 것으로 알려져 있다. 그가 공문(孔門)의 가르침을 버린 것은 유가가 제시하는 예(禮)와 악(樂)이 번잡하고 사치스럽다는 것이 주된 원인이었다. 묵자는 허례와 허식이 불러오는 백성들의 곤궁함을 간과할 수 없었다.[1] 그럼에도 불구하고 묵가 사상이 지닌 유가적 요소에 주목한 많은 연구들이 묵학의 원류를 유가에서 비롯된다는 견해를 제시하였다. 대표적인 견해로는 묵자가 공자의 사상을 한편으로 버리면서도 다른 한편으로는 발양했다는 주장이 그것이다.[2] 우리가 주목해야 할 점은 공자와 묵자의 관계를 연구한 성과들의 대부분이 양자의 사상이 대립적이거나 배타적

---

[1] 『淮南子』「要略」: "墨子學儒者之業, 受孔子之術, 以爲其禮煩扰而不說, 厚葬靡財而貧民, 久服傷生而害事, 故背周道而用夏政."
[2] 회남자의 주장에 대해 張立文의 경우, 묵자는 공자가 사랑을 실천하는데 있어서 친소, 위계, 선후, 차등을 나누는 것에 대해 극렬하게 비판하였지만, '범애중(汎愛衆)'의 박애정신을 발양하여 겸애를 주장하였다고 본다(長立文, 『周易與儒道墨』, 東大圖書, 1991, p.174 참조).

인 성격을 지닌 것으로 이해하고 있다는 것이다.

사상은 두부 모 자르듯 나눌 수 없으며, 사상가 간의 상이점 속에는 반드시 그 연계성이나 상동점이 존재할 수밖에 없다. 특히 묵자는 비록 자신과 상반된 견해를 지닌 사상가의 주장일지라도 그것이 보편타당한 것이라면 이를 수용해야 한다는 입장을 취하고 있다.3 이는 묵자의 학문적 태도와 성향을 잘 반영한 것이라고 생각된다. 또 학파 간의 연계성이 필연적으로 존재할 수밖에 없다는 점을 예증하는 것으로 이해할 수 있다.

바로 이러한 점에 착안하여 개인과 공동체의 이상적 관계, 다시 말해 공동체 구성원으로서 개인이 공동선을 구현하기 위해 어떤 노력과 역할을 해야 하는지, 또 공동체는 개인의 생존과 가치에 대해 어떤 입장을 지녀야 하는지에 대한 공자와 묵자의 상호 연관성을 추론해 보는 것이 이 장의 주된 목적이다.

인간은 사회에서 태어나 자신을 실현하기 위해 노력한다. 동시에 공동체가 지향하는 목표를 함께 추구한다. 이 경우 개인의 이익과 가치, 존엄의 실현을 우선적으로 추구하려는 개인선과 공동체의 질서와 이익을 추구하는 공동선은 갈등을 일으킬 수밖에 없으며 묵가와 유가는 바로 이러한 문제들을 조화시키기 위해 자신들의 수신이론을 개진하였다고 생각된다. 말하자면 사회 구성원으로서의 바람직한 개인은 자기 수양을 우선하여 실행함으로써 사회가 요구하는 공동선을 실현한다고 본 것이다. 공자와 묵자가 개인의 수신과 관련된 심도 높은 논의를 하고 진행했던 것은 개개인이 지닌 덕성이 곧 공동체의 도덕성이 된다는 인식을 공유하고 있었기 때문이다.

다음으로 공자와 묵자의 인재관을 중심으로 개인선을 위한

---

3 『墨子』「公孟」: "子墨子與程子辯, 稱于孔子, 程子曰, 非儒, 何故稱于孔子也, 子墨子曰, 是亦當而不可易者也."

공동체의 바람직한 역할에 대해 논의하고자 한다. 현명한 이를 가려내고, 유능한 이를 임용해야 한다[選賢任能]는 생각은 주나라 시대에 이미 비롯된 것이지만 보편적으로 확산되지는 못하였고 일부 개별적인 현상에 불과하였다.

그런데 춘추를 지나 전국시대에 접어들 무렵 개인의 이익과 공동체의 이상이 잦은 충돌을 일으킴에 따라 이를 조정할 도덕성과 재능을 겸비한 인재의 중요성이 부각되기 시작하였다. 공자와 묵자는 바로 이러한 시대적 패러다임 속에서 이상적 인간의 기준을 제시하고, 이들의 역할과 작용을 통해 이상적 공동체를 구현하고자 하였다. 그들은 도덕성과 재능을 가진 인재만이 당시의 문제점을 해결할 수 있는 열쇠를 쥐고 있다고 믿었다. 아울러 이들이 적합한 역할을 수행할 수 있도록 개인의 권위와 지위를 보장해 주어야 한다고 생각하였는데, 이는 개인선의 실현을 공동체가 보장해야 한다는 의미로 해석될 수 있다.

중국 선진시대, 공자와 묵자는 과연 지금 우리가 생각하는 것처럼 상호 이질적이고 배타적인 관계였을까? 이들은 자신들의 선명성을 지키기 위해 상호 견제하면서도 동시에 다른 학파의 탁월한 주장을 과감히 수용하면서 각기 특성을 지닌 보편적 행위 규범의 틀과 이상 사회의 원형을 구축하였다. 특히 개인선과 공동선을 유기적 관계로 이해하고 이를 조화시키기 위한 그들의 다채롭고 풍부한 이론들은 긴밀한 사상적 연계성을 지니고 있다고 생각된다.

1. 개인의 수신을 통한 공동선의 완성

공자 수신이론의 최종 지향점은 인(仁), 즉 사랑의 정신을 공동체 속에서 실현하는데 있다. 그는 '친친위대(親親爲大)'를 기저로 사랑의 실천은 혈연의 친소(親疎)에 따라 우선 자신의 부모부터 실천되어야 함을 내세웠다. 이에 반해 묵자는 천하 혼란은 바로 자신의 부모만을 부모로 생각하는 차등적 사랑에 있다고 보고, 수신을 통해 '애이유겸(愛而有兼), 애무차등(愛無差等)'의 정신을 함양하고 실천함으로써 이상적인 공동체를 구축할 수 있다고 주장하였다. 이는 인(仁)을 실천하는 방법적 측면에서 공자와 차별되는 점으로 사실상 공자와 묵자 사상의 분기점으로 이해되어 왔다. 하지만 양자의 수신이론을 면밀히 따져 볼 때 더 큰 차원에서 양자 간에는 내재적 연계성이 존재하며 이를 간과해서는 안 된다고 본다.4

먼저, 공자는 사람이 되어서 도덕적 품성을 지니지 못하면 예와 악을 한들 무슨 소용이 있겠는가?5라고 주장하면서 외재적 행동 양식인 예에 앞서 도덕 실천의지를 함양하기 위한 수신의 중요성을 부각시키고, 수신은 공동체 구성원으로서의 개인이 거쳐야 할 기본 과정임과 동시에 공동체의 질서를 유지하는 근간으로써 강조하였다. 그는 덕을 닦지 못하는 것, 학을 강마하지 못하는 것, 의를 듣고 옮겨가지 못하는 것, 선한지 아니한 것을 고치지 못하는 것을 자신의 걱정으로 삼았다.6 그가 개인의 수신을 중시했던 것은 개인이란 공동체의 일부분이며, 바람직한 개인이 이상적인 공동체를 만들 수 있다는 믿음에서 기인한 것이다. 따라서 수신을 위한 개인적 노력이란 결국 공동체 속에서 의로움을 실천하고 불선한 것을 개선하기 위한 전제가 된다고 보았다.7

---

4 丁原明, 「論墨儒相通」, 『墨子硏究論叢(一)』, 山東大學出版社, 1991, p.197 참조.
5 『論語』 「八佾」: "子曰人而不仁, 如禮何, 人而不仁, 如樂何."
6 『論語』 「述而」: "德之不修, 學之不講, 聞義不能徙, 不善不能改是吾憂也."
7 황성규, 「청소년 인성교육 방향 모색을 위한 유교의 배려 이론 고찰」, 『한국철학논집』, 제44집, 한국철학사연구회 2015, p.159-160 참조.

자로가 군자에 관해서 여쭈어 보았다. 공자가 이르길 "경건한 마음으로 자신을 수신해야 한다."라고 말하였다. 자로가 "그러할 따름입니까?"라고 묻자, 공자는 "자기를 수양해서 남을 편안하게 해주어야 한다."라고 하였다. 자로가 "그러할 따름입니까?" 라고 묻자 "자신을 수양하여 백성들을 편안하게 하는 것이니 자기를 수양해서 백성을 편안하게 해주는 일은 요임금이나 순임금도 병통으로 여겼다."라고 하였다.8

위에서 언급된 수양이란 단순히 개인의 일이 아니라 타인을 존중하고 타인을 배려하는 공동체적인 차원에서 완성되는 것이며, 이러한 일은 아무나 쉽게 할 수 있는 일이 아님을 시사하고 있다. 덧붙여 그는 종신토록 행해야 할 것으로 자신이 원하지 않는 일은 타인에게 시키지 않아야 하며, 자신을 미루어 타인의 처지를 고려해 낼 수 있는 서(恕)의 정신을 삶의 지침으로 삼아야 한다고 보았다.9 타인을 힐책하기에 앞서 수신을 통해 올바른 몸가짐을 지니고, 나아가 공동체 속에서 타인을 우선 고려하고 그들을 위해 헌신해야 한다는 것이다.

이러한 수신의 논리는 개인이 염원하는 개인선과 공동체가 추구하는 공동선이 결코 대립적인 것이 아니며 상호 보완과 조화를 이루어야 한다는 생각에 기인한 것으로 보인다. 그런데 이러한 관점은 묵자에게도 동일하게 드러나 있다.

군자는 가까운 것을 살피고, 가까운 것부터 닦는 사람이다. 남이 행

---

8 『論語』「憲問」: "子路 問君子, 子曰 修己以敬. 曰 如斯而已乎? 曰修己以安人. 曰 如斯而已乎? 曰 修己以安百姓, 修己以安百姓, 堯舜其猶病諸."
9 『論語』「衛靈公」: "子貢問曰, 有一言而可以終身行之者乎? 子曰其恕乎, 己所不欲, 勿施於人."

실을 닦지 않아서 비방당하는 소리를 듣는 것을 보면 그것으로써 자신을 반성하는 계기로 삼는 사람이다. 이렇게 하여 남의 원망을 듣지 않고 자신의 행실을 닦아 나간다.10

묵자는 근본적인 것을 안정되게 해놓지 않고 말단적인 것에 힘쓰지 않아야 한다고 강조한다.11 그 역시 개인은 공동체의 관계로부터 분리될 수 없는 존재이며, 개인의 집합체가 곧 공동체가 되는 것이라고 보았다. 개인의 인격 도야는 공동체 질서 유지의 초석이 된다고 생각한 것이다. 이러한 묵자의 개인선과 공동선에 대한 기본 인식은 공자의 관점과 긴밀하게 연계된 것이라고 생각된다.

묵자가 개인의 수신을 강조한 것은 도덕적 개인만이 공동선을 구현할 수 있다고 믿었기 때문이다.

> 군자는 몸으로써 실천하는 사람이다. 자신의 이익만을 중시하며 명예를 잊고 경솔하게 행동하면서 천하에 바른 선비가 된 이는 일찍이 있지 않았다.12

묵자가 보기에 개인이 자신의 가치와 행복 그리고 자아실현을 중시하는 것은 자연스러운 일이다. 하지만 공동체 구성원으로서의 개인은 그에게 주어진 역할을 수행해야 한다. 다시 말해 한 개인으로서의 군자는 먼저 자신의 발전과 성장을 위해 수신에 전념해야 하며, 나아가 공동체의 가치와 전통에 따라 공동체 구성

---

10 『墨子』「修身」: "君子察邇而邇修者也, 見不修行, 見毀而反之身者也, 此以怨省而行修矣."
11 『墨子』 위의 책: "置本不安者, 無務豊末."
12 『墨子』 위의 책: "君子以身戴行者也, 思利尋焉, 忘名忽焉, 可以爲士於天下者, 未嘗有也."

원의 자아실현을 돕고 공동의 이익을 중시해야만 한다. 따라서 수신을 통해 덕성과 능력을 겸비한 개인은 재빨리 남을 돕고, 힘써 나누어주며, 부지런히 가르침을 베풀어야 한다.13 개인 수신의 최종 지향점이 바로 공동선의 완성에 있음을 강조한 것이다.

이처럼, 공자와 묵자는 개인과 공동체와의 관계에서 먼저 개인이 도덕적 자질과 소양, 그리고 능력을 겸비하고 이로써 공동체를 위해 헌신할 때 개인선과 공동선이 조화로운 관계를 유지할 수 있다고 생각한 것이다. 그리고 그들은 수신이라는 과정을 통하여 공동체를 위해 헌신할 수 있는 인간상을 정립하고 이로써 이상적 사회를 완성하고자 한 것이다.

그렇다면 개인과 공동체 구성원 간의 균형과 조화를 이루기 위해 어떠한 덕목을 수양하고 체득해야 하는 것일까? 결론부터 말하자면 공자와 묵자 모두 타인에 대한 헌신과 동정심에 기반을 둔 사랑의 정신, 인(仁)을 핵심 덕목으로 삼아 개인의 도덕적 자질을 완성하고, 공동체 존속을 유지해야 한다고 보았다.14

공자의 인(仁)이란 곧 인(人)이며15 사람을 사랑하는 것이다.16 그는 '범애중(汎愛衆)'을 주장하며 사랑이란 개인적 측면에서 점진적으로 공동체 속에 확산되어야 한다고 보았다. 인(仁)이 공동체 속에서 발양될 때 공동체의 이익과 질서가 유지할 수 있다고 보았던 것이다. 이러한 인을 실천하는 방법으로써 공자는 다음과 같이 말하고 있다.

자신을 이기고 예에 돌아가는 것이 인을 행하는 것이니, 하루라도

---

13 『墨子』「尙賢」下: "有力者疾以助人, 有財者勉以分人, 有道者勸以教人."
14 王桐齡, 『儒墨之異同』, 北平文化學社, 1931년, pp.31-32 참조.
15 『中庸』: "仁者, 人也."
16 『論語』「顔淵」: "樊遲問仁, 子曰; 仁者, 愛人也."

자신을 이겨서 예에 돌아가면 천하가 인에 돌아올 것이니, 인을 하는 것은 자기에게 있는 것이니, 어찌 남에게서 말미암을 것인가? … (중략)… 예가 아니면 보지 말며, 예가 아니면 듣지 말며, 예가 아니면 말하지 말며, 예가 아니면 움직이지 말라.17

인의 실천이 공동체 속에서 타인과 관계되는 것이라면 위에서 언급된 '극기(克己)'는 바로 자신을 절제하는 힘으로써 '나'라고 하는 개인의 문제가 되는 것이다. 즉 개인은 자신의 절제를 통하여 보고, 듣고, 말하며, 행동하는 것 등이 공동체의 도덕과 규범에 모순됨 없이 실천되어야 한다는 것이다.18 만약 자신을 결속하는 능력이 결여되어 있다면 타인을 사랑하는 것도 있을 수 없다. 오직 자신의 노력에 의지한 수신과정을 통하여 이상적 인간상을 정립할 때 공동체가 요구하는 공동선이 가능하다고 본 것이다.

묵자 역시 인(仁), 인의(仁義)를 강조하며 인인(仁人), 인자(仁者)를 이상적 인간으로 제시하였다. 그는 먼저 천하 혼란은 바로 자신의 부모만을 부모로 생각하는 차별적 사랑에 있다고 보았다. 자기, 자기 가족, 자기 나라에 대한 사랑이 타인에 대해 배타적인 입장을 가지게 만들었으며, 사적 이익에 기반을 둔 개인선을 지나치게 추구하는 과정에서 공동선이 무너지고 결국 서로 다툼이 생겨났다고 파악한다.

또한 묵자는 개인과 한 가정의 행복도 공동체 구성원 간에 사랑이 충만할 때 공고해 진다고 보았다. 개인의 가치와 행복 추구는 공동체적 가치와 관계에 뿌리를 두고 공동체와 상호 작용하는 과정에서 함양된다고 본 것이다.

---

17 『論語』「顏淵」: "顏淵問仁, 子曰; 克己復禮爲仁, 一日克己復禮, 天下歸仁焉. 爲仁由己而由人乎哉? …(중략)… 非禮勿視, 非禮勿聽, 非禮勿言, 非禮勿動."
18 황성규, 「인간관의 탐색」, 『동방사상과 인문정신』, 심산, 2007, pp.194-196.

남이 그의 부모를 사랑하고 이롭게 해주기를 바랄 것이다. 그러면 어디서부터 시작해야 그렇게 할 수 있겠는가? 내가 먼저 남의 부모를 사랑하고 이롭게 해준 뒤에 남이 나의 부모를 사랑하고 이롭게 해주는 보답을 바래야 되는 것 아니겠는가? 내가 먼저 남의 부모를 미워하고 해롭게 하고 남이 나의 부모를 사랑하고 이로움을 보답해 주기를 바랄 수 없을 것이다.19

자신의 부모를 사랑하는 그런 정신으로 남의 부모를 똑같이 대우하고자 하는 의식이 공동체 구성원 모두에게 일반화된다면, 다른 사람 역시 나의 부모에게 똑같이 대우해 줄 것이다. 이는 공동체의 결속과 질서 속에서만 나의 부모를 온전히 모실 수 있다는 생각이다. 또한 공동선을 추구하려는 의무의식이 개인선을 가능하게 한다는 연대의식의 발로이기도 하다.

따라서 '겸애'는 '범애중'의 구체적·실천적 표현이지 '무부(無父)'20의 윤리라고 볼 수 없다. 가령, 유가가 중시하는 효(孝)는 단지 자신의 부모만을 사랑하는 것으로 완성될 수 없으며, 남의 부모에 대한 공경으로 이어져야한다. 나의 부모를 받들어서 남의 부모에게 미쳐야 하는 것이다.21 이는 묵가에서 말하는 내가 다른 부모를 공경하게 되면 다른 사람 역시 나의 부모를 공경하게 된다는 주장과 다른 것이라고 볼 수 없다.

개인의 수신과정에서 반드시 함양해야 할 인(仁)과 그것의 특성, 그리고 지향점에서 공자와 묵자는 사랑이란 단순히 자신이나

---

19 『墨子』「兼愛」下: "卽欲人之愛, 利其親也. 然則吾惡先從事卽得此? 若我先從事乎愛利人之親, 然後人報我愛利吾親乎? 意我先從事乎惡人之親, 然後人報我以愛利吾親也."
20 『孟子』「滕文公」下: "墨氏兼愛, 是無父也"
21 『孟子』「梁惠王」上: "老吾老, 以及人之老."

자신과 이해관계에 있는 사람들의 이익 충족만을 추구하는 것이 되어서는 안 된다는 입장에서 상호 연계됨을 볼 수 있다. 다시 말해 양자는 사랑의 실천이 개인에서 시작되지만 결국은 공동체의 안위와 긴밀한 연관을 지니는 것임을 전제하고, 사회적 유대와 공동선의 약화로 인해 이기주의로 변질될 가능성을 차단하고자 한 것이다.

이러한 양자의 관점과 주장은 그들 이후의 맹자에게서 보다 완정된 형태로서 나타났으며, 맹자가 공자와 묵자의 주장을 회통시키고 상호 보완을 추구했다는 연구 결과로 이어지기도 하였다. 즉 맹자가 주장한 '유자입정(孺子入井)' 사례에서 제시된 측은지심은 공자가 강조한 혈연관계를 초월하여 묵자가 지향한 인류의 사랑으로 향하고 있는 것이다.[22] 비근한 예로, 공자는 노인을 편안하게 해주고, 친구에게는 믿음을 주며, 어린이는 보살펴 주는[23] 사회적 약자에 대한 배려가 구체화된 공동체를 이상으로 제시하였다. 묵자 역시 공동체 내에서 소외된 사람들에 대한 고려를 역설하였다. 그는 '겸(兼)'[24]을 주장해야 하는 것은 공동체의 이익을 실천하는 것이라고 전제한 뒤 다음과 같이 주장한다.

> 이렇게 되면 밝은 귀와 눈으로 다른 사람의 보고 듣는 것을 서로 도울 수 있으며, 튼튼하고 힘 있는 팔다리로 서로 도울 수 있을 것이다. 그리고 도를 깨친 사람은 부지런히 서로 가르치고 깨우쳐 줄 수 있을 것이다. 또한 늙어서 아내와 자식이 없는 사람도 부양해 주는

---

22 陳 炎, 「墨家與子儒, 道之間的网絡聯系」, 『墨子硏究論叢(三)』, 山東大學出版社, 1995, pp.357-358 참조.
23 『論語』 「公冶長」: "老者安之, 朋友信之, 少者懷之."
24 '겸'이라는 글자는 세계의 모든 사회구성 단위로 사랑이 보편 확장되어야 한다는 의미를 담고 있다(이운구·윤무학, 『묵가철학연구』, 대동문화연구원, 1995, p. 70 참조).

사람이 있어서 그의 목숨이 다할 때까지 살 수 있을 것이며 어리고 약하면서 부모가 없는 아이들도 그의 몸을 의지할 데가 있을 것이다.25

개인과 공동체 구성원 간의 유기적 관계를 통해 공동체 속에서 소외된 사람들에 대한 문제를 해결해야 한다는 입장은 개인과 공동체의 균형과 조화를 이루려는 의지로 해석될 수 있다. 공자와 묵자가 제시한 이러한 관점에 근거하여 맹자는 개인선과 공동선이 모순되지 않고 상호보완을 이룬 공동체를 이상으로 추구하면서 사회적 약자에 대한 인(仁)을 실천하는 방법에 대해 다음과 같이 종합하여 제시한다.

늙어서 아내가 없는 것을 환(鰥)[홀아비]이라 하고, 늙어서 남편이 없는 것을 과(寡)[과부]라 하고, 늙어서 자식이 없는 것을 독(獨)[무의탁자]이라 하고, 어려서 부모(父母)가 없는 것을 고(孤)[고아]라 하니, 이 네 가지는 천하(天下)의 곤궁한 백성으로서 하소연할 곳이 없는 자들입니다. 문왕(文王)은 정사(政事)를 펴고 인(仁)을 베푸시되 반드시 이 네 사람들을 먼저 하셨습니다.26

공동체 속에서 불평등하고 자의적인 기준에 따라 차별을 받아 온 사람들을 우선적으로 고려해야 한다는 맹자의 관점은 수신을 통해 형성된 개인의 도덕성이 공동체로 확대된 것이라고 볼 수 있다. 이것은 공자 인(仁)사상의 발양이며, 동시에 묵자 겸애

---

25 『墨子』「兼愛」下: "是以聰耳明目相與視聽乎! 是以股肱畢強相爲動宰乎! 而有道肆相敎誨, 是以老而無妻者, 有所侍養以終其壽. 幼弱孤童之無父母者, 有所放依以長其身."
26 『孟子』「梁惠王」下: "老而無妻曰鰥, 老而無夫曰寡, 老而無子曰獨, 幼而無父曰孤, 此四者, 天下之窮民而無告者, 文王發政施仁, 必先斯四者."

(兼愛) 주장의 완성이라고 해야 할 것이다.

공자와 묵가는 가장 기본적인 개인의 수신에서부터 그들이 이상적으로 지향하는 최고의 지향점, 즉 사랑의 구현에 이르기까지 상호 연계되는 측면이 분명해 보인다. 물론 미시적인 측면에서는 차이가 있지만 궁극적인 측면에서는 상통하는 점이 존재하고 있다.

이 밖에도, 공자와 묵자는 동일하게 언담(言談)의 중요성에 대해 강조하고 있다. 공동체 내에서 개인과 개인은 끊임없이 서로의 견해를 주고받는다. 서로 다른 의견, 갈등과 폭력 등을 극복하기 위해서는 의사소통의 합리성이 무엇보다 중요하다. 먼저 공자는 의사소통 당사자 간의 진지하고 성실한 자세가 중요하다고 생각하였다. 그는 함께 말할 만한 사람인데도 서로 말하지 않는 것은 사람을 잃는 지혜롭지 못한 것이라고 보았다.27 개인이 해야 할 말은 조리 있게 하되 불필요한 말은 줄이는 것이 공동체 내의 갈등을 최소화할 수 있는 태도라고 생각한 것이다. 아울러 언담의 과정에서 당사자들은 상대를 배려하며 항상 신중해야 하며 반드시 실천으로 이어져야 한다고 보았다. 그는 개인의 윤리적 행위의 기반을 개인 상호 간의 언담에서 찾았던 것이다.

> 덕이 있는 사람은 반드시 말을 하지만 말을 하는 사람이 반드시 덕이 있는 것이 아니다.28

공자는 말을 행하고, 그 뒤에 말을 따라야 하며29 일을 하는

---

27 『論語』「衛靈公」: "可與言而不與之言失人, 不可與言而與之言失言, 知者不失人亦不失言."
28 『論語』「憲問」: "有德者, 必有言, 有言者, 不必有德."
29 『論語』「爲政」: "先行其言而後從之"

데는 민첩하며 말하는 데는 조심하고,[30] 말하는 것을 부끄러워하지 않으면 실천하는 것이 어렵다[31]고 생각하였다. 공동체 구성원 사이에 준수해야 할 언담의 기준을 정립하고자 한 것이다. 나아가, 그는 덕성과 능력을 겸비한 인재를 선발하는 과정에서도 그 말을 듣고 그 행동을 보면서 믿어야 한다고 생각하였다.[32] 단지 말만하고 그것이 실행으로 이어지지 않는다면 이는 말을 하지 않고 있는 것보다 공동체에 대해 더 큰 해악을 끼칠 수 있다고 보았다. 공자의 언담에 대한 신중함은 이후 유가의 기본적 전통이 되었음은 물론이고 묵자의 입장에도 영향을 주었다.[33]

묵자의 언담에 대한 관점과 주장은 공자의 견해를 기저로 하고 있다고 생각된다. 다만 묵자는 제자들을 교육시키는 과정에서 언담과 관련된 담서(談書)를 중시하며, 그것을 공동체 구성원으로서 반드시 함양해야 할 소양으로 생각하고 있다.[34] 이는 공자에 비해 좀 더 구체적이고 적극적으로 언담의 중요성을 인식한 것으로 생각된다.

> 성인은 그들의 말을 먼저 듣고, 그들의 행동하는 바를 좇아서 그들이 지닌 능력을 살펴 신중하게 벼슬을 주었으니, 이것을 능력 있는 사람을 부리는 것이라 한다.[35]

---

30 『論語』「學而」: "敏於事而愼於言"
31 『論語』「憲問」: "其言之不怍則爲之也難"
32 『論語』「公冶長」: "聽其言而信其行"
33 陳朝暉, 「孔墨尙賢人才觀之比較」, 『墨子硏究論叢(二)』, 山東大學出版社, 1993, p. 152.
34 황성규, 「묵자 교육 사상의 특징과 의의」, 『도덕윤리과교육』 제26호, 한국 도덕윤리과 교육학회, 2008, p.171 참조.
35 『墨子』「尙賢」중: "聖人聽其言, 迹其行, 察其所能而愼予官, 此謂事能."

묵자는 개인의 언담이 지닌 신중성과 실천성은 공동체의 발전과도 관련된다고 보았다. 따라서 언담을 통해 개인의 도덕적 자질과 능력을 측정하고 이로써 그들에게 합당한 지위를 부여해야 한다. 또 개인의 언담은 반드시 공동체가 추구하는 이상 실현을 위한 실천으로 연결되어야 한다고 보았다. 묵자는 진지한 논쟁을 통하여 할 말은 하는 그런 개인이 결국 공동체를 보존하는 사람이 될 것이며, 개인적인 이익을 위하여 할 말을 하지 못하고 입을 다물고 있다면 이는 공동체 구성원들 간의 원한을 맺게 하는 결과를 초래할 것이라고 파악하였다.[36]

공자와 묵자의 견해들을 종합해 볼 때, 개인은 공동체의 구성원으로서 공동체가 요구하는 인간상을 실현하기 위해 노력해야 한다. 공동체가 요구하는 인간상의 핵심 덕목은 사랑으로서, 개인은 자신을 사랑하는 정신을 공동체 구성원에게 확대해 나가야 한다. 공자와 묵자가 보기에 개인선은 공동선과 대립된 것이거나 분리된 것이 아니며 하나의 유기체로서 끊임없이 상호 작용을 통해 완성되는 것이다.

2. 도덕적 개인과 공동체의 도덕성

공자와 묵자는 수신의 과정을 통해 사회가 요구하는 덕성과 재능을 겸비한 인간을 '군자(君子)'라고 칭하였다. 양자는 이들의 작용을 매우 중시하였는데, 공자의 경우 "정치란 어떻게 하는 것이냐?"는 물음에 대해 언제나 군자가 지닌 역할의 중요성을 언급하곤 하였다. 도덕적 품성과 재능을 지닌 개인이 결국 공동체의

---

[36] 『墨子』「親士」: "君必有弗弗之臣, 上必有詻詻之下, 分議者延延, 而支苟者詻詻, 焉可以長生保國. 臣下重其爵, 位而不言, 近臣則喑, 遠臣則唫, 怨結于民心."

이상을 구현해 낼 수 있을 것이라는 확고한 신념이 자리 잡고 있었던 것이다.

묵자는 훌륭한 군주는 덕성과 재능을 지닌 인재를 얻어 나라를 다스리게 함으로써37 보다 안정되고 좋은 통치를 진행할 수 있다고 믿었다. 나아가 공자와 묵자는 이러한 개인들에게 능력에 부합하는 지위를 부여함으로써 공동체의 안녕을 유지해야 한다고 보았다. 개인적 노력을 통해 덕성과 재능을 겸비하게 되었다면 공동체는 이들이 자신들의 역량을 공동체를 위해 헌신할 수 있도록 적합한 지위와 권위를 책임져야 한다는 것이다.

공자는 군자가 우선 겸비해야 할 것은 개인적 수신을 통해 형성된 도덕성임을 분명히 하고 있다.

> 주공의 재주와 같은 아름다움이 있다하더라도, 가령 교만하고 인색하다면 그 나머지는 볼 것이 없다.38

교만하고 인색한 사람에게 재주가 있다면, 그 사람은 자신의 역량을 개인적 욕망을 채우는데 쓰기 때문에 공동체에 큰 피해를 입히게 된다. 예로부터 나라를 망친 사람들은 다 재주가 있는 사람들이었다.39 기(驥)를 훌륭한 말이라고 칭송하는 것은 그 힘을 이르는 것이 아니라, 그 덕을 일컫는 것이라고 진술한 것 역시 같은 맥락이다.40 공자는 썩은 나무에는 조각할 수 없고, 거름흙을 쌓아 만든 담장은 흙손질을 할 수 없다고 믿었다.41 그러므로 그

---

37 『墨子』「尙賢」上: "得賢人而使之"
38 『論語』「泰伯」: "有周公之才之美, 使驕且吝, 其余不足觀也已!"
39 이기동, 『논어강설』, 성균관대학교출판부, 2014, p.337 참조.
40 『論語』「憲問」: "驥, 不稱其, 稱其德也."
41 『論語』「公冶長」: "朽木不可雕也, 糞土之牆不可杇也."

는 정치를 위해 인재를 등용할 때에도 개인이 어떤 품성과 덕성을 지녔는지를 우선적으로 고려한 이후에 그가 지닌 재능의 크고 작음을 살펴야 한다고 보았다. 공동체 속에서 한 개인에게 신뢰의 품성이 결여되어 있으면 가능성을 찾을 수 없다고 생각했기 때문이다. 이러한 덕성을 바탕으로 하여 "문(文), 행(行), 충(忠), 신(信)"[42]의 재능을 갖추어야 하며 이러한 재능은 반드시 공동체를 위해 활용되어야 한다고 보았다.[43]

> 삼백편의 시를 외우더라도 정치를 맡겨주었을 때 통하지 못하고, 사방의 나라에 사신으로 가서 혼자서 대처하지 못한다면 비록 많이 외운다 하더라도 무엇을 하겠는가?[44]

당시에는 정치적 해결이나 외교적 교섭은 주연을 베푼 자리에서 시를 주고받으며 해결했다. 그러므로 시를 많이 외우면 정치능력과 외교능력이 생긴다.[45] 하지만 아무리 많은 시를 암송하더라도 공동체를 위해 이를 적의하게 발휘할 수 없다면 의미 없는 것이라고 본 것이다. 그렇다고 모든 개인은 공동체의 존속을 위해 존재하며, 공동선을 위해 개인선이 희생되어야 한다고 생각하지 않았다. 즉 공자는 개인을 공동체의 존속과 발전을 위한 수단으로 여기지 않았던 것이다.

공자는 공동체는 각자 개인이 지닌 능력에 입각하여 그에 합당한 지위를 부여해야 한다고 생각하였다. 높은 도덕성과 탁월한

---

42 『論語』「述而」: "子以四教文行忠信."
43 陳朝暉, 위의 글, p.152.
44 『論語』「子路」: "誦詩三百, 授之以政, 不達; 使於四方, 不能專對; 雖多, 亦奚以爲?"
45 이기동, 『논어강설』, 성균관대학교출판부, 2014, p.482 참조.

능력을 가진 개인이라면 공동체가 추구하는 이상을 위해 일을 할 수 있을 것이며[46] 따라서 덕성과 능력을 갖춘 인재에게 합당한 권위와 지위를 부여하는 것은 공동체가 개인에게 져야할 책무라고 인식한 것이다. 공자에게는 개인선을 지나치게 강조하면 공동선이 위태롭게 되고, 공동선을 과도하게 우선할 경우 개인선이 위축될 수 있다는 균형 감각이 분명하게 존재했던 것이다.

또한 공자는 정치는 사람에게 달린 것[47]이라고 보고 덕성과 재능을 갖춘 인재를 천거하여 임용할 수 있느냐 없느냐를 공동체 흥망과 관련짓고 있다. 그는 걸왕이 간신을 임용하고 은나라의 세 인자(仁者)와 같이 덕성과 재능을 지닌 신하를 핍박함으로써 결국 상왕조가 망하게 된 교훈을 말하기도 하였다.[48] 또한, 순임금이 유능한 인재 다섯 사람을 등용하여 국가를 부흥한 역사적 사실에 주목하며 인재를 얻는 것이 결코 용이한 일이 아니지만[49] 천붕지괴의 사회적 혼란을 수습하는 길은 이 외에 다른 방도가 없다고 생각하였다.

중궁(仲弓)이 계씨(季氏)의 관리로 나갈 때 공자는 어진 이와 재주 있는 사람을 등용하는 것을 정치를 행하는 세 가지의 법칙 중에 하나임을 제시하면서 주의를 당부하고 있으며 덧붙여 도덕성과 재능을 가진 사람을 중시하여 등용하면 다양한 곳에서 추천이 들어올 것이라고 말하고 있다.

> 중궁이 계씨의 가신이 되어 정치에 대해서 묻자, 공자가 이르기를
> "실무를 담당하는 실무자를 앞세우고 작은 허물을 용서해 주며, 어

---

46 『論語』「衛靈公」: "君子不可小知而可大受也, 小人不可大受而可小知也."
47 『中庸』 제20장: "爲政在人"
48 『論語』「微子」: "微子去之, 箕子爲之奴, 比干諫而死, 孔子曰, 殷有三仁焉."
49 『論語』「泰伯」; "才難, 不其然乎? 唐虞之際, 於斯爲盛. 有婦人焉, 九人而已."

진 이와 능력 있는 사람을 등용해야 한다." 어떻게 어진 이와 재주 있는 사람을 알아서 등용할 수 있는 지를 묻자, "네가 아는 사람들 중에서 등용하면 네가 모르는 사람은 남들이 놓아두겠느냐."고 하였다.50

공자는 도덕적 품성과 능력 있는 사람을 존중하고 등용하는 것이야 말로 이상적 공동체를 구현하는 아홉 가지 원칙[九經] 중의 하나이며 현명한 이를 존중하면 미혹됨이 없을 것51이라고 생각하였다.

묵자 역시 공동체가 지닌 문제는 탁월한 개인에 의해 해결될 수 있으며 공동체는 그들에게 합당한 지위와 권위를 보장함으로써 그들이 자신의 역량을 펼칠 수 있는 장을 마련해야 한다고 주장하였다. 그는 공자와 다름없이 개인을 공동체의 수단이나 부속품처럼 취급해서는 안 된다고 보았다.52 먼저 그는 군자가 갖추어야 할 기본적 자질을 '의(義)'와 '능(能)'으로 제시하고 있다.

> 의롭지 않은 자는 부유하게 해주지 않고, 의롭지 않은 자는 귀하게 해주지 않으며, 의롭지 않은 자와는 가까이 하지 않는다.53

'의'는 묵자 학설 중에서 매우 중요한 도덕 범주이다. 묵자는 의보다 소중한 일은 없다.54고 하여 의가 개인 행위의 준거와 귀결점이 되어야 한다고 논변한다. 이는 공자가 오직 의를 따를 뿐

---

50 『論語』「子路」: "仲弓爲季氏宰問政, 子曰先有司, 赦小過, 擧賢才. 曰焉知賢才而擧之, 曰擧爾所知, 爾所不知, 人其舍諸."
51 『中庸』 제20장: "修身則道立 尊賢則不惑."
52 丁原明, 위의 글, pp. 201-202 참조.
53 『墨子』「尙賢」上 : "不義不富, 不義不貴, 不義不親, 不義不近."
54 『墨子』「貴義」: "萬事莫貴於義"

이라고 주장하며, 의를 행위 판단의 기준으로 삼은 것55에 대한 발양이다. 묵자가 보기에 당시의 사회가 혼란에 처하게 된 근본원인은 바로 의에 대한 올바른 인식과 이를 수행하고자 하는 의지가 결여되었기 때문이며, 만약 공동체 구성원들이 의를 행위의 준거로 삼는다면 서로 사랑하고 서로의 이로움도 나누는 이상사회의 건설도 가능할 것이라고 생각하였다.56

묵자는 공자에 비해 덕성과 재능을 지닌 개인의 사회적 작용에 대해 보다 현실적이고 구체적으로 진술하고 있다. 그는 위정자들이 백성들의 군주와 사직의 주인으로서 국가를 다스림에 있어 이를 오래 보전하려면 덕성과 재능을 지닌 개인을 숭상하는 일이 정치의 근본이 됨을 살피지 않을 수 없음57을 강조하며 인재의 중요성을 언급하고 있다. 그는 현명한 이가 정치를 하면 나라가 다스려지지만 어리석은 이가 정치를 하면 나라가 혼란해 진다고 생각한다. 아울러 한 나라가 임용한 도덕성과 재능을 겸비한 사람이 그 공동체 속에서 얼마나 존재하고 있느냐가 공동체의 운명과 밀접한 상관관계를 지니는 것이라고 주장한다. 따라서 공동체는 덕성과 재능을 지닌 군자에 대해 그에 합당한 역할을 보장해야 한다.

> 나라에 현명하고 훌륭한 사람들이 많으면 국가의 정치는 돈후해지고, 현명하고 훌륭한 사람들이 적으면 나라는 각박해진다.58

---

55 지준호, 「공자의 도덕교육론」, 『한국철학논집』 제40집, 한국철학사연구회, 2014, p.213 참조.
56 황성규, 「묵자 교육 사상의 특징과 의의」, 『도덕윤리과교육』 제26호, 한국 도덕윤리과 교육학회, 2008. p.167 참조.
57 『墨子』「尙賢」中: "今王公大人之君人民, 主社稷, 治國家, 欲修保而勿失, 故不察尙賢爲政之本也."
58 『墨子』「尙賢」上: "國有賢良之士衆, 則國家之治厚; 賢良之士寡, 則國家之治薄."

그러므로 위정자들이 힘쓸 일은 나라에 어질고 능력 있는 군자들이 많아질 수 있도록 하는 것이라고 보았다. 묵자는 공동체의 운명은 공동체를 선도하는 사람이 지닌 자질에 의해 판가름 나기 때문에 덕성과 재능을 지닌 인재는 국가의 보배이며 사직의 기둥59이라고 생각했던 것이다.

그러나 현실적으로 위정자들이 신하를 임용하는 방식은 덕성과 능력에 따르지 않은 점에 대해 매우 아쉬움을 토로하고 있다. 묵자는 옷을 만들거나 가축을 도살할 때에는 반드시 전문적 지식을 가진 사람들의 손을 빌리면서도 공동체의 문제점을 해결할 때에는 지혜로운 사람이 아닌 친척들을 임용하여 부리고 공동체를 위해 별다른 공적이 없이 부귀하고 아첨하는 사람들을 등용하는 것은 잘못된 처사임을 지적하고 있다. 이것은 지혜롭지 못한 사람들로 하여금 나라를 다스리게 하는 것이니 반드시 관리들은 부패하고 정사가 혼란해 질 것이라고 보았다.60

그는 도덕적 자질과 능력을 갖춘 사람이 등용되어 나라를 다스리면 천하는 반드시 다스려 질 것이기 때문에 덕성과 능력 있는 사람이 정치의 근본이 된다고 결론짓는다.61 따라서 성인들은 국가를 통치할 때,

> 덕 있는 사람을 등용하여 쓰고 현명한 사람을 존중하였다. 비록 농사를 짓거나 장인이나 장사를 하는 사람이라 하더라도 능력이 있으면 그를 등용하여 높은 자리를 주고 많은 녹봉을 주며 그에게 정사를 맡겨 결단하고 명령할 권한을 주었다.62

---

59 『墨子』「尙賢」上: "國家之珍, 社稷之佑."
60 『墨子』「尙賢」中: "逮至其國家之亂, 社稷之危, 則不知使能以治之. 親戚則使之, 無故富貴, 面目佼好, 則使之. 夫無故富貴, 面目佼好, 則使之豈必智且有慧哉. 若使之治國家, 則此使, 不智慧者治國家也. 國家之亂旣可得而知已."
61 『墨子』「尙賢」上: "故不察尙賢爲政之本也."

그가 도덕성과 능력을 갖춘 인재, 인자(仁者)를 중시했던 까닭은 덕성과 재능을 지닌 인재가 곧 공동체를 주도하는 공동체의 정신이며 공동체 그 자체를 의미하는 존재라고 생각했기 때문이다. 그러므로 공동체 역시 덕성과 재능을 갖춘 이들에게 합당한 사회적 지위와 권위를 보장해야 한다고 보았다. 이러한 묵자의 관점은 공자에게서 발원된 것이라고 생각된다.

공자와 묵자가 공동체의 운명은 도덕적 자질과 능력을 갖춘 개인에 의해 결정된다고 보아 공동체가 그들에게 적합한 권위를 보장해야 함을 역설한 것은 개인과 공동체 간의 균형과 조화를 도모하기 위함으로 해석된다. 그들은 개인의 헌신만을 강요하거나 공동체의 이상만을 추구하는 것이 아니라 개인이 자신이 지닌 덕성과 재능을 발휘할 수 있는 장이 열리고, 이것이 보편화될 때 공동체의 도덕성이 완성된 형태로 제자리를 잡게 된다고 본 것이다.

공자와 묵자가 제시한 바람직한 개인과 공동체의 관계에서 가장 중요한 연계점은 개인은 부단히 수신에 전념해야 하며 수신을 통해 형성된 덕성과 품성 그리고 재능을 공동선 구현을 위해 활용해야 한다고 본 것이다. 개인은 혼탁한 사회를 버리고 은둔자적 삶을 추구하는 것이 아니라 현실 사회가 지닌 문제점을 치열하게 고민하고 그 해결책을 제시해야 한다.

동시에 그들은 공동체는 개인을 수단이나 부속품으로 여겨서는 안 되며 개인이 자신이 지닌 역량을 발휘할 수 있도록 역할을 부여해야 한다고 주장하였다. 이는 개인선과 공동선은 상의적이며 상보적이라는 그들의 신념에 기인한 것이다. 그들이 주장한 개인과 공동체에 대한 그 연계성을 추론해 보면 다음과 같이 정리될 수 있다.

---

62 『墨子』「尙賢」上 : "列德而尙賢, 雖在農與工肆之人, 有能則擧之, 高予之爵, 重予之祿, 任之以事斷予之令."

먼저, 공자와 묵자는 개인의 집합체가 곧 공동체라고 보고 개인선과 공동선과의 균형과 조화를 추구하였다. 개인이 자신의 가치 및 행복을 추구하는 것은 지극히 당연한 일이지만, 공동체와 분리되어 이루어질 수 없으며 공동체와 상호작용하는 과정에서 형성되어야 하는 것이므로 공동체의 가치와 전통에 위배되지 않아야 한다. 그들이 수신이론을 통해 강조한 덕성의 본질은 바로 공동체 구성원으로서 개인이 지녀야 할 바람직한 품성이다.

둘째, 공자와 묵자는 개인의 수신에서 가장 중시되어야 할 덕목으로 인(仁)을 제시하였다. 인이라는 글자의 함의에서도 드러나 있듯이 인은 자신과 자신들의 가족의 이익을 추구하는 것이 아니라 공동체 속에서 나와 타자와의 원만한 관계를 지향하고 있다. 또 공자와 묵자는 언담을 중시하였는데 나와 타인의 관계에서 가장 신중하게 처신해야 할 것은 의사소통의 과정, 즉 언담이라고 보았다.

셋째, 개인선과 공동선은 상호 대립적 배타적 관계가 아닌 보완적 관계를 이루어야 한다고 보았다. 공자와 묵자는 모두 덕성과 품성을 갖춘 재능 있는 인재의 사회적 역할에 주목하고 강조하였다. 이는 개인이 모여 공동체를 구성한다는 기본적 인식에 근거한 것으로서 도덕적 개인이 도덕적 사회를 만든다고 파악한 것이다. 또한 그들은 도덕성과 능력에 근거하여 인재를 선발하고 그에 합당한 지위를 부여해야 한다고 보았는데 이는 공동체가 개인의 성장과 진보에 주목해야 한다는 점을 시사한 것이다. 개인선이 지나치지도 않고 공동선이 모자라지도 않는 상태, 즉 개인은 공동체를 위해 헌신하고 공동체는 개인의 가치와 존엄을 실현시키는 주체가 되는 것이 그들이 지향하는 바인 것이다.

묵자는 공자를 힐문하였고, 맹자는 묵자를 질책하였다. 후세의 학자들은 이를 근거로 유가나 묵가의 사상을 대립적으로 이해하는 측면이 허다하였다. 하지만 두 학파의 사상을 면밀히 분석해 보면 내재된 연계성을 어렵지 않게 찾을 수 있다. 특히 개인선과 공동선 간의 조화를 추구한 그들의 학설은 유묵상보(儒墨相補)의 주장이 제기된 연유를 여실히 보여준다고 하겠다.

03 공자와 묵자 의리관

중국의 선진시대 학자들은 '의(義)'와 '이(利)'의 올바른 관계 정립과 이해가 사회가 지닌 병리 현상을 극복할 수 있는 첩경으로 생각하고 자신들의 입장을 적극 개진해 왔다. 그들이 생각하기에 '의'와 '이'의 문제는 인간의 실제 생활과 밀접하게 관련되어 있으며, 이것에 대한 해결은 도덕 행위, 생활의 행복, 사회의 안위를 가능하게 할 것이라고 믿었다. 무엇보다도, '의'와 '이'의 문제는 인간이 도덕 판단을 하는데 있어서 매우 중요한 기본 문제라고 여겼다. 우리가 주목해야 할 점은 선진시대에 제기된 '의'와 '이'에 관한 각 학파의 견해는 그들 학파가 지닌 특성을 담아내고 있다고 볼 수 있을 만큼 학파별 고유의 특색을 지니고 있다는 것이다.

선진 학자들의 연구는 '의'에 대한 정의와 기준에서 비롯하여 '의'가 함유하고 있는 '이'는 어떤 성격을 지녀야 하는지에 관심을 두고 시작되었다. 나아가 한 개인에게 있어서 정당한 이로움이란 어떤 것이며, 어떤 범위까지 그것이 허용되어야 하는지에 대한 탐색으로 발전함으로써 인간 행위의 보편적 준거의 틀을 세우고자 하였다. 즉 인간이 어떤 행위를 할 때 '의'를 출발점으로 삼아야 하는지, 아니면 '이'를 먼저 추구하는 것이 합당한가에 대한 고찰을 통해 개인이 자신의 이익을 추구하는 것이 도덕적으로 정당한 것인가를 파악하고자 했던 것이다.

이 장에서는 다음 두 가지에 초점을 두고 살펴보고자 한다. 첫째, 선진시대 공자와 묵자의 '의'와 '이'에 대한 재해석을 통해 그들이 지닌 의리관의 본질을 고찰하는 것이다. 이를 위해 먼저 선진시대를 대표하는 세 학파, 유·도·묵가의 의리관을 살펴보고 이어 공자와 묵자의 의리관의 특성을 새로운 시각에서 분석하여 규명해 낼 것이다. 둘째, 공자와 묵자가 제시한 의리관이 오늘날 우리에게 주는 시사점을 알아보기 위한 전제 작업으로써 양자의 상호 보완의 가능성을 고찰해 볼 것이다. 이 글의 관점을 미리 제시하면, 한유(韓愈)가 지적한 대로 공자와 묵자의 의리관은 상호 보완적인 측면에서 충분히 회통시킬 수 있다는 점이다. 이것은 양자의 의리관에 대한 분석을 시도하는 과정에서도 어느 정도 납득이 되리라 생각되며 글의 결론 부분에서 제시하고자 한다.

우리가 살아가는 현대 사회의 많은 문제점들은 우리가 어떤 행위를 하는 데 있어서 마땅한 도덕 원리를 상실했기 때문일지도 모른다. 원리가 상실되었다면 우리의 판단도 당연히 그릇될 수밖에 없으며, 이것이 오늘 우리 사회가 지닌 도덕 문제의 발단이 되었다고 생각한다. 공자와 묵자의 의리관을 재조명하고 그것에 내재된 도덕적 의의를 규명하는 것은 그래서 더욱 절실한 작업일지도 모른다.

1. 선진시대 의리관의 특색

'의(義)'란 행위에 있어서의 마땅함, 혹은 적의함의 준칙이다. 『예기』「중용」편에 의하면 "의는 마땅함[義者, 宜也]"으로 정의되고 있다. 춘추시대에 이르러 '의'는 자신을 이기고 부당한 행위를 하지 않는 옳음, 정당함, 도리 등의 의미로 활용되기 시작하였는데, 공자가 말한 "옳은 일을 보고 실천하지 않으면 용기가 없는 것이다."¹라고 한 것은 '의'가 지닌 이러한 의미가 잘 반영된 것이다.

'이(利)'는 갑골문에서도 보일 정도로 매우 오래된 글자이지만, 지금 우리가 사용하는 이로움과 같이 경제적 측면의 의미에 부합되기 시작한 것은 춘추 중기 이후부터이다. 이 시기부터 사상가들은 자신들이 내세우는 윤리 학설의 특색을 바탕으로, '의'와 '이'를 연계하여 정의를 시도하고 양자의 관계를 대립 혹은 조화시키면서 자신들이 주장하는 학설을 부각시키기 시작하였다.

그러나 '의'와 '이'에 대한 체계적이고 본격적인 토론의 시작은 춘추 말 전국 초 공자와 묵자에 이르러 비로소 본격적으로 진행되었다. 이 시기 학자들의 관심은 '의'가 이로움을 줄 수 있느냐는 문제로부터 가일층 진전하여 도덕 행위의 주체인 인간은 '의'로써 행위의 준칙을 삼아야 하는가? 아니면 '이'를 추구하는 것으로써 행위의 원칙을 삼아야 하는가?로 진전된 양태를 보이고 있다. '의'와 '이'에 대한 단순 관계를 넘어 도덕 행위와 관련된 영역까지 확대되어 토론이 진행되었던 것이다.

유가의 경우, 공자의 의리관이 잘 반영된 "의로움으로써 이로움을 제어한다[以義制利]."는 원칙을 바탕으로 그들의 의리관을 개진하고 있으며, 이러한 관점을 잘 계승하고 발양한 학자는 순자이다. 순자는 공자와 마찬가지로 '의'를 도덕 실천의 준거로 삼았으며, '이'를 개인의 물질생활을 충족시키는 이익으로 규정하고 있다. 순자는 '의'와 '이'는 인간의 생활에 있어서 없어서는 안 되는 중요한 것으로 여겼으며, 이러한 그의 관점은 인간은 모두가 본능적으로 정(情)의 반응으로서 욕망이 무한하다는 그의 인성론에 바탕을 두고 있다.

따라서 자신의 욕구만을 추구하는 이기적 존재인 인간이 이

---

1 『論語』「爲政」: "見義不爲, 無勇也."

를 추구하는 것은 너무나 당연한 행위라는 것이다. 나아가, 순자는 '의'를 본(本)으로 삼고 '이'를 말(末)로 삼아 '의'와 '이'의 경중을 분별하고 있다. 사람들이 일상에서 도덕 판단을 내릴 때 어떤 것을 우선시하고 중시하느냐는 각기 다를 수 있는데 그 다름이 곧 그 사람의 품격과 직결된다는 것이다. 예를 들어 '이'를 우선시 한다면 그 사람은 '의'를 우선시 하는 사람에 비해 도덕적 품격이 낮은 소인이나 속인에 지나지 않는다는 것이 순자의 생각이다. 그리고 이러한 사람들이 왕공대인의 위치에 처하게 된다면 개인이 추구하는 욕망이 사회 내에서 조화롭게 충족되지 못하게 되어 혼란에 빠질 것이라고 본다. 따라서 바람직한 사회는 반드시 '의'를 기본 원리로 삼아 판단되고 실천되는 사회여야 한다고 주장한다.

맹자는 의리관에 있어서 공자와 다소 구별되는 관점을 보인다. 가장 중요한 차이는 공자에 비해 '이'의 개념을 크게 확대시켜 해석하고 있다는 점이다. 공자가 말하는 '이' 대부분이 개인에 국한하여 제기하고 있는 것과는 달리, 맹자가 말하는 '이'는 개인 이익에 국한되는 것이 아니라 한 국가가 추구하는 이익마저도 내포하고 있다. 다시 말해, 맹자가 언급한 '의'는 백성들의 이로움을 염두에 두고 있으며, 이런 점에서 볼 때 맹자의 의리관은 묵자의 의리관을 연상시킨다.

맹자는 국가 사회를 통치하고 질서를 유지하는데 있어서 이익 여부를 따져서는 안되며 오로지 인의의 원칙이 고수되어야 함을 강변하고 있다. 이러한 맹자의 의리관은 송명이학자들에 의해 계승되어 성리학 의리관의 핵심을 이루게 된다. 또한 개인의 행위에 있어서 인의를 기본으로 하는 그의 수양관은 '의'를 실천하는데 있어서는 그 어떤 타협을 해서는 안 된다고 보았다. '의'란 사람이 당연히 가야 할 바른 길이라고 생각했기 때문이다.[2]

묵가는 의로움을 중시한다[貴義]는 관점을 고수하고, '의'는 곧 바름[正]이라고 본다. 그들이 주장하는 바름이란, 『묵경』에서 제기된 '충(忠)', '효(孝)', '공(功)'을 정의한 것에서 잘 드러난다. 충이란 군주를 이롭고 강하게 하는 것이며, 효는 부모를 이롭게 하는 것이며, 공이란 백성을 이롭게 한다는 것이다.3 여기서 묵자가 말하는 '이'는 공자가 말하는 '이'와는 구별이 된다. 공자가 말하는 '이'는 주로 개인의 욕구나 사적 이익과 관련되며 '이'는 언제나 '의'로써 실행되어져야 하는 것이다. 묵자가 추구한 '이'는 개인에서부터 사회에 이르기까지 각 구성원이 친소의 구분이 없는 수평적인 관계를 지니며 이들 사이의 모두에게 이익이 되는 준칙이라고 볼 수 있다. 따라서 오늘날 적지 않은 학자들이 묵자를 공리주의의 맥락에서 파악하고 이해한 이유가 바로 여기에 있다.

다음으로 도가의 의리관을 살펴보자. 인간은 생명을 위해 욕망했지만, 결국 그 욕망으로 인하여 생명을 잃어버리는 경우가 주변에 흔하다. 사람은 누구나 이런 욕망을 지니고 있다. 이 때 문제가 되는 것은 삶에 대한 욕망 그 자체가 아니다. 만족을 알지 못하는 지나침이다. 도가의 의리관의 핵심은 바로 여기에 있다. 즉, 도가의 주된 관심은 '이'를 추구하는 삶 그 자체가 아니라 '이'를 지나치게 갈구하는 행위이다. 도가 입장에서 볼 때, 유가나 묵가가 제시한 의리관은 인간의 이로움에 대한 지나친 욕망을 해결하는 방법이 아니라, 오히려 이로움을 추구하는 인간의 욕망에 채찍질하는 것에 지나지 않는다.

따라서 그들은 유묵(儒墨)이 주장하는 '의'와 '이'에 대한 일체 관점에 대해 반대의 입장을 분명히 하며 "의를 끊고 이로움을 버린다[絶義棄利]"는 관점을 견지한다. "도가 없어지면 덕이 나타나

---

2 『맹자』 「離婁」 上: "義, 人之正路也."
3 제12조 「經上」: " 忠 , 以为利而强君也.", 제13조 「經上」, " 孝 , 利亲也..", 제35조 「經上」, "功 , 利民也."

고, 덕이 없어지면 인이 나타나고, 인이 없어지면 의가 나타나고, 의가 없어지면 예가 나타난다."[4] 도가 사라진 사회에서는 진정한 도덕은 사라지고 오로지 시류에 적절히 부합하려고 하는 일률적인 획일성만 존재하게 된다. 도가의 입장에서 볼 때, 인간은 '의'를 귀중하게 여겨 '이'를 추구하지만 자신들이 갈구하는 의로움 속에 불의가 내재되어 있다는 것을 알지 못하며, 마찬가지로 인간이 소원하는 이로움 속에 불리가 있다는 것도 모르는 존재이다. 덧붙여, 유가나 묵가가 추구하는 '의'는 때에 적합하고 세속을 따라 변하는 상대적 개념에 지나지 않으며, 불변하는 절대적인 준거의 틀은 될 수 없다고 생각한다. 그들은 오로지 자연의 덕성을 회복하여 무위자연의 소박한 삶을 살아가는 것이 진정한 '의'라고 보는 것이다. 이것은 유·묵가뿐 아니라 다른 선진 학파의 일반적인 의리관을 초월하는 관점이다.

종합해 볼 때, 선진시대 의리관의 가장 큰 특색은 인간이 반드시 준수해야 할 도덕 준칙과 개인 이익 간의 관계라고 말할 수 있다. 욕망을 지닌 인간은 이익을 추구하지 않을 수 없다. 그러나 그것이 개인 자신에 국한되느냐, 아니면 타인과 사회의 이익에 부합되느냐가 선진시대 학자들의 공통적인 관심사였으며, 마땅한 행위와 그릇된 행위를 구분 짓는 중요한 분기점이었다. 즉, 한 개인의 행위가 백성의 이익, 천하의 이익에 부합되는 이타적 행위일 때 이로움은 사실상 '의'가 지향하는 본질과 부합되는 것이지만, 개인의 사리사욕을 충족시키기 위한 이기적 행위로 국한될 때 이것은 '이'는 '의'와 대립적 개념으로써 '불의'가 되는 것이다. 결국, '의'와 '이'에 대한 당시 학자들의 견해는 곧 옳음과 이로움을 어떻게 규명하고 양자의 관계를 어떻게 결정짓는가에 대한 견해이며

---

4 『老子』「제38장」, "故失道而後德, 失德而後仁, 失仁而後義, 失義而後禮."

이를 통해 도덕적 인간상과 사회상을 이루고자 한 것이다.

2. 공자의 의리관의 핵심

1) '의'와 '이'의 관계

'의'와 '이'의 관계에 대한 논의는 춘추시대 공자에 의해 더욱 구체화되고 체계화되기 시작하였다. 공자『논어』에는 '의'자가 모두 24차례 보이며, 모두 이치에 부합된다거나 합당하다는 의미로 사용되고 있다. 이에 반해 '이'자는 단지 10차례 정도 출현하고 있으며, 이 중 형용사나 동사를 제외하고 이로움을 뜻하는 경우는 단지 7차례에 지나지 않는다.

『논어』「자한」편에서는 "공자는 이로움, 운명과 어짊에 대해서는 드물게 이야기를 했다[子罕言利, 與命與仁]."라고 기재되어 있다. 이 말은 "군자는 의에 밝고, 소인은 이에 밝다."는 [5] 진술과 더불어 공자가 '이'에 대해 인색하였음을 입증하는 근거 자료로 활용되어져 왔다. 일반적으로 이러한 진술들은 도덕적 관점에서 군자와 소인을 구분하여, 도덕성을 겸비한 군자는 '의'에 입각해서 이해하고 행동하며, 소인은 '이'를 고려하여 행동한다고 이해되어져 왔다. 인간의 삶이란 이로움을 추구하는 욕망 그 자체이다. 욕망이란 부족하다고 느끼는 것과 그것을 채우려는 것을 합한 심리적 작용이다. 그것을 얻으면 만족과 함께 기쁨을 얻게 되지만, 그것을 얻지 못하면 괴로움에 빠져든다. 따라서 인간이 이로움을 추구하지 않으면 생존할 수 없다는 점은 너무나 기본적인 사실이

---

5 『論語』「里仁」: "君子喩於義, 小人喩於利."

며 공자 역시 이점에 대해서 간과하지는 않았을 것이다.

그럼에도 불구하고, 후세학자들은 위에서 제기된 공자의 진술을 근거로 하여 공자는 '의'로써 '이'를 제어하며, 기본적으로 '이'를 터부시한다고 주장함으로써 공자는 "의를 중시하고 이를 경시한다[重義輕利]." 혹은 "먼저 의를 도모한 이후에 이를 추구한다[先義後利]." 등의 관점으로 일반화시켜왔다. 심지어, 공자의 '의'와 '이'를 상호 대치되는 개념으로 이해하여, 공자의 의리관을 의리이원론으로 보는 주장도 제기되었다.

이러한 견해에 의하면 '의'는 마땅히 추구해야 되는 것이지만 '이'를 추구하는 것은 도덕적 행위와 상반되는 것으로서 금기시될 수도 있다. 그러나 이것은 공자의 의리관의 전모라고 보기 어렵다. 공자가 '의'를 '이'보다 중시한 것은 분명한 사실이지만 그렇다고 이로움을 추구하는 것을 반대했다는 주장은 다시 살펴보아야 될 견해라고 생각된다. 물론 이 점에 대해서는 많은 연구가 되어 왔고 공자의 의리관에 대한 합리적인 견해도 많이 등장하였다. 그러나 아직도 뭔가 부족하다는 느낌을 지울 수 없다. 그 주된 이유는 "공자는 의에 밝고, 소인은 이에 밝다."는 진술에 대한 입장이 모호하기 때문이라고 본다.

엄격한 의미에서 위 공자의 진술은, 사회를 구성하는 두 신분인 군자와 소인이 마땅히 행해야 될 직분상의 정당함을 말하는 것이다. 즉 당시의 신분 질서를 바탕으로 고려해 볼 때, 군자처럼 사회적 지위를 지닌 사람들은 '의'에 의거하여 백성을 돌봐야 하며, 사회적 지위가 없는 소인들은 자신과 가족을 부양하기 위해 힘껏 재화를 궁구해야 한다는 측면으로 이해될 수 있다. 공자는 모든 사람들이 자신의 신분에 걸맞는 역할 수행을 간구했던 사상가이다.

따라서 무릇 사회의 지도층으로서의 군자는 '의'로써 사회의 치란을, 자신은 물론이고 가족과 군자를 부양해야 하는 소인은 항상 '이'를 말해야 한다는 것이다. 또한, 군자의 가장 기본적인 소임은 바로 백성들을 부유하고 장수하게 하는 것으로[6] 보았다. 그런데 군자가 만약 자신의 소임을 도외시 한 체 '의'를 말하지 않고 백성과 더불어 '이'만 추구한다면, 이것은 군자라는 신분에 어긋나는 결과를 초래한다. 소인 역시 같은 논리로 설명될 수 있다. 따라서 위에서 제시된 군자와 소인은 도덕상 의미의 군자와 소인을 말하는 것이 아니라 공자의 정명 사상에 입각한 사회 직분상의 군자와 소인을 말하는 것으로 보아야 되는 것이다.

그렇다면 공자가 말한 '의'와 '이'는 도대체 어떤 관계를 형성하는 것일까? 먼저 『논어』「자로」편을 보도록 하자. 여기에서 공자는 위(衛) 나라에 갔을 때 위 나라의 인구가 많은 것을 보고 감탄하고 있으며, 위나라에 덧붙일 것이 무엇이냐는 제자의 질문에 대해 공자는 주저없이 "부유함을 더해야 한다."[7]고 말한다. 당시 정치상황을 고려해 볼 때, 백성이 많다는 것은 위정자들이 백성으로부터 신뢰와 지지를 받는 나라를 의미한다.[8] 이처럼 백성과 위정자가 상호 소통하며 상호 신뢰하는 이런 나라에 더 필요한 것이 있다면 그것은 백성들의 물질적인 삶의 풍요라는 것이다. 공자의 진술을 찬찬히 뜯어보면 '이'는 터부시되는 대상이 아니라 오히려 추구해야 될 목적이 되는 것이다. 다만, '의'를 질(質)로 하거나 상(上)으로 삼아[9], 이익을 취함에는 공평과 공정이 선행되어

---

6 『孔子家語』「賢君」: "政之急者, 莫大乎使民富且壽也."
7 『論語』「子路」: "旣庶矣, 又何加焉? 曰 富之."
8 인구의 증가 문제는 선진 정치가의 초미의 관심사였다. 인구가 증가되었다는 것은 위정자들이 선정을 베풀었음을 뜻함과 동시에 나라의 경제력과 방위력이 증대되었음을 의미하였다. 따라서, 인구의 증가는 孟子가 언급한 것과 같이 군주의 이상이었고, 제후의 세 가지 보물(『孟子』「盡心」: "廣土, 衆民, 君子欲之.…(중략)…諸侯之寶三, 廣土, 人民, 政事.")이었다.
9 『論語』「述而」: "君子義以爲質.", "義以爲上."

야 한다고 제한할 뿐이다. 이러한 점들을 추론해 볼 때, 공자는 '의'와 '이'의 관계를 대립적으로 이해한 것이 아니라 상호 보완의 관계로 이해하고 있다고 생각된다.

공자가 '의'와 상대되는 측면에서 '이'를 언급 할 때의 '이'는 개인의 사사로운 욕구에 한정되어 있으며, 이러한 '이'는 개인 그 자신은 물론이고 타인의 이익마저 침해할 수 있는 성질을 지닌 것들이다. 그 누구에게든 이런 '이'는 금기의 대상이 될 것이다. 따라서 공자 의리관의 전모를 정확히 이해하기 위해서는 '이'를 이와 같이 한정시켜 분석할 필요가 있다. 공자는 다음과 같이 말한다.

> 군자는 도를 도모하지 먹을 것을 도모하지 않는다. 밭을 가는 것은 굶주림이 그 속에 있기 때문이다. 배우는 것은 봉록이 그 속에 있기 때문이다. 군자는 도를 근심하지 가난을 근심하지 않는다.10

이 말속에서 도를 도모한다는 것은 '의'를 추구한다는 말이고, 밭을 가는 것은 '이'를 바란다는 의미이다. 피상적으로 보면, 열심히 배워 사회적 지도층이 된다면 굶주림은 걱정할 것이 못되므로 군자는 오로지 '의'만 도모해야 되며, 따라서 '의'는 중요하고 반드시 필요하지만, 누구나 도모할 수 있고 이룰 수 있는 '이'는 천박하고 고려의 대상이 될 수 없다는 말이 된다.

그러나 위 진술 속에 내재된 공자의 정확한 의도는, '이'로써 '이'를 도모하는 것은 현명하지 않음을 지적함으로써 '의'로써 '이'를 추구하는 것이 바람직하다는 점을 강조하는 데 있다. 밭을 경작하지만 언제나 모든 수확물이 경작자에게 돌아가는 것이 아니

---

10 『論語』「衛靈公」: "君子謀道不謀食. 耕也, 餒在其中矣. 學也, 祿在其中矣. 君子憂道不憂貧."

다. 자연재해도 있을 수 있고 전쟁과 같은 인재도 있을 수 있으며, 무엇보다도 그들 성과물의 대부분은 자신을 지배하는 계층에게 고스란히 상납되어야 한다. 배고픔을 면하기 위해 밭을 갈았지만 굶주림을 면할 수 있는 것은 아니다. 설령 면할 수 있다하더라도 몇 몇 사람들에게만 만족을 줄 따름이다.

군자는 사회 계도의 책무를 진 지도자가 되어야 할 사람들이다. 그들은 자신의 배고픔이 문제가 되어야 할 것이 아니라 백성의 배고픔을 헤아리고 그것을 해결하기 위해 노력해야 한다. 군자는 "나라에 도가 행해질 때 녹을 받아야하며, 나라에 도가 행해지지 않을 때 녹을 받는 일은 부끄러운 일"[11]임을 알아야 하는 것이다. 번지(樊遲)나 자공(子貢)이 농사나 장사에 더 골몰해 있을 때 공자는 그에게 '소인'이라고 꾸짖은 적이 있다. 이것은 번지나 자공이 비도덕적인 행위를 하였기 때문이 아니다. 비도덕적 인간으로 타락하려고 했기 때문은 더 더욱 아니다. '이'를 추구하는 진정한 방법을 도외시하고 '이'로써 '이'를 도모하고자 하는 학생을 질책한 것이라고 본다.

결론적으로, 공자는 '이'를 말할 때 항상 '의'와 병행하여 언급하고 있으며, '의'와 '이'는 불가분의 관계에 있음을 알 수 있다. 또 '의'와 '이'를 대칭하여 군자와 소인을 거론한 것은 사회 속의 그들이 가진 신분과 깊은 연관을 지니는 것이라고 보아야 할 것이다. 군자는 '의'를 말해야 직분에 맞고, 소인은 '이'를 말해야 그 직분에 충실한 것이다. '의'로써 백성을 교화하지 못할까를 근심해야 하는 것은 군자의 몫이요, 재화를 추구하여 궁핍하지 않을까를 염려해야 하는 것은 소인의 책무인 것이다. 이처럼 공자의 의리관은 사회 속에서 개인 각자가 수행해야 할 역할과도 밀접한 관

---

11 『論語』「憲問」: "邦有道穀, 邦無道穀, 恥也."

계를 지니는 것이다.

2) '의'와 '이'의 적용

공자는 '의'를 추구하는 것이 입신의 근본이 되어야 하며 이것을 바탕으로 삼아 '이'를 추구하는 행위에 대한 도덕 판단을 내려야 한다고 믿었다. '이'를 추구한다고 해서 반드시 '이'를 이룰 수 있는 것은 아니지만, '의'를 추구한다면 이로움이 보장될 수 있을 것이라는 판단이 작용한 것이다. 아울러 각 개별적 존재들이 '의'에 근거하여 '이'를 추구하게 된다면 그러한 사람들로 구성된 공동체는 소강(小康)을 넘어 대동(大同)에 이를 수 있다는 믿음도 없지 않았다. 그러므로 도덕적 완성을 추구하는 군자는 다음과 같이 '의'와 '이'를 현실 속에서 적용해야 된다고 강조한다.

> 군자는 의를 바탕으로 삼고, 예에 따라서 의를 행하고 겸손한 태도로 의를 남 앞에 내놓고, 신용으로써 의를 이룬다.[12]

당시 군자라는 신분은 사회적 지배계층의 또 다른 이름이다. 그들은 천하의 혼란을 치유하는 것을 자신의 사명으로 삼아야 하는 사람들이다. 공자가 생각하기에, '이'는 인간이 삶을 영위하는 데 없어서는 안 될 중요한 것임에 틀림없지만 인간관계에 있어서 제일 준칙이 되어서는 안 된다고 보았다.

이것은 그의 인간관과도 관련을 지닌다. 그는 인간이 인간답게 되는 것은 인간이 도리를 준수할 때 가능한 것이며 인류 사회가 동물의 사회와 다른 것은 '의'에 의지하여 준칙을 삼았기 때문

---

[12] 『論語』「衛靈公」: "君子義以爲質, 禮以行之, 孫以出之, 信以成之."

이라고 본다. 도의를 저버리고 진정한 사람이 될 수 없으며 결국 이러한 사람들이 모여 구성된 사회 역시 자신만의 이익을 추구하다가 결국 깊은 혼란에 빠질 것이라고 본 것이다. 따라서 공자는 '의'를 군자가 지녀야 할 가장 기본적이면서도 중요한 원칙으로 제시하고 그것을 바탕으로 처신하기를 요구한 것이다.

> 군자는 의를 숭상한다. 군자가 용맹하면서 의를 무시하면 난동을 일으키게 되고, 소인이 용맹하면서 의를 무시하면 도둑질을 하게 된다.13

공자의 의리관은 '의'와 '이'를 양분하여 대립적, 이원론적으로 파악한 것이 아니다. 공자가 '이'에 대해서는 많이 말하지는 않았다고 하지만 '이'를 말해서는 안 되는 것이라고 보지는 않았다. 단지 그는 우리가 '이'를 추구한다고 해서 반드시 '이'를 얻을 수 있는 것이 아니라는 관점만을 지녔을 뿐이다. 그는 우리가 이익을 만났을 때 반드시 손에 넣어야 한다고 말하지 않았고, '의'를 표준으로 삼아 그것의 취사여부를 결정해야 한다고 말한다.

『논어』「헌문」에는 자로가 성인(成人)에 대해 물었을 때 공자는 "이를 보면 의를 생각해야 한다[見利思義]."고 하였다. 이 말은 공자 의리관의 핵심 명제로서 '이'를 마주하게 되었을 때 그것이 마땅한 것인지 도덕에 부합되는 것인지를 먼저 고려하여, 만약 '의'에 부합되는 것이라면 그것은 취해도 된다는 말이다.

> 부귀는 사람들이 다 원하는 것이다. 그러나 정당한 방법으로 얻은 것이 아니라면 그것에 처(處)하지 않는다. 가난하고 천한 것은 누구

---

13 『論語』「陽貨」: "君子義爲上, 君子有勇而無義爲亂, 小人有勇而無義爲盜."

나 다 싫어하는 것이다. 그러나 그것이 비록 정당한 방법으로 얻은 것이 아니라 할지라도, 부당한 방법으로 벗어나려고 힘쓰지 않는다.[14]

여기에서 전제된 진술은 "모든 사람은 '이'를 원한다." 이다. 공자에 의하면, 이익이 되는 행위는 객관적 수요이고 사람에게 있어 필수불가결한 요소로 보고 있으며, 이러한 수요가 일정한 '의'만 구비하고 있으면 '이'를 추구하는 것은 꺼릴 일이 아니라고 본 것이다. 공자 역시 '이'를 바랬지만 자신의 주관적 입장에 근거하여 그것의 취사를 결정한 것이 아니라 '의'라고 하는 객관적 원리에 의해 취사를 결정한 것이다.

만약, '의'라고 하는 객관적인 원리 없이 "이익에 따라 행동한다면 원망만 많이 살 뿐인 것이다[放於利而行, 多怨]." '의'에 입각하지 않았을 때 생기는 해로움은 개인은 물론이고 구성원 전체에도 영향을 끼친다. 공동체 속에서 타인의 원성을 불러오는 일은 자신을 고립시킬 뿐만 아니라 공동체의 조화도 깨뜨리는 결과를 초래하기 때문이다. 아울러, 공자는 다음과 같이 말한다.

일을 속히 하려지 말고, 작은 이익을 돌보지 마라. 속히 하면 철저해지지 않고, 작은 이익을 돌보면 큰 일이 이루어지지 않는다.[15]

소탐대실(小貪大失)이라는 말이 있듯이, 만약 어떤 사람이 오로지 자신의 이익만을 추구한다면 이런 사람은 반드시 다른 사람의 권익을 침해하는 결과를 야기하게 된다. 그가 해로움을 추구하지

---

14 『論語』「子張」: "富與貴, 是人之所欲也. 不以其道得之, 不處也. 貧與賤, 是人之所惡也. 不以其道得之, 不去也."
15 『論語』「子路」: "無欲速, 無見小利. 欲速, 則不達; 見小利, 則大事不成."

는 않았지만 다른 사람의 정당한 이익을 방해함으로써 결국 그 자신도 도덕적 상처나 손해를 입게 되는 것이다. 이는 "아침에 도를 듣기를 원하는[朝聞道夕死可矣]" 공자의 이상을 저해하는 행위에 지나지 않는다.

현실 속에서 비록 손해를 보는 행위일지라도 보다 더 큰 이상을 실현하기 위해서는 항상 '의'를 기저로 하여 '이'를 분별하여 선택해야만 하는 것이다. 중요한 것은, 현실 속에서 '의'를 추구할 것인가? 아니면 '이'를 따질 것인가는 항상 개인 각자의 도덕적 양심에 의해 실천된다는 점이며, 이는 공자가 그토록 개인의 수양을 강조하고 전력을 쏟았던 주요한 원인이 된다.

> 부자는 때에 맞은 뒤에야 말을 하므로 사람들이 그 말을 싫어하지 않으며, 즐거운 뒤에야 웃으므로 사람들이 그의 웃음을 싫어하지 않으며, 의로워야 물건을 받으므로 사람들이 그가 받는 것을 싫어하지 않는다.[16]

도의에 벗어나지 않는 행위, 마땅히 해야 될 때 함으로써 타인에게 해를 끼치지 않는다는 이 진술이야 말로 공자가 추구한 '의'와 '이'의 진정한 현실 적용이라고 생각된다. 자신의 행위가 반드시 남에게 만족과 기쁨을 줄 수 있는 것은 아니지만, 최소한 해를 입히지는 않아야 한다. 동시에 언제나 '의'에 입각하여 행위를 한다면 자신에게는 손해 될 것이 없게 된다. 즉, '의'라고 하는 원리에 위배되지 않는다면 자신의 의지와 관계없이 '이'는 자연 부가된다는 것이다.

---

[16] 『論語』「憲問」: "夫子時然後言, 人不厭其言, 樂然後笑, 人不厭其笑, 義然後取, 人不厭其取."

공자는 이익을 얻는데 있어 그 수단과 방법의 정당성에 중점을 두고 있다. 공자가 생활하던 춘추시대의 당시 생활 중에서 이익이 된다면 그것은 성취하기 위하여 수단과 방법은 크게 고려하지 않은 것 같다. 그러나 공자는 어떤 경우에도 의로움은 이로움을 추구하는 대전제가 되어야 한다고 강조한다. 어떤 행위의 결과가 바람직하게 나왔다할지라도 그것이 의로움에서 비롯된 것이 아니면 그것은 불의이며, 오로지 정당한 수단과 방법에서 비롯된 이로움만이 인간이 향유해야할 진정한 이로움이라고 믿었기 때문이다.

3. 묵자의 귀의(貴義)의 본질

1) '의'와 공리주의(Utilitariamism)

선진시대의 의리관은 묵자에 이르러 정점을 이루기 시작하였다. 묵자 사상의 핵심을 한 마디로 요약한다면 그것은 '의(義)'일 것이다. 묵자는 "의(義)보다 더 소중한 일은 없다."[17]라고 하여 '의'를 모든 행위의 귀결점이 되어야 함을 주장한다. 여기서 묵자가 강조하는 의란 사리에 맞고 바람직한[正] 행위, 즉 "천하의 이로움을 일으키고, 해로움을 없애는 행위[興天下之利, 除天下之害]"를 이르는 것이다.

묵자에 의하면, 당시 사회가 극도의 혼란에 처하게 된 근본 원인은 바로 '의'에 대한 올바른 인식과 이것을 수행하고자 하는 의지가 결여되었기 때문이며, 만약 천하의 사람들이 '의'를 행위의 준거로 삼는다면 서로 사랑하고, 서로의 이익을 위해 일을 도

---

17 『墨子』「貴義」: "萬事莫貴於義."

모하는 이상 사회 건설도 충분히 가능할 것이라고 생각하였다.

『묵경』에서는 '의'에 대해 "의는 곧 이이다."[18]고 정의하고 있다. 『묵경』이 비록 후기 묵가에 의해 저술된 것이라고 할지라도 대부분의 학자들은 위의 진술은 묵자의 의리관이 내재된 것이라고 본다. 단순 명료한 이 진술은 묵가가 추구하는 '의'의 본질을 전면 제기한 것이다. 양계초(梁啓超)는 이 진술에 대해 다음과 같이 평가하고 있다.

> 유가는 '의'와 '이'를 상대적 개념으로 사용하여 '의'와 '이'는 서로 다른 것이라고 말한다. 그러나 묵가는 '이'로써 '의'를 정의하고 있는데 이것이 바로 묵가의 근본 정신이다. 묵가의 겸상애는 '인(仁)'이고, 교상리는 '의'이다. ……묵자의 뜻이 적용되면 선(善), 적용되지 않으면 불선(不善)이 되며, 이로움이 있으면 '의', 이로움이 없으면 '불의'가 된다. 이는 마치 구미의 실용주의 정신과 흡사하다.[19]

표면적으로 볼 때, 양계초의 진술처럼 유가는 '의'와 '이'를 상대적인 개념으로 활용함으로써 서로 다른 것으로 보았다고 지적할 수 있다. 그리고 묵가는 '의'와 '이'를 구분하려 하지 않으므로써 이로움이 없으면 '불의'로 삼았다는 점도 부정하기 힘들다.[20] 그러나 내면적으로 볼 때, 양계초의 유묵에 대한 의리관은 약간의 문제점이 있다. 특히, 묵가가 '의'와 '이'를 구분하지 않았다고

---

18 제8조「經上」: "義, 利也."
19 梁啓超, 『墨經校釋』, 上海商務印書館, 1933, pp.10-11.
20 郭墨蘭은 "의는 곧 이이다."라는 진술은 '이'를 '의'의 시작과 끝으로 간주하면서 '이'를 사실상 '의'보다 더 중요한 위치에 둔 것으로 본다. '이'는 묵가의 도덕 행위의 목적이며, '의'는 단지 '이'를 구현하는 수단과 절차에 불과하다는 것이다(郭墨蘭,「孔墨義利觀比較論」, 『墨子硏究論叢(三)』, 山東人民出版社, 1995, p.275.). 이 진술이 지닌 오류에 대해서는 이 장을 통해 밝혀지겠지만, 필자의 생각을 미리 밝혀 두면, 묵자가 '이'의 중요성을 말하고 있는 것은 사실이지만, '이'는 '의'의 실천을 통해 부가되는 가치이지 그것이 '의'를 우선한다든지 도덕 행위의 목적이 된다는 견해는 잘못된 것이다.

하는 진술에 대해서는 검토가 필요하다고 본다.

공자의 '의'는 마땅함[宜]에 그 초점이 맞추어져 있다면, 묵자가 생각하는 '의'는 바름[正]이다. 여기서 바름이란 개인적 측면과 사회적 측면 모두에 적용되는 공정과 정의라는 의미를 지닌다. 이것은 한 사회의 구성원들이 공정한 준거의 틀을 지니고 그것을 실천할 때 질서와 평화가 유지되고 그것이 사라지면 혼란에 처하게 된다는 묵자의 현실적 경험에서 비롯된 것이다. "의는 곧 바름이다. 무엇으로써 의가 바름임을 아는가? 천하에 의가 있으면 다스려 지고 의가 없으면 어지러워진다. 나는 이것으로써 의가 바름임을 안다."21

이상 묵가의 두 진술은 묵가 '의'에 대한 정의는 물론이고 그들이 강조하는 의리관을 여실히 보여 주는 것들이다. 이 두 진술에 대한 평가를 어떻게 하느냐에 따라 묵자 의리관에 대한 이해도 달라질 수 있다. 묵자는 '의'의 본질은 '이'에 있어야 하며, 그 '이'는 개인의 사리가 아니라 남을 위해 자신의 역량을 집중하는 것이어야 한다고 본다.

> 현명한 사람이 되기 위해서는 어떻게 해야 하는가? 힘이 있는 사람은 재빨리 남을 돕고 재물이 있는 사람은 힘써 재물을 나누어 주며 도를 지닌 사람은 권면하여 남을 가르치는 일이다. 이와 같이 할 때 굶주린 사람은 먹을 것을 얻게 되고, 추위에 떠는 사람은 옷을 입게 되며, 어지러운 것이 다스려진다.22

---

21 『墨子』「天志」下: "義者, 正也. 何以知義之爲正也? 天下有義則治, 無義則亂. 我以此知義之爲正也."
22 『墨子』「尙賢」下: "爲賢之道將奈何? 曰: 有力者疾以助人, 有財者勉以分人, 有道者勸以敎人. 若此, 則飢者得食, 寒者得衣, 亂者得治."

이 진술은 다른 사람들의 권리를 침해하지 않는다는 소극적인 의미의 '의'에서 진일보하여 다른 사람을 돕는다는 적극적인 측면에서 '의'를 개진한 것이다. 이 중 '질(疾)', '면(勉)' '권(勸)' 세 글자는 묵자의 독특한 도덕적 입장을 말하고 있다. 즉, 이 세 글자가 지닌 공통점은 모두 전력을 다해 남을 도우며 조금의 망설임이 없음을 내포하는 것이다.

그런데, 이상의 관점에 경도되어 많은 학자들이 묵자의 의리관을 공리주의적 관점에서 해석하고 있다. 심지어 '다른 사람을 이롭게 하는 것[利人]'과 '상호 이로움이 되는 것[互利]'을 묵자가 제시한 공리주의의 원칙이라고 보고, 이는 벤담이 강조한 "최대다수의 최대행복"과 유사하다고 주장하기도 한다. 그러나 묵가의 '의'와 '이'에 관한 견해가 공리적 입장과 유사한 측면이 있을지라도 그것은 결코 공리주의로 파악해서는 곤란하다고 생각된다. 묵자의 '이'의 함의를 잘 따져보면 반드시 이타적이고 공리적인 '이' 만을 진술하고 있는 것이 아니기 때문이다.

첫째, 묵자의 사상이 가장 잘 반영되어 있는 「상현」편에서 「비명」편까지를 분석해 보면, '이'자는 모두 246차례 출현한다. 이 중 사회의 이익을 지칭하는 긍정적인 의미의 '이'는 160차례, 사적인 의미의 '이'는 55차례, 이 중 44차례는 부정적 의미로 사용되며, 비록 사적인 이익을 말하고 있으나, 사회 이익에 반하지 않는 경우는 11차례 정도 보인다. 이처럼 묵자가 활용한 '이'는 단순하지가 않다. 자신을 위해 한 행위지만 타인에게 이로움이 되는 경우도 있고, 자신을 희생하여 타인과 사회에 이로움이 되는 경우도 있다. 또, 타인과 사회를 위해 헌신하였지만 결과는 해로움을 끼치는 경우도 있을 수 있다. 이처럼 묵자의 다양한 '이'에 대한 견해를 모두 타인을 위하고 공리를 위하는 '이'로 해석하는 것은 무리가 있는 것이다.

둘째, 묵가에서는 남을 도울 때는 어떤 조건도 제시되어서는 안 된다고 본다. 남을 돕는 것 자체가 목적이기 때문에 그 뒤의 결과는 고려의 대상이 되지 않는 것이다. 이 점은 묵자의 교육 사상에서 잘 나타난다.

> 그대가 아들을 나에게 맡겨 가르침을 청하니, 내 모든 것을 다 전수하였다. 그런데 전쟁에서 희생되니 나를 원망하는구나. 이는 곧 식량을 팔려고 나갔다가 다 팔리자 분노하는 이치와 같으니 어찌 황당하다 하지 않겠는가?23

묵자에 있어 교육이란 '의'를 실천하는 행위로 간주된다. 묵자의 '의'는 목적이다. 다시 말해, 묵자가 지향했던 교육이란 개인의 입신영달을 추구하는 것이 아니라 전적으로 공리와 공익을 도모하는데 있으며, 심지어 공동체를 위해 자신을 희생한 행위는 교육을 통해 얻고자 하는 모든 것을 얻어 낸 것으로 간주된다. 따라서 교육을 통해 남을 위해 봉사하고 헌신하는 인간, '의'를 실천하는 인간이 되었다면 모든 것이 완성된 것이다.

요약하자면, 도덕적 행위는 그 결과를 염두에 두지 말아야 한다는 입장이다. 개인에게 만족스러운 결과를 가져오든, 불행한 결과를 가져오든 '의'는 반드시 실행되어야 하는 원칙이라는 것이다. 이러한 점들은 묵자의 의리관의 성격을 명백하게 보여줌과 동시에 그것이 공리주의의 입장에서 해석될 수 없음을 일러준다고 생각된다.

---

23 『墨子』「魯問」: "子欲學子之子, 今學成矣, 戰而死, 而子慍. 是猶欲糶, 售則慍也, 豈不悖哉."

2) '의'에 부합되지 않는 '이'

묵가에서 말하는 '의'와 '이'의 성격을 명확하게 규명해 보기 위해서는 『묵경』의 다음 진술에 주목해 볼 필요가 있다.

이란 얻고서 기쁨이 되는 것이다. 무엇을 얻고서 기쁨을 느끼는 것이 바로 '이'이며, 고통과 해로움을 느낀다면 이가 아니다."24

여기에는 이기와 이타, 사익과 공익에 대한 명확한 구분이 되어 있지 않다. 한 개인이 어떤 재물을 획득하게 됨으로써 만족을 누리는 것을 '이'라고 한다면, 이기적 측면에서 얻게 되는 이익도 '이'일 수도 있다는 해석이 가능하다. 즉 힘이 센 사람이 약한 사람의 재물을 강탈하거나 남의 나라를 침략하는 행위도 얼마든지 합리화될 수 있다. 그러나 앞서 고찰한 바와 같이 묵가의 '이'는 반드시 '의'에 부합되어야 한다는 근본 원리가 있다.

묵자에게 있어 '의'에 부합되는 '이'와 '의'에 부합되지 않는 '이'에 대한 정의와 구분은 매우 명확하다. 개인적인 측면에서, 남을 사랑하고 이롭게 하는 것은 그가 주장하는 '의'에 부합되는 행위이며, 다른 사람의 이로움을 훔치는 것은 '의'에 부합되지 않는 행위로서 불의이다. 따라서 이타적인 '이'는 그것이 크면 클수록 '의'는 더욱 커지며, 이기적인 '이'는 크면 클수록 그 '불의'가 막대해진다.

사회적인 측면에서도 마찬가지이다. 사치와 낭비는 '의'에 부합되지 않는 '이'이다. 과도한 소비를 하지 않는 것, 나라 간 상호 평화를 유지하는 것은 '의'에 부합되는 '이'가 된다. 공적인 '이' 역

---

24 제26조 「經上」 : "利, 所得而喜也." 「經說上」 : " 說利. 得是而喜, 則是利也. 其害也, 非是也."

시 그것이 크면 클수록 '의'는 더욱 커지며, 사적인 '이'는 크면 클수록 그 '불의'가 막대해진다. 이것이 바로 묵자의 '의'에 부합되는 '이'와 부합되지 않는 '이'의 기준인 것이며, 묵자는 사회적 책무를 진 지도층들은 바로 이점을 명확히 분별하여 그 경계를 정확히 인식해야 할 것을 강조하고 있다. 먼저 '의'에 부합되는 '이'를 살펴보도록 하자.

도덕적 주체로서의 인간을 강조하고 인간과 동물의 구별 역시 도덕적 실천으로써 준거를 삼았던 공자[25]와는 달리, 묵자는 인간이란 자신의 능동적인 노력에 의해서 생존을 보장받아야 하는 존재라고 보았다. 즉 인간과 동물의 가장 큰 차이점은 동물은 자연에 의지해 생존해 나가지만, 인간은 오로지 자신의 능력과 역량에 의존하여 생존하고[26] 진보한다는 주장을 펼쳤다.

묵자에 의하면, "자신의 힘에 의지하는 자는 생존할 수 있으나, 그 힘에 의지하지 않는 자는 살아갈 수 없다."[27] 주어진 역량을 발휘하여 생산에 참여하고 자신의 삶을 영위하는 것이 바로 '의'의 시작이 되는 것이다. 그런데, 여기서 묵자가 제시한 힘[力]이란 농부가 밭을 갈거나 부인이 베를 짜는 것에만 국한되는 것이 아니라 위정자들의 통치활동도 포괄하고 있는 개념이다. 개인의 정신적 노동 역시 자신의 힘에 의해 생존하는 것이기 때문이다. 묵자가 말하는 힘이란 체(體)와 지(知)의 노동력을 통칭하는 것임을 알 수 있다.

육체적 노동에 종사하는 사람이든 정신적 노동에 종사하는 사람이든 이러한 사람들의 공로[功]에 의해 사회적 재화가 충당되

---

25 『論語』「爲政」: "子游問孝, 子曰, 今之孝者, 是謂能養, 至於犬馬, 皆能有養, 不敬, 何以別乎."
26 『墨子』「非樂」上: "今人固與禽獸麋鹿蜚鳥貞蟲異者也. 今之禽獸麋鹿蜚鳥貞蟲, 因其羽毛以爲衣裘, 因其蹄蚤以爲絝屨, 因其水草以爲飮食."
27 위와 같은 곳, "賴其力者生, 不賴其力者不生."

고 질서가 유지된다. 묵자는 「노문(魯問)」편에서 "공이란 사람들에게 이롭게 하는 것이다[所謂功, 利於人]."라고 하였다. 자신의 능력이 자신은 물론이고 사회에 이바지 되는 것이 '의'인 것이다.

이와 같이 묵자가 말하는 '의'는 우리의 의식과 이론 속에 존재하는 것이 아니다. 타인에 대해 직접적이고 현실적인 도움이 되는 그 자체인 것이다. 따라서 '의'와 연계하여 거론된 '이'는 일반 백성을 출발점으로 삼아 천하를 이롭게 하는 '대의(大義)'를 말하는 것이며, 이상적 인간상 역시 숨겨지고 가려진 '이'를 찾아 위로는 하늘을 섬기고, 아래로는 백성의 '이'를 보장하는 사람이며, 결코 자신의 사적인 '이'를 도모하지 않는 사람을 말한다. 이러한 천하의 '이'를 일으키는 행위를 묵자가 말하는 '겸(兼)'이라고 하였으며, 이에 반하는 행위를 '별(別)'이라고 하였다. '별'을 '겸'으로 바꾸어야 "짓밟지 않고, 업신여기지 않으며, 교만하지 않고, 속이지 않는"[28] 1차적인 의미의 '의'를 뛰어넘어 남을 이롭게 하는 [能善利人] '의'의 최종 지향점이 완성될 수 있다고 생각하였다.

이상의 기술을 통해 볼 때 '의'에 부합되지 않는 '이'는 너무나 명확해 진다. 먼저 묵자는 자신의 노동에 의하지 않고 재물을 획득하는 행위를 '의'에 부합되지 않는 '이'라고 보았다. 가령, 노동을 보장해 주지 않는 행위, 노동력을 착취하는 행위, 노동성과를 앗아가는 행위가 그것이다.

> 지금 한 사람이 남의 과수원에서 복숭아와 오얏을 훔쳤다면 사람들은 이는 잘못되었다고 하면서 위정자들은 그를 잡아 벌을 줄 것이다. 이는 남을 해롭게 하면서 자신을 이롭게 했기 때문이다.[29]

---

28 『墨子』「兼愛」中: "强不執弱, 衆不劫寡, 富不侮貧, 貴不敖賤, 詐不欺愚."
29 『墨子』「非攻」上: "今有一人, 入人園圃, 竊其桃李. 衆聞則非之, 上爲政者得則罰之. 此何也. 以虧人自利也."

타인의 노동성과라고 볼 수 있는 과일 한 알이라도 훔친다면 불의한 행위가 된다. 이것은 주로 개인적 측면에서 "다른 사람을 해쳐서 자신을 이롭게 하는[虧人自利]" 불의한 행위이며 백성들 사이에서 일어 날 수 있는 일이다. 왕공대인들 역시 '의'에 부합되지 않는 자신의 사적인 '이'를 추구하지 않아야 한다.

어진 이는 천하의 이로움을 일으키고 천하의 해로움을 없애는 일에 힘쓴다. 이것으로써 법도를 삼아 사람들을 이롭게 하면 행하고, 이로움이 되지 않으면 행하지 않는다. 또한 어진 이는 천하를 위하는 데 있어 눈에 아름다운 것, 귀에 즐거운 것, 입에 단 것, 몸에 편안한 것을 추구하지 않는다. 이것들은 모두 백성들이 입고 먹는 것의 재물을 축내고 빼앗는 일이기 때문에 어진 이는 하지 않는다.30

문맥으로 볼 때 '어진 이'란 위정자를 위시한 사회 지도층 인사들을 통칭한다. 묵자는 "지혜롭고 어진 자를 골라 천자로 옹립하여 천하의 의(義)를 일치시키는 일에 종사 시켜야 한다."31고 강변하고 있다. 위정자는 천하의 혼란과 사회적 분란을 잠재우고, 가정과 사회를 화목하고 안정시킬 수도 있지만, 능력이나 도덕적 자질이 결여되어 '의'에 위배되는 '이'를 추구하게 된다면 국가 전체를 불행에 빠뜨리는 엄중한 불의를 행하게 된다.

오늘날 가장 큰 불의는 남의 나라를 침략하는 행위이다. 그런데 그것이 잘못된 것임을 알지 못하고 이를 칭송하면서 의로운 일이라고

---

30 『墨子』「非樂」上: "仁之事者, 必務求興天下之利, 除天下之害. 將以爲法乎天下, 利人乎卽爲, 不利人乎卽止. 且夫仁者之爲天下度也, 非爲其目之所美, 耳之所樂, 口之所甘, 身體之所安. 以此虧奪民衣食之財, 仁者弗爲也."
31 『墨子』「尙同」中: "選擇天下之賢良聖知辯慧之人, 立以爲天子, 使從事乎一同天下之義."

한다. 이 어찌 의와 불의에 대한 분별을 아는 것이라고 하겠는가? 한 사람을 죽이면 그것을 불의라고 하면서 반드시 한 사람의 죽음에 대한 죄를 짓게 된다. 이렇게 말한다면 열 사람을 죽이면 불의가 열 배가 되고 열 사람의 죽음에 대한 죄를 짓게 된다. 백 사람을 죽이면 불의가 백배가 되고 백 사람 죽음에 대한 죄를 짓게 될 것이다. 사람을 죽이는 점들에 대해서는 천하의 군자가 다 알고 잘못된 것이며 불의라고 말한다.[32]

물론, 모든 전쟁이 불의가 되는 것은 아니다. 묵자는 전쟁에는 두 가지 형태가 있는데 제후들이 자신들의 야욕을 채우기 위해 죄 없고 힘없는 국가를 공략하는 전쟁을 정의롭지 못한 전쟁이라고 불렀고[攻], 자신의 재산과 행복을 지키기 위해 미리 대비하고 침략해 오는 적들을 물리치거나, 잘못이 있는 나라를 벌하는 전쟁을 정의로운 전쟁[誅]이라 하여 구분하였다.

그러나 아무리 '의'에 부합되는 전쟁이라 할지라도 백성의 희생이 없는 것은 아니다. 그러므로 위정자의 도덕성을 키워 "남의 나라를 공격하여 자신의 나라를 이롭게 하겠다[攻其國以利其國]."는 의지를 미연에 봉쇄하자는 것이 묵자 의리관을 관통하는 일관된 주장이다. 이처럼 묵자가 사회적 지도층의 도덕성을 강조한 까닭은 백성 개개인이 지닌 도덕성만으로는 사회의 부조리를 근본적으로 치유하기 어렵다는 한계를 인지한 결과라고 본다.

묵자는 이론으로만 자신의 의리관을 강변한 것이 아니라 현실 속에서 철저히 실천함으로써 강한 신념을 표출하였다. 그는 자신이 생각한 '이'에 가장 위반되는 전쟁을 막아내기 위하여 실

---

[32] 『墨子』「非攻」上: "今至大爲攻國, 則弗知非, 從而譽之, 謂之義. 此可謂知義與不義之別乎? 殺一人, 謂之不義, 必有一死罪矣. 若以此說往殺十人, 十重不義, 必有十死罪矣. 殺百人百重不義, 必有百死罪矣. 當此天下之君子皆知而非之, 謂之不義."

제로 초나라가 송나라를 침략하려고 하는 행위를 막아내기도 하였다[止楚攻宋]. 묵자는 이러한 '의'를 실천하는 행위를 그의 제자들은 그대로 답습해 나갔다.

> 군자는 몸으로써 실천하는 사람이다. 이익만을 소중하게 생각하여 명예를 잊고 소홀하게 행동하면서 천하의 바른 선비가 된 이는 일찍이 없었다.33

묵가는 사람이 배워서 사회 정의를 실현하며 자신의 소임을 다하는 것은 '의'를 행하는 것[行義]과 다름없는 것이라 믿었고 그들이 지향해야 할 최고의 지향점으로 삼았다.

끝으로, 묵자는 나와 남을 둘로 나누는 생각에서 천하의 혼란이 생겨난다고 보았다. 나와 나의 가족, 나의 나라를 이야기 한다면 결국 인간은 어쩔 수 없이 자신과 자신의 가족, 자기 나라의 '이'만을 생각할 수 밖에 없는 존재이므로 천하의 혼란이 제대로 종식될 수 없다고 보았던 것이다. 만약 나를 사랑하는 마음과 다를 바 없이 남을 고려하고 우리의 것을 고려하는 바와 똑같이 남들의 것을 생각한다면 서로 시기하고 모함하며 다투는 '의'에 부합되지 않는 '이'는 있을 수 없을 것이다.

제자백가의 의리관은 백가쟁명(百家爭鳴)시대 논쟁의 초점이며 이는 인간이 마땅히 지니고 추구해야 할 도덕의 준거를 마련하기 위한 노력이었다. 특히 공자와 묵자 이후 '의'와 '이'에 대한 논쟁이 가속화되었는데, 지금까지 고찰한 공묵 의리관의 특성에 입각하여 양자의 통합 가능성을 모색하는 것으로 이 장을 끝맺고자 한다.

---

33 『墨子』「修身」: "君子以身戴行者也, 思利尋焉, 忘名忽焉, 可以爲士于天下者, 未嘗有也."

유가와 묵가의 윤리설에는 선명한 차이가 있다는 점은 부정할 수 없는 사실이다. 그런데 진한(秦漢) 이래로, 묵자를 가장 잘 이해한 학자로 알려진 한유(韓愈)는 공자와 묵자의 상이점 속에서 공통된 요소를 추론하고자 노력하였다. 그가 보기에, 공자와 묵자 모두 요순을 숭상하고 걸주를 배척하며, 개인의 도덕성을 기저로 하여 천하를 다스리려는 점에서는 동일하다. 따라서 그는,

> 공자는 반드시 묵자를 활용하여야 하며 묵자 역시 공자를 반드시 활용해야 한다. 서로 활용하지 않으면, 공자든 묵자든 완전하지 못한 것이 된다.34

자신의 행위가 남에게 피해를 주지 않아야 한다는 소극 자세를 뛰어 넘어, 남에게 이로움을 주어야 한다는 공자와 묵자의 윤리관을 적절히 통합해 낼 수만 있다면 백성과 사회를 위한 보다 완벽한 사상이 될 수 있다고 생각한 것이다. 다만, 한유가 공자와 묵자의 상호 보완[孔墨相補]을 이룰 수 있는 구체적 방안을 내놓지 않았다는 점은 아쉽다. 그렇다면 과연 공자와 묵자의 의리관을 상호 보완하여 통합시킬 수 있는 방안은 현실적으로 가능한 것일까? 가능하다면 그것의 의의는 무엇일까?

첫째, '공묵상보'를 위해 우선적으로 전제되어야 할 것은 공자와 묵자 모두 '의'를 최고의 도덕 준칙으로 삼았다는 사실이며, 이들이 말하는 '의'는 타인을 배려하고 천하의 이로움을 도모하는 것과 긴밀한 관계를 지니고 있다는 점이다. 공자의 의리관은 한 개인이 행위를 하는데 있어서 바람직한 도덕 판단을 내리고 실천하기 위한 개인적 차원에서 비롯되고 있다. 개인의 도덕성으로

---

34 『韓昌黎文集』「讀墨子」: "孔子必用墨子, 墨子必用孔子, 不相用不足以孔墨."

천하가 '의'로 돌아갈 수 있다고 믿었기 때문이다.

그런데 '의'에 입각하여 행위를 하느냐 하지 않느냐는 전적으로 개인의 가치판단에 따라 결정되기 때문에 개인의 도덕성이 무엇보다도 중시될 수 밖에 없었다. 여기서 말하는 개인이란 사회적 신분을 지닌 '군자'를 의미한다. 즉 공자는 군자가 수기(修己)를 통해 '의'에 입각하여 행동할 때 사회의 도덕성이 회복될 것이라고 본 것이다. 묵자의 의리관 역시 타인의 이로움을 빼앗는 행위에 대한 비판, 즉 개인의 도덕성을 중시하면서 시작된다. 나아가 그는 한 개인이 아무리 '의'를 추구한다 할지라도 사회가 도덕성을 상실한다면 개인의 노력은 무용하다는 점을 깊이 인식하고 있었다. 그가 왕공대인의 사회적 책무와 도덕성을 그토록 강조한 까닭은 그들이 곧 사회 제도이며, 사회 정책이라고 생각했기 때문이었다. 왕공대인이 변하지 않으면 사회는 '의'를 상실할 것이라고 본 것이다. 이처럼 공자와 묵자는 사회 내에서 일정한 책무를 지닌 사람들의 도덕성 함양과 회복을 통해 부조리한 사회 제도를 치유하고자 한 것이다.

둘째, 묵자는 "천하의 '의'를 위해서는 자신의 목숨을 바친다."[35]고 하여 '의'를 개인의 생명보다 중시하였다. 묵자 '의'의 본질은 타인을 자신처럼, 남의 집안을 자신의 집안처럼, 남의 나라를 자신의 나라처럼 사랑하여 이로움을 서로 나누는 것이다. 공자도 다를 바 없다. 그는 '살신성인'을 주장하여 도덕적 완성을 위해서는 자신의 생명도 기꺼이 희생할 수 있어야 한다고 본다. 그것은 '의'를 도덕 행위의 원리로 삼아 실천하는 것이 곧 자신은 물론이고 타인에게도 '이'가 된다고 생각했기 때문이다. 이처럼 공자와 묵자에 있어 '의'의 실천은 그들 의리관의 시작이고 귀결점이며

---

[35] 『墨子』「耕柱」: "殺己以存天下."

그들은 '의'와 '이'를 서로 대립적인 개념으로 이해 한 것이 아니라 상호 조화를 추구했음을 알 수 있다.

셋째, 공자와 묵자의 지향점은 서로 다르지 않다. 그들은 개인 혹은 사회가 바람직한 의리관을 견지함으로써 대동 사회가 완성되기를 간구하였다. 공자는 천하의 마땅함을 전수하고 실천하는 것을 시대적 사명으로 삼았던 인류의 스승이며, 묵자는 애민 사상을 토대로 천하의 이로움을 추구한 사상가였다. 이들의 의리관 속에는 인간이 인간답게 처신하며 살아갈 수 있는 사회를 건설하고자하는 책임의식이 고스란히 반영되어 있다.

우리 사회가 지닌 도덕 문제의 본질은 자신의 입장에서 자신에게 유리한 도덕 판단을 내리는 것에 전적으로 기인한다. 공묵(孔墨)의 의리관을 대승적 차원에서 원융 회통(圓融會通)시킬 수 있다면 첨예하게 대립된 개인, 집단, 국가 간의 이해관계, 가치관 갈등도 보다 수월하게 해결할 수 있는 실마리, 즉 타인과 공동체의 '이'를 중시하여 "자신이 서고자 하면 남을 먼저 세우고[己欲立而立人]", "서로 이로움을 함께 나누는[交相利]" 인간상과 사회상이 결코 요원한 일만은 아닐 것이다.

04 공자와 묵자의 인재관

　시대가 요구하는 인간을 어떻게 길러 낼 것인가라고 하는 인재육성에 관한 문제는 이미 선진시대 사상가들의 공통된 관심사였다고 볼 수 있다. 인간은 교육을 통해 바람직한 인간으로 성장할 수 있으며 이렇게 길러진 인간이 공동체를 위해 헌신하며 사회를 변화시킬 수 있다고 믿었기 때문에 선진시대 사상가들은 교육을 통한 인간 행동의 변화를 체계적으로 제시하며 교육을 중시하였다. 이러한 믿음의 시작에는 공자와 묵자의 교육 사상이 중대한 역할을 하였다고 생각된다.
　공자와 묵자는 교육을 통해 당시 사회가 겪고 있는 혼란을 치유할 수 있다고 생각하였다. 왜냐하면 사회가 안고 있는 문제점은 인간의 그릇된 인식에 기인하는 것이기 때문에 올바른 가르침을 통하여 이를 바로잡을 수 있다면 인도적이고 평화로운 공동체를 건설하는 것은 요원한 일만은 아니라고 생각했던 것이다. 물론 그들이 교육과정에서 제시한 덕목 등이 본질적인 의미에서 차이가 나는 것은 사실이지만 교육의 필요성과 지향점 등에 있어서는 크게 차이가 난다고 볼 수 없다.
　그들은 이상적 인간, 즉 인재의 조건을 덕성의 겸비, 언행일치 등에 주안점을 두었으며, 이를 기준으로 삼아 인재들의 자질과 능력을 평가하고 기용함으로써 시대와 사회를 변화시켜 나가야 한다는 주장에서 일치를 보이고 있다. 이러한 기본 인식을 바탕으로 공자와 묵자의 교육 사상 속에 내재되어 있는 인재관을 논의해 보고자 한다. 그런데 공자와 묵자 교육 사상의 동이점을 분석하는 선행연구가 부족하고, 설령 선진시대 교육 사상을 논의한 자료가 있다하더라도 유교의 교육 사상을 중심으로 비교 분석된 탓에 공묵의 교육 사상을 객관적으로 조명한 균형 잡힌 관점을 찾아내기 어려웠다. 따라서 이 장에서는 다음과 같은 절차와 방법을 채택하여 진행하였다.

먼저, 공자의 교육 사상 전반을 고찰함으로써 공자 교육 사상의 특징과 의의를 규명해 보고 그 속에 내재된 공자의 인재관을 유추해 낼 것이다. 공자는 천하에 도가 없는 상태를 도가 있는 상태로 만들기 위해, 인재를 발탁하는 방법에 있어서 객관적인 자질이나 능력을 바탕으로 인재를 선발하고 등용해야 한다고 보았다. 이것은 바람직한 인간이 이상적인 사회를 만든다는 확신에 기인하는 것으로서 그가 교육을 통해 얻고자 했던 궁극적 지향점과 긴밀하게 연관되는 것이다. 공자가 강조하는 이상적 인간이란 그의 사상적 이상을 구현해 낼 수 있는 인간을 의미하며 이 점에 있어서는 묵자 역시 동일한 입장이다.

묵자는 소규모 생산계층의 입장을 옹호하면서 자신만의 교육 체계를 구축하였다. 특히 그는 교육 활동은 의(義)를 실행하는 행위라고 보았는데, 의란 인간이면 마땅히 행해야 하는 의무라는 의미를 지님과 동시에 인간다운 행위, 즉 천하의 해로움을 없애고 이로움을 도모하는 행위라는 의미도 함축하고 있다.

묵자는 공자에 비해 더욱 적극적이고 구체적으로 인재의 사회적 작용에 주목하였으며, 그의 핵심 사상인 서로 사랑하고 서로 이로움을 나누자는 겸애를 실현하기 위하여 담변(談辯), 설서(說書), 종사(從事)의 교육영역을 설정하고 각 영역에 전문적 소양과 자질을 지닌 인재를 개발하기 위하여 매진하였다.

공자와 묵자는 자신들이 대변하는 신분 계층, 시대를 바라보는 관점 등의 차이로 인해 그들이 제시한 인재관이 완전히 일치한다고 볼 수 없다. 이 일치되지 않는 점이란 공묵 인재관의 고유한 특색이 될 것이다. 흔히들 묵자는 공자를 가장 먼저 비판한 사상가로 여겨져 그의 사상은 공자의 사상과 배치되는 측면이 농후할 것이라고 추측한다. 사실 묵자는「비유(非儒)」,「비악(非樂)」등의 편에서 유가의 불합리성을 지적하기도 하였다.

그러나 그는 이치에 합당한 공자의 주장에 대해서는 배척할 수 없으며 인정하고 수용해야 한다는 입장을 피력하기도 하였다.[1] 묵자는 실제적인 지식, 대중들의 이익에 부합되는 지식에 대해서는 언제나 긍정적인 태도를 보였으며, 이를 진리의 기준으로 제시하기도 하였다. 이로 미루어 볼 때 그의 교육관 대부분은 인재양성을 통해 현실의 부조리를 변혁시키고자 한 공자의 교육 사상에 적지 않은 영향을 받았을 것이라고 추정된다. 이러한 공자와 묵자 교육 사상에 내재된 인재관의 동이점에 대한 분석은 두 사상가의 교육이 어떤 특징과 의의를 지녔는지를 보다 선명하게 규명해 낼 수 있을 것이라고 생각된다. 나아가 공묵의 교육 사상 중의 인재관이 오늘날 교육현장에 어떤 시사점을 주는지, 어떻게 적용할 것인지를 논의함으로써 이 장을 끝맺고자 한다.

---

1 『墨子』「公孟」: "子墨子與程子辯, 稱于孔子. 程子曰, 非儒, 何故稱于孔子也. 子墨子曰, 是亦當而不可易者也."

1. 공자 교육 사상의 특징과 인재관

1) 공자 교육 사상의 특징

　유학에서의 교육은 인간됨을 지향하는 본질적 과정이다. 따라서 인간의 윤리 체계인 인륜을 밝히는 도덕적 측면을 강조하고, 인간관계의 질서를 회복하며, 일상생활을 지속적으로 영위하려는 생활의 합리적 운용으로 드러난다.[2] 이러한 유학 교육의 특징은 공자에서부터 비롯된 것이라고 볼 수 있다. 그는 『논어』 서두에서 인간은 배우고 때로 익혀야 하는 존재로 규정하였으며, 학습이라는 용어도 여기서 유래되었다.

　그러나 공자 당시 교육은 모든 사람들에게 적용되는 보편적인 것이 아닌 특정 신분과 계급에 국한된 활동이었다. 그는 이러한 학습에 있어서 가르치는 대상에 차별을 두지 않아야 한다[3]는 점을 강조하였다. 교육을 통한 인간 변화의 가능성을 확신했기 때문이며,[4] 또한 이는 귀족에 의해 주도되어 오던 교육의 특권을 없애고 교육의 사회적 기초를 확대시키면서 차별 없고 공정한 교육을 강조하고 시행했다는 측면에서 그 의의가 있다. 공자가 교육의 대상을 특정 신분에 한정하지 않았다는 것만 하더라도 그가 매우 선진적인 교육관을 지니고 있었음을 알 수 있다.

　교육의 내용이 어떤 것이냐에 따라 배양되는 인재의 특성도 달라진다. 공자의 교육내용은 그가 적극적 개선 의지를 표명했던 현실사회의 문제개선과 긴밀한 관계를 지닌다. 그는 육예(六藝),

---

2 신창호 등, 『동양교육사상사』, 서현사, 2012, p.45.
3 『論語』「衛靈公」: "有敎無類."
4 李相益, 『유가사회철학연구』, 심산, 2001, p.245.

예(禮), 악(樂), 사(射), 어(御), 서(書), 수(數)를 교육과정으로 선정하고 학생들을 지도하였는데, 여기서 예와 악을 교육과정에 있어서 가장 중요한 교과목으로 선정하여 학생을 지도하였다.5 유가에서 예악을 말할 때에는 항상 '천지'를 말하고 '질서와 조화'를 말한다. 예악은 천지의 질서와 조화6를 인간 사회에 그대로 체현하기 위한 것임을 염두에 두고 있기 때문이다.7 공자가 예악을 교육과정에서 중시한 것도 붕괴된 사회 질서를 회복하고 인간다운 세상을 만들기 위해 가장 필요한 교과목이라고 생각했기 때문이다.

특히 공자는 예의 회복에 골몰하며 교학활동에 전념하였고, 특히 오랜 동안 교육 실천을 하는 과정에서 많은 교육적 경험을 얻게 되었다. 공자가 교학활동을 전개하는 과정에서 보여 준 태도는 전통사회는 물론이고 현대적 관점에서 보더라도 교육자나 피교육자 모두가 주목해야 할 황금률이라고 생각된다.

> 묵묵히 진리를 알아내며, 배우면서 싫어하지 않고 남을 가르치기를 게을리 하지 않는 것이 어찌 나에게 있겠느냐? …(중략)… 배움을 좋아하고 발분하여 먹는 것도 잊으며 그것을 즐겨서 근심을 잊고 늙는 것도 알지 못한다.8

배움을 즐기고 가르치는데 염증을 느끼지 않았고, 이러한 것들을 좋아하여 가장 본능적인 행위마저 뒷전이 되었다는 것은 그가 교육에 얼마만큼의 열정을 가지고 심혈을 기울였는지 여실히

---

5 任時光 저·차석기 역, 『中國敎育思想史』, 교학연구사, 1989, p.53 참조.
6 『禮記』「樂記」: "樂者, 天下之和 也. 禮者, 天地之序也."
7 李相益, 위의 책, p.253.
8 『論語』「述而」: "默而識之, 學而不厭, 誨人不倦, 何有於我哉? …(중략)… 發憤忘食, 樂以忘憂, 不知老之將至."

보여주는 대목이다. 사실 공자사상은 하나의 체계적인 교육 활동으로 일관되어 있다고 해도 과언이 아니다. 오로지 교육을 통한 사회화만이 만연된 현실사회의 부조리를 치유하고 유가적 이상향을 건설할 수 있다고 생각했기 때문이었다.

공자는 구체적인 교수학습의 활동방법에 있어서도 학생의 학습발달 상황을 고려한 '거일반삼(擧一反三)'의 교육방법을 시행하였다. 이것은 그가 교육방법에 있어서 주입주의가 아닌 개인차를 고려하는 계발주의를 취하였기 때문이었다.[9]

> 배우는 사람이 알려고 답답해하지 않으면 지도하지 않고, 표현하지 못해 괴로워하지 않으면 일깨우지 않는다. 한 귀퉁이를 들어주어 다른 세 귀퉁이를 알지 않으면 다시 가르쳐 주지 않는다.[10]

오늘날 학교의 교육과정은 학생들의 학업성취 여부를 떠나 일정 기간이 되면 새로운 내용을 학습하게 하는 방법을 채택하고 있다. 기초가 제대로 이루어지지 않은 학생도 규정 된 시간이 지나면 상급학년이나 학교로 진급내지 진학을 하게 되는 것이다. 이러다 보니 기초학력 부진학생이 시간이 갈수록 증가 추세에 있다. 학생은 학습 활동을 통해 깨닫는 바가 있어야 하며, 학습한 내용에 대해 철저히 이해하지 못할 경우 그것이 이루어질 때까지 교사는 목표한 수준에 도달할 수 있도록 학생의 수준과 입장에 맞춰 교수활동을 전개해야 한다. '거일반삼'은 공자가 학생을 지도할 때 학생의 이해정도와 인지발달 능력 정도를 고려하여 수준에 적합한 교수학습법을 전개하였음을 입증하는 것이라고 볼 수 있다.

---

9 한국교육학회·교육사연구회 편, 『교육사상가평전·동양편』, 교학연구사, 1987, p.12 참조.
10 『論語』, 「述而」: "不憤不啓, 不悱不發, 擧一隅, 不以三隅反, 則不復也."

공자의 교육 사상 중 또 하나 주목해야 할 점은, 그는 앎과 실천의 관계에 대해 깊은 관심을 표명했다는 사실이다. 어떤 지식을 습득했다고 해서 완전히 아는 것이 아니라 그것이 실천으로 연결될 때 비로소 앎이 완성될 수 있다고 생각한 것이다. 현대 교육학 용어를 빌리자면, 지적 영역이 행동 영역의 변화로 나타나야 한다는 것이다. 물론 그가 진리 인식의 한 구성요소로서 앎의 문제를 제시한 것이라고 보기 어렵지만 교육의 궁극적 목적은 인간 행위의 변화에 있음을 인지하고 있었다는 것에 대해서는 의심의 여지가 없다. 다음의 두 진술은 이러한 견해를 비교적 명확하게 나타내는 것이라고 할 수 있다.

> 덕을 닦지 않는 것과 학문을 익히지 않는 것, 의를 듣고도 능히 옮기지 못하는 것과 선하지 않은 것을 고치지 못하는 것이 내 근심이다.[11]

> 배우는 이는 집에 들어오면 효도하고 밖에 나가면 공손하며 삼가고 미덥게 하며 널리 사람을 사랑하되 인자한 인물을 가까이 하고 이러한 것을 실천하고 여력이 있으면 그 남은 힘으로 글을 배운다. …(중략)… 군자는 먹는 데 배부르기를 구하지 않고 거처하는 데 편안한 것을 구하지 아니하며 일에 민첩하며 말에 조심스럽고 도가 있는 곳에 나아가 자기의 잘못을 바르게 하면 배우기를 좋아한다고 할 수 있다.[12]

---

11 『論語』「述而」: "德之不修, 學之不講, 聞義不能徙, 不善不能改, 是吾憂也."
12 『論語』「學而」: "弟子入則孝, 出則悌, 謹而信, 汎愛衆, 而親仁, 行有餘力, 則以學文. …(중략)… 君子食無求飽, 居無求安, 敏於事而慎於言, 就有道而正焉, 可謂好學也已."

공자는 이상적인 인간상으로 군자를 제시하여 누구나 육예나 육경을 배워 덕과 재능을 갖추면 군자가 될 수 있으며, 또 사람이면 모름지기 군자가 되기를 추구해야 한다고 강조하였다. 배움을 통해 인격자를 형성하고 이들에 의한 교화로써 모든 사람이 사람답고 평안하게 살 수 있는 사회를 이루고자 한 것이다.[13] 여기서 주목할 것은 공자가 그전까지는 지배계급을 통칭하던 군자라는 칭호를 누구나 배움을 통해서 이룰 수 있고 이루어야 되는 인격자라는 의미로 그 내용을 바꾸었다는 것이다.[14] 그리고 그는 자신의 모든 교육적 견해를 군자라는 용어에 용해시켜 표출함으로써 그의 인재관을 체계화시켜 나갔다.

교육이라는 용어는 맹자에 의해 처음으로 회자되기 시작하였으며 공자는 교육이라는 용어를 사용한 적이 없다. 그럼에도 불구하고 공자를 '백세지사(百世之師)'라고 일컫는데 대해 어떤 이견도 없다. 공자만큼 교육의 중대성을 인식하고 적극적으로 시행한 사상가가 없기 때문이다. 그는 교육이 인간에게 어떤 작용을 하는지에 대해서도 명쾌하게 제시하고 있는데, 인간이 지닌 본성은 사람마다 별 차이가 없으나 후천적으로 이루어진 습성은 큰 차이가 있다[15]고 보았다. 이것은 후천적 교육 활동의 중요성을 재차 강조한 것으로서 인간이 진정한 인간으로 성장하기 위해서는 교육 활동이 반드시 요청되는 것임을 강조한 것이라고 볼 수 있다.[16]

이러한 과정을 통해 형성된 인간은 한 가지 용도에 국한된 편면적인 인간이 아닌 다양한 장소와 상황에서 타인과 사회를 위해

---

13 정규영, 『동서양 교육의 역사』, 학지사, 2011, p.92.
14 鄭瑽, 『孔子의 敎育思想』, 집문당, 1980, p.176.
15 『論語』「陽貨」: "性相近, 習相遠."
16 鄭瑽, 『孔子의 敎育思想』, 서울: 집문당, 1980, p.155.

자신의 능력을 발휘하는 사람이기 때문에 제한된 용도에만 사용되는 그릇과는 다른 것이다.17 다시 말해 자신의 사욕을 극복하고 예를 회복한 인간은 남의 처지를 배려할 줄 알며, 따라서 어떤 위치에 처하든지 자신의 주위와 낮은 신분의 사람을 편하게 하고 키워줄 수 있다. 공자는 이러한 사람이 등용되어 남을 위해 봉사할 때 사회가 비로소 질서를 유지하며 인륜이 구현된 세상이 될 수 있다고 확신하였고, 따라서 이러한 사람을 육성하는 것을 교육적 사명으로 삼았다.

공자는 자신의 사상적 이상을 실현하는 첩경은 교육에 있다고 확신하였으며, 오랜 동안 이러한 믿음을 실천하는 과정에서 의미 있는 교육적 이론을 남기고 있다. 그 중에는 현대 교육 사상에 바로 적용할 수 있는 합리적인 것들도 있다. 특히 그는 어떤 인간을 바람직한 인간으로 볼 것이냐는 구체적인 기준이 없었던 시대에 인재에 대한 자격과 역할 등을 확립시켜 제시함으로써 교육이란 단순히 삶을 영위하기 위한 전수의 행위라든지, 학자를 양성하는 것만이 아니라 이 세상에서 결정적인 역할을 담당할 군자를 양성하는 것18임을 분명히 함으로써 교육의 의의와 중요성을 부각시켰다.

2) 공자가 제시한 인재의 기준과 역할

공자는 시대와 사회가 필요로 하는 인간이란 선천적으로 타고나는 것이 아니라 후천적 자기 노력을 통해 완성된다고 보았다. 즉 소질의 계발여부는 전적으로 후천적 교육에 달린 것이라

---

17 『論語』「爲政」: "君子不器."
18 H.G.크릴 저 · 이성규 역, 『공자 · 인간과 신화』, 지식산업사, 1997, p.109 참조.

고 보는 게 공자의 관점이다.19 따라서 그는 사회에 만연된 부조리를 치유하기 위해서는 먼저 자신부터 그릇된 부분을 없애 나가고자 하는 의식이 바탕이 되어야 한다고 주장하였다.

현실사회의 혼란은 인간 자신이 일으킨 것이지만 그것을 평화롭게 하는 것도 결국 스스로의 몫이다. 혼란을 일으킨 인간 스스로가 변하지 않고는 물질적으로 풍요롭고 정신적으로 도덕적인 대동사회의 건설은 힘들다고 여겼다. 여기에서 핵심은 바로 인간 자신이다. 따라서 공자는 인간을 인간답게 길러내는 것에 몰입할 수밖에 없었으며 인간들의 현실적 삶에 직접적으로 간여하는 정치적 행위 역시 인재에 있음20을 명확하게 제시하고 있다. 그러나 이상적인 인간을 양성하는 것은 그렇게 녹록한 일이 아니었다. 또 바람직한 인간, 즉 자질과 능력을 갖춘 사람이 언제 어디서나 존재하며 적재적소에서 활약하는 것도 아니었다.

> 인재를 얻기 어렵지 않은가? 당과 우의 사이에는 이보다 성하였지만, 부인이 있었으니 아홉일 뿐이었다.21

공자는 위에서 사직을 안정시키고 사회적 질서를 도모함으로써 백성의 평안을 이끌 수 있는 진정한 인재는 얻기 힘든 것임을 한탄하고 있다.

> 그러한 사람이 있으면 그 정치는 흥할 것이고, 그러한 사람이 없으면 그 정치는 쇠락하고 말 것이다.22

---

19 강봉수, 『한국전통 도덕교육론』, 한국학술정보(주), 2006, p.29.
20 『禮記』「中庸」: "爲政在人."
21 『論語』「泰伯」: "才難, 不其然乎. 唐虞之際, 於斯爲盛, 有婦人焉, 九人而已."
22 『禮記』「中庸」: "其人存, 則其政擧, 其人亡, 則其政息."

'그러한 사람'이란 공자가 이상적으로 추구하는 인간이다. 그는 어떤 사람을 기용하느냐는 곧 바로 정권의 득실과 국가 흥망과 직결되는 것이라고 생각하고 있었으며 아무리 정치와 법, 제도가 훌륭하게 갖추어져 있다 할지라도 그러한 제도와 가치를 구현할 사람이 없으면 그 정치는 성공하기 어렵다고 보았다. 공자는 중궁(仲弓)이 계씨(季氏)의 관리로 나갈 때 '거현재(擧賢才)'를 거론하며 현명한 인재를 천거하는 것이 정치를 행하는 가장 중요한 요소의 하나임을 다음과 같이 말해 주고 있다.

> 먼저 유사들에게 일을 시키고, 작은 허물은 용서해 주고, 어진 이와 유능한 이를 등용하는 것이다.[23]

이러한 것들을 두고 볼 때, 공자는 인재의 역할과 작용에 대해서 매우 잘 이해하고 있었음을 알 수 있다. 따라서 현명한 이, 즉 인재를 존중하는 것이야 말로 나라를 다스리고 편안하게 하는 '구경(九經)'의 하나라고 보았으며[24] 현명한 이를 존중한다면 미혹됨이 있을 수 없음[25]을 주장하고 있다. 그렇다면 현명한 이의 기준은 무엇일까? 공자의 교육 사상의 궁극적 목적이 이상적 인간의 완성이라고 할 때 이 점에 대한 고찰은 공자 교육 사상의 성격을 추론해 볼 수 있는 중요한 단서가 된다. 공자의 진술을 통해 볼 때 현명한 이는 다음의 특징을 지닌 인간이라고 볼 수 있다.

먼저, 공자는 현재(賢才)의 전제 조건을 인(仁)과 덕(德)의 겸비에 두고 있다. 특히 그는 인간이 지닌 자질 가운데 덕이 그 무엇

---

23 『論語』「子路」: "先有司, 赦小過, 擧賢才."
24 陳朝暉, 「孔墨尙賢人才觀之比較」, 『墨子硏究論叢』, 山東大學出版社, 1993年, p.150.
25 『禮記』「中庸」: "尊賢則不惑."

보다 우선시 되어야 함을 강조하여 덕을 모든 행실의 근본으로 삼고 있다.

> 설령 주공과 같은 재능의 아름다움을 지녔으나 교만하고 인색하다면 그 재주 밖에는 아무것도 볼 것이 없을 것이다.[26]

위의 진술과 관련하여, 그는 '기(驥)'가 비록 천리를 달릴 힘이 있으나 그 일컬음은 덕에 있다고 하였는데[27] 이러한 진술들은 탁월한 재능을 지녔다하더라도 덕이 결여되어 있다면 아무 소용이 없다고 생각했기 때문이었다. 공자에게 있어서의 덕은 인간성을 가늠 짓는 매우 중요한 요소이다. 자로가 군자가 무엇인지에 대해 물었을 때, 공자가 경(敬)으로써 자신의 몸을 닦은 연후에 비로소 '안인(安人)'할 수 있고 '안백성(安百姓)'에 이를 수 있으며 이는 요순도 어렵게 여겼던 것[28]이라고 한 것도 이상적인 인간상인 군자란 수기안인(修己安人)하는 것을 그 본분과 목표로 삼아[29] 덕을 계발해 내는 것이 무엇보다 중요함을 이르는 것이다.

이처럼 공자는 덕을 인재가 갖추어야 할 내재적 요소로 파악하고 있으며 인재를 육성하고, 그 재능을 판별하는 과정에서 가장 우선하고 중시해야 할 기준으로 이해하였다. 공자에 의하면 덕을 지닌 인재는 다시 세 분류로 나눌 수 있는데 먼저, 자기 몸가짐에 부끄러워할 줄 알며 행정적으로 자신의 재능을 발휘하는 부류, 다음으로 일가와 향당에게 효제를 실천하는 부류, 끝으로 뛰어난 언변을 지니고 탁월한 실천력을 지닌 부류[30]가 그것이다.

---

26 『論語』「泰伯」: "如有周公之才之美, 使驕且吝, 其余不足觀也已."
27 『論語』「憲問」: "驥不稱其力, 稱其德也."
28 『論語』, 위와 같은 곳: "修己以敬 …(중략)… 修己以安百姓, 堯舜其猶病諸."
29 崔根德, 「韓國의 儒教와 教育」, 『공자사상과 21세기』, 東亞日報社, 1994, p.93.

이상적 인간이 지닌 덕이란 반드시 수기를 통하여 이루어진다. 공자에 의하면, 수기의 핵심은 자신을 이기고 예로 돌아가는 인(仁)에 있으며, 이상적 인간이란 모두 이러한 인을 자각하여 체득했다는 공통점을 가지고 있다. 다만 인이 상황과 처지에 따라 달리 표출되었을 따름이다.31 공자는 덕을 강조함과 동시에 현실적인 재능을 중시하면서 현명한 이는 문(文), 행(行), 충(忠), 신(信)을 갖추어야 함을 요구하고 있다. 덕이 무엇보다 우선되어야 할 인재의 조건이지만, 그것으로 그치는 것이 아니라 어떤 일을 추진할 수 있는 능력까지 지닐 때 이상적 인간상이 완성된다고 생각한 것이다.

> 시 삼백편을 외우면서, 정사를 맡겨도 처리해 내지 못하고 사방에 사신을 보내어 능히 홀로 응대하지 못하면 시를 많이 읽었으나 무슨 쓸데가 있겠는가?32

그는 수양을 통해 함양된 덕을 실생활에 적용할 수 있는 인재를 등용하여 정사를 맡겨야만 불인(不仁)한 사람들이 멀어 질 것이며, 백성을 덕으로써 설복하고 천하를 구제할 수 있을 것이라고 전망하였다.

다음으로, 공자는 언행의 일치를 중시하였다. 먼저 그 말을 실천한 뒤 그것을 말하며,33 군자는 자신의 말이 그 실천하는 것

---

30 『論語』「子路」: "子貢問曰, 何如斯可謂之士矣. 子曰, 行己有恥, 使於四方, 不辱君命, 可謂士矣. 曰, 敢問其次. 曰, 宗族稱孝焉,鄕薰稱弟焉. 曰, 敢問其次. 曰, 言必信, 行必果, 硜硜然小人哉. 抑亦可以爲次矣."
31 조긍호, 『선진유학사상의 심리학적 함의』, 서울: 서강대학교출판부, 2008, p.218 참조.
32 『論語』「子路」: "誦詩三百, 授之以政, 不達, 使於四方, 不能專對, 雖多, 亦奚以爲?"
33 『論語』「爲政」: "先行其言而後從之."

보다 지나침을 부끄럽게 여긴다[34]라고 하여 언과 행이 일치되는 것을 인재가 지녀야할 태도로서 필수불가결한 요소로 파악하였다.

> 군자는 일은 민첩하게 하고 말은 신중히 하며 도를 깨친 사람과 가까이 하여 자신을 바로 잡아야 한다. 이것이 배움을 즐기는 자의 태도이다.[35]

그는 덕을 소유한 사람은 반드시 이에 합당한 말을 하게 마련이지만, 그럴듯한 말을 한다고 할지라도 그 사람에게 반드시 덕이 있다고 말할 수는 없다[36]라고 하면서 언변은 신중과 실천이 모두 중시되어야 한다고 주장하였다. 따라서 인재를 선발할 때에도 그 말을 듣고 그 행동을 보면서 믿어야 한다[37]고 생각하였다. 왜냐하면,

> 말을 앞세우는 것을 부끄럽게 여기지 않으면 말한대로 실천하기란 어려울 것이다.[38]

단지 말만하고 그것을 실행에 옮기지 않는 이는 진정한 인재라고 볼 수 없으며, 인재를 분별할 때에는 동기에 대해서도 고찰해야 한다고 하였다.

---

34 『論語』「憲問」: "恥其言而過其行."
35 『論語』「學而」: "敏於事而愼於言, 就有道而正焉, 可謂好學也已."
36 『論語』「憲問」: "有德者必有言, 有言者不必有德."
37 『論語』「公冶長」: "聽其言而信其行."
38 『論語』「憲問」: "其言之不怍, 則爲之也難."

한 사람의 행위를 보고, 그 동기를 살피고, 그가 만족하는 바를 관찰하면 그의 사람됨을 어찌 감추겠는가.[39]

편면적으로 인간을 평가하는 것이 아닌 말과 행위, 그 동기마저도 세밀하고 다면적으로 분석 파악할 때 시대와 사회가 필요로 하는 인재를 구분해 낼 수 있다고 본 것이다.
마지막으로, 공자는 인재가 지닌 덕성과 능력에 근거하여 그에 합당한 직무를 일임해야 한다고 생각하였다.

군자는 작은 일로 그의 진가를 알 수는 없으나 큰 일은 맡을 수 있고, 소인은 큰 일을 맡을 수 없으나 작은 일은 알아서 할 것이다.[40]

공자는 "맹공작의 재능은 조, 위나라의 가신 노릇을 한다면 넘침이 있지만 등나라나 설국의 재부가 되기에는 어렵다."[41]라고 하여 사람들이 지닌 덕과 재능을 가늠하여 기용해야 한다는 점을 강조하였다. 덧붙여 자로는 성격이 직설적이고 용감하여 천승의 나라에서 능히 한 나라의 병부를 다스릴 능력이 있다고 보았으며, 염구는 재주가 많고 예술적이기 때문에 천호되는 읍이나 백승을 거느리는 경대부의 집에서 정사를 관리할 수 있으며, 공서(公西)는 예절에 통달한 까닭에 띠끈을 매고 조정에 서서 빈객들과 대담을 나누는 일은 담당할 수 있다고 보았다[42].
그는 정치를 하는 것은 마치 목공이 나무의 좋은 점을 취하고

---

39 『論語』「爲政」: "子曰, 視其所以, 觀其所由, 察其所安, 人焉廋哉, 人焉廋哉."
40 『論語』「衛靈公」: "君子不可小知而可大受也, 小人不可大受而可小知也."
41 『論語』「憲問」: "孟公綽, 爲趙魏老則優, 不可以爲滕, 薛大夫."
42 『論語』「公冶長」: "孟武伯問子路仁乎, 子曰, 不知也. 又問, 子曰, 由也, 千乘之國, 可使治其賦也, 不知其仁也, 求也何如, 子曰, 求也, 千室之邑, 百乘之家, 可使爲之宰也, 不知其仁也, 赤也何如, 子曰, 赤也, 束帶立於朝, 可使與賓客言也, 不知其仁也."

그 단점을 버리는 것과 같다고 생각하였다. 위정자가 유능한 인재를 발탁하여 그가 지닌 지혜와 능력을 잘 발휘하게 하는 것이 결국 정치라고 생각한 것이다. 따라서 그는 특별히 정나라의 관리운용 방식에 대해 칭찬을 아끼지 않았다.

> 외교문서를 작성할 때에 비심이 초안을 작성하고, 세숙이 그것을 검토 수정하였고, 행인 자우가 그것을 수식하고, 동리의 자산이 윤색을 하였다.[43]

정나라에서 제후와 응대하기 위한 외교 문서를 만들 때 당시 정나라 인물 중에서 출중한 재능을 가진 사람들이 각기 자신이 지닌 고유한 재능에 따라 외교 문서를 작성하였기 때문에 외교상의 문제가 발생하지 않았다는 것이다. 이처럼 덕과 재능을 지닌 인재가 적재적소에서 주어진 역할을 담당하게 하는 것이 공자 교육 사상이 추구하는 이상이었다고 볼 수 있다.

공자 인재교육의 지향점은 선정을 구현하는 것이었지만, 교육의 결과 모두가 유능한 행정가가 되어야 하며, 그 이상은 아무것도 필요 없다는 것은 아니었다. 실제로 그것을 훨씬 넘어서서, 교육을 받은 사람은 모든 관점과 분야에서 가능한 한 이상적인 인간이 되어야 하며, 특정한 기술만 가진 단순한 전문가가 되어서는 안 된다.[44] 왜냐하면 공자가 추구한 이상적 인간이란 인지적, 정의적, 행동적 측면 등 모든 부분에 걸쳐 조화를 이룬 완전한 인간을 의미하기 때문이다.

---

43 『論語』「憲問」: "爲命, 裨諶草創之, 世叔討論之, 行人子羽修飾之, 東里子産潤色之."
44 H.G.크릴 저·이성규 역, 『공자·인간과 신화』, 지식산업사, 1997, p.106 참조.

2. 묵자 교육 사상의 지향점과 인재관

1) 묵자 교육 사상의 지향점

공자와 마찬가지로 묵자는 자신이 처한 현실을 계도하기 위한 목적으로 교육을 강조하였다. 그는 당시 사회를 강자가 약자를 짓밟고, 부유한 자가 빈곤한 자를 업신여기며, 귀한 자가 천한 자를 유린하고, 교활한 자가 어리석은 자를 농락하는[45] 사회로 규정하고 앞선 사상가들의 교육관에 대한 비판적 수용을 통해 자신만의 교육체계를 구축하였다.[46] 그가 교육의 필요성에 관심을 가지게 된 까닭은 겸애와 같은 자신의 핵심사상을 당시 사회에 적용하기 위해서는 교육보다 더 효과적인 방법이 없다고 판단했기 때문이었다. 즉 자신이 강조하는 사상을 추종하는 인재를 육성하고 그들로 하여금 사회를 선도하는 위치에 등용되도록 함으로써 자신의 이상, 천하의 평화를 도모하고자 했던 것이다.

묵자는 교육이란 인간의 정신과 행위를 변화시키는 역할을 하며 따라서 신중하게 시행되어야 한다고 생각하였다. 다음의 진술은 이러한 견해를 잘 보여주는 것이다.

> 파란 물감을 들이면 파랗게 되고 노란 물감을 들이면 노랗게 되니 넣는 물감이 변하면 그 색깔도 변한다. 다섯 번 물통에 넣었다 뒤에 보니 오색이 되었다. 그러므로 물들이는 데 신중하지 않을 수 없다.[47]

---

45 『墨子』「兼愛」中: "强必執弱, 富必侮貧, 貴必敖賤, 詐必欺愚."
46 陳朝暉, 「孔墨尙賢人才觀之比較」, 『墨子硏究論叢』, 山東大學出版社, 1993年, p.158 참조.
47 『墨子』「所染」: "染于蒼則蒼, 染于黃則黃, 所入者變, 其色亦變, 五入必, 而已則爲

묵자는 자신이 처한 현실에 가장 시급히 요구되는 것은 사람들의 의식을 개조하는 것이라고 생각하였다. 그런데 교육은 바로 이러한 점을 가장 잘 수행할 수 있는 수단이었다. 그것은 마치 실을 염색하는 것과 같이 하나의 색에서 또 다른 색이 될 수 있다. 이점은 현대 교육학에서 교육이란 인간을 변화시키는 의식적 행위라고 정의하고 있는 것과 흡사하다. 그런데 묵자는 여기서 한 걸음 더 나아가 인간의 교육 행위는 매우 신중하게 이루어져야 한다고 생각하였다. 누구로부터 어떤 교육을 어떻게 받느냐를 고려하여 교육이 진행되어야 함을 언급한 것이다. 묵자가 말하는 신중한 교육이란 결국 자신들의 이상을 실현할 수 있는 교육을 의미한다.

그리고 묵자는 교육이란 의로움을 실천하는 행위라고 주장하였다. 여기서 묵자가 말하는 의로움이란 두 가지의 의미를 지닌다고 본다. 첫째, 자신의 이해여부를 떠나 모든 사람들이 보편적으로 따라야 할 의무와 같은 것이며, 둘째, 그것은 서로 사랑하고 이로움을 나누는 의로운 행위 그 자체이다. 다음은 이 두 가지의 측면을 함축하고 있는 진술이다.

> 지금 그대는 의를 행하고, 나 또한 의를 행하니 이것이 어찌 나 한 사람만의 의이겠는가? 자네가 학문에 힘쓰지 않으면 사람들이 그대를 보고 비웃을 것이니 자네에게 공부하라고 권한 것이다.[48]

묵자는 가르치는 행위나 배우는 행위란 부모를 장례지내는 것과 같이 당연히 해야 하는 일이라고 보았다. 교육은 개인의 형

五色矣, 故染不可不愼也."
48 『墨子』「公孟」: "今子爲義, 我亦爲義, 豈獨我義也哉, 子不學, 則人將笑子, 故勸子于學."

편이나 이익 등의 조건에 의해서 선택되어지는 것이 아니라는 것이다. 나아가 그것은 개인과 공동체를 위해서 반드시 필요한 것이며 이상적 사회를 구현하기 위한 의로운 행위이다. 이와 같은 필요성에 대한 강조는 교육 목적을 결정짓는 매우 중요한 요소로 작용하였으며, 앞서 고찰한 공자의 입장처럼 교육을 단순히 전수의 행위가 아닌 인간이 인간답게 살아가기 위해 반드시 이행해야 할 의식적 행위라고 판단한 것이다.

한 학파가 강조한 교육내용은 그 학파의 입장이나 성향과 관련된 부분이라고 볼 수 있다. 묵자가 강조한 교육내용은 개인이 지닌 자질 및 능력과 관련된 것으로 강한 실천을 기저로 하고 있다는 특징을 지닌다. 그는 각자가 가진 특기와 적성을 바탕으로 교육이 실시될 때 시대의 요청에 부응하는 인간을 보다 용이하게 배양해 낼 수 있다고 생각하였다. 이는 현대 교육학에서 흔히 언급되는 수준별 맞춤 교육과 흡사한 교수방법으로서 개인의 특성을 바탕으로 전문적 소양을 지니는 인재를 배양할 수 있다는 장점을 지닌다.

> 어떤 일이 의를 행하는데 가장 시급한 일이겠는가? 그것은 마치 성을 축성하는 것과 같은 일이다. 쌓아 올리기를 잘 쌓는 자는 쌓아 올리고, 흙을 잘 파는 자는 파고, 이런 후에 성이 만들어지는 것과 마찬가지로 의를 행하는 것도 그러하다. 말을 잘하는 자는 말을 하고, 글을 잘 짓는 자는 글을 짓고, 일을 잘하는 사람은 일을 하게 하는 것이 일을 성사시키는 것이다.[49]

---

[49] 『墨子』「耕柱」: "爲義孰爲大務? 子墨子曰, 譬若築牆然, 能築者築, 能實壤者實壤, 能欣者欣, 然後牆成也. 爲義猶是也. 能談辯者談辯, 能說書者說書, 能從事者從事, 然後義事成也."

묵자는 담변, 설서, 종사의 세 영역을 교육내용으로 설정하고 있다. 이는 각 개인이 지닌 적성과 잠재력을 파악하여 시대의 요청에 부응하는 인재를 육성해야 한다는 표면적인 의의 이외에, 묵자 교육 사상이 궁극적으로 지향하는 바가 무엇인지를 잘 보여주고 있다. 묵자에 있어서 담변, 설서, 종사의 세 영역은 당시 사회에서 일정한 역할을 담당하기 위해서는 반드시 수련해야 하는 분야이다.[50] 그런데 이에 대한 교육은 먼저 학생의 처지와 상황 등을 고려하여 배양되어 질 때 각 영역이 지향하는 교육적 목적을 충분히 달성할 수 있으며, 따라서 묵자가 추구한 이상적인 교육방법이란 개개인이 지닌 특기와 적성을 잘 파악하여 그것을 극대화하는 것이다.[51]

이처럼 묵자가 교육영역을 세 가지로 분류하고 그것에 의해 인재를 배양하려고 했던 것은 각 개인이 지닌 소양에 따라 교육을 실시하겠다[52]는 의지를 보여주는 것임과 동시에 시대가 안고 있는 여러 문제들을 조기에 수습하기 위해서는 잡다한 지식에 능통한 인재보다는 한 분야에 전문적 소질을 가진 인재를 양성하는 것이 바람직하다는 판단에 기인한 것이라고 본다.

위에서 언급된 담변의 주요 내용은 사실에 부합한 언어적 표현을 사용함으로써 합리적인 사상을 도출해 내는 과정을 말한다. 즉 논리적 언변을 통하여 진리를 추론하고, 묵자의 사상이나 선왕의 도를 알림으로써 자신들의 주장이 상대로 하여금 수용될 수 있도록 하겠다는 의지를 담고 있다. 그렇다고 단지 유창한 말솜씨만을 지향한 것이 아님에 유의해야 한다.[53]

---

50 孫中原, 『墨學通論』, 遼寧敎育出版社, 1995, p.46.
51 황성규, 「묵자교육사상의 특징과 의의」, 『도덕윤리과교육』, 제26호, 2008, p.72.
52 王裕安, 「墨子的人才觀」, 『墨子硏究論叢』, (三), 山東人民出版社, 1995, p.473.
53 譚家健, 『墨子硏究』, 貴州: 貴州敎育出版社, 1996, p.78.

설서에서 강조되는 주된 학습내용은 경전에 내재하는 사상적 의미를 궁구하는 것을 말한다. 주로 이론적 역량을 강화하기 위한 방안이었으며, 요순과 같은 성왕이 강조한 덕목이나 수신의 중요성에 대한 이론적 고찰을 주로 다루었다.

가장 주목해야 될 부분은 종사 영역이다. 종사는 묵자가 평소 강조한 "말한 것은 반드시 실천하라."54는 것과 관련되며 묵가 학파의 성향을 가장 잘 보여 주는 교육영역이라고 생각된다. 묵자는 제자들이 현실사회 개선을 위해 적극적으로 실천해 줄 것을 기대하였고, 이러한 묵자의 요망을 충족하기 위해서 묵가는 실제 생활에 유용한 지식을 위주로 수련해야 했으며 그것은 최종적으로 실천을 통하여 마무리 되었다.55

현존하는 『묵자(墨子)』는 담변, 설서, 종사의 세 영역에 대한 이론과 실제를 종합하고 있다고 해도 과언이 아니며, 따라서 이 것들은 "천하에 이로움을 일으키고, 해로움을 없애는"56 것을 실천하고자 했던 묵가의 교육의 기본 내용이라고 보아야 할 것이다. 아울러 묵자가 제시한 위의 세 영역은 진리를 추구하고 그것을 현실에 적용하는 데 있어서 상호 분리되어 강조된 것이 아니라 서로 영향을 주고받는 긴밀한 관계에 있다고 볼 수 있다.

하지만 인재를 양성하는데 있어서는 세 영역 각각에 능숙한 인재를 전문적 수준에 이를 수 있도록 숙련시켰는데 그것은 묵자의 교육관이 현명하고 훌륭한 선비를 양성한다는 일차적 목적이외에 보다 효과적이고 신속하게 사회를 변혁시켜야 한다는 인재의 사회적 책무에 더 무게 중심을 두고 있기 때문이었다. 묵자가 "선비에게 학문이 있다고 하지만 실제로는 그것을 실행하는 것이

---

54 『墨子』「公孟」: "口言之, 身必行之."
55 황성규, 위의 글, p.174.
56 『墨子』「兼愛」中: "興天下之利, 除去天下之害."

근본이 되어야 한다."⁵⁷고 한 것은 바로 이 점을 말하는 것이다.

2) 묵자 인재의 구비조건과 역할

묵자는 자신에 의해 배양된 인재들이 현실사회에서 일정한 역할을 할 수 있도록 인재의 사회적 작용에 대해 보다 명확하고 구체적으로 제시하고 있다. 그는 현량지사(賢良之士), 즉 현명하고 훌륭한 이가 현실 속에 나아가 다스림을 행하면 나라는 질서를 유지하며 다스려 질 수 있지만 어리석은 이가 정치를 하면 나라가 혼란해 진다고 주장하였다. 따라서 군주가 자신의 치적을 남기기 위해서는 혼자의 힘으로는 불가능하고 반드시 현량지사를 기용하여 그의 능력이 발휘되어야 한다고 힘써 주장하였다.

> 국정을 잡은 왕이 어진 선비를 가까이 아껴 주지 않는다면 그 나라는 곧 망할 것이다. 어진 이를 보고도 그런 사람을 기용해 쓰는데 서두르지 않는다면 그들도 왕을 소홀히 할 것이다. 어진 이가 아니라면 쓰는 데 다급할 것이 없고, 어진 선비가 아니라면 함께 나라를 격정할 상대가 못된다. 현자를 등용하는 일에 태만하고 선비를 잊고서도 그 나라를 보전한 군주는 일찍이 없었다.⁵⁸

위의 진술은 현량지사의 필요성과 더불어 그 중요성에 대해 가장 명확하게 보여주는 대목이다. 현량지사의 기용여부는 국가의 흥망과 연결되는 매우 중대한 일이어서 이들을 존중하고 대우할 때 국가의 존립도 가능해진다. 또 이러한 인재들이 더 많이 등

---

57 『墨子』「修身」: "士雖有學而行爲本焉."
58 『墨子』「親士」: "入國而不存其士則亡國矣. 見賢而不急則緩其君矣. 非賢無急, 非士無與慮國, 緩賢忘士, 而能以其國存者, 未曾有也."

용되어 현실 문제를 해결할 때 더 안정되고 좋은 통치를 진행할 수 있다고 믿었다.

> 나라에 현명하고 훌륭한 선비가 많으면 국가의 정치는 두터워지고 현명하고 훌륭한 선비들이 적으면 국가의 정치는 각박해진다.59

묵자는 현명하고 훌륭한 선비란 답변, 설서, 종사의 역량을 갖춘 사람들이고 자신의 겸애의 이상을 실현할 수 있는 인물들이며, 따라서 국가의 보배이며 사직의 보필이 되는 것임60을 내세우고 있다. 그리고 위에서 현명하고 훌륭한 인재의 수가 많고 적음을 논하는 것은 묵가의 이상을 실현할 인물이 더 많이 활용되기를 바라는 생각이 담겨 있다고 볼 수 있다. 이러한 묵자의 입장은 그를 추종하여 가르침을 받는 제자들로 하여금 더욱 분발하게 하는 교육적 동기가 부여되었을 것이라고 생각된다.

묵자는 국가가 혼란하고 사직이 위태로운 것은 위정자가 개인이 가진 자질이나 능력을 중시하는 것이 아니라, 혈연과 신분만을 중시하여 친척들을 기용하고 사회적으로 아무런 공로가 없는 이들을 부귀하게 해주며 윗사람의 비위를 맞추는 것에만 급급한 아첨하는 사람들을 등용하였기 때문61이라고 보았다.

> 현명한 사람들을 숭상하는 것이 정치의 근본이라는 것을 어떻게 아는가? 존귀하고 지혜로운 사람들을 등용해 어리석고 천한 사람들을 통치하면 잘 다스려지고, 어리석고 천한 사람들을 써서 존귀하고 지

---

59 『墨子』「尙賢」上: "國有賢良之士衆, 則國家之治厚; 賢良之士寡, 則國家之治薄."
60 『墨子』, 위와 같은 곳: "此固國家之珍, 而社稷之佐也."
61 『墨子』「尙賢」中: "親戚則使之, 無故富貴, 面目佼好則使之."

혜 있는 사람들을 다스리게 하면 어지러워진다. 이로써 현명한 사람들을 숭상하는 것이 정치의 근본이라는 것을 알 수 있다.[62]

묵자가 보기에 자질과 능력을 갖춘 인재들은 사회가 지닌 난국을 안정시키고 폐단을 근절하는 능력을 지닌 사람들이기 때문에 그들이 지도층에 있을 경우 천하가 다스려지며[63] 따라서 현명하고 훌륭한 선비를 존중하는 것은 정치의 근본이 된다[64]고 생각하였다. 묵자는 인재란 국가 치란, 사회 발전과 긴밀한 관계를 지닌 존재들이기 때문에 그들은 다음과 같은 자질을 구비하고 있어야 한다고 주장하였다.

비유컨대 그 나라에 활을 잘 쏘고 수레를 잘 모는 사람들이 많아지기를 바란다면 반드시 그들을 부귀하게 해주고 공경해 주며 영예롭게 해 주어야 한다. 그런 뒤에야 나라에 활을 잘 쏘고 수레를 잘 모는 사람들이 많아질 것이다. 하물며 현명하고 훌륭한 선비들은 덕행에 독실하고 언담에 능하며 도리를 깨달은 사람들 아닌가?[65]

위에서 묵자는 '덕행의 독실'을 제시하며 인재가 지녀야할 구비조건으로서 도덕적 자질을 거론하고 있다. 이 점은 공자와 동일하다. 다만 무엇을 덕성으로 보며, 이를 어떻게 길러내느냐의 문제에 있어서는 공자와 확연히 구분된다. 가령, 공자가 인을 강

---

62 『墨子』, 위와 같은 곳: "何以知尙賢之爲政本也. 曰自貴且智者爲政乎愚且賤者則治, 自愚賤者爲政乎貴且智者則亂. 是以知尙賢之爲政本也."
63 『墨子』「非命」上: "義人在上, 天下必治."
64 『墨子』「尙賢」上: "尙賢者政之本."
65 『墨子』, 위와 같은 곳: "譬若欲衆其國之善射御之士者, 必將富之貴之, 敬之譽之, 然后國之善射御之士, 將可得而衆也. 況又有賢良之士, 厚乎德行, 辯乎言談, 博乎道術者乎?"

조하며 그것의 실천 가능성은 인간이면 누구나 구비하고 있기 때문에 수기를 통해 배양해야 하고, 실천의 출발점은 육친으로부터 시작되어야 함[66]을 교육한 데 반해 묵자가 내세우는 겸애는 내가 남을 사랑하면 타인도 나를 사랑하게 된다는 실리적 원칙에 가까운 것으로써 실천의 출발점은 나와 남을 구분하지 않는 태도에서 비롯된다고 할 수 있다. 이 밖에도,

> 의롭지 않은 자는 부유하게 해주지 말아야 하고, 의롭지 않은 자는 귀하게 하지 말아야 하며, 의롭지 않은 자는 친애하지 말아야 하고, 의롭지 않은 자는 가까이 하지 말아야 한다.[67]

'의'는 묵자 학설 중에서 매우 중요한 도덕 범주이다. 묵자의 관점에 입각하여 정의하자면 '의'란 서로 차별 없이 사랑하고 서로 이로움을 나누는 것이다. 위의 인용문에서 묵자는 '의'가 결여된 인간에 대한 대우를 언급함으로써 '의'는 인재가 반드시 지녀야 될 기본적 자질임을 강조하고 있다.

그리고 인재는 반드시 언행이 일치되어야 한다고 보았다. 묵자는 인재를 판단할 때에는 비단 그의 말을 들어야 할 뿐만 아니라 그의 행위도 보아야 하며 나아가 그가 어떤 능력을 지니고 있는지도 살펴야 한다고 보았다.[68] 그는 "행동하는 것이 자기의 말과 같지 않은 사람은 일을 이루지 못하며 …(중략)… 군자는 몸으로 실천하는 사람"[69]이라고 하여, 사람들의 언담과 행위 그리고 능력과 같은 여러 방면에 대해 분석하고 그 결과에 의거하여 적

---

66 이명기, 『仁의 硏究』, 양서원, 1987, p.111 참조.
67 『墨子』「尙賢」上: "不義不富, 不義不貴, 不義不親, 不義不近."
68 孫中原, 『墨學通論』, 沈陽: 遼寧教育出版社, 1995, p.47.
69 『墨子』「修身」: "行莫辯於身者不立 …(중략)… 君子以身戴行者也."

합한 관직을 부여해야 한다고 주장하였다. 묵자가 언어에서부터 실천에 이르기까지를 인재 구비 조건으로 제시하고 또 이를 통해 진정한 인재를 발굴하고자 한 것은 중국 고대 인재관에도 적지 않은 영향을 끼쳤다고 본다.

끝으로, 그는 개인의 능력에 적합한 지위가 부여되어야 한다고 주장하였다. 능력에 맞게 관직을 부여하는 것은 일의 효율을 증대시킬 뿐만 아니라 개인 스스로에게도 자신의 역량을 발휘할 수 있게 하는 중요한 요소이다. 이는 덕행과 재능을 헤아려 등용한다는 원칙의 발로라고 볼 수 있다.

> 덕으로써 등용하여 쓰이고, 관직으로써 정사를 맡아 하며, 노고에 따라 상이 결정되었으며, 공로를 헤아려 녹봉이 분배되었다.[70]

묵자가 보기에 천하의 이로움을 일으키기 위해서라면 그가 어떤 계층에 속하며 어떤 신분을 지니고 있느냐는 결코 중요한 문제가 아니다. 덕과 재능을 갖춘 인재라면 그의 능력을 발휘할 수 있도록 관직을 부여해야 하며, 그의 사회적 공헌에 따라 적의한 대우가 이루어져야 한다.

> 나라를 다스릴 수 있는 사람이 나라를 다스리게 하고, 관청을 다스릴 수 있는 사람이 관청을 다스리게 하며, 고을을 다스릴 수 있는 사람이 고을을 다스리게 한다.[71]

관이라고 늘 부귀할 수도, 민이라고 영원히 빈천한 것도 아니다. 능

---

[70] 『墨子』, 위와 같은 곳: "以德就列, 以官服事, 以勞殿賞, 量功而分祿."
[71] 『墨子』, 「尙賢」 中: "可使治國者治國, 可使長官者長官, 可使治邑者治邑."

력이 있으면 등용되는 것이며, 능력이 없으면 물러나는 것이다.72

현명한 이를 가려내고, 유능한 이를 임용한다는 의식은 주나라 시대에 이미 비롯된 것이지만 널리 확산된 것은 아니고 일부 개별적 현상이거나 하나의 이상에 불과하였다. 춘추 이전의 씨족사회에서는 기본적으로 종법 혈연관계에 기초한 벼슬과 녹봉을 세습한다는 '세경세록(世卿世祿)'제도에 의거하여 혈연관계는 개인이 지닌 능력에 우선하고 있었다.73

묵자에 의하면, 관직의 높고 낮음은 개인이 지닌 덕행과 재능의 많고 적음에 의해 결정되어야 한다. 덕행과 재능이 부족함에도 높은 지위를 부여 받는 것이나, 덕행과 재능이 풍부함에도 낮은 지위에 임용되는 것 모두가 개인은 물론이고 공동체에도 도움이 되지 않는 불행한 일이며, 개인 각자는 자신이 지닌 능력에 따라 그에 부합되는 역할을 해야 한다. 천하의 혼란은 이러한 원칙을 어긴 것에서 비롯된 것이며 이를 바로잡아 사회적 정의를 이루기 위해서는 신분의 분별마저도 능력에 의해 이루어져야 한다는 것이다. 이처럼 신분과 지위가 세습되던 시대에 개인의 능력을 등용의 잣대로 제시한 점은 묵자 인재관의 특징을 뚜렷하게 보여주는 것이라고 할 수 있다.

3. 공자와 묵자 인재관의 동이점 분석

춘추시대에 접어들 무렵 중국사회는 일대 변혁에 접어들게 되었다. 사회 생산구조가 바뀜에 따라 종법제도 역시 점차 동요

---

72 『墨子』「尙賢」上: "官無常貴, 而民無終賤, 有能則擧之, 無能則下之."
73 陳朝暉, 「孔墨尙賢人才觀之比較」, 『墨子硏究論叢』, 山東大學出版社, 1993年, p.149.

되기 시작하였고, 사회질서를 도모하기 위해 인재문제에 대해 관심을 기울이게 되었다. 교육면에서는 주대의 관학이 쇠퇴하고 대신 백가쟁명의 사학들이 흥기하였다.[74] 특히 전국시대 여러 제후국들의 끊임없는 전쟁 속에서 각국의 통치자들은 인재의 중요성을 날로 실감하게 되었으며, 능력을 갖춘 이들의 작용이 무엇보다 급박해짐에 따라 그 중요성이 날이 갈수록 커져갔다.

이러한 상황아래 수많은 사상가들이 인재의 양성과 사회적 역할에 초점을 맞추어 바람직한 인간상에 대한 이론들을 봇물처럼 쏟아내기 시작하였다. 이들 중 공자와 묵자는 공통적으로 하, 은, 주 이후의 사상적 전통을 계승하여 노나라에 교육적 근거지를 설립하고 교육 사업에 종사하였으며, 교육의 대상에 대해서도 차별을 두지 않고 심지어 사회적으로 소외된 사람들마저도 교육의 대상으로 설정하였으며, 주유천하(周遊天下)를 통하여 자신의 신념과 철학을 전수하는 일에 열중하였다.[75]

공자는 인재가 정치와 사회에 미치는 영향을 긍정하였으며 훌륭한 인재를 배양하기 위한 교육 사상을 수립해 나갔다. 특히 그는 어떤 주제를 가르친 것이 아니라 제자들이 어떤 사람이 되어야 할 것인가를 가르쳤는데[76], 이는 시대가 요청하는 인재를 양육해 내기 위한 노력의 일환이었다. 이러한 점에 있어서는 묵자 역시 다를 바 없다.

묵자는 공자가 지닌 교육 사상의 기본 골격에 크게 어긋나지 않은 채 지식의 현실적용이라는 것에 주안점을 두고 자신만의 교육관을 펼쳤다. 그는 시대의 혼란을 극복하는 길은 신분에 관계

---

74 정규영, 『동서양 교육의 역사』, 학지사, 2011, p.91.
75 황성규, 「묵자교육사상의 특징과 의의」, 도덕과윤리교육학회, 『도덕윤리과교육』, 제26호, 2008, p.166.
76 H.G. 크릴 저 · 이성규 역, 『공자 · 인간과 신화』, 지식산업사, 1997, p.109 참조.

없이 덕성과 재능을 갖춘 인재가 등용되어야 하며 이러한 인재는 태생적인 것이 아니라 교육을 통해서만 가능하다는 기본적 입장을 지니고 있었다. 이밖에도 두 사상가가 교육 사상을 통해 표출한 인재관은 다음과 같은 측면에서 동일한 입장을 지니고 있다.

첫째, 시대가 요구하는 인재의 기준과 자격에 있어서 그들은 동일하게 덕의 겸비를 우선적으로 강조하고 있다. 공묵(孔墨)이 교육 사상에서 추구한 이상적 인간이란 바로 인간답게 처신할 수 있게 하는 덕을 갖춘 인물이다. 그들은 사회의 만연된 부조리를 치유하는 길은 개인의 덕성 함양이 시급하게 이루어져야 한다는 점에 동일한 견해를 보이고 있다. 공자는 "아침에 도를 들으면 저녁에 죽어도 좋다."[77]라고 진술할 정도로 덕의 회복을 우선시 하였으며 제자들에게 먼저 덕을 닦은 연후에 학문에 힘쓸 것을 강조하였다. 묵자 역시 "군자는 가까운 곳을 살피고 가까운 곳부터 닦아가는 사람이다. 남이 행실을 닦지 않아서 질책당하는 소리를 듣는 것을 보면 그것으로써 자신을 반성하는 계기로 삼는 사람이다."[78]라고 하여 수신을 통해 덕을 지닐 것을 강조하고 있다.

둘째, 공묵은 개인적 인격의 수양과 완성뿐만 아니라, 언행을 인재 분별의 잣대로 삼았다. 공자가 보기에 군자는 자신이 한 말에 대해 책임을 지고 그것을 실행하는 사람이다. 아무리 많은 것을 알고 유창하게 말을 하여도 행동으로 드러나지 않는 것이라면 공자는 크게 탄식하였는데, 박학 자체는 나쁜 것이 아닐지라도 실천으로 이어지지 않는 것이라면 허세요, 사치라고 생각하였기 때문이다. 묵자는 담변을 교육의 주요과정으로 설정하여 언변의 중요성을 제시하고 있으나 "말로만 힘쓰고 실행함에 게으르면 말

---

77 『論語』「里仁」: "朝聞道夕死可矣."
78 『墨子』「修身」: "君子察邇而邇修者也, 見不修行見毀而反之身者也."

을 잘 한다고 하더라도 들어주는 사람이 없을 것이다. 능력이 많더라도 자기의 공로를 자랑하면 비록 수고가 많았다고 하더라도 힘께 일을 도모하려는 사람이 없을 것이다."79라고 하여 말한 것은 반드시 실천되어야 한다고 보았다. 이러한 이들의 교육 사상은 언행의 신중을 강조하는 동양 교육 사상의 특징으로 자리매김하였다.

셋째, 인재가 반드시 사회를 위해 일할 수 있는 풍토가 조성되어야 하며 개인이 지닌 재능을 고려하여 임용해야 한다고 보았다. 여기서 말하는 임용이란 주로 정치적 분야에 종사하는 것을 의미한다. 그들은 당시 사회의 절박한 문제점이 정치와 관련된 분야에 집중되어 있다고 믿었기 때문에 자신들의 학문 연구나 남을 가르치는 것 모두 이 문제에 초점을 두었다. 먼저 그들은 적재적소에 자신들이 추구하는 이상적 인간을 배치함으로써 자신들의 주장이 실현되는 환경을 조성하고자 하였다.

또한 공묵은 올바른 인재를 등용하지 못했을 경우 야기되는 사회적 폐단은 고스란히 백성이 부담하게 되며 국가를 위태롭게 한다는 사실을 명확히 인식하고 있었기 때문에 덕과 재능을 중심으로 하는 인재등용 기준을 제시하고 그것에 부합되는 역할을 강조하고 있다.

그러나 한비자는 "공자와 묵자는 모두 요, 순을 말하고 있지만 그 취하고 버린 것이 서로 다르며 자신들이 진정한 요, 순의 학문이라고 하고 있다."80라고 하여 양자 사이에는 차이가 존재하고 있음을 지적하고 있다. 공자와 묵자 교육 사상에 내재된 차이점의 시작은 양가가 속한 계층 입장이 다르고 그들이 옹호하는

---

79 『墨子』「修身」: "務言而緩行, 雖辯必不聽, 多力而伐功, 雖勞必不圖."
80 『韓非子』「顯學」: "孔子, 墨子俱道堯舜而取舍不同, 皆自謂眞堯舜, 堯舜不復生, 將誰使儒墨之誠乎."

계층 이익이 각기 다르기 때문에 생겨난 것이다.[81] 가령 묵자는 실제 경험한 사실을 인식의 출발점으로 삼아 농·공·생산에 종사하는 사람들이 생활 실천과정에서 얻은 지식을 중시하였는데, 이를 소인지학이라고 생각한 공자와는 구별되는 점이다.[82]

그리고 공자와 묵자가 말하는 덕이란 그 성격이 다른 것으로서 양자가 지닌 핵심사상을 가늠할 수 있게 하는 것이다. 공자가 말하는 덕이란 인(仁)으로 개괄될 수 있다. 인이란 사랑을 의미하며 사회적 존재로서의 인간다움을 의미한다. 그것의 실천방법은 자신을 미루어 남을 헤아리며 가까운 곳, 즉 인간으로 하여금 내심의 수양을 통하여 사람이 되는 길을 알게 하고 나아가 먼 곳, 즉 공동체 구성원들의 마음을 바로잡기 위한 덕목이라고 볼 수 있다.[83] 인의 실천은 원근(遠近)과 친소(親疎)에 따라 단계가 있는 것이다.

그러나 묵자의 핵심 덕목인 겸애는 나와 남을 차별하지 않는 것에서 시작하여 남을 배려하는 것이 궁극적으로 자신에게 이로움이 된다는 생각이다. 이는 원근 친소의 차이 없이 남의 이익을 존중해야 한다는 의미이고 어떤 사람이든 가리지 않고 함께 대할 수 있는 서로의 평등한 사랑이다.[84]

또한 공자 교육 사상이 개인의 체계적인 도덕적 수양을 제시하여 반드시 자신을 닦은 이후 남을 편안하게 한다는 이상적이며 도덕적인 입장을 지니고 있는 반면 묵자의 경우 다분히 현실적이며 실리적인 입장을 중시하고 있다는 점이다.[85]

---

81 任時光 著·차석기 역, 『中國教育思想史』, 교학연구사, 1989, p.89.
82 邢兆良, 『墨子評傳』, 南京大學出版社, 1993, p.86.
83 任時光, 위의 책, p.46 참조.
84 李雲九·尹武學, 『墨家哲學研究』, 성균관대학교 대동문화연구원, 1995, p.45.
85 王桐齡, 『儒墨之異同』, 北平文化學社, 1932, p.99 참조.

가령, 공자가 이상적 인간상으로 제시한 군자는 인의 실현자로서 언제 어디서나 한순간도 인을 떠나지 않는 존재이며,[86] 최고의 인간상인 성인의 경지에 이르기 위해 노력하는 자이다. 이에 비해 묵자의 현량지사는 자신이 지닌 덕과 재능을 적극적으로 계발하고 발휘하며 천하의 해로움을 없애고, 이로움을 도모하는 존재로서 비록 천한 신분에 속할지라도 얼마든지 현량지사가 될 수 있다.[87] 결론적으로 공자가 인간 내면의 수양과 도덕성 문제에 보다 더 치중했다면 묵자는 공동체에서 발생하는 여러 관계 속에서 상대의 이로움을 존중해야 한다는 사회적 실천에 더 무게 중심을 둔 것이다.

공자와 묵자의 교육 사상은 그들이 주장하는 학설을 뒷받침하고 실천하기 위해 실행할 수 있었던 가장 이상적이고 적극적인 방법이었다. 또 인재관에 있어서 공묵 모두 덕과 언행일치의 중요성을 강조하였고, 능력을 갖춘 인재가 현실 문제 해결을 위해 등용되어 활약하기를 주장하였다.

하지만 아무리 그들의 인재관이 닮았다고 하더라도 서로 다른 계층에서 연유된 상이한 시대 인식과 그들이 교육 사상을 개진하면서 강조한 덕의 성격 등과 같은 본질적인 측면에서는 차이가 나는 것이 사실이다. 만약 이 차이를 적절히 극복해 낼 수 있다면 공묵의 인재관은 현대 교육에도 많은 시사점을 제공할 수 있을 것이라고 생각된다.

지금까지 살펴 본 공자와 묵자의 인재관이 오늘날에는 어떤 시사점을 주는가? 또 이를 현대 교육현장에 적용하기 위해서는 어떤 자세가 요구되는가? 공자의 인재관에서 특히 강조되는 부분

---

86 이명기, 위의 책, p.59 참조.
87 譚家健, 위의 책, 1996, p.81.

과 묵자 교육 사상이 지향한 점은 큰 틀에서 서로 어긋나지 않는다. 지나치게 한 학파에만 경도되지 말고, 통합 가능한 요소를 추출해 낼 수 있다면 오늘날 이 시대가 요청하는 교육 사상에 부합될 수 있을 것이라고 믿는다.

먼저, 개인의 수양을 통한 덕의 함양이다. 공자와 묵자가 내세운 시대에 쓸모 있는 인재란 개인의 수양을 토대로 하여 반드시 덕을 겸비한 존재이다. 이들 인재는 "자기가 원치 않는 것을 미루어 타인이 원치 않는 것을 알며", "타인을 자신의 몸처럼 아낄 수 있는" 선비들이다. 현대 한국 사회에서 발생하는 많은 교육적 문제가 덕성의 미흡에서 비롯된 것이라고 생각된다. 특히 청소년의 경우 지나친 입시 경쟁으로 인하여 친구를 극복의 대상으로 보거나 자신의 이익을 위해 친구의 불행을 아랑곳하지 않는 경우가 허다하다.

1995년 5월 「신교육 체제 수립을 위한 교육개혁 방안」 제시 이후 인성교육이라는 용어가 본격적으로 회자되어 청소년의 덕성 함양을 위한 다양한 방안과 정책이 만들어져 시행되었으나 그 효과가 기대에 미치지 못하는 것이 사실이다. 타인을 배려해야 한다는 것을 알고 있지만 현실에서는 폭력행위가 끊이지 않는다. 또 제도적으로 자신보다 못한 남을 돕는 행위가 활성화되어 있는 것처럼 보이지만 왜 내가 남을 도와야 하는지를 모른 채 타율적으로 이루어지는 경우가 많다. 덕이란 내면적 체득을 통해 자신도 모르게 밖으로 실천되는 것이다. 공자의 교육 사상을 통해 내면화를 이루고 이것을 다시 묵자의 관점에서 적절히 외면화할 수 있다면 청소년을 위한 새로운 인성교육 프로그램이 가능할 것이다.

공묵의 교육 사상은 대승적 차원에서 볼 때 결국 동일한 귀착점을 지닌다고 생각된다. 특히 말한 것은 반드시 현실 속에서 실천되어야 한다는 입장은 공묵이 지향하는 교육관과 일치된다. 공자는 군자의 품격 유무를 말의 신중성 여부와 결부시켜 논할 정도로 말과 행동의 일치를 강조하였으며, 묵자는 답변을 통하여 언어와 관련하여 논리의 중요성과 함께 실제에 부합되어야 한다는 견해를 내놓고 있다. 그런데 어떤 사안에 대해 어떤 진술을 했다는 것은 그것에 대해 인지적 작용이 이루어졌다는 것을 의미한다. 다시 말해 공묵이 제시한 언행의 문제를 좀 더 확대하여 본다면 앎과 실천의 문제로 귀착될 수 있다고 본다.

이러한 관점에서 공묵의 논조를 조화시켜 보면, 바람직한 인간이란 자신이 알고 있는 지식을 논리적으로 표현해 낼 수 있고 그것을 현실 속에서 실천하는 인간이 되어야 한다. 현대 사회에서의 인간의 지적 능력은 큰 진보를 보였지만 그것을 실천하고자 하는 의지는 아직 박약하다. 청소년의 경우도 마찬가지여서 지적 영역의 능력은 상당한 수준으로 제고되었지만 행동적 영역의 측면까지 이어지지 못하고 있는 실정이다. 청소년들로 하여금 아는 것을 어떻게 실천하게 하느냐는 중등학교의 도덕윤리과 교육의 오랜 숙제이기도 하다. 현대 청소년에 대한 올바른 인성교육을 위해서라도 공묵의 언행일치와 관련된 사상에 대한 재조명이 필요하다고 생각된다.

공묵 교육 사상이 제시한 인재관의 궁극적 지향점은 현실 개혁이다. 덕과 재능을 갖춘 인간이 세상을 사람답게 살아가는 공간으로 만드는 것이 그들 교육이 지향하는 절대 목표였던 것이다. 이런 점은 과거나 오늘날이나 다를 바가 없다. 따라서 오늘날 학계와 학교현장에서 공자의 덕성 위주의 인재관과 묵자의 사회실천 위주의 인재관을 적절히 묘합하여 이를 인재육성을 위해 적극 활용하려는 논의와 노력이 지속적으로 이루어져야 할 것이다.

05 유교의 배려 이론과 청소년 인성교육

동서고금을 막론하고 청소년 인성에 대한 교육은 새삼 거론할 필요 없이 매우 중요한 것으로 강조되어 왔다. 오늘날 우리가 사용하는 인성교육이라는 용어는 1995년, 대통령 보고서로 작성된 「5.31 교육개혁방안」[1]에서 거론되면서 학교현장에 회자되기 시작한 것이지만, 인간이 지녀야 할 바람직한 성품, 인격으로서의 인성은 이미 전통 사회에서부터 그 어떤 것보다 중시되었던 필수 교육과정이었다. 산업화 사회를 거치면서 청소년 문제가 급부상하고 정보화 사회 속에서 청소년의 일탈과 방황이 이어지면서 청소년의 인성에 대한 실질적이며 효과적인 측면에서의 교육적 접근이 다각적인 방법으로 제시되었다.

하지만 학교현장에 적용된 인성교육의 덕목 등이 우리 청소년들의 정서에 완연하게 부합된다고 보기 어렵고 또 그 방법적인 측면에서도 일회성, 전시성을 띤 프로그램이 많아서 학교 교육과정이 인성교육에 대한 명확한 방향을 설정하고 있다고 단언할 수 없다. 형식적으로 볼 때 학교의 인성교과를 별도의 특정한 프로그램이나 학과목을 통해 또 하나의 교과교육과 같은 형식의 인성

---

[1] 이 방안은 당시 교육개혁위원회가 발표한 보고서 「세계화, 정보화 시대를 주도하는 신교육체제 수립을 위한 교육개혁 방안」에 기초한 것이다.

교육을 실시하는 것은 오히려 인성교육의 가능한 범위와 효과를 축소시킬 수 있다는 판단 하에 범교과 차원의 인성교육이 실시되었지만 이로써 인성교과의 주관 교과가 되어야 할 도덕교과의 위상이 축소되었고, 또 인성교육의 책임소재를 모호하게 하였다.[2]

내용적으로도 존중, 책임, 정의, 배려 등을 위주로 인성교육을 실시하고 있으나 이러한 덕목들에 대해 구체적이고 깊이 있는 연구가 진행되었다고 말하기 힘들며, 설령 연구 성과가 있었다 하더라도 교육현장에 제대로 적용되지 못했다고 생각된다. 청소년 인성교육의 내용을 더욱 풍부하고 다채롭게 구성하기 위해서는 무엇보다도 청소년 인성교육에서 요구되는 덕목에 대한 개발과 그것의 적용 방안에 대해 심도 있는 논의가 필요하다고 본다.

이 장은 이러한 문제의식을 바탕으로 우리 전통 사상에서 중시되어져 온 인성 덕목을 유교의 수신 이론을 통해서 다시 고찰해 보고 이를 현대 청소년의 인성교육에 적용시킬 수 있는 방향을 탐색해 보고자 한다.

이를 위해 먼저 오늘날 청소년들이 야기하고 있는 문제점과 그것의 원인에 대한 진단을 할 것이다. 청소년이 지닌 문제점에 대해서는 비교적 객관적인 보도 자료와 통계 자료 등을 분석하면서 시도될 것이며, 분석을 통해 드러난 문제점을 치유하기 위해 요구되는 덕목들을 유교의 수신 이론을 중심으로 알아 볼 것이다.

유교의 수신 이론 관련 덕목은 매우 다채롭고 풍부하여 몇 가지로 개괄하기 어렵지만 그 중에서도 우리의 전통 사상의 핵심 근간이 되며, 학교현장에서 청소년 인지발달 정도에 부합되는 덕목들을 중심으로 고찰하고자 한다. 특히 유교의 『사서(四書)』는

---

[2] 황성규, 「청소년 인성교육 덕목 개발을 위한 묵자의 겸애사상 탐색」, 한국철학논집 제40집, 2014, p.230.

공동체 속에서 개인이 지녀야 할 바람직한 품성을 밀도 있게 거론하고 있기 때문에 이 속에 내재된 인성교육 관련 덕목을 적절히 현대화할 수 있다면 오늘날 청소년들에게 결여되어 있는 존중, 책임, 정의, 배려 등과 같은 덕목에 대해 보다 효과적인 교육적 접근과 적용이 가능할 것이라고 생각된다.

향후 우리의 교육과정은 큰 변화를 예고하고 있다. 교육과정이 변화된다는 것은 곧 새로운 교재의 개발을 앞두고 있다는 것이다. 따라서 우리 전통 사회에 깊은 영향을 끼친 유교의 수신 이론 속의 인성교육 덕목을 제시함으로써 도덕·윤리교과의 교재 개발 방향을 제시한다는 측면에서도 의미가 있을 것이다.

또한 이러한 청소년의 인성교육 덕목의 개발과 적용에 대한 시도는 우리 전통 사상이 함유하고 있는 의의와 가치에 대한 재조명은 물론이고 우리 것에 대한 자부심과 함께 전통 사상의 계승이라는 측면에서도 의미를 지닌다고 본다.

1. 현대 청소년의 인성문제

우리 사회에서 청소년 인구 구성비는 1980년대 이후 계속 낮아지고 있는 추세이다. 2015년 9세에서 24세의 청소년 인구는 19.0%로 청소년 인구가 많았던 1978, 1979년의 36.9%에 비해 17.9% 낮아졌다.[3]

그러나 인구 구성비는 낮아졌지만 청소년들이 일으키는 문제는 매우 심각한 사회문제가 되고 있다. 사실 인성교육의 필요성이 부각되기 시작한 기저에는 '도구적·단편적 지식교육'에 대한

---

[3] 통계청 「장래인구추계」, 2015년. 여기서 청소년 인구라 함은 청소년기본법 제3조 제1항에서 규정하고 있는 9세 이상 24세 이하인 사람을 의미한다.

반성적 성찰과 더불어, 점증하고 있는 학교폭력의 문제가 학교교육의 울타리 안에서 심각하게 전개되고, 더 나아가 그 울타리를 넘어 전사회적인 병리현상으로 확산되는 문제에 대한 반성적 성찰에서 기인한 것이라고 본다.4

따라서 청소년이 지닌 문제에 대한 정확하고 면밀한 분석은 현대 청소년들의 특성을 파악하는데 매우 긴요한 작업일 뿐만 아니라 그들이 지닌 문제점을 해결하기 위한 인성교육 덕목의 개발에 있어서도 기본적 전제가 된다.

오늘날 청소년들이 일으키고 있는 인성 관련 문제들을 한 마디로 개괄하자면 타인에 대한 존중 의식과 배려 의식의 결여라고 생각된다. 존중과 배려는 타인의 아픔을 자신의 아픔으로 느낄 수 있는 도덕적 감정, 공감을 토대로 한다. 타인의 마음과 고통은 고려하지 않고 자신의 욕구 충족만을 추구하는 이기적 의식이 공감 능력을 저하시키고 타인을 무시하고 폄하하는 태도를 불러왔다고 본다.

다음의 〈표1〉은 청소년들의 인권 의식을 조사한 것5으로서 현대 청소년들이 인성적 측면에서 지니고 있는 문제점, 타인을 존중하고 배려하려는 의식의 결여가 어느 정도 심각한 수준인지를 객관적으로 보여 주는 자료라고 볼 수 있다.

---

4 김민수, 「인성교육 담론에서 인성 개념의 근거」, 교양교육연구 제8권 제4호, 2014, p.171 참조.
5 한국청소년정책연구원, 「아동·청소년 인권실태조사」, 2013년.

⟨표1⟩ 청소년들의 인권의식

(단위 : %)

		계	전혀 그렇지 않다	그렇지 않은 편이다	그런 편이다	매우 그렇다
어려움에 처한 친구가 있으면 도와줄 것이다	2013	100.0	4.5	18.7	57.1	19.8
	남학생	100.0	6.2	17.2	56.6	20.0
	여학생	100.0	2.6	20.3	57.5	19.5
	초등생	100.0	3.9	10.0	50.4	35.7
	중학생	100.0	6.2	22.8	58.2	12.8
	고등생	100.0	3.2	21.9	61.4	13.4
인권이 침해된 사람을 돕기 위한 단체에 참여할 의사가 있다	2013	100.0	12.8	30.9	44.6	11.7
	남학생	100.0	16.7	31.8	40.6	11.0
	여학생	100.0	8.6	29.9	49.0	12.5
	초등생	100.0	11.0	25.9	44.6	18.4
	중학생	100.0	16.0	33.4	42.1	8.5
	고등생	100.0	11.2	32.5	47.0	9.3

위 ⟨표1⟩에 의하면 2013년의 경우, 청소년 76.9%가 "어려움에 처한 친구가 있으면 도와줄 것이다."라고 응답하고 있어 피상적으로 볼 때 청소년들의 배려 의식이 낮지 않은 것으로 생각되어 질 수 있다. 그러나 우리가 유의해야 할 점은 같은 해 초등학생의 86.1%가 어려움에 처한 친구를 도와줄 것이라고 응답해 중학생 71.0%, 고등학생 74.8%보다 높게 나타나고 있다는 사실이다. 학력이 높아질수록 타인의 곤궁에 대해 둔감해 지며 남을 배

려하려는 의식이 미약해 지고 있다는 것을 알 수 있다.

아울러 우리가 인성적 측면에서 관심을 기울이고 교육시켜 나가야 할 대상은 바로 23.1%의 청소년들로서 이들은 어려움에 처한 친구가 있어도 도울 의사가 없는, 다른 사람이야 어떤 처지에 처하든 전혀 관심이 없는 청소년들인 것이다. 소위 학교문제는 대부분 이러한 의식을 지닌 청소년들과 직·간접적으로 연계된 것이다.

또 〈표1〉에서 "인권이 침해된 사람을 돕기 위한 단체나 모임에 참여할 의사가 있다."라고 응답한 청소년은 56.3%에 불과하다는 사실도 주목할 필요가 있다. 곤란에 처한 친구를 돕겠다는 의사는 쉽게 표출하고 있으나 이를 현실에서 적극적이고 구체적으로 실천하려는 의지는 다소 미약한 것이라고 볼 수 있다.

인권이란 인간 존엄성에 대한 인식에 바탕을 둔 보편적 가치임을 이해하고, 타인의 고통과 불행에 대한 공감과 배려, 보호의 당위성을 깨달아야 한다. 청소년들이 이러한 의식을 내면화하지 못할 때 크고 작은 문제를 일으키게 되는 데, 그 중 폭력이 가장 대표적이면서 심각한 것이다.

청소년 사이에서 일어나는 폭력의 근간에는 상대를 무시하고 자신만을 우선적으로 고려하는 의식이 가장 중요한 원인으로 알려져 있다. 물론 교육당국의 지속적인 관심으로 인하여 폭력 피해 학생의 수는 차츰 줄어들고 있는 추세이다. 통계에 의하면 2012년 중·고등학생의 폭력 피해 경험은 5.6%로 전년(6.7%)에 비해 1.1%p 감소하였다. 그런데 폭력 피해를 당한 학생의 폭력 이유는 '특별한 이유 없다'가 51.8%로 가장 많았으며, '성격' 때문이라고 응답한 학생은 12.4%로 나타났다.

특별한 이유 없이 폭력을 가했다는 것은 자신의 이익이나 편의만 고려한 나머지 상대의 아픔에 대한 공감 능력의 결여, 타인을 존중하는 배려 의식의 결핍 그리고 폭력이 얼마나 비인간적인 행위인가에 대한 인권 의식이 미약하기 때문에 생기는 것이라고 볼 수 있다.

〈표2〉 청소년(중·고등학생) 폭력 피해 경험률 및 이유[6]

(단위 : %)

구분		폭력 경험	폭력 피해를 당한 이유							
			계	이유 없다	신체 취약	나의 과오	외모 장애	성격	금품 요구 거절	기타
2010		7.1	100.0	43.5	13.6	11.4	4.4	10.8	7.0	9.3
2011		6.7	100.0	42.5	14.2	9.6	3.7	10.5	6.2	13.2
2012		5.6	100.0	51.8	9.5	9.6	3.7	12.4	2.4	10.5
	중학	7.6	100.0	51.1	10.0	9.7	2.2	12.1	2.1	12.7
	고등	3.7	100.0	52.7	9.0	9.5	5.5	12.7	2.8	7.8

위의 〈표2〉에 의하면 폭력 피해 경험률은 중학생의 경우 7.6%로 고등학생의 경험률 3.7%보다 높게 나타났다. 이는 폭력이 타인은 물론이고 자신에게 끼치는 위해성에 대한 의식이 부족하거나 결여된 청소년일수록 쉽게 폭력적이 된다는 것을 의미하며, 이에 대한 인성교육이 시급히 요구된다.

다시 말해 자신의 이기적 욕구, 순간적 충동으로 인해서 남에

---

[6] 여성가족부, 「청소년 유해환경 접촉 종합 실태조사」, 각 년도, 조사시점 기준 최근 1년간의 '욕설/협박', '폭행', '돈/물건 갈취', '집단따돌림(왕따)' 등이며 무응답도 포함.

게 피해를 입혀서는 안 된다는 도덕적 신념의 내면화와 인간 존엄성과 인권의 보편성에 기저를 둔 배려 의식의 함양이 절실하다고 하겠다.

청소년들이 경험하는 폭력 피해의 유형을 보면 구타와 욕설, 폭언과 같은 단순 유형 이외에도 금품갈취와 같은 성인의 폭력과 집단 따돌림과 유사한 비인간적 폭력도 갈수록 기승을 부리는 것으로 나타나고 있다. 뒤에서 언급되겠지만, 이러한 폭력은 자살이라는 또 다른 심각한 문제를 야기하고 있다. 아래 〈표3〉은 중고등학교 청소년들이 경험한 폭력 피해 유형을 통계 처리한 것이며, 복수 응답을 하여 도출한 자료이다.

〈표3〉 청소년(중·고등학생) 폭력 피해 유형(복수응답)[7]

	구타	욕설·폭언	돈·금품 갈취	집단따돌림
2012	28.1	56.2	29.6	38.2
중학생	22.0	55.8	27.2	40.4
고등학생	35.5	56.7	32.4	35.6

(단위:%)

〈표3〉에서처럼 폭력의 유형에는 '욕설과 폭언'이 56.2%로 가장 높았고, '집단따돌림 (38.2%)', '돈, 금품 갈취(29.6%)', '구타(28.1%)' 순으로 나타났다. 특히 주목해야 할 점은 중학생의 '집단따돌림' 피해 경험률은 40.4%로 고등학생의 35.6%보다 높게 나타나고 있다는 사실이며, 집단따돌림은 또 다른 피해로 이어질

---

7 여성가족부, 「청소년 유해환경 접촉 종합 실태조사」, 2012.

수 있다는 점에서 심각한 폭력 유형이라고 볼 수 있다.

폭력은 폭력을 가한 학생이나 폭력을 당한 학생 모두에게 깊은 상처를 준다. 청소년 사이에서의 폭력은 흔히 극단적인 선택을 불러 오기도 한다. 청소년들은 충동적이고 자신의 행위에 대한 책임감이 결여되어 있기 때문에 순간적인 충동에도 자살을 선택하는 경우가 종종 있으며, 폭력을 경험한 학생들 10명 중 4.5명은 폭력의 고통으로 인해 자살을 생각했다고 한다.[8] 통계청 자료에 의하면 2012년 13세에서 24세 청소년의 10명 중 1명(11.2%)은 지난 1년 동안 한 번이라도 자살에 대한 충동을 가졌던 것으로 나타났다.

〈표4〉 청소년의 자살에 대한 충동 여부 및 이유[9]

이유	%
기타	14.2
성적,진학문제	39.2
가정불화	16.9
외로움,고독	12.5
직장문제	0.4
경제적어려움	16.7

(단위 : %)

〈표4〉에서 청소년 인성과 관련하여 우리가 유심히 보아야 할 부분은 '외로움과 고독(12.5%)'으로 인해 극단적인 생각을 하는 청소년들이다. 또 자료의 가정불화(16.9%), 기타(14.2%)의 경우

---

[8] 황성규, 「청소년 인성교육 덕목 개발을 위한 묵자의 겸애사상 탐색」, 한국철학논집 제40집, 2014, p.240 참조.
[9] 통계청, 「사회조사」, 2012년. 이 조사는 15·24세 대상으로 실시됨.

'이성문제', '친구불화' 등을 포함하고 있는데, 이는 모두 인간관계 및 인성과 관련된 것이다. 좋은 인간관계를 맺고 상대를 존중하고 배려하는 의식이 있다면 청소년들의 자살과 자살 충동은 크게 격감시킬 수 있다고 생각된다.

위에서 제기된 청소년 문제를 해결하기 위해서는 타인을 존중하며 배려하려는 인성을 함양하기 위한 교육적 노력이 필요하며 이러한 교육이 보다 내실 있게 효과를 거두기 위해서는 인성 교육의 덕목을 더욱 다양하게 구성하여 이를 교육현장에 적용할 수 있도록 하려는 노력이 절실하다고 생각된다. 현행 중등 교육과정에 의하면 타인과의 관계를 지도할 때 예절, 함께하는 협동, 상호 간의 존중, 책임, 정의로운 태도라는 가치·덕목들과 더불어 배려라는 가치·덕목을 지도하도록 하고 있다. 특히 배려는 모든 영역을 포괄하는 '주요 가치·덕목'에 포함되어 있다.[10] 그것은 배려 의식이 상호 의존에 근거한 심리적 안정감을 제공하여 갈등을 평화적으로 해결하는 데 많은 도움을 준다고 믿고 있기 때문이다.

그런데 학교교육의 내용과 방법은 이러한 교육과정에 충실했다고 말하기 어려운 측면이 많다. 학교교육은 인간을 기르기보다는 오히려 지식을 가르치거나 전수하는 데에 일차적인 관심을 기울여 왔으며, 학교에서 이루어지는 도덕교육이나 윤리교육은 도덕적으로 통합된 인간다운 인간을 기르는데 관심을 두기보다는 오히려 도덕적 행위나 실천과 유리된 도덕적 사고나 지적 판단과 정만을 강조함으로써 위와 같은 문제를 불러왔다고 생각된다.[11] 이제부터 살펴 볼 우리의 전통 사상, 유교의 수신 이론은 상대를

---

10 『국가교육과정』, 교육과학기술부 고시, 2012-14호.
11 장성모, 「인성의 개념과 인성교육」, 초등교육연구 vol.10, 1996, p.6.

배려하는 이타성을 지닌 인간을 기르는 것이 그 어떤 교육과정보다 중요하다는 사실을 인지하고 이를 이론화하여 현실 생활 속에서 실천하기 위해 체계적으로 발전시켜 왔다.

2. 유교의 수신 이론 중의 배려 이론

인성교육에 대한 논의가 부각되고 있기는 하지만, 지금처럼 인성교육이 강조되기 전에도 이미 교육은 인성의 함양을 지향해 왔다.12 특히 전통 사상 중 유교의 수신(修身)에 관한 이론은 한국인의 인성 형성과 발전적인 측면에서 매우 중요한 역할을 했다고 볼 수 있다. 원래 수신은 '예(禮)'의 전통에서 기원하고 있다. 예라는 글자는 본래 '시(示)'자와 '풍(豊)'자를 합성한 것으로 신에게 제물을 바치고 신을 섬김으로써 복을 얻으려는 종교 의식과 관련된 글자였다.13 또한 사대부들의 풍모, 말과 행동, 벼슬자리에 있음과 물러나 있음 등의 외재적 의미로 사용되기도 하였다. 그러다가 주대에 이르러 주공(周公)이 예악(禮樂)을 정비하고, 공자가 그를 계승함으로써 종교적 관계 방식에서 인간의 삶을 중심으로 한 도덕적 관계 방식으로 바뀌었다.14

특히 공자의 경우 "사람이 되어서 어질지[仁] 못하면 예를 어떻게 하겠는가?"15라고 하면서 외재적 행동 양식인 예에 앞서 내재적 도덕 실천의지인 수신의 중요성을 부각시키고, 수신은 사회 구성원으로서의 개인이 거쳐야 할 기본 과정임과 동시에 사회의 질서를 유지하는 근간으로써 강조하였다.

---

12 위와 같은 곳, p.16.
13 남상호, 『육경과 공자인학』, 예문서원 2003년, p.106.
14 남상호, 『육경과 공자인학』, 예문서원 2003년, p.107-108 참조.
15 『論語』「八佾」: "子曰, 人而不仁, 如禮何."

공자가 언급한 수신 관련 진술들을 살펴보면 그것은 타인에 대한 존중과 배려를 기본 관점으로 하고 있음을 알 수 있다. 먼저 『논어』에서 수신이나 수덕(修德)의 중요성에 대한 진술을 살펴보자.

덕을 닦지 못하는 것, 학을 강마하지 못하는 것, 의를 듣고 옮겨가지 못하는 것, 착하지 아니한 것을 고치지 못하는 것, 이것이 나의 걱정이다.16

위의 진술에서 덕을 닦는 것은 하늘의 마음이 제대로 내려 올 수 있도록 노력하는 것이고, 배우는 것은 진리의 내용을 머리로 이해하는 것이며, 의로움을 실천하는 것은 하늘마음을 따르는 것이고, 불선(不善)을 고치는 것은 욕심을 없애는 것이다.17 덕을 닦고 배우는 개인적인 노력은 결국 사회 속에서 의로움을 실천하고 불선한 것을 개선하기 위한 전제가 된다는 것이다. 그렇다면 사회적 의로움이나 불선을 개선한다는 것은 무엇을 의미하는 것일까?

자로가 군자에 관해서 여쭈어 보았다. 공자가 이르길 "경건한 마음으로 자신을 수양해야 한다."라고 말하였다. 자로가 "그러할 따름입니까?"라고 묻자, 공자는 "자기를 수양해서 남을 편안하게 해주어야 한다."라고 하였다. 자로가 "그러할 따름입니까?" 라고 묻자 "자신을 수양하여 백성들을 편안하게 하는 것이니 자기를 수양해서 백성을 편안하게 해주는 일은 요임금이나 순임금도 병통으로 여겼다."라고 하였다.18

---

16 『論語』「述而」: "德之不修, 學之不講, 聞義不能徙, 不善不能改是吾憂也."
17 이기동, 『논어강설』, 성균관대학교 출판부 2014년, p.287.
18 『論語』「憲問」: "子路 問君子, 子曰 修己以敬, 曰 如斯而已乎? 曰修己以安人, 曰 如斯而已乎? 曰 修己以安百姓, 修己以安百姓, 堯舜其猶病諸."

공자가 생각하는 군자란 진리를 얻기 위해 수양에 전념하는 사람이다. 그런데 여기에서 공자가 말하는 수양이란 단순히 개인의 일이 아니라 타인을 존중하고 타인을 배려하는 것에서 완성되는 것이며, 이러한 일은 성인(聖人)도 힘들어 했던 일임을 언급한 것이다. 이처럼 공자에 있어서 수신은 곧 공동체 구성원을 편안하게 하는, 의로움을 실천하고 불선을 고치는 일로 이어져야 한다.

공자는 계속하여 개인적인 수양은 결국 타인과의 관계 속에서 타인을 위한 존중과 배려로 이어져야 함을 언급하고 있다.

> 자기를 이기고 예로 돌아가는 것이 인이니, 어느 날 하루 자기를 이기고 예로 돌아가면 천하가 인으로 돌아간다. 인을 하는 것은 자기로 말미암는 것이니, 남으로 말미암는 것이겠는가?[19]

공자의 핵심 사상인 인(仁)에 대해 정면에서 전면적으로 말하고 있는 것으로 알려진 위의 진술에서 "자신을 이긴다."라는 것은 자신의 사욕(邪欲)을 버린다는 것을 의미한다. 즉 자신의 입장이나 처지를 고집하지 않고, 상대에 대한 배려로 이어질 때 그가 추구하는 도(道)가 완성될 수 있다고 본 것이다. 개인의 수양이란 결국 사회적 영향까지도 고려되어야 함을 강조한 것이다. 공자는 또 "한 마디의 말로써 종신토록 행할만한 것이 있느냐?"는 제자의 물음에 대해 '서(恕)'의 윤리를 제시하며 "자신이 원하지 않은 일은 남에게 시키지 않는 것이라고 말하고 있다."[20] 자신이 바라는 바가 있으면 남도 바랄 것이고 자신이 원하지 않는 것은 남도 원하지 않을 것이므로, 타인을 배려할 때는 언제나 자신을 미루어

---

19 『論語』「顏淵」: "一日克己復禮, 天下歸仁焉, 爲仁由己, 而由人乎哉?"
20 『論語』「衛靈公」: "子貢問曰有一言而可以終身行之者乎,子曰其恕乎, 己所不欲, 勿施於人."

타인을 고려하라[推己及시는 것이다. '서'는 '같은[如]' '마음[心]을 뜻한다. 남의 마음을 내 마음같이 살피고, 생각하고, 위로하고, 지지하고, 그리고 아끼고 존중하는 것이다.

내 마음의 아픔을 내가 아파하듯 남도 그 마음의 아픔을 똑같이 아파한다는 것을 이해하고 내 자신의 단점을 내가 부끄러워하듯이 남도 그 단점을 똑같이 부끄러워 한다는 것을 생각하는 것이다. 이처럼 '서'는 남도 나와 같이 느끼고, 요구하고, 주장하고, 소망한다는 나와 '같은 마음'의 존재라는 것의 이해이다.[21] 항상 상대방을 위하여 자기의 최선을 다하고, 또 내 마음을 미루어 상대를 이해한다면, 사회적 감응은 저절로 실현될 것이다.

이것은 인간과 인간의 관계를 적대적 관계로 규정하는 것이 아니라, 우호적 관계로 규정하는 것이다.[22] 또 공자의 '서(恕)'의 윤리는 타인을 배려하는 것이 바로 도덕 실천의 기본이 된다는 신념을 분명히 한 것이며, 『논어』에 점철되어 있는 이러한 공자의 입장은 유교 수신 이론의 기본 전제와 방향이 되었다고 볼 수 있다.

『맹자』에서는 보다 심화되고 정제화된 수신 이론을 진술하고 있으며 이 역시 궁극에는 타인을 배려하는 마음을 구현할 것을 강조한 것이다.

> 그 마음을 극진히 하는 사람은 그 성(性)을 알게 되니 그 성을 알면 하늘을 알게 된다. 그 마음을 보존하여 그 성을 기르면 하늘을 섬길 수 있다. 요절하는 것과 장수하는 것을 다르게 여기지 않고 몸을 수양하여 천명을 기다리면 천명을 세울 수 있다.[23]

---

21 송복, 『동양적 가치란 무엇인가?』, 미래인력연구센터, 1999, p.58.
22 이상익, 『유가사회철학연구』, 심산, 2001, p.188.
23 『孟子』「盡心」上 : "盡其心者, 知其性也; 知其性則知天矣. 存其心, 養其性, 所以事

마음의 요소 가운데서도 성(性)은 만물에 공통으로 존재하는 것으로서 사람의 의지와 관계없이 존재하며, 성의 발현된 모습인 정(情)도 또한 사람의 의지와 관계없이 존재하지만 사려분별 지각의 기능은 사람의 의지대로 작용할 수 있다.[24] 그런데 이 의지를 어떻게 발현하느냐에 따라 인간의 품성, 인격이 달라진다. 사려 분별 지각이 도리에 합당하게 드러내는 사람은 곧 자신의 본성을 아는 사람이다.

　　자신의 본성을 아는 사람은 자신만을 고집하는 것이 아니라 타인의 처지와 감정을 이해하고, 원리와 원칙에 따라 일을 처리한다. 따라서 생명의 장단에 대해서는 거의 고려하지 않으며 오로지 자신의 수신에 대해서만 생각하고 장차 발생할 일에 대해 올바른 행동을 취함으로써 하늘이 부여한 사명을 수행하는 것이다.

　　맹자가 말하는 하늘이 부여한 사명이란, "군자의 지킴은 자신을 닦아 천하를 화평하게 하는 것이다."[25] 공자와 마찬가지로 맹자가 말하는 수신도 개인의 완성된 삶을 뛰어넘어 타인을 배려하고 나아가 천하를 태평하게 하여 사회의 완전함을 추구하는 것이다.

　　청소년 인성교육과 관련하여 눈여겨 볼만한 『맹자』의 덕목으로는 '사단(四端)', '반구제기(反求諸己)', '집의(集義)', '호연지기(浩然之氣)' 등을 들 수 있다. 이것 중 배려 의식 함양과 관련된 '사단(四端)', '반구제기(反求諸己)'에 대해 우선 고찰해 보도록 하겠다. 맹자가 생각하기에 모든 인간은 차마 어찌하지 못하는 마음을 지니고 있다. 맹자는 사람들이 보편적으로 지니고 있는 이 마음을 네 종류의 '선단(善端)'으로써 설명하고 있다.

天也. 夭壽不貳, 修身以俟之, 所以立命也."
24 이기동, 『맹자강설』 성균관대학교출판부 2014년. p.614
25 『孟子』 「盡心」 下 : "君子之守, 修其身而天下平."

측은하게 여기는 마음은 인의 실마리이고, 수오하는 마음은 의의 실마리이고, 사양하는 마음은 예의 실마리이고, 시비를 판단하는 마음은 지의 실마리이다.26

위의 네 가지의 선단(善端)27, 즉 '사단(四端)'은 궁극적으로 도덕의 기초가 되는 것이지만 도덕 그 자체는 아니다. 도덕적 수양 과정을 거쳐 본성에 내재된 네 가지의 선의 실마리를 확충하고 배양해 낼 때 비로소 선의 본체라고 할 수 있는 인(仁)·의(義)·예(禮)·지(智)의 '사덕(四德)'에 이를 수 있는 것이다. 그리고 누구나 본래 선(善)한 성(性)을 지니고 있는 이상 이 성을 잘 간직하기 위해서는 타인에 대한 엄격한 자기 절제의 노력이 요구된다.28

타인을 대할 때 자신의 분위기나 기분에 따라 임의적으로 행위해서는 안 됨을 네 가지의 선단을 통해 암묵적으로 제시하고 있는 것이다. 또 맹자는 사람 간의 분쟁의 씨앗이 되는 욕망이나 이기심을 '사단'을 통해 해소시키고자 시도한 것이다. 즉 서로간의 관심어린 보살핌과 협력으로 '내것'과 '네것'의 구분이 희박해지고, 자기의 사사로운 욕망만을 추구하려는 사람이 손가락질을 받는, 배려와 존중이 당연시되는 삶을 가장 이상적인 것으로 추구한 것이다.29

이처럼 『맹자』는 인·의·예·지의 구체적 도덕규범을 제시

---

26 『孟子』「公孫丑」上 : "惻隱之心, 仁之端也. 羞惡之心, 義之端也, 辭讓之心, 禮之端也. 是非之心, 智之端也."

27 여기서 유의해야할 점은 우리가 일반적으로 도덕성의 영역으로 생각하는 인의(仁義)와 예(禮)뿐만 아니라 지적 능력(智)까지 포함하고 있다는 점이다. 옳은 것과 그른 것, 선과 악, 굽은 것과 바른 것을 판단하는 지혜는 곧 지적 능력이며 이러한 지적 능력도 타고난 본성으로 보았다. 즉, 넓은 의미의 도덕성에는 지적 능력도 포함된다고 보았던 것이다. 이러한 관점은 유교적 전통 속에서 인성교육은 지식교육과 결코 분리될 수 없는 것으로 생각되어 왔다는 것을 보여준다(박의수, 「유가적 전통에서의 인성교육」, 교육문제연구 제28집, 2007, p.6).

28 유성태, 『동양의 수양론』, 서울학고방, 1996, p.176 참조.

29 이승환, 『유가사상의 사회철학적 재조명』, 고려대학교출판부, 1998, pp.58-59.

함으로써 『논어』에서 제시된 수신 이론을 보편적 의의를 담은 윤리 범주로 제고하였으며 이후 유교 수신학의 건실한 이론적 기초를 마련했다고 볼 수 있다. 그런데 청소년 인성교육과 관련하여 우리가 주목해야 할 부분은 이런 가능성은 특정 개인에게 주어진 것이 아니라 모든 인간이 보편적으로 구비한 것이며, 따라서 이러한 마음이 없다면 이는 사람이라고 일컬을 수 없음을 분명히 하고 있다는 점이다.

남의 불우함에 대한 측은한 마음을 지니지 못한 사람은 인간이라고 할 수 없으며, 어떤 사물에 대해 객관적이고 공정한 마음으로 시비를 가리지 않는다면 이 역시 사람이라고 볼 수 없다는 것이다. 자신이 소중한 만큼 남도 소중하다는 의식을 길러 남을 배려하는 인간이 될 때 비로소 인간다운 인간, 즉 도덕적 인간이 될 수 있다. 이는 현대 청소년들에게 인권의 보편성, 배려의식 등을 일깨우는데 좋은 시사점을 제공한다고 하겠다.

그리고 『맹자』에서는 공자의 '구제기(求諸己)'[30]와 '내자성(內自省)'[31] 등의 수신방법을 계승하여 '반구제기(反求諸己)'의 수양방법을 제시하고 있다.

> 내가 다른 사람을 사랑했는데도 그 사람이 친해지지 않는다면 자기의 사랑하는 마음을 반성해 보아야 할 것이며, 내가 다른 사람을 지도했는데도 그 사람이 지도를 받지 않는다면 자기의 지혜를 반성해 보아야 할 것이며, 내가 다른 사람에게 경례(敬禮)를 했는데도 그 사람이 답례를 하지 않는다면 자기의 경례한 일을 반성해 보아야 할 것이다. 자기의 행동이 뜻대로 되지 않는 것이 있으면 모두 자기의

---

30 『論語』 「衛靈公」: "君子求諸己 小人求諸人."
31 『論語』 「里仁」: "見賢思齊焉, 見不賢而內自省也."

몸에 결점이 있는가를 찾아보아야 할 것이니 자기 몸이 바르게 되면 천하 사람들이 나에게 진심으로 따르게 될 것이다.32

인간관계 속에서 야기되는 문제점의 원인을 자기 자신에게서 찾아야 한다. 다른 사람을 힐문하거나 다른 사람의 잘못을 꼬집기 보다는 혹여 자신에게 부족한 점이 없었는지를 되살펴 봄으로써 수신의 의지를 다져야 한다. 상대를 질책하기 전에 자신을 힐책하는 '반구제기'의 태도는 자신의 주장과 입장만을 고려함으로써 생겨나는 인간관계의 문제점을 제거하고 타인을 존중하고 배려하는 태도를 길러 줄 수 있다는 측면에서 매우 큰 의의를 지닌 덕목이라고 볼 수 있다.

『중용』역시 많은 수신 이론을 담고 있는 유교의 경전 중의 하나이다. 청소년 인성교육과 관련하여 살펴 볼 것은 '신독(愼獨)'의 수양 방법이다.

도는 잠시도 떠날 수 없나니 떠날 수 있으면 도가 아니다. 그러므로 군자는 남에게 보이지 않고 들리지 않는 곳을 삼가고 두려워하는 것이다. 은밀하고 깊숙한 곳보다 더 잘 드러나는 곳은 없고, 미세한 일보다 더 뚜렷해지는 일은 없다. 때문에 군자는 깊고 은밀한 곳을 조심한다.33

항상 다른 사람을 의식하고 다른 사람이 나를 어떻게 볼 것인가를 염두에 두어야 한다. 이런 정신이 없다면 배려라는 덕목은

---

32 『孟子』「離婁」上 : "愛人不親, 反其仁, 治人不治, 反其智, 禮人不答, 反其敬. 行有不得者皆反求諸己, 其身正而天下歸之."
33 『中庸』: "道也者, 不可須臾離也, 可離非道也. 是故君子戒愼乎其所不睹, 恐懼乎其所不聞. 莫見乎隱, 莫顯乎微. 故君子愼其獨也."

생겨 날 수 없다. 그런데 위의 『중용』은 여기서 나아가 다른 사람이 보지 못하고 듣지 못하는 곳에서 어떤 행위를 할 때 내면적으로 더욱 삼가야 한다는 것이다.

은밀하고 작은 것 속에 다른 사람은 알지 못하고 자기 혼자만 알 때 이것이 가장 명백한 것이 되는 것이다. '신독'이란 외부의 강제나 감독에 의한 것이 아니라 자기 혼자 있을 때 도리를 실천하며 삼가야 하는 것이다. 다른 사람을 속이지 않고 자기 역시 기만하지 않을 때 양심이 어두워지지 않는 것이다.

'신독'은 도덕 수양과 실천에 있어서 엄격한 자율성과 자각성을 견지할 것을 요구한다. 그렇지 않으면 도덕 수양은 단지 표면적 수양에 그치며 혼자 있을 때는 다른 행위를 하기 때문에 양면성을 지닌 '위선난덕(僞善亂德)'의 위선자가 될 수도 있다. 따라서 청소년들은 이처럼 도덕적 실천의 어려움을 이해하고 언제나 자신의 말과 행동을 조심하는 태도를 견지해야 할 것이다.

『중용』에서 제기된 또 다른 수양 이론 중에는 '치중화(致中和)'의 도덕 수양 목표가 있다.

> 기쁨, 노여움, 슬픔, 즐거움의 감정이 아직 움직이지 않은 상태를 중(中)이라 하고, 움직여서 다 절도에 맞는 것을 화(和)라고 한다. 중은 천하의 대본이요, 화는 천하의 달도이다. 중과 화의 덕을 최고의 경지에 이르게 하면 천지가 제자리하며 만물이 길러진다.[34]

위에서 '중'이란 사상에 접하여 반응하기 이전, 인간 내면에 깊숙이 숨어 있는 그 '성(性)'의 순수 본연한 자세를 가리킨다. '중'은 치우치거나 기울지 않은[不偏不倚] 자태란 말이다. 그런데 자극

---

[34] 『中庸』: "喜怒哀樂之未發, 謂之中; 發而皆中節, 謂之和. 中也者, 天下之大本也; 和也者, 天下之達道也. 致中和, 天地立焉, 萬物育焉."

이나 반응에 의해서 본연의 '중'을 그대로 실현한 이상적인 것이 '화'이다. '중화'의 덕은 조화를 이루는 깃들이며 낳고 기르는 원리이기도 하다. 왜냐하면 만물은 조화를 얻어야 비로소 나고 자람이 가능하기 때문이다.[35]

'치중화'의 덕목이 현대 청소년들에게 주는 교훈은 적지 않다. 타인과의 관계에서 조화를 이루기 위해서는 자신만을 고집하여 주장해서는 안 된다. 상대를 의식하고 상대를 배려하여 자신의 감정, 사상, 행위가 드러나야 한다. 『중용』에서 제시된 '신독'과 '치중화'는 청소년들이 실현하기에는 다소 난해한 덕목이지만 청소년기에 이러한 덕목의 습득을 통해 다른 사람과 조화를 이루려고 노력하는 자세와 의지를 구비할 필요가 있어 보인다.

『대학』은 유교 수신 이론의 강령이 되는 매우 중요한 문헌이다. 『대학』은 수신의 중요성을 다음의 한 마디로 개괄하고 있다.

> 제왕에서 서인에 이르기까지 한결같이 다 몸 닦는 것을 근본으로 삼는다.[36]

천자로부터 일반 백성에 이르기까지 수신이 가장 근본이 된다는 것이다. 도덕적 신념과 실천을 완성하기 위해서는 별다른 첩경이 있을 수 없고 오로지 자신을 다 잡는 수신의 과정이 필요한 것이다. 청소년 인성교육과 관련하여 『대학』의 삼강령과 팔조목을 살펴 볼 필요가 있다.

---

35 이동환, 『중용』, 현암사, 2013년 pp. 59-65 참조.
36 『大學』: "自天子以至於庶人, 壹是皆以修身爲本."

대학의 도는 밝은 덕을 밝히는 데 있으며 백성을 새롭게 하는 데 있으며 지극한 선에 머무름에 있다.37

위의 삼강령은 『대학』의 근본 종지를 담고 있다. 『대학』의 종지는 가장 근본이 되는 도덕 원칙을 제시하고 백성들의 도덕풍모를 혁신하며 이로써 지고지선의 가장 이상적인 경계에 이른다는 의미이다. 또 『대학』이 제시하고 있는 도덕 수양의 팔조목, '격물', '치지', '성의', '정심', '수신', '제가', '치국', '평천하'는 엄격한 논리적 구조와 상호 연계성을 갖고 있다. 내적 연계에 따라 그것에 관통하고 있는 것은 일상적인 일들을 통하여 도덕 수양의 이성지식을 획득하고 자신의 주관적 태도를 단정히 하여, 자신의 도덕 의지와 신념을 견고히 한 다음 남을 배려하고 남을 위한 선행을 행함으로써 유교가 추구하는 수신의 목표에 도달한다는 것이다.

이처럼 『대학』은 유학의 근본 체계를 명료하게 밝히고 있으며 그것을 요약하면 먼저 '격물', '치지', '성의', '정심',으로써 자신을 수양하여 이를 바탕으로 '제가', '치국', '평천하'를 이룬다는 것이 『대학』의 기본 원리이다. 여기서 자신을 닦는 수신은 곧 오늘날의 인성교육에 해당된다고 볼 수 있으며, '제가', '치국', '평천하'를 이룬다는 것은 타인을 배려하고 사회를 위해 봉사한다는 것을 의미한다.38

이상의 유교가 제시한 수신의 이론들을 개괄하면 다음과 같다. 사람은 세상에 나면 반드시 수신을 근본으로 삼아야 한다. 수신을 통하여 자신의 본성에 내재된 '사단'을 키워나가는 것이 인

---

37 『大學』: "大學之道, 在明明德, 在親(新)民, 在止於至善."
38 박의수, 「유가적 전통에서의 인성교육」, 교육문제연구 제28집, 2007, p.11 참조.

간이며 그렇지 않으면 인간이라고 할 수 없다. 수신은 항상 '반구제기'의 자세를 견지하며, 도덕실천에 있어서는 '신독'을 중시하고, '제가', '치국', '평천하'를 목표로 반드시 '격물', '치지', '성의', '정심'의 과정을 거쳐야 한다. 또한 수신이란 중용(中庸)의 도(道)를 지키고, 자신의 감정이 언제나 도리에 부합되어 '치중화(致中和)'를 추구하며 타인을 존중하고 배려할 때 도덕적 인간과 이상적 사회가 완성되는 것이다.

유교의 수신 이론은 자기 자신의 책무, 다른 사람에 대한 책임을 강조하는 우리의 전통문화 중의 진귀한 유산이라고 할 수 있다. 오늘날 우리들은 이러한 유산을 발굴하고 정리하며 계승함으로써 청소년들이 타인 존중과 배려의 진정한 의미를 이해하고, 자기 존중과의 관계를 상호보완적인 차원에서 파악할 수 있도록 인성교육 방향을 설정해 나가야 한다.[39] 또한 타인을 인간답게 대우하기 위해서는 상대방의 필요에 대한 존중과 배려, 과도한 경쟁심 및 분노의 통제 등이 필요하다는 인식을 바탕으로 자신의 모습을 도덕적으로 성찰할 수 있도록 하는 수업내용 및 학생활동의 내용도 편성해야 한다고 본다.

3. 유교 배려 이론의 인성교육 적용

앞서 청소년들에게는 인간 존엄성과 인권의 보편성에 대한 의식과 이를 구체적으로 실천하려는 의지가 부족하다는 사실을 살펴보았다. 이러한 현상은 학교문제로 국한되는 것이 아니라 사

---

[39] 이하준은 인성함양을 위해 고전읽기 교육의 중요성을 역설하며, 고전교육은 전통적 인성 요소와 함께 21세기의 지구촌 사회의 일원으로서 필요한 덕목을 신장할 수 있는 방향으로 나아가야 한다고 보고 있다(이하준, 「인성함양을 위한 고전교육의 방향 탐색」, 교양교육연구 제8권 제5호, 2014, p.433). 논자는 이러한 관점에 동의하며 유교 수신 이론 중의 배려와 관련된 덕목들이 충분한 역할을 해 낼 수 있을 것이라고 생각한다.

회문제를 야기하기도 하는 데 그 중 청소년 폭력이 가장 위해하다고 파악하였다. 청소년 폭력은 날이 갈수록 성인 범죄와 유사한 극악성을 띠고 있으며 또 자살과 같은 문제를 불러 온다는 측면에서 심각성이 있는 것이다. 이러한 문제의 근간에는 우리 청소년들이 타인에 대한 존중과 배려 의식이 박약하고 자신의 욕구와 입장만을 지나치게 추구한 결과라고 진단되어졌다.

유교 학파 자체가 수신 이론의 총합이라고 할 정도로 그 내용은 방대하지만 그것에 일관되게 흐르는 정신은 결국 남의 입장과 처지를 고려해야 한다는 존중과 배려의 정신이라고 생각한다. 이러한 생각을 바탕으로 이 장에서는 유교의 수신 이론 중의 청소년 인성교육에 적합한 덕목을 중심으로 고찰하였다. 도덕성은 특정한 사회에서 요구되는 도덕적 규범들과 가치들 또는 인간이 갖추어야 할 품성인 덕목을 학생들에게 일러주고 내면화 시키는 것이다.[40] 이제 청소년 문제를 바로잡기 위해 학교현장에서 유교의 수신 이론을 접목한 인성교육을 진행함에 있어서 주안점을 두어야 할 부분은 무엇일까? 아울러 어떤 학생활동을 통하여 타인의 고통과 불행을 공감하고 남을 배려하는 인간으로 배양해 나갈 수 있을까?

1) 유교의 배려 덕목의 적용 방향

『논어』, 『맹자』, 『중용』, 『대학』에서 청소년의 인성교육, 배려 의식을 고취하기 위해 필요한 덕목들을 분류해 보도록 하겠다. 분류의 객관성을 담보하기 위해서는 중학교 학생들과 고등학교 학생들의 인지발달 정도를 고려하여 덕목을 적용시켜야겠으

---

40 정찬문, 「한문교육을 통한 인성교육 방안 연구」, 국어교과교육 vol.10, 2005, p.226.

나 이 부분에 있어서는 차후에 다시 논의하도록 하겠다.

　유교의 수신 이론 중에서 배려와 관련된 덕목들을 유추하면 '수기안인', '극기복례', '서', '사단', '반구제기', '신독', 『대학』의 8조목, '치중화' 등이 있다.41 이러한 덕목들 중 이미 중·고등학교 "도덕", "윤리와 사상" 그리고 "생활과 윤리" 교과서에 상세히 언급된 것도 있지만 그 방향은 타인에 대한 존중이나 배려심 등을 제고하기 위한 실천적 측면에서의 접근이 아닌 단순 소개나 용어의 설명 정도의 인지적 측면에 그치고 있는 실정이다.

　필자가 생각하기에 유교의 수신 이론에 내재된 배려 관련 덕목들을 중학교 및 고등학교 교육과정에서 다음과 같이 적용시켜 나가야 한다고 본다.42 물론 아래에 제시된 적용방향은 하나의 예시에 불과하며, 학교현장의 환경과 조건에 따라 유연하게 조정하는 것이 바람직하다고 생각된다.

---

41 이 이외에도 수신과 관련된 많은 덕목들이 있지만, 현행 중고등학교 교육과정에서 다소 소홀히 다루고 있는 덕목들을 우선적으로 유추하여 고찰하였음을 밝혀둔다.

42 덕목 중심의 접근방법은 덕목주의(德目主義)의 방법이라고도 하는데, 도덕윤리교육에서는 옛날부터 가장 전형적으로 실시해 오던 전통적인 교육 방법이다(이석호, 「도덕윤리 교육으로서의 인성교육의 의미와 방법」, 현상학 해석학적 교육연구, 2권 1호, 2004, p.21).

〈표5〉 청소년 문제 해결을 위한 유교의 배려 덕목과 방향

청소년 문제	적용덕목	적용방향
■ 인권 존엄성과 인권의 보편성에 대한 의식이 미약 ■ 금품 갈취, 집단 따돌림과 같은 심각한 폭력 현상 ■ 자신의 생명을 경시하는 자살 → 이러한 문제의 기저에는 상대를 존중하고 배려하려는 의식이 결여된 것임	수기안인	공부의 목적은 자아성취는 물론이고 공동체를 위해 봉사하고자 하는 태도를 함양하도록 한다.
	극기복례	자신의 사욕을 극복하여 규범과 규율을 준수하려는 의식을 배양하도록 한다.
	서	나의 입장을 바탕으로 상대의 입장과 처지를 고려하려는 태도를 견지하도록 한다.
	사단	나와 타인은 다르지 않음을 인식하여 권리의 보편성을 이해하고 이를 존중하는 태도를 함양하도록 한다.
	반구제기	도덕적으로 성찰하는 삶의 중요성과 성찰의 준거를 이해하고, 성찰의 방법을 자신의 삶에 적용하도록 한다.
	신독	도덕적 실천의 어려움을 이해하고 언제나 말과 행동을 조심하는 태도를 견지하도록 한다.
	택선고수	사회적 약자의 고통과 불행을 해결하려는 굳은 의지를 지닐 수 있도록 한다.
	수신→ 평천하	'자원지근'의 수신의 원리를 이해하여 항상 남을 배려하려는 자세를 기를 수 있도록 한다.
	격물치지 성심정의	올바른 자세로 학습에 임하고 항상 겸손하고 타인을 존중하는 의식을 고취시킨다.
	치중화	다른 사람과 조화를 이루는 방법은 다른 사람을 존중하고 배려하는 것임을 이해하도록 한다.

교육현장에서 인성교육이 홀대를 당하고 있고, 인성교육 강화를 위해 마련된 구체적인 방법들이 방향성을 제대로 구현하지 못하고 있으며, 아울러 그 방법들이 학교 교육현장에서 큰 실효성을 얻지 못하고 있다.[43] 위 덕목의 '적용방향'은 인성교육 시 교

---

43 김민수, 「인성교육 담론에서 인성 개념의 근거」, 교양교육연구 제8권 제4호, 2014, p.172.

수학습에서 주안점을 두어야 할 부분이다. 이러한 '적용방향'은 학생들이 가장 많은 시간을 보내는 교과활동을 적극적으로 활용하지 않고서는 인성교육 달성에 한계가 있으므로 도덕이나 윤리 이외의 교과에서도 적극 활용해 나가는 것이 바람직하다고 본다.[44]

물론 이러한 인성교육을 주도해야 할 교과는 당연히 도덕·윤리교과가 가장 이상적이라고 생각된다.[45] 이는 인성교육의 책임있는 실행을 위해서도 필요한 것이며, 위에서 제시한 적용방향을 이론과 실천 양 측면 모두를 아우를 수 있다는 측면에서도 매우 바람직한 것이라고 판단된다. 적용방향이 설정되면 청소년 개인이 인성을 구성하는 심리적 요소들을 갖출 수 있도록 하고, 그와 같은 상이한 요소들이 개인의 내부에서 유기적으로 통합될 수 있도록[46] 다음과 같은 수업 내용과 학생 활동이 요구된다.

2) 유교의 배려 덕목을 활용한 수업 내용

인성교육의 문제점을 지적한 한 연구에 의하면, 인성교육의 방향과 필요성에 대한 부정적 이미지가 강함이 지적되고 있다. 교사들은 학교 인성교육을 주로 문제아와 관련되고, 학생 문제유발 방지를 위한 교육으로 이해하고 있는 반면, 학생들은 인성교육을 '고리타분하고', '나와 상관없고', '현실과 괴리된' 교육이라는 인식이 강한 것으로 알려졌다.[47]

---

[44] 최준환, 「인성교육의 문제점 및 창의 인성교육의 이론적 고찰」, 창의력교육연구 vol.9, 2009, p.104 참조.

[45] 한 연구에 따르면, 인성교육이 가장 활성화된 교과를 묻는 질문에 학생, 학부모, 교사의 68.6%가 도덕교과라고 응답하였다. 도덕과에 대한 응답률이 높은 것은 여러 교과목 중에서 도덕과가 인성의 가장 핵심적인 특징인 '도덕성'을 다루고 있기 때문인 것으로 파악되었다(진의남, 「학교 교육에서 인성교육의 인식과 개선 요구」, 실과교육연구 vol.18(3), 2012, p.157 참조).

[46] 장성모, 「인성의 개념과 인성교육」, 초등교육연구 vol.10, 1996, p.7.

특히 학생들의 경우 인성교육과 관련된 여러 덕목들을 이론적으로는 이해를 하고 있지만 이를 학교생활에서 실천으로 연결하지 못하고 있는 실정이다. 이는 인성교육이 지향하는 방향에 역행하는 것이며 수업 과정에서 덕목의 의미를 살려 청소년들의 바람직한 인성 형성에 도움이 되도록 교수학습 방법에 대한 검토가 필요하다고 본다. 즉 교사의 인성교육의 전문성을 신장시켜 수업 내용을 구성하고, 학생들에게는 그들의 수준과 요구, 흥미와 동기 등을 유발할 수 있는 활동을 제작하여 수업을 전개할 필요가 있다고 생각된다.

<표6> 유교의 배려 덕목을 활용한 수업 내용과 학생 활동

덕목	수업 내용 및 학생 활동
수기안인	• 역경을 딛고 자아를 성취하여 타인을 위한 삶을 산 사람들의 사례를 들어 그들이 지닌 공통점을 설명한다. → 조별로 사례를 찾아 이를 발표해 본다.
극기복례	• 자신의 욕구를 절제하는 것의 중요성과 도덕적 실천의 연관성을 설명한다. → 자신의 분노를 절제하지 못했던 경험을 네 장면의 만화로 재구성해 보고, 이에 대한 문제점을 제시해 본다.
서	• 타인을 배려하고 존중하는 도덕심을 바탕으로 이를 현실에서 실천할 수 있는 방안에 대해 설명한다. → 타인을 무시하는 사회에서는 어떤 일이 일어날 수 있는지 브레인스토밍해 본다.
사단	• 모든 사람은 존귀하며 도덕적 존재라는 의식을 부여해 준다. → 친구에 대해 자신이 지니고 있는 편견을 마인드맵으로 표현해 본다.
반구제기	• 도덕적 실천에서 성찰이 갖는 의미와 중요성에 대해 설명한다. → 학교생활에서 친구에 대해 잘못한 사례를 제시하고 이를 되풀이하지 않기 위한 필요한 '마음의 매뉴얼'을 작성한다.

---

47 최준환, 「인성교육의 문제점 및 참의 인성교육의 이론적 고찰」, 창의력교육연구 vol.9, 2009, p.103.

신독	• 보이지 않는 곳에서 남을 위해 도덕적 실천을 한 사람들을 설명한다. → 우리 주변에서 '살아 있는 양심'을 보여주는 사례를 발표한다.
택선고수	• 남을 위해 산 사람들의 로드맵을 제시하고 이들의 공통점을 추론하여 이들의 삶이 우리에게 주는 교훈을 설명한다. → 조별로 남을 위해 자신을 헌신한 위인, 도덕적 신념에 따라 행동한 역사적 인물을 발표한다.
수신→평천하	• 삶의 근본 목적은 자신을 바르게 하여 국가와 사회 나아가 인류를 위해 봉사하는 데 있음을 주지시킨다. → 자신이 공부한 것을 통해 타인을 위해 할 수 있는 봉사를 UCC로 발표한다.
격물치지 성심정의	• 타인을 배려하는 도덕적 삶에 공부가 필요한 이유가 무엇인지 설명한다. → 자신의 마음을 표현하는 포토 에세이를 만들어 발표한다.
치중화	• 타인과 조화를 이루는 삶의 중요성을 일깨울 수 있도록 수업내용을 구성한다. → 타인을 위해 자신이 희생된 경우를 제시하고 스스로를 칭찬하는 기회를 갖는다.

〈표6〉은 그동안 용어 해설에만 급급했던 유교의 수신 이론에서의 덕목들을 존중과 배려 의식 고취라는 방향을 통해 학교현장에서 실시 가능한 수업 내용과 학생 활동을 정리한 것이다. 이러한 수업 내용과 학생 활동은 주지주의 중심의 인성교육에서 실천 중심의 인성교육으로 나아가기 위한 전제가 될 것이라고 생각된다. 그리고 청소년들의 좋은 덕목과 일치하는 행동을 습관화할 수도 있으며, 학교생활에서 덕목을 실천함으로써 도덕적 상상력도 구비해 낼 수 있다고 생각된다.[48] 무엇보다도 청소년이 지닌 문제점을 치유하고 실천적 인성교육의 실마리를 잡기 위한 수업

---

48 김민수는 지금까지의 인성교육의 문제점을 지적하면서 '습관화의 강화'만으로는 청소년들이 자발적으로 좋은 덕목과 일치하는 행동을 습관화 할 수 없고, '상상력'이 인성의 근거로 놓일 때, 인성의 주체인 나는 스스로를 이해하는 자기 이해의 가능성을 지니며, 이 가능성을 확장시키는 방향으로 인성교육이 이루어질 때 인성교육이 올바른 방향으로 나아갈 수 있다고 전망한다(김민수, 「인성교육 담론에서 인성 개념의 근거」, 교양교육연구 제8권 제4호, 2014, p.201 참조).

이 이루어지기 위해서는 〈표5〉와 〈표6〉을 참조한 인성교육에 대한 관심과 노력이 절실하다고 하겠다.

　최근 청소년과 청소년, 청소년과 사회와의 갈등은 매우 심각한 사회문제가 되고 있으며 이러한 문제의 근본 원인은 청소년들의 인성적 측면 즉 배려 의식이 결여되어 있기 때문에 발생하는 것이다. 이러한 기본 전제를 바탕으로 우리는 청소년들의 배려 의식을 함양하기 위한 방안으로서 유교의 수신 이론 속에서 강조되어 온 배려의 덕목을 살펴보았다.

　유교의 수신 이론은 매우 방대하지만 그것을 관통하고 있는 핵심 키워드는 타인에 대한 존중과 배려라고 생각한다. 타인의 처지에서 상대를 고려하고, 자신의 입신양면보다 타인을 먼저 고려하는 이러한 유교의 수양이론은 자신의 것만 고집하고 타인을 무시하는 오늘날의 청소년들에게 인성교육적 측면에서 깊은 반향과 귀감이 될 것이다.

　공자의 수신 이론을 담고 있는 『논어』에는 '수기안인'과 '극기복례' 그리고 '서'의 윤리를 제시하고 있다. 이러한 덕목들이 지향하고 있는 바는 개인의 내적 수양을 바탕으로 타인을 존중하고 배려하는 것이다. 특히 '수기안인'과 '극기복례'의 경우 수양의 궁극적 목적이 타인을 위한 삶임을 강조하는 것이며, 자신을 이기고 사회적 규범을 준수하는 것으로 나아가야 함을 언급한 것이다. 이러한 것들은 자신이 원하지 않는 바는 남에게 해서도 안 된다는 '서'의 정신을 기저로 하고 있다.

　『맹자』에서 언급된 사단은 모든 사람들이 모두 구비하고 있는 것이며, 이를 구비하고 있지 않다면 사람이라고 할 수 없다. 이러한 덕목은 청소년들이 자기 자신에 대한 절제는 물론이고 인권의 보편성을 이해하고, 타인의 권리를 존중하는 태도를 함양하는 데 적절히 활용될 수 있을 것이다. 또 '반구제기'는 다른 사람들과의 관계에서 자신의 행위를 되돌아보는 도덕의식을 제고하여 성찰하는 삶의 중요성과 의의를 부각시킬 것이다.

『중용』의 '신독'은 도덕적 실천은 철저한 자기 관리가 요구되는 행위임을 자각하게 하여 스스로를 제어하는 도덕적 자율능력, 즉 개인적 욕구와 도덕적 당위가 충돌할 경우, 청소년 자신이 마땅히 행해야 하는 행위의 지침을 제공하게 될 것이다. 또 '치중화'를 체득하여 도덕적인 생활을 영위하기 위해서는 도덕적 신념뿐만 아니라 도덕적 실천이 중요함을 인식하고, 학교생활에서 타인을 존중하고 배려하는 의지와 능력을 발휘함으로써 타인과의 조화를 이루려는 의식을 향상할 수 있을 것이다.

『대학』의 삼강령이나 팔조목은 자신의 수양에서 나아가 국가, 사회, 인류 공동체까지 이어질 때 완전하고 도덕적인 삶을 이룰 수 있음을 확인할 수 있다. 청소년들은 삼강령이나 팔조목을 통해 도덕적 실천은 가깝고, 작은 일부터 시작하여 점진적으로 확충해 나가는 것임을 이해하게 될 것이다. 또 공부는 왜 하는지, 공부의 본래적 의미가 무엇인지를 되돌아보게 될 것이며, 동료와의 바람직한 관계를 통해 올바른 삶에 대해 사고하고 판단할 수 있는 능력을 지니게 될 것이다.

청소년들은 우리 공동체의 미래이다. 그들의 정신과 육체가 건강하다는 것은 미래의 우리 사회에 청신호가 밝혀졌다고 말할 수 있다. 청소년들이 유교 수신 이론 중의 배려 이론을 현장 수업을 통해 체득함으로써 도덕은 자율성을 전제로 인간다운 삶을 살아가는 데 핵심적인 역할을 수행하는 규범 체계임을 이해하고, 이를 통해 올바른 교우 관계와 삶의 태도를 지닐 수 있도록 지속적인 연구와 논의가 이루어져야 할 것이다.

06 묵자의 겸애사상과 청소년 인성교육

우리 사회가 지닌 가장 심각한 문제 중 하나가 청소년의 인성문제이다. 굳이 진부한 표현을 빌리지 않더라도 시간과 공간을 초월하여 한 사회의 청소년은 그 공동체의 미래를 담고 있다는 점에서 매우 중요하고 무시할 수 없는 위상을 지니고 있다고 본다. 그러나 이런 심중한 위상을 지니고 있는 청소년들이 이루 헤아릴 수 없는, 차마 입에 담기 어려운 심각한 문제를 일으키고 있다.

이러한 청소년들의 그릇된 인성문제를 해결하기 위해 우리 사회는 그들이 일으키는 문제 수만큼이나 많은 방안과 대책을 제시해 왔지만 그 효과는 여전히 답보상태에 있다고 생각된다. 그 이유는 청소년 인성문제를 해결하기 위해 가장 염두에 두어야 할 현대 청소년들의 심성, 즉 마음가짐에 대한 면밀한 분석과 이를 바람직하게 키워 낼 수 있는 새로운 내용이나 덕목 개발에 다소 인색했기 때문이라고 생각된다.

청소년 인성교육을 위한 종전 연구는 인성교육의 의미와 중요성, 인성교육의 구성요소(내용), 학교현장에서 인성교육을 효율적으로 적용시키기 위한 방안, 또 인성교육 프로그램의 평가방안 등을 골자로 하여 이루어져 왔으며 그 성과도 만만찮다. 이 장은 우선 이러한 청소년 인성을 위해 제시되었던 과거 연구 성과를 살펴보는 것에서 시작될 것이다. 이러한 검토는 오늘 우리 사회의 청소년 인성교육을 위해 무엇이 부족한지를 가늠해 보는 중요한 기초 작업이 될 것이라고 판단되며, 여기에서 청소년 인성을 보다 근원적이고 효율적으로 함양하기 위한 새로운 내용과 덕목의 개발도 병행되어야 함을 인지하게 될 것이라고 판단된다.

인성과 관련하여 청소년이 지닌 가장 중요한 문제는 '타인에게 해로움을 입혀 자신의 이로움을 도모하는[損人利己]' 마음, 즉 이기심이라고 생각한다. 자신만을 우선적으로 고려한 의식은 결국 타인의 고통을 외면하게 되기 때문에 언어, 정서, 신체적 폭력을 행사하는 것에 대해 아무런 죄의식이나 죄책감을 느끼지 못하게 된다. 최근 청소년의 자살이 꾸준하게 증가하고 있는 것 역시 자신의 극단적 선택으로 인한 주변의 고통은 이해하지 못한 이기적 의식의 발로가 중요한 원인 중의 하나라고 생각된다.

이러한 문제를 치유하고 청소년들이 자신들의 위상에 걸맞은 인성을 함양하기 위해 "타인을 자신처럼 사랑할 것"을 가르친 선진시대 묵가의 겸애사상에 대한 재조명과 함께 묵가의 겸애사상에 입각하여 청소년들에게 적합한 인성교육 덕목을 제시하는 것이 이 장에서 추구하는 최종 목표가 될 것이다. 이는 고대 동양사상의 현대적 적용이라는 측면에서도 의의를 지닐 것이며, 무엇보다도 청소년에게 왜 인성교육이 필요한가, 또 어떻게 교육 시키는 것이 가장 효율적인가, 또 여기서 진일보하여 청소년들이 자신이 지닌 본래성을 잘 발휘하기 위해서 어떤 인성교육의 내용과 덕목이 요구되는지에 대해 성찰하는 계기가 될 것이다.

1. 청소년 인성교육을 위한 다양한 연구들

1995년 5월 대통령 보고서로 작성된 「신교육 체제 수립을 위한 교육개혁 방안」 제시 이후 인성교육이라는 용어가 본격적으로 회자되기 시작하였다. 실천 위주의 인성교육 강화에 주안점을 둔 이 시기에는 특히 범교과 차원의 인성교육이 강조되었는데, 이기주의, 편법주의, 한탕주의, 쾌락주의 등과 같은 사회풍조는 성인사회뿐만 아니라 청소년사회에서도 큰 영향을 미치어 일탈행위와 범죄행위를 유발하는 요인이 되고 있다는 인식을 기저로 하여 청소년들에게 바람직한 품성을 함양하기 위한 인성교육의 중요성을 부각시키고 있다. 청소년의 도덕적 위기를 해소하고 정서적으로 건강한 생활을 실현시키기 위해 발표된 청소년 인성교육과 관련된 연구 업적들은 다음 세 가지 측면으로 개괄할 수 있다.

첫째, 인성과 인성교육의 의미에 대한 이론적 분석이 두드러진다는 점이다. 특히 인성의 의미를 도덕 심리학의 문맥에서 논의하는 경험적 차원의 인격(character) 뿐만 아니라 도덕철학의 문맥에서 논의되는 선험적이고 초월적인 차원의 인격(person)도 포괄되는 것으로 규정하기도 하였다.[1] 인성교육에 대해서도 '바람직한 것으로의 변화'와 '인간다운 인간으로의 육성'이라고 정의하기도 하였다.[2] 인성과 인성교육에 대한 이러한 정의는 '무엇을 인성으로 생각하느냐'는 물음에 대한 정의를 내리기 위한 것들로써 '인간으로서 바람직한 품성'을 길러 주기 위한 향후 인성교육의 방향과 틀을 제시했다는 점에서 주목할 가치가 있다.

둘째, 인성의 구성 요소에 대해서도 깊이 있는 연구를 진행하여 도덕적 지식, 도덕적 감정, 도덕적 행동 등으로 분류하여 도덕적 행동은 도덕적 감정의 영향을 많이 받음에도 우리나라의 인성교육에서는 주로 인성의 지식적인 측면만을 강조해 왔고 정서적

---

[1] 윤영돈, 「효과적인 학교 인성교육의 방향」, 『도덕윤리과교육』 제29호, 2009, pp. 128-130.
[2] 조연순 외 「정의교육과 인성교육을 위한 기초연구(1): 철학적 심리학적 접근에 기초한 인성교육의 구성요소 탐색」, 『교육과학연구』 제28권 1호, 1988, p. 16.

인 측면이나 행동적인 측면을 간과하였다고 반성할 필요가 있다[3]는 입장을 제기하고 있다. 이러한 문제에 대한 인식을 바탕으로 우리 교육 상황에 부합되는 '체험적 방법'을 강조하기도 하였는데, 이러한 논의는 학교현장에서 우리가 시행해야 할 인성교육을 위해 주안점을 두어야 할 부분과 그것을 효율적으로 적용하기 위한 접근 방법을 제시했다는 측면에서 긍정적인 평가를 내릴 수 있다고 생각된다.

셋째, 학교생활을 통해서 자연스럽게 내면화될 수 있도록 인성교육 정립의 필요성에 공감하고 있으며, 이를 위해 통합적 접근의 원리, 지속성의 원리, 관계성의 원리, 자율성의 원리, 체험의 원리를 고려한 새로운 프로그램과 그것을 운영하기 위한 원리도 제시되었다.[4] 또 이러한 인성교육 프로그램의 평가를 위한 평가 영역과 평가 항목에 대한 구체적 제시를 위한 연구도 진행되었으며[5] 이를 효율적으로 운영하기 위한 방안에 대해서도 논구하고 있다. 이것은 인성교육의 교수 내용이나 방법에 대해 체계적인 접근을 시도한 연구였다고 볼 수 있다.

청소년 인성교육에 관한 이상의 논의는 그 중요성에 관한 관심을 제고하였고 이들 업적들은 고스란히 학교현장에서 인성교육을 활성화하는데 있어서 중요한 이론적 토대가 되었다. 가령 인성교육에 대한 과학적 분석과 적용에 대한 시도는 학년 단계별 인성교육의 모델이 되었으며 교육의 내면화를 위해 범교과는 물

---

[3] 조연순 외, 위의 글, p.10.
[4] 조난심은 1)인성교육 프로그램 운영의 원리로 학교 교육이 '인성교육'이라는 목표를 구심점으로 통합적으로 운영되어야 한다는 '통합적 접근의 원리', 2)인성 덕목이 꾸준히 실천되고 내면화될 수 있는 '지속성의 원리', 3)교사와 학생 간의 바람직한 관계 형성을 위한 '관계성의 원리', 4) 학생 각자가 스스로 올바른 도덕 의식을 갖고 이를 실천해 나가도록 돕는 '자율성의 원리', 5) 덕목의 학습은 학생 스스로 덕목을 실천하고 관련되는 사항을 체험하도록 한다는 '체험의 원리'를 제시하고 있다(조난심 등 『도덕교육학신론』, 서울: 문음사, 2003, pp.318-322 참조).
[5] 조난심·차우규, 「학교 인성 프로그램 평가 방안연구」, 『도덕윤리과교육』제13호, 1989, p.5.

론이고, 특별활동과 가정과의 연계를 강조하기에 이르렀다. 이처럼 바람직한 인성교육의 내용과 교육 방안들을 추출하여 오랫동안 적용시키는 노력을 기울여 왔음에도 청소년 문제가 제자리걸음은 고사하고 오히려 후퇴한 느낌을 주는 까닭은 무엇인가? 청소년 인성함양을 위한 많은 연구들이 학교현장에 접목되지 못하고 아직도 부유하는 까닭은 무엇인가?

먼저, 형식적으로 볼 때 학교의 인성교과를 별도의 특정한 프로그램이나 학과목을 통해 또 하나의 교과교육과 같은 형식의 인성교육을 실시하는 것은 오히려 인성교육의 가능한 범위와 효과를 축소시키는 결과를 가져올 것이라는 판단 하에 범교과 차원의 인성교육이 실시되었다. 이는 인성교육을 활성화하고 그 중요성을 제고하는데 반드시 필요한 기본적 인식이라고 생각되지만 인성교과의 주관 교과가 되어야 할 도덕 교과의 위상과 역할이 축소되었고, 나아가 인성교육의 책임 소재를 모호하게 함으로써 효과적인 인성교육을 어렵게 만들었다[6]고 생각된다.

또 내용적으로 볼 때 1995년 이후 제시된 연구업적의 대부분은 미국의 연구 성과에 기반을 두고 있다는 점이다. 특히 인성교육의 구성요소와 관련되어 제시된 '시민의식', '장인정신(good workmanship)', '스포츠맨 쉽', '조망수용'[7] 등의 내용과 덕목들은 인성교육을 담당하는 교사나 이를 받아들이는 청소년 모두에게 생소한 내용과 덕목이었으며, 그 내용 역시 다소 모호하여 인성교육이 추구하는 목표에 도달하기 어려운 비현실적인 측면도 있었

---

6 윤영돈, 위의 글, p.134 참조.
7 조연순 등의 글에 의하면 조망수용이란 "다른 사람의 가치를 받아들이고 그들이 보는 것처럼 상황을 보며 그들이 어떻게 생각하고 반응하고 느낄지를 상상하는 능력을 의미한다."라고 한다(조연순 외, 위의 글, pp.8-9 참조). 간단히 '역지사지'라고 하면 될 것을 이렇게 어려운 용어가 등장한 것은 인성교육 구성요소와 내용의 대부분이 영어를 번역한 것이기 때문이다. 이 글에는 Akin, Leming, Lickona 등의 이론을 인용하며 인성의 구성요소에 대해 상세히 언급되어 있다.

음을 지적하지 않을 수 없다. 설령 우리의 정서와 문화에 부합되는 입장에서 덕목이나 내용이 제시되었다 하더라도 지나치게 유교 교육의 덕목과 원리에 경도되어 인성교육의 구성요소를 제한하였으며 이는 인성교육 내용의 폭을 줄이는 결과를 불러왔다고 생각된다.

덧붙여 청소년들이 일상 속에서 왜 이러한 행위를 실천하지 않으면 안 되는가, 왜 도덕적이어야 하며, 도덕적인 행동을 하지 않는 것은 어떤 결과를 초래하는가에 대한 명쾌한 정의를 내리지 못하였으며, 따라서 인성교육의 정체성을 정립하고 학교현장에 인성교육을 연착륙시키는데 걸림돌이 되었다고 판단된다. 이러한 반성적 성찰을 바탕으로 이 글은 묵자의 사상에 주목하게 되었는데, 묵자는 교육의 정의와 가치가 명확히 규정되지 않았던 시대에 교육을 인간이면 당연히 행해야 하는 '천경지의(天經之義)'로 이해하고 도덕적 이상사회는 사람들의 인성을 바르게 기르고 잡는 것에서 비롯되어야 한다는 생각을 지녔던 사상가이기 때문이다.[8] 따라서 그가 제시한 겸애사상이 기존 인성교육 연구에 부족한 부분을 보충해 줄 수 있는 실천적 단서가 있을 뿐 아니라 현장 교육에 있어서도 적합하고 소용되는 부분이 있다고 판단된다.

2. 청소년 인성교육 관점에서 본 묵자의 겸애

묵가 사상을 관통하는 핵심은 언필칭 '겸애'이다. 윤리적 측면에서 묵가에 대한 연구가 겸애를 중심으로 국한되어 온 것도 이 때문이다. 묵자는 사람들이 '남의 몸 보기를 자신의 몸을 보듯이 하고'[9], '서로 사랑하면서 서로 이로움을 나눌 수'[10] 있다면 천하

---

8 황성규, 「묵자 교육 사상의 특징과 의의」, 『도덕윤리과교육』 제26호, p.181, 2008.

의 혼란은 종식될 것이라고 생각하였다. 그의 이러한 견해는 당시 사회가 지닌 혼란과 부조리에 대한 진단에서 비롯된 것으로서 '자신만을 사랑하고 고집하는 사람들'의 그릇된 인성을 겸애로써 바로 잡아야 인간다운 사회가 될 수 있다고 본 것이다.

묵자는 '서로 사랑하는 것'과 '서로 이로움을 나누는 것'을 간략히 줄여서 '애인(愛人)' 혹은 '이인(利人)'이라고 하였으며, '겸(兼)'이라고 약칭하기도 하였다.[11] 또한 '서로 사랑하지 않는 것'과 '서로 이로움을 나누지 않는 것'을 '악인(惡人)' 혹은 '적인(賊人)'이라고 하여 간략히 '별(別)'이라고도 표현하였다. 그리하여 모든 해로움의 근원인 '별'을 서로 사랑하고 이로움을 나누는 근원인 '겸'으로 바꾸어 나가는 것[12]을 가장 기본적이면서도 중요한 묵가 도덕 실천의 지향점으로 설정하였다.

한편, 공자는 진정한 사랑을 실천하기 위해서는 자신을 이길 수 있어야 한다고 하였다. 달리 표현하면 '극기복례(克己復禮)'라고도 할 수 있는데, 가령 우리가 부모님에 대한 사랑을 온전히 실천하기 위해서는 마음 내키는 대로 행동해서는 안 되고 항상 상대방의 입장에 서서 자신을 결속하고 예를 다할 때 가능하다고 본 것이다.

이러한 공자의 사랑의 실천방법을 고스란히 이어 받은 맹자는 사랑이란 먼저 가까운 자신에서부터 시작하라고 가르친다. 자신을 사랑할 줄 모르는 사람이 남을 사랑한다는 것은 어불성설이며, 또한 묵자의 겸애처럼 다른 사람의 아버지를 똑같이 사랑하

---

9 『墨子』「兼愛」中: "視人之身, 若視其身."
10 『墨子』「兼愛」下: "兼相愛交相利."
11 吉永慎二郞, 「兼愛槪念的形成與發展」, 『墨子硏究論叢』(三), 1995, p.59.
12 『墨子』「兼愛」下: "姑嘗本原若衆害之所自生, 此胡自生, 此自愛人, 利人生與, 卽必曰非然也, 必曰從惡人賊人生, 分名乎天下, 惡人而賊人者, 兼與別與, 卽必曰別也. … 兼以易別."

는 것은 아버지를 부정하는 일로써 금수와 같은 것이라고 묵자를 비판하면서13 자신을 사랑하고, 자신의 부모에게 효도를 다하고, 그래도 남는 힘이 있다면 남과 남의 부모를 배려하는 것이 진정한 사랑의 실천이라는 견해를 펼쳐 보였다. 이러한 입장은 송명시대에도 그대로 답습되었으며 그들이 묵가를 비판하는 이론적 지침이 되었다. 묵자의 겸애사상이 현대 사회에서 활용되기 위해서는 유가학파가 제기한 이러한 문제점을 분명하게 되짚어 봐야 할 것이다.

묵자가 말하는 겸애사상의 행간의 의미를 분석해 보면, 남을 나처럼 대하기 위해서는 내가 나를 대하는 태도, 즉 내가 나를 사랑하는 태도를 바탕으로 하여 남을 배려해야 함을 강조하고 있다는 것이다. 묵자 겸애사상은 자신을 위하는 위기(爲己)의 심성이 위인(爲人)의 배려심으로 발전한 사랑의 실천방법이다. 가령, 묵자는 "어진 사람이 하는 일은 반드시 천하의 이로움을 일으키고, 천하의 해로움을 없애는 일이다." 14라고 하였는데 여기서 언급된 인인(仁人)이 바로 위기(爲己)적 마음으로 수양을 이미 마친 사람이며, 이러한 사람이 도덕적으로 한층 더 성숙된 인격체가 되기 위해서는 타인을 위하는 일에 나서야 한다는 것이다.

겸애가 내면화된 사람이란 자신만을 사랑하는 이기적인 사람이 아니며, 무조건 남을 위해 사는 사람도 아니다. 자신에 대한 사랑을 끝내고 그 자신을 사랑하는 것처럼 남을 고려하며 사랑하는 사람이며, 자신도 남도 모두 이롭게 만드는 사람이다.15 따라서 묵가의 입장에 근거할 때, '무차별', '무차등', '겸'의 사랑을 펼치기 이전에 반드시 철저한 자기 수양이 전제되어야 하며 묵가를

---

13 『孟子』「滕文公章句」下: "墨氏兼愛, 是無父也,.無父…, 是禽獸也.."
14 『墨子』「兼愛」下: "仁人之事者, 必務求興天下之利, 除天下之害."
15 譚家健, 『墨子硏究』, 貴州敎育出版社, 1995. pp.26-27.

무조건 남과 나를 동일시한다는 묵가에 대한 비난은 겸애의 행간의 의미를 잘 이해하지 않았거나 애써 무시한 것이라고 생각된다. 만약 묵가의 겸애가 제대로 이해될 수만 있다면 현대 청소년들에게 자신을 진정으로 사랑하는 인성을 배양하는 데 좋은 시사점이 될 것이라고 생각된다.

현대 청소년들이 지닌 이기적 심성의 본질은 자신과 남을 철저히 이분하는 데서 기인하는 것이다. 남의 이로움을 탐하면서 자신의 이로움은 나눌 줄 모르는 심성, 남이야 어떻게 되었던 자신만 잘되면 된다는 마음가짐이 오늘날 청소년 인성문제의 골자인 것이다. 묵자가 겸애를 주장하게 된 근본 이유는 사람들이 나와 남을 둘로 나누는 생각에서 천하의 혼란이 생겨난다고 보았기 때문이다. 묵자가 말한 '겸'이라는 것은 그 어떤 친소의 구분도, 원근의 구분도 따지지 않고 모든 사람들의 이로움을 강조하는 것이었다.

나와 나의 가족 나의 나라를 이야기 한다면 결국 인간은 어쩔 수 없이 자신과 자신의 가족 자신의 나라만을 사랑할 수밖에 없는 존재이므로 천하의 혼란이 제대로 종식될 수 없다고 보았던 것이다. 만약 나를 사랑하는 마음과 다를 바 없이 남을 고려하고, 우리의 것을 고려하는 바와 똑같이 남들의 것을 생각한다면, 서로 시기하고 모함하며 다투는 행위를 할 수 없다는 것이다. 이런 마음가짐이 모든 사람들에게 보편화될 수 있음에도 천하의 혼란과 전쟁이 가능할 수 있겠느냐고 묵자는 우리에게 질문을 던진다.16 청소년 사이에서 일어나는 크고 작은 모든 다툼과 폭력적 행위는 자신만을 소중하게 여기는 이기심의 또 다른 표현임에 분명하다. 상대방을 자신처럼 생각한다면 어떻게 자신의 편의만 생

---

16 解成,「墨子兼愛思想對當代人類的意義」,『墨子研究論叢』(三), 1995, p.85.

각할 수 있겠으며, 어떻게 친구를 소외시키고 폭행을 가하는 행위를 할 수 있겠는가?

그렇다면, 나와 남을 구분하지 않고 타인을 자신의 몸처럼 사랑해야 하는 까닭은 무엇인가, 즉 우리가 도덕적 행위를 해야 하는 이유는 무엇인가에 대한 해답을 묵자는 이 점을 보다 절대적이고 보다 근원적인 것에서 찾고 있다. 바로 하늘이다. 그는 하늘과 귀신의 존재를 인정하고 이에 대한 증명을 시도하고 있다. 그러나 하늘이나 귀신이 그 자체로써 묵자의 사상 체계 속에서 중요한 위치를 점유하고 있는 것이 아니라 애민 사상과 직접적으로 관련되어져 인간관의 한 형태로 존재하고 있다. 다시 말해, 하늘이나 귀신을 위한 인간을 말하는 것이 아니라 인간을 위한 하늘과 귀신을 말하고 있다는 것이다.[17]

이는 당시 사회에서 가장 강력하고 절대적인 권위를 지닌 하늘과 귀신의 존재를 긍정함으로써 인간의 이기적 욕구를 절제하고 서로 사랑하고 서로 이로움을 나누는 공동체를 만들기 위함이었다. 즉 하늘을 도덕 준칙의 근원으로 삼아 이기적 심성을 극복하고 남을 배려하는 인간을 배양하기 위해 제시한 묵자의 겸애사상은 자신의 옆에 있는 사람을 사랑하는 것, 바로 그것이 곧 하늘을 존중하고 두려워하는 것임을 말하는 것이다.

묵자의 "하늘의 뜻에 따르는 사람은 서로 사랑하고 서로 이롭게 해주어 반드시 하늘의 상을 받을 것이다. 하늘의 뜻에 반하는 자는 사람을 차별하여 서로 미워하고 서로 해롭게 하여 반드시 하늘의 벌을 받을 것이다."[18]는 주장은 하늘과 귀신 등의 개념을

---

[17] 고대 중국인들은 하늘을 인간 존재의 근원으로 이해했다. 따라서 자신들이 지닌 모순과 한계는 하늘의 뜻을 체현함으로써 극복할 수 있다고 믿었다. 당시 최고 통치자였던 천자들은 곧잘 자신들이 하늘과 혈연적 관계를 맺었다거나 하늘의 명天命을 받았다고 주장하곤 하였는데 이는 통치 행위의 정당성, 즉 천자들의 통치 행위는 하늘의 의지를 지상에 실현하는 것임을 인정받고 과시하기 위함이었다.

통해 겸애사상이 인간관계의 보편적 준칙이 됨을 강조하고 자신의 이익만을 추구하는 왜곡된 인간성을 바로 잡고자 한 것이다.19 따라서 하늘과 귀신은 묵자가 주장한 겸애 윤리 학설의 귀결점임과 동시에 그것을 성실히 이행하기 위한 일종의 수단이라고 볼 수 있으며, 그렇기 때문에 하늘이 제시한 겸애의 원칙을 위반할 경우에는 반드시 그에 상응하는 결과를 얻게 된다.20

묵자가 이처럼 사랑을 절대 원칙으로 상정한 것은 사람들 사이의 사랑이 모든 인류와 공동체로 확산되지 않는다면 인간은 완전하게 행복할 수 없다는 확신이 있었기 때문이었다. 이는 청소년들이 왜 자신의 이기적 속성을 버려야 하는지 왜 남을 자신처럼 사랑하는 도덕적인 행위를 해야 하는지를 설명하고 있다고 본다.

3. 겸애를 통한 이기적 인성의 극복

묵자가 분석한 당시의 혼란상은 "강한 자가 약한 자를 위협하고, 많은 자가 적은 자를 해치고, 약은 자가 어리석은 자를 기만하며, 귀한 자가 천한 자에게 오만한 것"21으로 요약할 수 있다. 또, 이러한 혼란상으로 인하여 "주린 자는 먹지 못하고, 추운 자는 입지 못하며, 피로한 자는 쉬지 못하는" 22 환난에 처하게 된다고 보았으며, 이러한 혼란의 근본 원인으로 묵자는 "혼란은 아버지는

---

18 『墨子』「天志」上: "順天意者, 兼相愛, 交相利, 必得賞, 反天意者, 別相惡, 交相賊必得罰."
19 解成, 위의 글, p.86 참조.
20 『墨子』「法義」: "天必褐之."
21 『墨子』「天志」中: "强劫弱, 衆暴寡, 詐謀愚, 貴傲賤."
22 『墨子』「非樂」上: "者不得食, 寒者不得衣, 勞者不得息."

자신을 사랑하면서도 아들은 사랑하지 않고, 아들을 해함으로써 자신을 이롭게 하며, 형은 자신을 사랑하면서도 아우를 사랑하지 않고, 아우를 해하여 자신을 이롭게 하고, 군주가 자신은 사랑하면서도 신하를 사랑하지 않고, 신하를 해하여 자신을 이롭게 하는 것으로 비롯되는 것" [23] 이라고 지적하고 있다. 한마디로 서로 사랑하지 않기[不相愛] 때문이라는 것이다.

여기서 묵자가 말하고 있는 '서로 사랑하지 않음'이란 다른 사람의 안전과 생명을 위협하여 자신의 이익만을 도모하는 이기적 인성을 말한다. 사랑이란 인간을 인간답게 관계 짓는 최선의 인간적인 행위이다. 그리고 교육은 이러한 사랑을 기반으로 영위되어야 가장 인간적이 된다.[24] 묵자는 사랑의 결핍에서 비롯된 인간의 이기적 속성으로 인하여 사회적 문제가 발생했다고 본 것이며, 이는 현대 청소년들이 일으키는 각종 도덕적 문제들의 근원적 원인과 다르지 않다.

1) 이기적 선택 : 자살

오늘날 청소년들이 행하는 가장 대표적이고 안타까운 이기적 행위의 대표적인 것이 바로 자살이다. 아래 〈표1〉에 제시된 자료에 의하면 청소년 사망 원인의 1위가 자살에 의한 것이다. 청소년의 사망률은 최근 5년간 감소 추세에 있지만 자살은 꾸준한 증가세를 보이고 있으며 학교 급별로는 급별이 높아질수록 자살 학생 수가 늘어나고 있다.

---

23 『墨子』「兼愛」上: "父自愛也, 不愛子, 故虧子而自利. 兄自愛也, 不愛弟, 故虧弟而自利. 君自愛也, 不愛臣, 故虧臣而自利. 是何也, 皆起不相愛."
24 김성봉, 『인간주의교육의 실천방향』, 한국학술정보, 2010. p.293.

〈표1〉 2012년 청소년 3대 사망원인 및 사망률 [25]

연령	1위		2위		3위	
	사망원인	사망률	사망원인	사망률	사망원인	사망률
10-19세	고의적 자해(자살)	5.1	운수 사고	3.8	악성신생물(암)	3.2

(단위 : %, 인구 10만명당)

자신의 신체를 해치는 방법은 자신이 가진 문제를 해결할 수 있는 방법이 될 수 없으며 주위 사람들에게 엄청난 정신적 고통을 끼친다는 점에서 비도덕이며 이기적인 행위가 아닐 수 없다. 그럼에도 불구하고 이것이 근절되지 않는 것은 청소년들이 지닌 성적 문제, 진로 문제, 인간관계 등의 절박한 이유가 있기 때문일 것이며, 그들에게 도덕적 당위만을 내세우며 자살해서는 안 된다고 말하기 어렵다.

아직 덜 성숙된 공동체의 일원들이 기존 사회에 대해 반감을 갖거나 불확실한 자신의 미래에 대해 반항하고 부정하며 자신의 신체를 해치는 행위를 그들의 탓만으로 돌릴 수는 없는 것이다. 그러나 자신의 입장을 정리할 때 타인, 특히 자신에게 생명을 준 부모의 처지도 좀 고려하는 인성이 가능하다면 자살과 같은 극단적인 선택은 줄어들 수 있지 않을까 생각된다.

묵자의 겸애사상이 추구하는 인간상은 먼저 자기 자신을 사랑할 수 있어야 하지만 그것에 머물러서는 안 된다. 반드시 타인을 사랑하는 것에 미쳐야 한다.

---

[25] 통계청 및 여성가족부, 『2013 청소년 통계』, 2013, 참조.

남을 사랑하기를 자신의 몸을 사랑하듯이 한다면 어찌 불효와 같은 짓을 할 수 있겠으며, 자애롭지 않은 사람이 있을 수 있겠는가? 자식과 아우와 신하 보기를 자신의 몸과 같이 한다면, 어찌 자애롭지 않음이 있을 수 있겠는가? 불효는 없을 것이다.26

자기만을 사랑한다면 그것은 천박한 이기심에 지나지 않는다. 이러한 이기심은 묵자가 말하는 사랑이라고 볼 수 없다. 자신을 진정으로 사랑하는 방법은 남에게 베푸는 것이다. 나 자신을 사랑하듯 남을 배려할 수 있다면 타인 역시 나를 사랑으로 대할 것이기 때문에 남에게 베푸는 것은 곧 자신을 사랑하는 것이 된다. 이것은 나를 포함한 나의 부와 가족 그리고 다른 사람들 모두에게 이로움이 되는 행위이며, 곧 겸애가 추구하는 궁극적인 목적이라고 볼 수 있다.

이처럼 모두가 서로 아끼며 배려하는 세상을 이루기 위해서는 묵자는 겸애사상을 제시하였으나 많은 사람들은 그것이 가능하지 않다고 생각하였다. 이기적 존재인 인간이 자신을 사랑하는 것처럼 다른 사람을 사랑한다는 것은 불가능하다는 생각 때문이었다. 아무리 타인을 사랑한다하더라도 나 자신만큼은 사랑할 수 없다고 생각했기 때문이다. 그리하여 그것을 이루어 질 수 없는 몽상으로 치부하였다. 그러나 묵자는 다음과 같이 말한다.

> 만약 그대가 먼 길을 떠날 경우 맡은 일이 위험하고 길이 험하여 돌아오지 못할 수도 있다면 그대는 자신의 몸처럼 타인을 아끼는 사람과 자신만의 이익을 추구하는 사람이 있을 경우 그대는 누구에게 당신의 처자를 맡기고 떠날 것인가?27

---

26 『墨子』「兼愛」上 "人若愛其身, 惡施不孝, 猶有不慈者乎, 視子弟與臣若其身, 惡施不慈. 不孝亡有."

겸애의 원칙은 묵가 윤리 학설의 가장 기본이 됨과 동시에 절대 명령이라고 할 수 있다. 자신의 것을 중시하듯이 남의 것을 중시하라고 하는 것은 시대와 장소를 막론하고 보편적으로 적용되어야 할 도덕의 황금률이다.[28] 자살과 같은 청소년들의 비도덕 행위 대부분도 모두가 자기의 입장만을 고려하며 이 원칙을 어겼을 때 발생하는 것들이다. 만약 청소년들이 묵자가 제기한 겸애의 덕목에 입각한 인성을 지닐 수 있다면, 그래서 자신을 진정으로 사랑하는 방법과 이기심을 분별해 낼 수 있다면 청소년들이 자신에게 주어진 고통을 해소하는데 보다 합리적이고 도덕적인 판단을 할 것이라고 생각된다.

2) 이기적 행위 : 폭력

청소년들의 이기적 심성이 가장 극명하게 표출되는 또 하나의 사례는 청소년 사이에서 발생하는 폭행, 협박, 따돌림 등의 폭력행위이다. 이러한 본질은 남의 고통과 불행이 자신에게 이익이 된다는 그릇된 인성에서 야기되는 것이 대부분이다. 청소년폭력 예방 재단이 실시한 최근 1년간 학교폭력이 얼마나 자주 일어나는가에 대한 질문에 35.8%의 학생들이 학교폭력이 일어난다고 여겼다. 그런데 〈표2〉를 보면 폭력을 경험한 학생들 중 44.7%, 즉 10명 중 4.5명은 자살을 생각한다는 것이다. 폭력은 단순히 남에게 신체적 정신적으로 상해를 입히는 것으로 끝나는 것이 아닌 심각한 후유증으로 연결된다는 것이다.

---

27 「墨子」「兼愛」下: "往來及否, 未可識也, 然卽敢問不識將惡也, 家室, 奉承親戚, 提挈妻子, 而寄托之不識于兼之有是乎, 于別之有是乎."
28 譚家健, 위의 책, pp.45-46 참조.

〈표2〉 2012 폭력으로 인한 자살생각[29]

항목	빈도(명)	비율(%)
전혀 없었다.	363	55.3
일년에 1~2번	119	18.2
한달에 1~2번	84	12.8
일주일에 1~2번	57	8.7
하루에 1번 이상	33	5.0
합계	656	100.0

2012년 폭력의 고통으로 인해 자살을 생각해 본적이 있는 것으로 응답한 학생들은 매년 증가하고 있다. 폭력은 청소년 사이에서 그만큼 심각하다는 사실을 일러 주는 것이라고 생각된다. 이러한 청소년들의 남을 해쳐서 자신의 이로움을 도모하는 폭력행위를 줄이기 위해 묵자의 겸애사상은 어떤 작용을 할 수 있을까?

먼저 묵자는 당시 사회의 최대 불의를 다른 나라를 폭력으로써 침략하는 행위라고 단호하고 분명하게 규정하고 있다.[30] 그가 보기에, 한 사람을 죽이게 되면 그것을 불의라 말하여 그것에 대한 죄를 짓게 된다. 같은 논리로 폭력으로써 백 사람을 죽이게 되면 불의가 백배가 되며 백 사람에 대한 죄를 짓게 되는 것이다. 개인이든 국가든 힘으로써 상대에게 해를 입혀 자신의 이로움을 추구하는 행위에 대해 묵자는 이처럼 강경하게 반대의 입장을 취하였으며 이는 '지초공송(止楚攻宋)'의 고사를 통해서도 잘 나타난다. 그가 이처럼 폭력적 행위에 대해 반대의 입장을 취한 것은 인

---

29 청소년폭력예방재단, 『전국학교폭력실태조사』, 2013.4.22. 이 조사는 초등학교 4학년부터 고등학교 2학년을 대상으로 실시하였으며, 최종 분석된 인원은 5,530명이다.
30 『墨子』「非攻」上: "今至大爲不義攻國"

간이 저지르는 폭력 행위야 말로 겸애의 원칙에서 가장 어긋난 비인도적 행위라고 판단했기 때문이었다.31

> 만약 천하로 하여금 서로 사랑할 수 있게 한다면, 국가와 국가는 서로 침략하지 않고, 집안과 집안은 서로 다투지 않을 것이고, 도둑이 없어지고, 군주와 신하, 아버지와 아들이 모두 효도하고 자애로울 수 있을 것이니 이와 같이 되면 천하가 다스려질 것이다.32

다른 사람을 내가 나를 사랑하는 것처럼 생각할 수 있다면 다른 사람 역시 자신을 위하는 것처럼 나를 대하게 될 것이다. 아니 최소한 남에게 폭력을 가하는 행위는 하지 않게 될 것이다. 이것이 곧 서로에게 이로움이 되는 행위이며 도덕적 행위이다. 묵자에 의하면 '서로 사랑하는 것[兼相愛]'과 '서로 이롭게 하는 것[交相利]'은 불가분의 관계에 있으며, 이는 '사랑'과 '이로움'을 하나로 보는 묵자의 기본적인 생각에 바탕을 두고 있다.

물론 묵자가 말하는 '이로움'이란 단순히 자신의 사익을 의미하는 것이 아닌 자신의 이로움을 덜어 남을 이롭게 해주는 것[損己利人]을 말한다.33 따라서, 묵자의 겸애사상에 입각할 때 폭력을 행사한 학생이 취하는 이로움은 진정한 이로움이 아닐 뿐만 아니라 궁극적으로는 자신에게도 해로움이 된다. 진정한 이로움이란 나와 남이 모두 이로움을 얻게 되는 겸애의 상태이다.

묵자에 있어서 '서로 사랑하는 것'과 '서로 이로움을 나누는 것'은 모든 사람들이 희망하는 것임과 동시에 반드시 존중되어야

---

31 孫中原,「論墨子的合理思想」,『墨子研究論叢(一)』, 1991, p.77.
32 『墨子』「兼愛」上: "若使天下兼相愛, 國與國不相攻. 家與家不相亂. 盜賊無有. 君臣父子. 皆能孝慈. 若此則天下治"
33 孫中原, 위의 글, p.81.

하는 원칙이라고 생각되며 이러한 원칙이 청소년들 인성에 진작되어 갈등관계를 줄이기 위해서는 폭력 행위를 당하는 학생도 분명하게 인식해야 할 점이 있다고 생각된다. 다시 말해, 폭력을 예방하기 위해서는 폭력 행위를 가하는 학생의 인성을 개조하려는 노력도 필요하지만 폭력을 당하는 학생의 능동적인 대처도 필요하다는 것이다.34 보복이 두렵거나 혹은 자신은 '어쩔 수 없는 존재이기 때문에' 폭력을 당해야 할 이유가 있다고 체념해서는 안 된다.

폭력을 당했을 때 많은 학생들이 그것이 폭력인 줄 알지 못하거나 소극적으로 행동함으로써 폭력 행위를 가중시키는 결과를 가져 온다. 따라서 폭력을 당한 학생들은 모든 것을 자신의 힘으로는 어떻게 할 수 없다는 숙명으로 여기고 체념에 빠지지 말아야 한다. 묵자는 이러한 사람들은 호되게 질책하였다. 운(運)이나 명(命)은 자신이 만들어 나가는 것이며 스스로 노력하지 않고는 아무 것도 얻을 수 없다고 생각했기 때문이다.

> 옛날 가난한 백성이 먹고 마시는 것에는 탐내고 일 하는 것에는 게으름을 피웠다. 따라서 먹을 것과 옷이 부족하여 굶주리고 추운 근심이 있었다. 이들은 스스로 나태하고 어리석어 스스로가 부지런하지 못하다는 것을 알지 못하고 나의 운명은 가난한 것으로 정해져 있다고 하였다.35

폭력을 당한 학생의 경우 타인이나 사회에서 당한 고통으로 인하여 지속적인 불안과 고통에 시달리는 경우가 많다. 이때 청

---

34 孫中原, 위의 글, pp.81-82.
35 『墨子』「非命」上: "昔上世之窮民, 貪于飮食, 惰于從事, 是以衣食之財不足, 而飢寒凍餒之憂至, 不知曰我罷不肖, 衆事不疾, 必曰我命固且貧."

소년들은 주위의 도움을 청하거나 제도의 도움을 받아 이를 적극적으로 해결하려는 자세가 필요하다. 시간이 지나면 해결될 것이라는 막연한 생각, 어떻게든 해결될 것이라는 안이한 생각보다는 자신에게 주어진 난관을 스스로 해결하려는 인성이 필요하다는 것이다. 이러한 적극적 자세가 폭력을 당한 자신은 물론이고, 자신에게 폭력을 행사한 학생에게 마저도 이로움이 된다는 사실을 인지하는 것이 청소년 폭력을 미연에 방지하고 줄이는 순기능으로 작용할 수 있으며, 묵자가 우리에게 주는 메시지가 아닐까한다.

지금까지 묵가의 사상을 어떻게 청소년 인성교육에 활용할 수 있을 것인가에 주안점을 두고 먼저 청소년 인성교육과 관련된 연구들을 분석하고 바람직한 청소년 인성교육을 위한 내용과 덕목의 개발로써 묵자의 겸애에 대해 살펴보았다. 묵자가 궁극적으로 이루고자 했던 것은 인간을 근본으로 하는 인도적이고 평화로운 세상을 건설하는데 있었다. 따라서 그는 자신의 주장을 당면한 현실 속에서 실천해 나가는데 조금도 주저함이 없었던 실천가였고, 인성교과를 담당하는 우리 역시 묵자의 이러한 정신을 되살릴 필요가 있다.

우선 묵자는 모든 사회 문제의 근간은 나에게서 시작한다고 보았다. 묵자는 단순히 남과 자신의 차별을 두지 않는 것이 아니라 자신에 대한 사랑을 전제하고, 진정 나의 몸을 아끼듯 타인을 사랑할 수 있다면 남이 나로 인해서 받게 될 고통을 헤아릴 줄 아는 인성을 지니게 될 것이다. 이는 자살과 같은 청소년들이 취하는 극단적인 선택들을 최소화 시킬 수 있는 덕목으로 발전할 수 있을 것이라고 본다. 묵자에 의하면 이러한 겸애의 원칙은 인간이 자유롭게 선택할 수 있는 것이 아니라 하늘의 준엄한 뜻이며 법칙이다.

다음으로, 묵자는 나와 남을 구분하지 않고 서로의 이로움을 나누는 정신을 추구하였다. 분쟁들의 본질은 그것이 개인 간의 폭력행위든 국가 간의 분쟁이든 상대를 탓하고 자신의 이익만을 고려하게 되면서 발생한다. 그러나 묵자의 겸애의 원칙에 의하면 이는 결코 자신을 이롭게하는 행위가 아니다. 또 폭력을 당한 사람 역시 소극적으로 폭력에 대처할 것이 아니라 보다 적극적으로 자신에게 가해진 폭력에 저항할 수 있어야 한다. 즉 폭력을 당하는 학생이 자신의 처지를 개선하기 위해 적극적으로 행동할 때 폭력은 그만큼 줄어들 수 있으며 이것이 진정한 천하의 이로움을 일으키고, 천하의 해로움을 제거하는 바람직한 행위라는 것을 깊이 인식해야 한다.

이러한 묵자의 겸애사상이 현대 청소년의 인성교육에 적절히 활용되고 적용될 수 있다면 청소년들은 자신들이 왜 남을 사랑해야 하며 다른 사람과의 관계에서 어떻게 처신하는 것이 가장 바람직한 것인가에 대한 해답을 얻게 될 것이다.

07 묵자의 비판적 사고와 초등학생의 비판적 사고력

듀이(J. Dewey)가 어떤 근거나 파급 효과에 비추어 신념이나 지식을 능동적이고 지속적으로 세밀하게 따져 보아야 한다는 '반성적 사고(reflective thinking)'를 제시한 이래로 비판적 사고가 회자되기 시작하였고, 그것에 대한 개념과 정의, 필요성과 목적 등에 관한 많은 연구와 다양한 이론들이 활발하게 개진되어 왔다. 기존 연구 성과들은 대체로 비판적 사고가 개인적 측면에서는 다량의 정보와 지식에 대해 주체적으로 평가하고 판단하는 능력을 제공해 주고, 사회적인 측면에서는 개인과 개인, 개인과 공동체 간에 발생하는 다양한 문제들에 대하여 자신의 의견을 정립하고자 하는 시민의식을 형성하며, 현상이나 제도 및 가치관 따위를 분석하여 당면한 문제를 해결하는 능력을 제공해 주는 종합적 사고라는 점에서 일치를 보이고 있다.

동양의 전통 사상에도 비판적 사고를 통해 인간 존엄을 구현하고 삶의 질을 개선하고자 했던 사상들이 적지 않다. 이들은 무엇이 '옳음'이고 왜 '그름'인가를 판별하기 위해서는 주어진 현상이나 주장에 대해 이치에 합당한 근거와 적절성에 비추어 추론해야 한다고 생각하였다. 특히 중국 선진시대에 묵자는 확고한 준거와 독특한 방법을 활용하여 비판적 사고를 진행함으로써 당시 사회가 직면한 문제를 해결하고자 했던 대표적인 사상가이다. 그의 비판적 사고는 묵가 사상 전반을 통하여 확인할 수 있으며, 합리성과 실용성을 추구하는 그의 학문적 성향의 기본 요소가 되기도 하였다.

묵자의 비판적 사고 필요성에 대한 인식, 그리고 비판적 사고를 실제 생활에 적용한 사례를 통해 볼 때 오늘날의 비판적 사고 이론들과 비교해도 손색이 없으며 오히려 보다 더 강력한 실천성을 담고 있다고 생각된다. 따라서 묵자의 비판적 사고와 관련된 이론을 재조명하여 오늘날 교육이 요구하는 내용으로 가공하여 제시함으로써 비판적 사고의 필요성을 인식하고 그것을 실천하려는 의지를 고취시키는 것은 중요한 의의를 지니는 것이라고 생각된다.

이러한 점에 착안하여 묵자의 비판적 사고의 내용과 그 방법론적 특징을 유추해 보고자 한다. 묵자는 비판적 사고 기능은 비판적 사고 성향이 활성화되어야만 제대로 작동된다는 인식을 하고 있었던 것으로 추정되므로 이를 확인하는 것이 이 장의 가장 중요한 목표가 될 것이다. 또한 묵자의 비판적 사고 성향과 관련된 내용과 진술 등은 오늘날 초등학생들의 비판적 사고력 증진에도 시사하는 바가 있을 것으로 가정된다.

이 장이 추구하는 목표에 도달하기 위해 서술 방향을 세 부분으로 나누어 진행하고자 한다. 먼저, 비판적 사고의 개념과 정의를 살펴 볼 것이다. 비판적 사고에 대한 명확한 개념 정립은 비판적 사고가 추구하는 목표나 필요성을 가늠하는 기초적인 작업이 될 것이며, 비판적 사고 교육의 다양한 방법에 접근하기 위해 전제되어야 할 작업이라고 생각된다.

둘째, 묵자가 제시한 비판적 사고의 내용을 고찰해 봄으로써 그가 지닌 비판적 사고의 특징을 귀납해 보고자 한다. 현대의 비판적 사고 이론가들의 관점에 입각하여 묵자가 지닌 비판적 사고의 특징을 규명해 볼 때 묵자의 비판적 사고는 하나의 기준을 지니고 있으며, 그것은 천하의 이로움을 일으키고, 해로움을 없애기 위한 공리적(功利的) 특징을 지녔을 것이라고 추측된다.

끝으로 이 장은 묵자의 비판적 사고가 오늘날 초등학생들에게 어떤 시사점을 주는지, 즉 묵자의 비판적 사고와 관련된 내용들을 초등학생들의 비판적 사고력 증진에 접목하기 위한 방법을 고민해 봄으로써 주입식 교육에 매몰되어 창의적이고 자율적인 사고력이 결여되어 있는 초등학생들에게 교훈이 되는 요소를 탐색해 보고자 한다.

1. 비판적 사고에 대한 정의와 중요성

1) 비판적 사고에 대한 정의와 조건

비판적 사고의 개념과 정의에 대한 본격적인 연구는 듀이의 '반성적 사고'로부터 비롯된 것이다. 듀이가 말하는 '반성적 사고'란 어떤 신념이나 가정된 지식의 형식을 그것의 근거와 그것이 도달하려는 결론을 조명하여 적극적이고 지속적으로 고려해 보는 의식 활동이다. 즉 '반성적 사고'란 이미 체계화된 사실에 대해 그것이 일반화될 수 있었던 근거를 따지고, 만약 상이한 근거에 입각할 때도 동일한 결과가 추론되는지, 근거와 결론 사이의 간극 등을 성찰하는 것이다. 이러한 듀이의 견해는 비판적 사고 개념의 원형으로서 비판적 사고에 대한 교육적 관심을 불러오는 계기가 되었다. 비판적 사고에 관한 연구자들의 정의를 종합해 볼 때 〈표1〉과 같이 정리해 볼 수 있다.

〈표1〉 비판적 사고에 대한 정의[1]

R, H. Ennis (1962, 1987)	진술에 관한 올바른 평가 → 무엇을 믿고 무엇을 행해야 하는가를 결정하는데 초점을 맞춘 합리적이고 반성적인 사고
J. E. McPeck (1981)	반성적 회의를 가지고 어떤 활동에 관여하는 성향과 기능, 즉 합리적 사고의 하위요소이며 합리적 사고란 어떤 문제를 해결하기 위해 가능한 모든 증거를 활용하는 능력
B. N. Moore & R. Parker (1989)	무엇을 믿고, 행할 것인지에 대한 현명한 결정을 그 목적으로 하는 여러 가지 의도적인 정신적 과정 또는 어떤 주장을 수용할 것인지, 지각할 것인지, 아니면 그에 대한 판단을 보류할 것인지를 준거에 입각하여 주의 깊게 의도적으로 결정하는 과정
Delphi Report (1990)	비판적 사고는 해석, 분석, 평가 및 추론을 산출하는 의도적이고 자기 규제적인 판단이며, 동시에 그 판단에 대한 근거로서 개념적, 방법론적, 표준적, 또는 맥락적 측면들을 제대로 고려하고 있는가에 대한 설명을 산출하는 의도적이고 자기 규제적인 판단

〈표1〉 이외에도 비판적 사고에 대한 개념과 정의는 여러 측면에서 다각적으로 제시되었고, 이러한 다양한 정의들이 오히려 비판적 사고 교육의 혼란을 초래할 수도 있다는 지적이 있어 왔다. 그러나 긍정적인 측면에서 볼 때, 비판적 사고에 대한 개념과 정의가 다양한 까닭은 당면한 현상이나 제도, 가치관 등에 대해 어떤 기준에 입각하여 이로부터 얻어진 판단에 따라 결론을 맺는 과정이 매우 중요하며, 현대 교육이 지향하는 목표와 맞물려 있음을 우회적으로 시사하고 있기 때문이라고 본다.

〈표1〉에서 특히 눈여겨봐야 할 부분은 에니스와 맥펙 그리고 델파이 보고서이다. 비판적 사고를 체계적으로 정의한 것으로 알

---

[1] 〈표1〉은 방선희가 정리한 '학자별 비판적 사고의 정의'(방선희, 2011, 64)를 요약하여 보충한 것임.

려진 에니스는 비판적 사고를 "진술에 관한 올바른 평가"라고 정의하고, 평가의 기준을 제시하였다. 그러나 비판적 사고를 '진술'에 대한 평가로 한정했다는 비판을 받은 에니스는 "믿음이나 행위를 결정하기 위해 진행하는 합리적이고 반성적인 사고가 곧 비판적 사고"라고 정의하며 그 범위를 수정하였다. 에니스의 개념이 지닌 한계를 지적하면서 맥펙은 비판적 사고를 인간의 정신적 노력을 필요로 하는 문제와 활동으로 확대하였고, 비판적 사고가 사고 기능과 사고 성향의 결합체라는 점을 더욱 구체화하였다. 일반적으로 비판적 사고에 대한 정의는 미국철학회가 비판적 사고 전문가들을 대상으로 연구하여 발표한 델파이 보고서의 정의를 많이 따르고 있다. 이 보고서에서 특기할만한 점은 맥펙이 강조한 것과 같이 비판적 사고는 기능 차원과 성향 차원 모두를 포함하고 있다는 사실이다.

요컨대, 비판적 사고란 삶과 관련된 현상이나 제도, 가치관 등에 대하여 맹목적으로 수용하는 것이 아니라 개념, 증거, 준거, 방법, 맥락 등의 정당화하는 근거를 가지고 판단과 결론을 추론하는 분석적이고 종합적인 사고라고 할 수 있다.

이러한 비판적 사고가 원활하게 작동하기 위해서는 첫째, 당면한 문제가 무엇인지를 인식하는 능력이 구비되어 있어야 한다. 즉 비판적 사고의 대상이 되는 언어적 혹은 비언어적 대상의 문제점에 대해 비판적 태도를 견지할 수 있어야 한다. 비판의 대상이 되는 대부분은 일반화된 사회 현상이나 제도, 신념, 지식 등의 가치관이 될 것이다.

둘째, 문제 해결에 필요한 도구가 무엇인지를 파악할 수 있어야 한다. 다시 말해 비판의 대상에 대해 적절성을 따질 수 있는 근거가 필요하다. 비판적 사고에 요구되는 근거란 새로운 지적 지평에 도달하는 창의성을 산출해 내는 전제 조건이 되며 논리적이며 합리적 사고에 의거한 것이어야 한다.

셋째, 비판적으로 사고하려는 태도와 성향이 갖추어져야 한다. 우리의 사고와 행동 및 그 산물들에 대해 항상 비판적으로 분석하고 평가하려는 태도와 경향성이 형성되지 않으면 비판적 사고 기능이 지속적으로 발휘되기 어렵다. 그러므로 문제가 되는 대상에 대해 도구나 재료에 의지해서 해결책을 자율적으로 제시하려는 의지를 갖추어야 비판적 사고가 원활하게 진행될 수 있다.

2) 비판적 사고의 중요성과 교육의 적용

비판적 사고의 중요성이 거론되고, 또 이를 교육현장에서 적용하여 학생들의 비판적이고 자율적인 사고 능력을 함양하고자 하는 교육적 시도는 교육의 한 목적으로 인정될 만큼 중요한 것으로 인식되어지고 있다.

비판적 사고는 지식의 습득과 활용에서 개인의 주체성을 배가할 뿐만 아니라 기존의 지식체계에 대해 창의성을 제고하는 작용을 하기 때문이다. 아울러 비판적 사고는 민주 시민으로서 자질을 고양한다고 보기 때문에 학교현장에서는 교과와 결합된 다양한 형태의 도구로서, 범교과 차원에서 학습의 주요 목표로 다루어지고 있다. 사회과의 경우 민주 시민의 핵심 자질로서, 국어과에서는 논술의 중요한 요소로서, 또한 사고력 관련 교육에서는 창의성 교육의 한 축으로 강조되고 있다.

비판적 사고가 지닌 중요성에 비추어 교육의 한 목적이 될 수 있다고 보는 여러 학자들의 견해를 종합해 보면 다음과 같이 네 가지의 측면으로 요약된다. 첫째, 비판적 사고가 살아가는데 도움이 된다고 보는 이익적 차원에서의 정당화, 둘째, 인간 존재에 대한 특성에서 도출되는 정당화, 셋째, 학교의 목적이 교육하는 것인 한 그 과업은 비판적 사고 없이는 완성되어 질 수 없다는 측면에서의 논리적 정당화, 마지막으로 인간존중, 자기 충족적 삶의 지향, 전통에의 입문, 민주적 삶과 같이 보편적으로 정당한 교육목적으로 인정되는 개념과 직접적으로 연관되어 있음을 보임으로써 비판적 사고를 교육적으로 정당화하는 철학적 정당화이다.

비판적 사고가 교육의 목적이 될 수 있는 것은 비판적 사고는 인간의 고유한 특성으로서 비판적 사고 없이는 학교 교육의 목표가 완성될 수 없으며 자율성을 지닌 주체적 인간으로 성장하기 위한 필수 불가결한 요소이기 때문이다.

이러한 점에서 볼 때 교육과정과 목적으로서 비판적 사고의 중요성에 대한 인식과 비판적 사고 능력이 학습자가 성취해야 할 중요한 능력 중 하나라는 인식은 대체로 합의가 이루어진 내용이라 할 수 있다. 그런데 이러한 비판적 사고가 원활하게 이루어지기 위해서는 비판적 사고 기능과 상호 작용을 하는 비판적 사고 성향 역시 겸비되어 있어야 한다. 비판적 사고 성향이란 비판적 사고를 하는 사람이 가지고 있는 정의적 특성으로서 질문을 명료하게 탐색하고, 정보를 충분히 확인하고 전체 상황을 고려하며 자신의 생각, 의견의 수정에 대하여 객관적인 근거로써 평가하고자 하는 열린 태도이다.

아무리 비판적 사고 기능을 지니고 있다할지라도 그 기능을 구사하려는 마음을 가지고 있지 않다면 그 기능을 사용하기 어렵다. 따라서 비판적 사고력을 실천하기 위해서는 비판적 사고에 대한 지식과 기능뿐 아니라 비판적으로 사고하려는 태도와 성향을 갖추어야 한다.

지금까지 비판적 사고의 정의 그리고 교육적 측면에서의 중요성 등에 대해 고찰해 보았다. 그런데 이러한 비판적 사고에 대한 중요성을 일찍이 인식하고 체계화된 대상에 대해 항상 비판적으로 분석하고 평가하고자 하였던 동양 사상가가 있다. 묵자는 자신의 입론 과정에 비판적 사고를 진행함으로써 당시의 사회 현상이나 제도, 가치관이 지닌 문제점을 지적하고 새로운 패러다임을 구축하고자 하였으며, 특히 그가 제시한 비판적 사고 성향과 관련된 내용들은 비판적 사고 능력을 증진하는 데 요구되는 것들이라고 생각된다.

2. 묵자 비판적 사고의 주요 내용과 특징

묵자의 비판적 사고는 단순한 부정이나 비난을 통해 상대를 제압하거나 승복시키려는 것이 아니라 합리적이고 논리적인 기반 위에서 새로운 질서나 가치관을 추론해 내는 것에 목적을 두고 있다. 「비악(非樂)」, 「비유(非儒)」, 「비명(非命)」 세 편을 중심으로 묵자의 비판적 사고를 고찰하면서 그 속에 내재된 비판적 사고의 특징을 추론하고자 한다.

1) 「비악(非樂)」편에 내재된 비판적 사고

악(樂)의 발생은 생산 활동과 밀접한 관계에 있다. 초기의 악은 심미적 정서라기보다는 그 실용적 효능이 우선적으로 고려되었다.[2] 유가에서는 악을 개인의 수양이나 사회 질서에 깊은 영향

---

2 譚家健은 중국 고대의 악(樂)은 주로 음악을 지칭하는 것이지만 가무, 희극, 잡기는 물론이고 회화, 조각, 건축, 여행, 사냥도 포함되는 것임을 전제하고, 묵자가 지칭하는 악 역시 문화 오락 활동 전반을 포괄하는 개념이라고 본다(譚家健, 『墨子硏究』, 貴陽: 貴州敎育出版社, 1996, p.166 참조).

을 끼칠 수 있다는 점에 주목하며 도덕적 수양의 한 방안으로서 중시하였다. 즉 악은 사람의 마음에 바탕을 두고 자연의 이치를 본받은 것이기 때문에, 천지의 조화를 나타내는 것으로 이해했던 것이다.

> 악이 종묘 가운데 있어서 군신과 상하가 함께 들으면 서로 화합하고 공경하게 되며, 족장과 향리 가운데 있어서 장유가 함께 들으면 서로 화합하고 순조롭게 되며, 규문(閨門)안에 있어서 부자와 형제가 들으면 서로 화합하고 친하게 된다.3

유가는 사람들이 악을 듣게 되면 마음이 순화되어 다양한 인간관계에서 야기되는 갈등이 해소되고 조화를 이룬다고 믿었다. 또 그들은 악을 예(禮)와 함께 일컬었는데, "인(仁)은 악에 가깝고, 의(義)는 예에 가깝다."4라고 주장하며 악은 예에 의한 차등에서 비롯되는 갈등을 해소시키는 것으로 이해하였다.

> 악은 안에서 움직이는 것이고, 예는 밖에서 움직이는 것이다. 악이 화합을 극진하게 하고 예가 순서를 극진하게 하여, 안으로 화합하고 밖으로 순서를 이룬다면, 백성들은 그 안색(顏色)을 보고서 서로 다투지 않게 되며, 그 용모를 보고서 경솔하게 업신여기는 마음을 버리게 된다. 그러므로 덕(德)이 안에서 밝게 빛나면 백성들은 모두 복종하여 듣게 되고, 이(理)가 밖으로 발휘되면 백성들은 모두 복종하여 따르게 된다.5

---

3 『禮記』「樂記」: "是故樂在宗廟之中, 君臣上下同聽之, 則莫不和敬, 在族長鄕里之中, 長幼同聽之, 則莫不和順, 在閨門之內, 父子兄弟同聽之, 則莫不和親."
4 『禮記』「樂記」: "仁近於樂, 義近於禮"
5 『禮記』「樂記」: "樂也者, 動於內者也, 禮也者, 動於外者也, 樂極和 禮極順, 內和而

악은 안의 마음에서 작용하고, 예는 밖의 몸에서 작용한다는 것이다. 지도자가 예악을 실천하여 화합과 질서를 이룬다면 백성들은 그에 감화되어 자발적으로 따르게 된다는 것이다. 그러므로 예악을 올바로 실천하면 천하를 다스리는 데 어떠한 어려움도 없게 될 것이라고 하였다.

그런데 묵자가 보기에 당시 위정자들이 추구하는 악은 실용적 효용과 사회적 조화와는 전혀 관계없이 공동체 구성원의 굶주림과 사회적 재화의 궁핍함을 불러 오는 '적천하지인(賊天下之人)'의 도구에 지나지 않았다. 악이 지닌 본래적 가치를 상실했다고 파악한 것이다.

무엇보다도 첫째, 악이란 인간이 지닌 존재적 특성에도 부합되지 않는다고 주장한다. 묵자는 인간과 동물을 구분짓는 중요한 기준으로 노동에 두고 있다. 인간이란 동물과 달리 자신의 힘에 의지하면 살게 되고, 그렇지 않으면 살지 못하게 된다는 것이다.[6] 그런데 위정자의 심미적 정서를 만족시키기 위해 시행하는 악은 재화의 낭비는 물론이고 그 재화를 다시 회복시킬 인간의 노동력과 노동할 시간을 앗아 가는 근본 원인이기 때문에 부정되어야 한다는 것이다.[7]

둘째, 묵자는 악에 대해 부정적인 입장을 견지하는 근거로써 성왕들의 일에 위배되고 있기 때문이라고 강조하고 있다. 여기서 성왕들이 하는 일이란 다름 아닌 "천하에 이로움을 도모하고 해로움을 제거하여[興天下之利, 除天下之害]"[8] 개인과 공동체의 유용성

外順, 則民瞻其顏色而不與爭也, 望其容貌而民不生易慢焉, 故德輝動於內, 而民莫不承聽, 理發諸外, 而民莫不承順."

[6] 『墨子』, 「非樂」上: "今之禽獸麋鹿蜚鳥貞蟲, 因其羽毛以爲衣裘, 因其蹄蚤以爲絝屨, 因其水草, 以爲飮食 …(중략)… 今人與此異者也, 賴其力者生, 不賴其力者不生."

[7] 『墨子』, 「非樂」上: "今人與此異者也. 賴其力者生, 不賴其力者不生. 君子不强聽治, 卽刑政亂, 賤人不强從事, 卽財用不足."

에 부합되는 것을 의미한다.

> 비록 몸은 그 편안함을 알고 입은 그 단 것을 알고 눈은 그 아름다운 것을 귀는 그 즐거운 것을 알지만 위로 상고하여 볼 때 성왕들의 일에 부합되지 아니하고 아래로 헤아려 볼 때 만 백성의 이익과 부합되지 않기 때문이다.9

묵자는 악이란 인간의 심미적 욕구 충족을 위한 것으로서 만약 공동체와 그 구성원들의 이로움에 부합할 수 있다면 이를 굳이 거부할 이유는 없음을 전제하고 있다. 즉 악을 하는 것이 옛 성왕들이 수레나 배를 만드는 일과 같다면 악을 비판할 이유가 없다는 것이다.

하지만 굶주리는 자가 먹을 것을 얻지 못하고, 헐벗은 이가 옷을 얻지 못하며, 수고하는 자가 쉬지 못하는 세 가지의 환난에 처해 있는 백성들을 고려해 볼 때10 악은 민중수탈을 기반으로 한 왕공대인들만의 독점물이며 백성들의 곤궁과 사회적 궁핍을 조장하는 수단이기 때문에 부당하며 배척해야 한다고 본 것이다.

셋째, 묵자는 탕왕의 '관형(官刑)'에 의하면 구주(九州)의 나라들이 멸망한 까닭은 부질없이 악을 아름답게 연주하기에 힘썼기 때문이라고 지적하고11, 악을 하는 것은 하늘의 법도가 되지 못한다고 주장한다.

---

8 『墨子』「兼愛」中: "仁人之所以爲事者, 必興天下之利, 除去天下之害."
9 『墨子』「非樂」上: "雖身知其安也, 口知其甘也, 目知其美也, 耳知其樂也, 然上考之不中聖王之事, 下度之不中萬民之利, 是故子墨子曰: 爲樂非也."
10 『墨子』「非樂」上: "然則若用樂器, 譬之若聖王之爲舟車也, 卽我弗敢非也. 民有三患, 飢者不得食, 寒者不得衣, 勞者不得息, 三者民之巨患也."
11 『墨子』「非樂」上: "爲樂非也, 何以知其然也. 曰, 先王之書, 湯之官刑有之. …(중략)… 察九有之所以亡者, 徒從飾樂也."

계(啓)는 지나치게 편안히 즐기고 들에 나가 먹고 마시며, 피리와 경(磬) 소리를 덩그렁 덩그렁 울리기에 힘을 쓰고 술에 빠져 들판에 나가 구차하게 음식을 먹었으며 너울너울 춤을 추어 하늘에 까지 밝게 들리니 하늘은 그것을 법도가 못되는 일이라 하셨다.12

악이 거부되어야 하는 까닭은 역사적 사실에 비추어 보아도 그릇된 것이며, 특히 하늘의 뜻에도 어긋난다는 것이다. 이처럼 묵자가 진행한 올바른 판단을 위한 추론과정은 인간의 본질적 특성, 성왕의 일, 구주의 멸망, 하늘의 법도와 같이 객관적인 근거, 역사적인 사실에 기초해 있으며, 동시에 사적 이익 추구가 공적 이익에 위배되지 않아야 한다는 것에 지향점을 두고 있음을 알 수 있다. 이렇게 볼 때 묵자의 비판적 사고는 무의식적, 무비판적으로 수용되는 대상에 대해 경험적, 실증적 준거에 입각하여 주의 깊게 판단하며 진행되었다고 생각된다.

2) 「비유(非儒)」편에 내재된 비판적 사고

「비유」편을 통하여 우리는 묵자가 유가에 대해 어떤 관점을 지니고 있는지, 즉 어떤 점에 대해 비판적 사고를 적용시키고 있는지 가늠할 수 있다. 먼저 묵자는 유가의 성향과 태도에 대해 다음과 같이 일침을 놓고 있다.

예의를 번거롭게 꾸며 그것으로써 사람들을 미혹되게 하고, 오랜 기간 장례를 지내며 거짓으로 슬퍼함으로써 부모를 속이고, 운명을 내

---

12 『墨子』「非樂」上: "啓乃淫溢康樂, 野于飮食, 將將銘莧磬以力, 湛濁于酒, 渝食于野, 萬舞翼翼, 章聞于大, 天用弗式."

세워 가난하면서도 고상한 듯이 버티며, 근본에 위배되고 할 일을
포기하면서 편안히 게으르고 오만하며, 먹고 마시는 것을 탐하면서
힘써야 할 일에는 게으르다.13

당시 유가에 대해 부정적 견해를 가진 학파는 많았으나, 묵자
만큼 유가에 대해 직접적인 비판을 가한 사상가는 찾아보기 어렵
다. 특히 묵자는 공자에 대해 매우 엄격하게 비판하였는데, 이는
공자가 당시 사회에 큰 영향을 미치고 있었다는 사실과도 관련이
있다고 본다. 예를 들면 공자가 채나라와 진나라 사이에서 궁지
에 빠져 제대로 먹지 못한 채 열흘 동안 지내게 되었다. 이때 자
로(子路)가 돼지고기를 구해다가 삶아주었는데 공자는 그것이 어
디서 생긴 것인지도 묻지 않고 먹기에 바빴다. 또 하루는 자로가
남의 옷을 빼앗아 술을 사다가 공자에게 바쳤는데, 그 술이 어떻
게 생긴 것인지 묻지 않고 마셨다. 평소 방석이 반듯하지 않으면
앉지도 않았고 고기가 반듯하게 썰어져 있지 않으면 먹지도 않았
던 공자였다.14 이 같이 상황과 편의에 의해 신념과 가치관이 수
정되는 공자의 태도에 대해 묵자는 다음과 같이 비판한다.

굶주리고 곤궁하면 함부로 남의 재물을 가져다가 자신을 살리는 짓
을 서슴지 않으며, 여유가 생기고 배가 부르면 거짓된 행동으로 스
스로를 꾸민다. 더럽고 간사하고 거짓됨이 이 보다 더 큰 것이 어디
있겠는가?15

---

13 『墨子』「非儒」下: "夫繁飾禮樂以淫人, 久喪僞哀以謾親, 立命緩貧而高浩居, 倍本
棄事而安怠傲, 貪于飮食, 惰于作務."
14 『墨子』「非儒」下: "孔某窮于蔡陳之間, 藜羹不糂十日. 子路爲享豚, 孔某不問肉之
所由來而食. 翮人衣以酤酒, 孔某不問酒之所由來而飮 …(중략)… 席不端, 弗坐, 割不
正, 弗食."
15 『墨子』「非儒」下: "夫飢約則不辭妄取以活身, 贏飽則僞行以自飾. 汚邪詐僞, 孰大

묵자의 비판적 사고에 의하면 상황에 따라 변하는 가치관은 사회를 구제할 수 있는 기준이 될 수 없다. 그것은 불리한 입장에서도 진실을 왜곡하지 않으려는 '지적 정직'에 위배되는 위선에 불과하다. 또 말과 행동이 일치하지 않는 사상가 역시 사회를 계도할 자격이 없다. 백성들의 진정한 이로움을 위하여 깊이 생각하고 신중하게 말하며 말한 것은 반드시 실천해야 한다는 신념을 지녔던 묵자가 유가의 허세와 허례를 좌시하지 않고 비판의 선봉에 나섰던 것은 너무나 당연한 귀결이 아닐 수 없다.

묵자는 자신이 내세우는 비판적 사고의 정당화를 제고하고, 사람들의 이해를 돕기 위해 그들이 이미 당연시 하고 있는 사실들의 맹점을 지적해내고 있다.

> 부모가 죽으면 시체를 염습하지 않은 채 뉘어 두고는 지붕에 올라가 기도하고, 우물을 들여다보기도 하고, 쥐구멍을 쑤셔보기도 하고, 손 씻는 그릇을 뒤집어 보기도 하면서 죽은 부모를 찾는다. 정말로 살아 있는 것이라고 여긴다면 어리석기 이를 데 없는 것이다. 없는 것인 줄 알면서 찾고 있는 것이라면 이보다 더 큰 거짓은 없다.16

묵자는 죽은 사람이 살아 있다고 믿는 행위는 진실에 위배되는 위선이라고 비판하였다. 부모가 돌아가셨는데 살아 있다고 믿으면서 여기저기를 뒤지며 찾는 행위는 부모의 죽음을 애도하는 것과는 전혀 관계가 없는 일종의 허례이며 진정성이 상실된 허식이라고 파악한 것이다. 따라서 당시 유가에 의한 후장구상(厚葬久喪)은 현실에 부합되지 않는 기만적 행위이며 결코 일반화 되어서

于此?"

16 『墨子』「非儒」下: "其親死, 列屍弗斂, 登堂窺井, 挑鼠穴, 探滌器, 而求其人矣. 以爲實在則贛愚甚矣. 如其亡也, 必求焉, 僞亦大矣."

는 안 되는 것임을 강조하고 있는 것이다.

「비유」편에 내재된 묵자의 비판적 사고의 특징은 이중적 기준에서 야기되는 진실됨의 상실에 대한 비판이며, 그 근거로 삼은 것은 보편타당한 사실이라고 볼 수 있다. 이러한 기준, 즉 신념이나 가치관이 상황이나 편의에 따라 변절된다면 올바른 추론과 판단을 할 수 없게 되어 위선과 허위에 매몰된다는 점을 「비유」편을 통해 제시하고자 한 것이다.

3) 「비명(非命)」편에 내재된 비판적 사고

묵자는 인간의 운명이란 하늘이 결정짓는다는 천명(天命)[17] 정신은 변화하는 시대를 반영하지 못한 낡은 잔재라고 보았다. 당시의 천명이란 누구나 옳다고 생각하며 수용하는 보편적인 입장이었지만 그것이 합리적이지 못할 경우 비판의 대상이 되어야 한다고 믿었던 것이다.

먼저 묵자는 하늘이 내린 명으로 인하여, 백성들은 부유해지지 못하고, 백성은 많아지지는 못하고 오히려 적어지며, 나라는 다스려지지 않는다고 비판하였다.[18]

운명이 있다고 말하는 사람은 이르기를 '오래 살고 일찍 죽으며, 가

---

17 천명(天命)이란 중국 은나라, 주나라 시대부터 유행하기 시작하였다. 인간을 주재하는 하늘이 인간에게 내린 명령이라는 의미를 지녔으며 시간이 지나면서 인간으로서는 어찌할 수 없는 운명을 뜻하게 되었다. 유가의 하늘은 절대적인 원리인 동시에 도덕적인 원리까지 포함하는 것이며, 나름대로의 규범에 따라 인간세상의 일에 관여하는 것으로 이해되어 왔다. 가령, 공자는 사람이 죽고 사는 것은 운명이고, 부자가 되고 귀해지는 것은 하늘에 달렸음을 말하고 있으며, 안연이 죽자 공자는 그 슬픔을 이기지 못하며 "하늘이 자신을 버렸다!" 고 절규하기도 하였다. 또 "하늘에 죄를 지으면 빌 곳이 없다."고도 하였는데 공자의 언행을 기록한 「논어」에 있어서만 인간사에 관여하는 인격적 성향을 지닌 하늘이 모두 16차례, 천명은 모두 3차례 정도 거론되고 있다. 이 모두 하늘이란 인간의 행복과 불행에 있어 일정한 관계가 있음을 논증하는 예가 되겠다.

18 『墨子』「非命」上: "不得富而得貧, 不得衆而得寡, 不得治而得亂, 則是本失其所欲, 得其所惡, 是故何也? 子墨子言曰, 執有命者."

난하고 부유하며, 편안하고 위태로우며, 다스려지고 어지러운 것은 본래 주어진 하늘이 내린 명으로서 줄이거나 더할 수가 없는 것이다. 궁색하고 영달하는 일도, 상을 받고 벌을 받는 일도, 행복하거나 불행한 일도 정해진 명으로서 사람의 지혜나 힘으로는 바꿀 수가 없다.'고 한다.19

위에서 운명이 있다고 주장하는 사람들은 바로 유가를 지칭한 것이다. 묵자가 지적한 대로 유가는 천명이라고 하는 하늘에 의해 부여된 명에 의해 사람은 태어날 때부터 모든 길흉화복이 결정되어져 있다고 믿었다. 묵자가 보기에 그들은 자신의 인생을 주체적으로 영위하지 못한 채 거대한 힘에 의지하며 타율적으로 살 수밖에 없다. 또한,

관리들이 천명을 신뢰하면 담당한 직분을 태만히 하게 되고, 일반 백성들이 운명을 믿으면 종사하는 일을 태만히 하게 된다. 관리들이 다스리지 않으면 어지러워지고 백성들이 농사일을 게을리 하면 가난해진다.20

통치자에서부터 일반 백성들에 이르기까지 자신에게 주어진 문제를 숙명이나 운명으로 돌릴 뿐 그것을 타개하기 위한 적극적 노력을 하지 않게 된다면 세상은 혼란해지고 궁핍해지게 된다는 것이다. 물론 묵자도 "서로 차별 없이 사랑하고 서로 이로움을 나누는[兼相愛, 交相利]" 사람에 대해서는 하늘이 상을 내리고 반대의

---

19 『墨子』「非儒」下: "有强執有命以說議曰, 壽夭貧富安危治亂, 固有天命, 不可損益, 窮達賞罰幸否有極, 人之知力不能爲焉."
20 『墨子』「非儒」下: "群吏信之, 則怠于分職. 庶人信之, 則怠于從事. 吏不治則亂, 農事緩則貧."

경우 벌을 내린다고 하여 하늘을 인격적인 존재로 보고 있다.[21] 하지만 이것은 당시 최고의 권위를 지닌 하늘의 위력을 빌어 자신의 학설을 공고히 하고 사람들을 설득시키기 위한 하나의 포석이었을 뿐, 하늘이 인간의 모든 일을 관여하고 주재하며, 심지어 운명마저도 결정한다고는 보지 않았다. 오히려 인간의 주체적인 노력을 중시하여 인간에게 주어진 모든 문제는 인간 스스로 해결할 수 있어야 한다고 믿었다.

「비명」편에서는 강력하고 절대적인 권위, 체계화되고 고착화된 제도와 가치관에 의해 맹목적으로 받아들여지는 현상에 대해 반론을 제기하며 의식적 전환을 일깨우고자 한 것이다. 당연히 이것의 궁극적 목표는 개인과 공동체의 바람직한 진보와 성장에 있었다.

「비악」, 「비유」, 「비명」편에서 공통적으로 추론되는 묵자 비판적 사고의 기본 특징은 일반화된 사회 현상과 제도, 가치관이 분명하고 일관된 기준에 의해 비판되고 있다는 점이다. 감정적이고 작위적으로 현상과 제도, 가치관을 해석하게 된다면 비판적 사고가 지향하는 새로운 질서와 가치의 창출이라는 목표를 이룰 수 없다고 판단했기 때문이다.

또한 유용성의 관점에 근거하여 삶과 관련된 모든 영역에 대해 비판적 사고 작용을 하고 있다. 삶의 질을 제고하지 못하고, 오히려 이를 방해하는 것은 그것이 아무리 절대적인 대상일지라도 단호하게 비판의 대상이 되고 있는 것이다.

---

21 『墨子』「天志」上: "順天意者, 兼相愛, 交相利, 必得賞. 反天意者, 別相惡, 交相賊, 必得罰."

4) 비판적 사고의 기준 제시

「비악」, 「비유」, 「비명」 세 편에 내재된 묵자 비판적 사고의 특징을 추론해 볼 때 그는 경험적이고 타당한 근거를 원칙으로 삼아 분석하고 평가하며 결론을 도출하고자 하였다. 개인과 공동체에 관련된 모든 문제에 대하여 묵자는 어김없이 이 원칙을 기준으로 삼아 비판을 진행하고 문제의 해결책을 제시하고 있다. 이 원칙을 '삼표(三表)'라고 하며 '표'는 '법(法)'이라고도 하였기 때문에 '삼표법(三表法)'이라고도 일컫는다.

> 근본을 마련하는 것[本之者]이 있어야 하고, 근원을 따지는 것[原之者]이 있어야 하고, 실용하는 것[用之者]이 있어야 한다. 무엇에다 근본을 마련하는가? 위로는 옛 성왕들의 일에 근본을 둔다. 무엇에서 근원을 따지는가? 아래로는 백성들의 귀와 눈으로 듣고 본 사실에서 근원을 따져야 한다. 무엇에 실용을 하는가? 그것을 발휘하여 형법과 행정을 시행하고 국가와 백성 그리고 인민의 이익에 부합하는가를 보는 것이다. 이것이 바로 세 가지 표준이 있다고 말하는 것이다.22

묵자가 제시한 '본지자(本之者)', '원지자(原之者)', '용지자(用之者)'는 그의 비판적 사고의 중요한 기준이 되는 것이며, 기존의 현상이나 제도, 가치관에 대하여 이 세 가지를 기준으로 삼아 세밀하게 따져 봄으로써 합당하지 못한 일반화를 분별하고자 한 것이다. 여기서 '본지자'란 역사적 사실에서 그 근거를 찾아 옳고 그름

---

22 『墨子』「非命」上: "有本之者, 有原之者, 有用之者. 於何本之? 上本之於古者聖王之事. 於何原之? 下原察百姓耳目之實. 於何用之? 廢以爲刑政, 觀其中國家百姓人民之利, 此所謂言有三表也."

을 판별하는 것, '원지자'란 사람들이 직접 보고 들은 경험적 사실에 입각하여 시비를 유추하는 것, '용지자'란 현실에서 어떤 제도나 가치관, 주장 따위를 적용할 때 결과의 유용성에 비추어 시비를 판별하는 것이다.

묵자의 비판적 사고의 핵심이 되는 '본지자', '원지자', '용지자'는 묵자 사상 전 영역에 걸쳐 일관되게 나타나는 준거의 틀이라고 볼 수 있으며, '본지자', '원지자', '용지자' 중 어느 한쪽이라도 위배되면 이는 객관적 사실로서 인정받을 수 없다.

그런데 객관적으로 분석하고 타당성을 판단하는 과정에서 '용지자'가 가장 중요한 잣대로 작용하고 있다는 것을 알 수 있다. 가령 「비악」, 「비유」, 「비명」편에서 비판의 주된 대상이 되는 '악', '유', '명'은 공통적으로 '용지자'의 관점에 위배되며 타당성을 상실한 것들이다. 묵자의 비판적 사고에서 준거의 하나인 '용지자'는 생략될 수 없는 최종 원칙이며, 겸애교리(兼愛交利)의 또 다른 표현인 것이다. 따라서 묵자 비판적 사고의 주된 요지는 "천하의 이로움을 일으키고, 해로움을 없앤다."라는 근본 입장을 바탕으로 당시 사회의 허세와 위선에서 비롯된 비합리적이고 비실용적인 측면에 대한 실천적 판별이라고 볼 수 있다.

묵자가 '삼표'의 논리전개 과정에서 이론과 실제와의 일치를 실용적 효과라고 하는 경험적 실증을 가지고 확인한 것은 원칙적으로 과학적 인식이며, 이는 선진시대 자연과학을 선도하는 묵가의 주요 방법론이 되었다. 특히 '삼표'는 진리의 표준[是非]과 가치표준[利害]의 조화를 추구했다는 점에서 중국 인식론에 있어서도 혁명적 창견으로 평가되고 있다.

3. 비판적 사고 성향의 중시

사고와 행동 및 그 산물들에 대해 항상 비판적으로 분석하고 평가하려는 태도와 경향성이 형성되지 않으면 비판적 사고 기능이 지속적으로 발휘되기 어렵다. 묵자 역시 비판적 사고 기능을 원활하게 진행하기 위해서는 비판적 사고 성향을 함양해야 한다는 인식을 하고 있었다고 생각된다. 1991년 한국교육개발원은 학자들이 제시한 비판적 사고 성향의 요소를 종합하였는데, 이것에 견주어 묵자의 비판적 사고 성향과 관련된 내용들을 고찰해 보도록 하겠다.

1) 합리적 주장에 대한 수용

묵자가 말하는 비판적 사고란 막연한 부정이 아니라 상대의 옳은 점을 인정해 주고 자신의 잘못은 시정할 줄 아는 자세이다. 예를 들어, "묵자", '공맹자' 편에서 묵자는 정자와 토론을 하다가 공자의 진술을 인용하였다. 이때 정자가 「비유」를 내세우면서 어떻게 공자를 인용하느냐고 힐문하자 묵자는 다음과 같이 말한다.

> 그것은 합당하여 이치를 바꿀 수 없는 일이기 때문이다. 지금 새들은 땅이 가뭄으로 뜨거운 것을 알고 걱정하게 되면 높이 날아오르고, 물고기들은 땅이 가뭄으로 뜨거운 것을 알고 걱정하게 되면 물 아래로 내려간다. 이것은 비록 우임금과 탕임금이 꾀한다 하더라도 반드시 이치를 바꿀 수 없다. 새나 물고기는 어리석다고 할 수 있는데도 우임금과 탕임금도 그대로 따르고 있다. 그래서 나도 공자를 인용한 것이다.[23]

비판적 사고 능력을 갖춘 사람은 주장이나 관점을 무조건 수용하거나 거절하는 것이 아니라 그 근거를 캐묻고 그런 근거의 적절성 여부에 대해 반성하고 난 연후에 그것을 수용하거나 거절한다. 이 과정에서 다양한 것들이 갖는 유사성과 차이를 짚어 내며 그에 기초하여 일반적인 주장을 끌어내고 전개시켜 나간다. 따라서 옳지 않은 점에 대해서는 이의를 제기하지만 반대로 옳은 점에 대해서는 수용하는 개방된 자세를 지니게 되는 것이다. 묵자에 의하면 공자가 누구도 부정할 수 없는 옳은 진술을 하였다면 부정해서는 안 된다는 것이다.

> 그대는 깊은 것은 깊다고 인정하고 얕은 것은 얕다고 인정하며, 보태 줄 것은 보태주고 존중할 것은 존중해야 한다. 다음엔 그 유래(由來)와 비슷한 것들과 원인을 살펴보아야만 지극히 뛰어난 취지를 터득하게 될 것이며, 다음엔 성가(聲價)와 단서(端緒)와 원인을 살펴보아야만 실정을 터득하게 될 것이다.24

　　자신이 참이라고 알고 있는 지식을 부정하는 것이라 하여도 충분한 근거가 있으면 기꺼이 그것을 진실로 받아들이며, 특정 입장을 지지하기 위해 사실을 왜곡하지 않으려는 성향인 '지적 정직'은 비판적 사고 성향의 매우 중요한 요소이며, 묵자가 추구하는 비판적 사고 성향의 주요 내용이다.

---

23 『墨子』「公孟」: "是其當而不可易者也. 今鳥聞熱旱之憂則高, 魚聞熱旱之憂則下. 當此雖禹湯爲之謀, 必不能易矣. 鳥魚可謂愚矣, 禹湯猶云因焉. 今翟曾無稱乎孔子乎?"
24 『墨子』「大取」: "子深其深, 淺其淺. 益其益, 尊其尊. 察次山比因, 至優指復, 次察聲端名因, 請復."

2) 비판적 사고에 의한 자기 수정

일반적으로 오류를 지적받게 되면 그것을 인정하기 보다는 변명이나 거짓말을 하게 된다. 묵자는 그 자신의 주장일지라도 '삼표'의 원칙에 어긋나는 것에 대해서는 비판과 함께 수정하였다.

예를 들어, 묵자는 어떤 기술이 민중에게 실제로 이익을 줄 수 있는 것을 일러 '교(巧)'라 하고 반대로 아무런 이익도 가져다 주지 못하는 일을 '졸(拙)'이라고 생각하였다.[25] 유용적 입장에서 기술은 사회 이익을 위해 일정한 영향을 끼칠 때 비로소 기술로서 인정을 받을 수 있다는 것이다. 『포박자(抱朴子)』의 「응조(應嘲)」편에 의하면 묵자는 삼년이 걸려 나무로 된 솔개 연[鳶]을 만들었다. 주위의 감탄과 찬사에도 불구하고 묵자는 자신의 기술이 '교(巧)'의 원칙, 즉 '용지자'의 원칙에 위배되었다고 판단하였다. 즉 그는 무거운 짐을 실어 나르는데 얼마든지 견딜 수레채 마구리를 하루에 몇 개라도 만드는 편이 더 나을 것이라고 자신의 기술에 대해 비판적 사고를 진행시키고 있다.

이와 같이 진리로 받아들여지는 사실 혹은 신념에 대해서도 의문을 제기하며, 타인과 자신의 사고 과정에 항상 오류 가능성이 있음을 인정하는 '건전한 회의성'은 비판적 사고 성향에 필수적 요소가 아닐 수 없다. 비판적 사고는 그 자체로 어떤 형태의 비판을 전제로 하고 있으며, 심지어 비판적 사고 자체에 대한 비판까지도 수용하고 있어야 하는 것이다.

---

[25] 『墨子』「魯問」: "所爲巧, 利於人謂之巧, 不利於人謂之拙."

3) 비판적 사고를 통한 창의성의 발현

비판적 사고라는 용어가 마치 사회적 현상과 제도, 가치관 등을 적대적으로 비판하는 데에만 관심이 있다는 듯이 들릴 수도 있다. 이는 그릇된 인식이다. 왜냐하면 사회적 현상과 제도, 가치관 등을 정확히 평가하려면 우리는 다른 가능성이나 방안을 생각해 낼 정도로 상상력이 풍부하고 창의적이어야 하기 때문이다. 이처럼 비판적 사고와 창의성 사이에는 매우 긴밀한 연관성이 존재한다. 묵자의 비판적 사고의 최종 지향점 역시 새로운 질서와 가치관을 창출해 내는 것에 있었다.

그런데 당시 유자들은 진정한 군자는 옛것을 따르기만 할 뿐 새로 만들지는 않는다는 생각을 바탕으로 반드시 복고적 태도로써 전통만을 고수한 채 옛날 옷을 입고 옛날 말을 해야 인(仁)을 실행하는 것이라고 주장하였다. 묵자는 이러한 생각에 대해 다음과 같이 비판한다.

> 옛날 말이나 옷이라는 것은 그것이 처음 만들어진 그 당시에는 모두 새것이었다. 만약 옛 사람들이 그것을 말하고 입었다면 그들은 군자가 아닌 셈이 된다. 그렇다면 군자의 옷이 아닌 것을 입고 군자의 말이 아닌 것을 말해야 인(仁)이라는 것인가?[26]

이 진술은 새로운 것을 창출해 내려는 노력은 기울이지 아니하고 과거의 가르침을 맹목적으로 고수하려는 태도를 비판한 것이다. 묵자는 유가의 생각을 따르게 되면 수레를 만들거나 배를 발명해 낼 일도 없었을 것이라고 생각하였다. 이처럼 묵자는 해

---

26 『墨子』「非儒」: "所謂古之言服者, 皆嘗新矣. 而古人言之服之, 則非君子也. 然則必服非君子之服, 言非君子之言, 而後仁乎?"

박한 지식과 논리적 언변을 바탕으로 유가 주장이 지닌 문제점을 파고들었다.

묵자의 비판적 사고 성향은 학자가 지녀야 할 기본 태도의 전형으로 보이며 중국 사상을 더욱 진전되게 하는 고무적인 역할을 하였다고 생각된다. 이러한 경험적이고 타당한 근거를 토대로 결론을 도출하려는 성향인 '객관성' 역시 비판적 사고 성향을 구성하는 요소이며, 이는 다시 '창의성'으로 연계되어 묵자 겸애교리(兼愛交利)의 정당화를 위한 도구가 되었다.

묵자는 "옳고 그른 분별을 밝히고, 다스려지고 어지러워지는 요점을 자세히 하며, 같은 점과 다른 점을 분명히 하고, 명칭과 사실의 이치를 밝히며, 이롭고 해로운 것에 대처하고, 의심나는 일에 결단을 내리는 일"[27]에 대해 주저하지 않았다. 이는 현대 비판적 사고 이론에서 "중요한 차이와 공통점에 주목하기, 가정을 점검하거나 평가하기, 부적절한 사실에서 적절한 사실을 구분하기, 그럴듯한 추론, 예견 또는 해석하기, 모순을 인식하기, 함의의 결과를 탐색하기" 등과 같은 비판적 사고 성향의 증진을 위해 전제되는 조건들과 비교해도 거의 차이가 없음을 알 수 있다.

이상에서 살펴 본 묵자의 비판적 사고 성향이 오늘날 우리 교육에 시사하는 바는 없을까? 특히 암기 위주의 주입식 교육에 매몰되어 자신과 주변 환경에 대한 건전한 비판 의식이 부족한 초등학생들에 대해 묵자의 비판적 사고 성향은 어떤 가르침을 줄 수 있을까? 그리고 그것은 어떤 방법으로 적용시켜야 가장 효과적일까? 지금부터는 이러한 점들에 대해 고찰해 보도록 하겠다.

---

27 『墨子』「小取」: "夫辯者, 將以明是非之分, 審治亂之紀, 明同異之處, 察名實之理, 處利害決嫌疑. 焉摹略萬物之然, 論求群言之比, 以名擧實, 以辭抒意, 以說出故. 以類取, 以類予. 有諸己, 不非諸人, 無諸己, 不求諸人."

4. 초등학생 비판적 사고 성향 증진 방안

삐아제(J. Piaget)는 구체적 조작기에 해당하는 초등학생들과 이 보다 어린 아동들은 논리적, 특히 연역적 사고를 할 수 없다고 보았다. 초등학생들은 비판 대상에 관한 정보와 지식을 충분히 갖지 못하고, 그것에 기초하여 평가하는 인지 능력이 부족하기 때문에 성인이나 학자와 같은 수준에서 비판적 사고 기능을 충분히 발휘하기 어렵다는 것이다. 그러나 최근의 연구에 따르면 12세가 안 된 8-9세의 구체적 조작기의 아동들도 유추 문제를 해결할 수 있다는 연구 결과, 다시 말해 초등학생들에게도 비판적 사고 기능과 성향을 교육할 수 있다고 가정한다.

다만 논리적 사고가 충분히 발달되지 않은 초등학생들에게 비판적 사고를 가르치기 위해서는 초등학생들이 이미 알고 있거나 쉽게 이해 할 수 있는 수준의 교육적 자료를 이용하여 비판적 사고를 배우게 하는 것 뿐 아니라 직접 적용하는 기회를 제공하는 형태의 교육 방법이 필요하다.

이처럼 초등학생들에게 가장 적합한 비판적 사고 함양 교육은 우화나 동화 등을 이용하여 논리적 추론, 비판적 사고 기능 그리고 비판적 성향을 가르치는 통합적 접근이 필요하다고 본다. 통합적 접근은 비판적 사고가 영역 보편적이냐 특수적이냐를 따지기 보다는 다양한 교재를 이용하여 비판적 사고를 가르치려는 접근이며, 교육의 궁극적 주체인 학생들 자신의 당면한 문제를 해결해 주는 것에 초점을 맞춘 것이라고 볼 수 있다. 이러한 점들을 고려할 때 초등학생들에게 가장 적합한 비판적 사고 교육은 비판적 사고 성향을 습득시키는 데에 주안점을 두는 것이라고 생각된다.

우리가 묵자의 비판적 사고에 주목하는 이유가 바로 여기에 있다. 묵자는 비판적 사고 태도와 성향을 지닌 대표적인 사상가이다. 그는 당시 사회가 지닌 불합리성을 끊임없이 탐색하며, 정보를 충분히 확인하고, 이를 개선하기 위해 객관적인 근거로써 평가하여 인간 존엄과 삶의 질을 제고하고자 했던 사상가이다.

먼저, 묵자는 '본지자', '원지자', '용지자'의 '삼표'를 비판적 사고의 기준으로 삼아 현상과 제도, 가치관에 대해 평가하고 판별하였다. 감정적이고 주관적인 요소에 의한 판별을 지양해야 한다는 점을 명확히 한 것이다. 오늘날 초등학생들이 지닌 문제의 핵심은 이기적 의식이라고 생각된다. 타인을 배려하거나 다른 사람들의 아픔에 공감하는 의식이 결여된 채 오직 나 자신만을 위한 의식이 팽배해 있다. 이러한 자기중심적 태도는 학생들 주변에서 발생하는 현상이나 가치관에 대한 시비를 판별할 때 감정적이고 주관적인 잣대를 사용할 개연성이 매우 높다. 따라서 초등학생에게 보편타당한 기준을 마련하여 제시해 줌으로써 그들에게 올바른 비판적 성향을 길러 주는 것이 시급하다고 생각된다. 물론 그 기준은 묵자의 비판적 사고에서 이미 고찰한 바와 같이 이타적이며 상대를 배려하는 것을 골자로 삼아야 할 것이다.

둘째, 묵자의 비판적 사고는 부정적 사고와 구별된다. 그는 비판의 주된 대상이 지닌 옳음에 대해서는 언제나 유연하고 열린 자세로 이를 수용함으로써 '지적 정직'을 실천하였다. 그런데 초등학생의 경우 상대방의 옳은 점을 도외시 한 채 문제점만 추출하여 지적해 내는 것을 비판적 사고라고 오해할 소지가 있다. 묵자의 예를 볼 때 진정한 비판적 사고는 비판의 대상이 되는 상대에 대해서도 그에게 옳은 것이 있다면 이를 인정하는 자세를 요구한다. 초등학생들로 하여금 '옳음'을 옳다고 이야기하고, '그름'을 그릇되었다고 평가할 수 있는 태도와 성향은 진리 추구의 가장 기본적인 자세임을 일러 주어야 한다. 아울러 그들로 하여금 상대의 장점이나 옳음에 대해 인정하는 용기를 길러 주는 교육이 요청된다. 「비유」편에서 공자에 대해 비판을 했었던 묵자가 「공맹」편에서는 공자의 옳은 점을 옳다고 진술한 것을 학습 자료로 재구성하여 활용하는 것도 하나의 좋은 방안이 될 것이라고 생각된다.

덧붙여 비판적 사고 능력을 갖춘 사람은 의사소통 과정에서 상대방의 주장을 경청하고 선의로 해석하며 자신이 틀렸다면 자신의 주장을 기꺼이 교정할 수 있어야 한다. 묵자는 '삼표'라는 합리적 근거를 통해 올바른 추론과 판단을 수행하였으며, 혹여 자신의 주장이나 행위가 '삼표'에 부합되지 않을 경우 자신에 대해서도 비판을 진행하는 모습을 보여 주었다. 이러한 태도는 초등학생들이 비판적 사고를 함양하는 데 있어서 필수적으로 갖추어야 할 태도라고 생각된다.

셋째, 묵자의 비판적 사고의 최종 지향점은 새로운 질서와 가치를 창출하는 것에 있었다. 본래 묵자는 유가의 가르침을 전수받은 것으로 알려져 있다. 하지만 「비악」, 「비유」, 「비명」편 등에서 살펴 본 바와 같이 '악', '유', '명'의 불합리성을 제기하며 새로운 가치와 질서를 추구하였고, 궁극에는 새로운 학파를 창시하였다. 초등학생들의 경우, 자신이 어떤 의사 결정을 하고 실천하는 것보다 타인의 지시에 순종하는 것을 미덕으로 여길 가능성이 있다. 학습 태도에서도 스스로 문제에 도전하고 해결하는 자율성을 함양하기 위해서는 더 이상 의심할 수 없는 사실에 대해서도 의심할 수 있는 비판적 사고 성향의 형성이 우선되어야 할 것이다.

전체적으로 구체적 조작기에 속하는 초등학생들은 구체적 조작이나 활동에서 시작하여 비판적 재구성으로 이동하는 것이 바람직하다고 생각된다. 우선 학생들이 자신의 삶의 문제로 학습 주제를 인식하고, 탐구하고, 새롭게 얻어진 이해를 바탕으로 자신의 선입관을 비판적으로 평가하면서 새로운 지식으로 구성하는 능력을 함양하도록 도와야 할 것이다. 비판적 사고를 형식 논리로 가르치면 초등학생들은 이해하기 어렵기 때문에 쉽게 흥미를 잃게 되고 더 나아가 비판적 사고 학습을 거부할 수도 있다는 점도 상기할 필요가 있다. 따라서 묵자의 비판적 사고와 관련된 내용들을 우화나 만화, 역할극, 신문 기사 등의 형태로 재구성하여 학생들이 용이하게 접근할 수 있게 한다면 초등학생의 비판적 사고력 증진에 기여할 것이다.

특히 우화는 간결하기 때문에 비판적 사고와 우화를 동시에 처리하는 과정에서 초등학생들의 작업 기획에 과부하가 발생하지 않도록 하는 효과가 있으며 비판적 사고를 가르치는 좋은 수단이 될 수 있다. 묵자의 비판적 사고와 관련된 내용을 우화로 제작하여 제시하면서 비판적 사고를 추론하거나 적용할 수 있도록 질문을 통하여 유도함으로써 묵자 비판적 사고의 시사점을 학생들 스스로 생각할 수 있도록 교수학습 지도안을 구성하는 것도 좋은 방안이라고 본다.

지금까지 비판적 사고의 개념과 정의 그리고 중요성, 묵자 비판적 사고의 내용과 특징, 묵자의 비판적 사고가 초등학생들에게 시사하는 바를 논의해 보았다. 비판적 사고란 삶과 관련된 각종 현상이나 제도, 가치관 등에 대하여 맹목적으로 수용하는 것이 아니라 정당화하는 근거를 가지고 판단이나 해결책을 제시하는 분석적이고 종합적인 사고라고 할 수 있다. 특히 현대 사회에서 어떤 정보와 지식이 중요한지, 필요한지, 유용한지, 가치가 있는지를 판단하기 위해서는 정보나 지식을 분석하고 종합하고 추론하는 비판적 사고 능력이 요구되기 때문에 교육 과정에서 비판적 사고를 함양하기 위한 고민과 노력이 요구된다.

중국 고대 묵자는 비판적 사고의 중요성을 누구보다 먼저 깨우친 사상가였다. 그는 무의식적으로 수용되는 사회 현상, 안착된 제도, 일반화된 가치관에 대해 논리적이고 합리적 근거를 토대로 비판을 진행함으로써 이를 해체하고 재구축하려는 시도를 하였다. 이러한 과정에서 묵자는 '삼표'라고 하는 분명하고 일관된 기준을 설정하고 운용하고 있었다. 사회 현상과 제도, 가치관 등이 작위적으로 해석된다면 새로운 진리를 추론한다든지 사회적 질서를 유지할 수 없음을 인지하고 있었기 때문이었다.

특히 묵자는 삶의 질을 제고하지 못하는 것, 즉 겸애교리(兼愛交利)의 이상에 부합되지 않는 현상과 제도, 가치관에 대해서는 그것이 아무리 일반적이고 절대적인 신뢰를 받는 것이라고 할지라도 단호하게 비판의 대상으로 삼고 있다. 이와 동시에 보편타당한 견해나 자신이 제시한 기준에 부합되는 다른 학파나 학자의 이론이나 주장에 대해서는 인정하고 수용하는 열린 자세를 보여주었다.

주목할 점은 묵자는 오류를 지적하고, 증거를 해석하여 결론을 도출하고자 하는 과정에서 비판적 성향에 대한 중요성을 인식하고 있었다는 것이다. 즉 사고와 행동 및 그 산물들에 대해 항상 비판적으로 분석하고 평가하려는 태도와 경향은 비판적 사고를 진행하는데 반드시 필요한 것으로 인식하고 이를 실천으로써 제시한 것이다.

묵자의 비판적 사고 성향과 관련된 내용들은 이타적, 자율적, 창의적 사고 능력의 신장이 요구되는 오늘날의 초등학생들에게 좋은 시사점을 준다고 생각된다. 그러므로 초등학생들의 인지 발달 수준에 적합하게 비판적 사고가 지녀야 할 기본적인 조건과 방법, 즉 '합리적 주장'은 수용할 줄 알고, '자기 견해를 수정'하는 데 주저하지 않으며, '새로운 가치관과 질서'를 추구하려는 성향을 다각적이고 입체적인 방법으로 재구성하는 노력이 필요하다고 생각된다. 다만 이 장에서 묵자의 비판적 사고 성향을 초등 교육과정에 적용하기 위한 구체적인 방법을 제시하지 못했다는 점은 한계로 지적되며 향후 과제로 남겨둔다.

맺는말

　오늘에 서서 고대 문화를 이해하고 일반화하는 것은 결코 용이한 일이 아니다. 때로는 제한되고 불명확한 자료와 그것에 대한 주관적 해석으로 적지 않은 곡해를 범하기도 한다. 사상가의 사상을 온전히 이해하기 위해서는 당시의 시각과 입장에서 그리고 그 시대의 사회 문화에 대한 다각적이고 통합적인 관점에서 접근해야 함에도 불구하고, 오늘날의 사회 문화와 현상 그리고 제도 등의 유사성에만 그 의의를 부여하여 사상가가 제시한 이론의 진면목을 왜곡시키는 경우가 허다하다. 이 책 역시 그러한 누를 전혀 범하지 않았다고 장담할 수 없으며, 앞으로 더 깊이 연구하여 견강부회한 점들을 덜어 낼 것을 약속할 따름이다. 이제 묵자와 묵가의 사상을 되짚어 보면서 맺는말에 가름하고자 한다.

　묵자가 생존했던 춘추전국시대는 '천붕지괴(天崩地壞)'로 묘사되는 대전환기였다. 이러한 시기에 묵자는 윤리적 측면, 사회적 측면, 그리고 과학적 측면에서 창의적인 발상과 방안을 제시한 가장 영향력 있는 사상가 중 한 사람으로 평가된다. 물론 그의 사상이 비록 공맹과 노장의 영향력에는 미치지 못하지만 사상적 관점과 중국 문화에 끼친 영향은 결코 무시해서는 안 될 것이다.

　먼저 윤리적인 측면에서 묵자는 사랑이란 인간을 인간답게 관계 짓는 최선의 인간적인 행위임을 강조하였다. 묵자는 사랑의 결핍에서 비롯된 인간의 이기적 속성으로 인하여 사회적 문제가 발생했다고 생각하였다. 따라서 그는 사람들이 남의 몸 보기를 자신의 몸을 보듯이 하고, 서로 사랑하면서 서로 이로움을 나눌 수 있다면 천하의 혼란은 종식될 것이라고 생각하였다.

묵자는 사람들이 서로 사랑하는 것과 서로 이로움을 나누는 것은 모든 사람들이 희망하는 것임과 동시에 반드시 존중되어야 하는 원칙이라고 생각하였으며, 이를 토대로 그의 사상적 체계를 구축해 나갔다. 이러한 점은 인(仁)을 사상의 핵심으로 삼아 사람을 사랑하는 것을 무엇보다 우선시 했던 공자 사상과 견주어도 다를 바 없을 것이다.

아울러 묵자는 인간이 인간답게 사는 인도적 사회를 구현하기 위해서는 '교육'을 통하지 않고서는 불가능함을 웅변하였다. 그리고 그는 일생을 통하여 그가 지닌 모든 것을 다하여 사회를 계도하고 백성들을 계몽하였다. 특히 실용주의에 바탕을 둔 교육 내용과 방법 등의 묵가 교육 체계는 중국 고대 교육 사상사에 있어서도 매우 독창적인 것이라고 할 수 있다.

둘째, 사회적인 측면이다. 중국 춘추전국시대 대부분의 사상가들은 그들의 윤리적 이상을 현실에 적용시키는 유일한 수단이며 방법으로써 정치를 이해하고 있었기 때문에 사회 혼란은 곧 정치 혼란의 다름 아니라고 생각하였다. 따라서 정치가 정치답게 될 때 비로소 그들이 염원하던 이상 사회가 수립될 수 있을 것이라는 확신을 지니고 있었다. 묵자 역시 그의 이상을 실현하기 위한 하나의 방법으로써 정치 사상을 전개하고 있는데「상동」,「상현」등을 골자로 하는 정치 이론은 그의 윤리적 이상을 담고 있는 「겸애」,「천지」등의 이론과 매우 긴밀히 연계되어 묵자의 정치 학설이란 그의 윤리 학설이라고 보아도 무방할 정도이다.

그리고 절용을 핵심 화두로 삼고 있는 묵가 경제 사상은 소극적으로 재화의 절검만을 촉구하는데 그친 것이 아니라, 사회 생산력을 높이기 위한 다양한 방안을 제시하고 있다. 특히 묵자는 절용을 국가 통치의 가장 중요한 덕목으로 삼았는데 이는 통치자가 소진시키는 재물이란 궁극적으로 백성이 흘린 땀의 결실이라고 생각했기 때문이다.

셋째 과학적 측면이다. 20세기에 접어들면서 묵가 사상은 새로운 국면을 맞이하게 된다. 선진시대 이후 이천년 동안 지속된 잠에서 깨어나기 시작한 것이다. 이 시기 묵가 사상이 사상계에 새롭게 부각된 가장 큰 이유는 묵가가 지닌 합리성과 실용성에 기인한다. 당시의 학자들은 애민 사상을 바탕으로 과학 기술을 지향한 묵가야 말로 서구 열강이 '세계의 중심'에 준 굴욕을 치유하고 '중화 민족'의 자존심을 회복하기에 가장 이상적인 학파라고 믿었던 것이다.

선진시대 제자백가 중 묵가는 탁월한 과학 정신을 지닌 학파로 알려져 있다. 특히 묵자는 현실 사회에서 관찰과 실험을 통해 형성된 과학적 지식을 백성들의 척박한 삶의 개선이라는 그의 이상에 부합될 수 있도록 이론화하고 적용시키고자 하였다. 이러한 묵자의 노력과 이상이 묵가 과학 사상의 체계를 형성하는 밑거름이 되었다고 볼 수 있다.

묵자나 묵가가 지닌 과학 사상에 대한 관심이 고조되면서 『묵경』에 대한 연구가 급물살을 타기 시작하였다. 그런데 『묵경』의 「경상」에서 「경설하」의 네 편은 진술이 극히 간략하고 구성 내용도 윤리에서부터 정치, 우주, 언어, 경제, 자연과학에 이르기까지 방대하여 분야별 전문지식이 밑바탕 되지 않고서는 온전하게 그 의미를 읽어 내릴 수 없게 기재되어 있었다.

이러한 점들은 『묵경』의 본래 모습을 이해하는데 걸림돌이 되었다기보다 오히려 학자들의 지적 호기심을 더욱 자극하는 결과로 나타났다. 학자들은 많은 정력과 시간을 할애하며 체계적인 고증과 해석, 그리고 토론을 진행해 나갔고, 바야흐로 『묵경』의 진면목이 세상에 드러나기 시작하였다. 선진시대 이후 가장 깊이 있는 『묵경』에 대한 연구가 진행된 셈이다. 이러한 과정 속에서 학자들의 이목을 집중시킨 분야는 단연 기하학, 물리학, 역학, 광학 등에 관한 『묵경』의 과학 이론들이었으며, 이 분야에 대한 연구는 지금도 활발히 진행되고 있다.

오늘날 인류는 과학 문명이 가져다 준 풍요로운 물질적 생활을 향유하고 있다. 이와 동시에 인류 앞에는 수많은 도덕 문제들이 산적해 있다. 예를 들면 가정문제, 청소년 문제, 노인문제, 환경문제 등이 그것이다. 이러한 문제가 발생하게 된 근본적인 문제는 어디에서 연유하는 것인가? 또한 어떻게 하면 이러한 문제들을 치유할 수 있을 것인가?

인류가 안고 있는 문제의 대부분은 무엇이 마땅하며 옳은 것인가에 대한 준거의 틀이 제대로 설정되어 있지 않고, 또 설정되어 있다 할지라도 그릇된 가치 판단에서 비롯된 잘못된 틀을 지니고 있기 때문이라고 본다. 사람과 사람, 사람과 사회 그리고 국가와 국가 사이에서 마땅히 지켜야 할 도덕 규범이 사리지게 되면 결국 문제가 야기되고 다툼이 생겨나는 것이다.

이러한 문제에 대해 묵자는 겸상애 교상리라는 준거의 틀을 제시함으로써 해결하고자 하였다. 묵자의 이상과 염원이 미완에 그친 것은 사실이지만 그가 제시한 길 이외에는 달리 최선의 방책이 없다는 것 또한 염연한 사실이다. 서로 사랑하고 서로 나누것, 그 보다 더 좋은 사회 문제의 치유책이 있는가? 우리가 묵자를 지속적으로 연구해야 하는 이유는 바로 여기에 있다.

참고문헌

강봉수, 『한국 전통 도덕교육론』, 한국학술정보(주), 2006.

강봉수, 『유교도덕교육론』, 원미사, 2001.

강승희, 「대학생의 비판적 사고력, 메타인지, 문제 해결력 간의 관계 연구」, 『한국자료분석학회』 제15권 제3호, 2013.

구자억·박인숙, 『중국 전통 교육사상의 이해』, 문음사, 1999.

김민수, 「인성교육 담론에서 인성 개념의 근거」, 『교양교육연구』 제8권 제4호, 한국교양교육학회, 2014.

김인규, 「묵자의 정치사상과 대동사회」, 『동양고전연구제15집』, 동양고전학회, 2002.

김정섭, 「우화를 통한 비판적 사고 교육 가능성 탐색」, 『사고계발』 제2권 제1호, 대한사고계발학회, 2006.

김태용, 「조셉 니덤의 '중국과학사상' 이해에 대한 소고」, 『한국철학논집』 24호, 한국철학사연구회, 2008.

김태훈, 「원시유가의 관점에서 본 인성발달」, 『도덕윤리과교육』 제17호, 한국도덕윤리과교육학회 2005.

남상호, 『육경과 공자인학』, 예문서원, 2003.

박문현, 「묵자의 천인관계론」, 『인문연구논집』 제3집, 동의대학교 인문과학연구소, 1998.

박병춘, 「초등 도덕과에서의 전통문화교육 내용분석과 개선방안」, 『도덕윤리과교육』 제22호, 한국도덕윤리과교육학회, 2006.

박상준, 「비판적 사고력의 신장을 위한 초등 사회과의 질문법에 관한 연구」, 『사회과교육』 제45권 제1호, 한국사회과교육연구학회, 2006.

방선희, 「비판적 사고 교육의 국내 연구동향과 시사점」, 『평생학습사회』 제7권 제1호, 한국방송대학교 원격교육연구소, 2011.

박세원, 「비판적 사고 교육을 위한 도덕수업 재구성」, 『한국초등교육』 제22권 제1호, 서울교육대학교, 2011.

박영진, 『중국교육사상가』, 장서원, 2005.

박의수, 「유가적 전통에서의 인성교육」, 『교육문제연구』 제28집, 고려대학교 교육문제연구소, 2007.

배제현, 정경용, 「초등학생을 위한 철학놀이 프로그램이 논리적 사고력과 비판적 사고력에 미치는 영향」, 『아동교육』 제14권 제2호, 한국아동교육학회, 2005.

벤자민 슈워츠, 나 성 옮김, 『중국고대 사상의 세계』, 살림, 1996.

서규선, 『현대중국도덕교육론』, 인간사랑, 2007.

서양주·서영곤, 「묵자의 정치사상의 본질과 한계」, 『경상대 논문집』 제26집, 1987.

소공권(蕭公權) 저, 최 명·손문호 역, 『중국정치사상사』, 서울대학교출판부, 1998.

송 복, 『동양적 가치란 무엇인가?』, 미래인력연구센터, 1999.

신용석, 「묵가·유가사상의 의리관」, 『호서문화연구』 제9집, 중원문화연구소, 1990.

신창호, 『수기, 유가도덕교육의 핵심』, 원미사, 2005.

신창호·장지원, 『동양교육사상사』, 서현사, 2012.

안용진, 「공자의 의리사상」, 『유교사상연구』 제27집, 한국유교학회, 2006.

알렉 피셔, 최원배 옮김, 『피셔의 비판적 사고』, 서광사, 2010.

우남희, 「아동의 사고발달과 한국의 전통 아동교육」, 『생활과학연구제 6권』, 동덕여자대학교, 2001.

유성태, 『동양의 수양론』, 서울학고방, 1996.

윤무학, 「한국사상사에서의 묵가비판」, 『한국철학논집』 제29집, 2010.

윤사순 등, 『공자사상의 발견』, 민음사, 1992.

윤영돈, 「효과적인 학교 인성교육의 방향: 범교과 학습과 도덕과 학습의 관계를 중심으로」, 『도덕윤리과교육』 제29호, 한국도덕윤리과교육학회, 2009.

이기동, 『논어강설』, 『맹자강설』, 성균관대학교 출판부, 2014.

이동환, 『중용』, 현암사, 2013.

이명기, 『仁의 硏究』, 양서원, 1987.

이상옥, 「유학의 경제 사상에서 본 중국경제발전의 정치논리」, 『동양철학연구』 23집, 동양철학연구회, 2000.

이상익, 『유가사회철학연구』, 심산, 2001.

이승환, 『유가사상의 사회철학적 재조명』, 고려대학교출판부, 1998.

이운구·윤무학, 『묵가철학연구』, 대동문화연구원, 1995.

이하준, 「인성함양을 위한 고전교육의 방향 탐색」, 『교양교육연구』 제8권 제5호, 한국교양교육학회, 2014.

임시광(任時光) 저, 차석기 역, 『中國敎育思想史』, 교학연구사, 1989.

장성모, 「인성의 개념과 인성교육」, 『초등교육연구』 vol.10, 한국초등교육학회, 1996.

장승희, 「전통윤리의 교육방법에 관한 연구」, 『도덕윤리과교육·제14호』, 한국도덕윤리과교육학회, 2005.

조긍호, 『선진유학사상의 심리학적 함의』, 서강대학교출판부, 2008.

조난심·차우규, 「학교 인성교육 프로그램 평가방안 연구」, 『도덕윤리과교육』 제13호, 한국도덕윤리과교육학회, 1998.

조난심·윤현진·이명준·차우규, 『도덕교육학신론』, 문음사, 2003.

조연순 외 「정의교육과 인성교육을 위한 기초연구」, 『교육과학연구』 제28권 1호, 1988.

존 크리스먼, 실천철학연구회 옮김, 『사회정치철학』, 한울아카데미, 2004.

정인재, 「기하학의 변천과정에 관한 소고」, 『교육논총』, 건국대학교 교육대학원, 1995.

정 종, 『孔子의 敎育思想』, 집문당, 1980.

지준호, 「공자의 도덕교육론」, 『한국철학논집』 제40집, 한국철학사연구회, 2014.

진의남, 「학교 교육에서 인성교육의 인식과 개선 요구」, 『실과교육연구』 vol.18(3), 한국실과교육학회, 2012.

최근덕, 「韓國의 儒敎와 敎育」, 『공자사상과 21세기』, 東亞日報社, 1994.

최문형, 「공자의 천명론과 귀신론」, 『동양철학연구』 제18집, 동양철학연구회, 1998.

최석민, 「교육목적으로서 비판적 사고의 재고찰」, 『초등교육연구논총』 제25권 제2호, 대구교육대학교, 2009.

최성철, 「묵자의 정치사상 연구」, 『사회과학논총·제11집』, 한양대학교, 1992.

H.G. 크릴 저, 이성규 역, 『공자·인간과 신화』, 지식산업사, 1997.

한국교육학회 교육사연구회 편, 『교육사상가평전·동양편』, 교학연구사, 1987.

황갑진, 「비판적 사고와 사회과 탐구방법」, 「사회과교육연구」 제16권 제4호, 한국사회과교육학회, 2009.

陳朝暉, 「孔墨尙賢人才觀之比較」, 『墨子硏究論叢(二)』, 山東大學出版社, 1993.

陳孟麟, 『墨辯邏輯學』, 齊魯書社, 1983.

陳孟麟, 「關於"墨辯" '端'的槪念」, 『墨子硏究論叢』(三), 山東人民出版社, 1995.

陳 炎, 「墨家與子儒, 道之間的網絡聯系」, 『墨子硏究論叢(三)』, 山東大學出版社, 1995.

鄧高鏡, 『墨經新釋』, 商務印書館, 1934.

方授楚, 『墨學源流』, 中華書局, 上海書店, 1989.

方孝博, 『墨經中的數學和物理學』, 中國社會科學出版社, 1983.

馮友蘭 『中國哲學史』, 中華書局, 1992.

傅築夫, 『中國古代經濟史槪論』 中國社會科學出版社, 1988.

高 亨, 『墨經校詮』, 科學出版社, 1958.

郭墨蘭, 「孔墨義利觀比較論」, 『墨子硏究論叢』(三), 山東人民出版社, 1995.

郭末若, 『郭末若全集(二)』, 人民出版社, 1982.

何鍊成, 『中國經濟管理思想史』, 西北大學出版社, 1988.

胡維佳 主編,『中國古代科學技術史』·技術卷, 遼寧教育出版社, 1996.

黃晟圭·張曉芒,『墨子的平民学说』, 书海出版社, 2007.

吉永慎二郎,「兼愛概念的形成與發展」,『墨子研究論叢(三)』, 山東人民出版社, 1995.

賈毅平,「墨子尙賢理論的現代價値」,『墨子研究論叢(六)』, 北京圖書館出版社, 2004.

姜寶昌,『墨經訓釋』, 齊魯書社, 1993.

孔競昊,「墨子社會政治思想闡釋與評議」,『墨子研究論叢(二)』, 山東大學出版社, 1993.

李春泰, 「論墨子與亞里斯多德自然哲學的差別及其意義」,『墨子研究論叢』第三輯, 1995.

李紹崑,『墨學十講』, 臺灣水中出版社, 1990.

李紹崑,『墨子: 偉大的敎育家』, 湖南敎育出版社, 1985.

李書有,「墨家學說的歷史命運」,『墨子研究論叢(一)』, 山東大學出版社, 1991.

李亚彬,『中国墨家』, 宗教文化出版社, 1996.

梁啓超,『墨經校釋』, 商務印書館, 1922.

梁啓超,『墨子學案』, 上海商務印書館, 1923.

劉惠文,「試論墨子義利觀及其影響」,『墨子研究論叢(三)』, 山東人民出版社, 1995.

陸世鴻,『墨子』, 中華書局, 1988.

羅根澤,『墨子』, 北京勝利出版社, 1945.

錢 穆,『墨子』, 上海商務印書館, 1934.

錢實甫,「墨子的經濟思想」,『東方雜誌』30(13), 上海商務印書館, 1933.

焦國成,『中國倫理學通論』, 山西敎育出版社, 1997.

秦彦士,「略論『墨經』與中國自然科學」,『墨子研究論叢』第三輯, 1995.

任繼愈,『墨子』, 上海人民出版社, 1956.

沈有鼎,『沈有鼎文集』, 人民出版社, 1992.

史墨卿, 『墨子』, 學生書局, 1994.

譚家健, 『墨子研究』, 貴州敎育出版社, 1996.

譚戒甫, 『墨經易解』, 商務印書館, 1935.

譚戒甫, 『墨子發微』, 中華書局, 1996.

王讚源, 「墨子的 現代價値」, 『墨子硏究論叢(二)』, 山東大學出版社, 1993.

王讚源, 『墨子』, 臺灣東大圖書, 1996.

王 充, 『論衡』, 中華書局, 1993.

王桐齡, 『儒墨之異同』, 北平文化學社, 1931.

王裕安, 「墨子的人才觀」, 『墨子研究論叢(三)』, 山東人民出版社, 1995.

王裕安·牛家驥, 「墨子與數學」, 『墨子論叢(三)』, 山東大學出版社, 1993.

王治心, 『墨子哲學』, 南京宜春閣印刷局, 1925.

伍非百, 『墨辯解故』, 北京中國大學出版部, 1931.

吳進安, 「墨子尙賢思想與管理哲學硏究」, 『墨子硏究論叢(六)』, 北京圖書館出版社, 2004.

吳毓江, 『墨子校注(上·下)』, 中華書局, 1993.

夏甄陶, 『中國認識論思想史稿(上)』, 中國人民大學出版社, 1992.

邢兆良, 『墨子評傳』, 南京大學出版社, 1993.

薛保綸, 「墨子三表法的立法精神」, 『墨子硏究論叢(三)』, 山東大學出版社, 1995.

孫詒讓, 『墨子間詁』, 中華書局, 1993.

孫中原, 『墨學通論』, 遼寧敎育出版社, 1995.

孫中原, 「論墨子的合理思想」, 『墨子硏究論叢(一)』, 山東大學出版社, 1991.

顔炳罡, 「儒墨哲學之比較」, 『墨子硏究論叢(一)』, 山東大學出版社, 1991.

楊伯峻, 『論語』, 中華書局, 1992.

楊 寬, 『墨經哲學』, 重慶中華書局, 1947.

張純一, 『墨子集解』, 成都古籍書店, 1988.

張立文, 『周易與儒道墨』, 東大圖書, 1991.

趙 靖 主編, 『中國經濟思想通史』, 北京大學出版社, 1991.

丁原明, 「論墨儒相通」, 『墨子硏究論叢(一)』, 山東大學出版社, 1991.

中國社會科學院 經濟硏究所 主編 『中國經濟思想史論』, 人民出版社, 1985.

朱傳棨, 「墨子思想與當代中國社會經濟政治發展論要」, 『墨子硏究論叢(三)』, 山東大學出版社, 1995.

찾아보기

ㄱ

거일반삼(擧一反三)　323
거자(鉅子)　96
거현재(擧賢才)　328
견백론　65, 67, 70, 205
겸(兼)　192, 219, 257, 275, 311, 388
겸사(兼士)　84
겸상애(兼相愛)　193, 253, 255
겸애(兼愛)　9, 34, 58, 246, 277
겸애교리(兼愛交利)　19, 420, 425, 430
경(敬)　329
경국제민(經國濟民)　136
경덕보민(敬德保民)　247
경세제민(經世濟民)　136
경죄중벌(輕罪重罰)　131
경주자(耕柱子)　92
고공기(考工記)　162
고석자(高石子)　88
공구(孔丘)　72
공동선　7, 266, 267, 268, 270, 271, 272, 273, 274, 275, 276, 279, 281, 282, 286, 287, 288
공리주의　293, 304, 307, 308
공묵(孔墨)　317, 346
공묵상보　315
공손룡(公孫龍)　59, 65, 67, 68, 205
공수반(公輸盤)　152
관중(管仲)　131
관형(官刑)　412
구경(九經)　328
구물일체(歐物一體)　62
구상(久喪)　26

구제기(求諸己)　368
구주(九州)　412
구혈(區穴)　200
군자(君子)　279
군지(君志)　21
극기복례(克己復禮)　249
금활리(禽滑釐)　93
기(驥)　280, 329

ㄴ

내자성(內自省)　368
노승(魯勝)　197
노자(老子)　19, 79, 93

ㄷ

단(端)　192, 195
담변(談辯)　80, 81, 82, 84, 86, 98, 242, 243, 319
대동(大同)　89, 300
대의(大義)　311
덕성　79, 252, 267, 278, 279, 280, 281, 282, 284, 285, 286, 287, 294, 318, 332, 341, 346, 350, 351
데모크리토스(Demokritos)　198
델파이 보고서　405, 406
도가　79, 293, 294
도량형　209, 214
도르래 원리　162, 181, 182, 187
동역학　171, 177
동이교득(同異交得)　54, 59
듀이(J. Dewey)　402

ㅁ

마르크스(K. Marx)　151
맹승(孟勝)　96
맹자　5, 93, 256, 275, 276, 287, 292, 325, 365, 366, 367, 368, 374, 380, 388
메논(Menon)　189, 202
무신론(無神論)　15
묵도(墨徒)　87, 93, 94, 95, 97
민리(民利)　128
민본 정신　128
민의　121, 122, 126, 127, 135

ㅂ

박장(薄葬)　26
박호도술(博乎道術)　114
반구제기(反求諸己)　366, 368
반성적 사고(reflective thinking)　402
받침점　173, 174, 175, 176, 177, 180, 181
배려 의식　355, 356, 358, 359, 361, 366, 374, 379, 380
백가쟁명(百家爭鳴)　314
백세지사(百世之師)　325
번지(樊遲)　299
범애중(汎愛衆)　248, 272
법도　102, 107, 131, 132, 143, 144, 153, 214, 312, 412, 413
법동법이(法同法異)　54
법천합덕(法天合德)　131
벤담　307
변(辯)　43
변호언담(辯乎言談)　112
별애(別愛)　58
별이동(別異同)　59
본지자(本之者)　225, 419
빗면 원리　162, 173, 183, 185, 187
삐아제(J. Piaget)　426

ㅅ

사단(四端)　366, 367
사서(四書)　353
사욕(邪欲)　364
사회계약설　101
살신성인　316
삼강령　371, 372, 381
삼표법(三表法)　419

삼환(三患)　21, 142
상비(相批)　190, 209, 219, 220
상설하교(上說下敎)　93
상앙(商鞅)　131
상영(相攖)　190, 203, 215, 219, 220
상지무친(象地無親)　131
상차(相次)　190, 215, 217, 219
상현벌폭(賞賢罰暴)　24
서경(書經)　23
선단(善端)　366, 367
선현(選賢)　120
설문해자　156, 194
설서(說書)　80, 81, 83, 84, 86, 98, 242, 243, 319
성(性)　365, 366, 367, 370
성인(聖人)　250, 364
세경세록(世卿世祿)　344
소강(小康)　300
소인지학　348
소크라테스(Socrtes)　189
소탐대실(小貪大失)　302
손이양(孫詒讓)　95, 202, 210
수기(修己)　263, 316
수덕(修德)　363
수상행식(受想行識)　51
숙명론　29, 35
숭경외포　14, 20
시경(詩經)　23, 25
신관(身觀)　45, 226
신도(愼到)　131
신독(愼獨)　369
실사구시　241
실용주의　84, 305, 433

ㅇ

안백성(安百姓)　329
안심입명(安心立命)　79
안인(安人)　329
애무차등(愛無差等)　269
애민정신　27
애이유겸(愛而有兼)　269
양계초(梁啓超)　305
양성군(陽城君)　97
양현지사(賢良之士)　257
연행일치　318, 349, 351
연간공(燕簡公)　23
영행(佞倖)　120

찾아보기　**445**

오관(五官) 47
오로(五路) 47
오육강(吳毓江) 157, 174, 198
왕공대인 94, 96, 101, 118, 119, 125, 134, 138, 141, 292, 312, 316, 412
왕충(王充) 26
용지자(用之者) 225, 419
원지자(原之者) 225, 419
위기(爲己) 389
위선난덕(僞善亂德) 370
위의(爲義) 73, 75
위인(爲人) 389
유묵상보(儒墨相補) 8, 288
유신론(有神論) 15, 16
유자입정(儒子入井) 275
유클리드(Euclid) 190
육경 325
육예 321, 325
의정(義政) 120
이견백(離堅白) 59
인본사상 246
인인(仁人) 124, 273, 389
인인정(因人情) 131
인자(仁者) 273, 282, 286
인재시교 86, 98
인재육성 318, 351

ㅈ

자공(子貢) 299
자로(子路) 414
자하(子夏) 93
작용점 173, 174, 175, 176, 177, 180, 181
장인(匠人) 163
장형(張衡) 177, 187
적인(賊人) 388
적천하지인(賊天下之人) 411
절대 명령 396
정역학 171, 177
정장(政長) 104, 105, 106
조기빈(趙紀彬) 247
조망수용 386
존존(尊尊) 117
존천사귀(尊天事鬼) 36
종법(宗法) 72, 90
종사(從事) 80, 81, 84, 86, 93, 95, 98, 242, 243,

319
주유천하(周遊天下) 72, 345
주자주의 379
중궁(仲弓) 282, 328
지동의(地動儀) 177, 187
지초공송(止楚攻宋) 397
진견(盡見) 46
진목공(秦穆公) 23
진지(眞知) 54
집의(集義) 366

ㅊ

천(天) 14, 250, 251, 253
천경지의(天經地義) 98
천도관(天道觀) 28
천명 25, 28, 29, 31, 250, 252, 253, 263, 264, 365, 416, 417
천문학 234
천붕지괴 135, 282, 432
천인관 6, 7, 250, 263
천하대해(天下大害) 254
청동경 233
체(體) 55, 64, 192, 206, 219, 310
체견(體見) 46
추기급인(推己及人) 250
측은지심 275
치중화(致中和) 370, 373
친친(親親) 117

ㅌ

탕왕 130, 412
택무이사(擇務而事) 88
통합적 접근 385, 426

ㅍ

팔조목 371, 372, 381
편거막가소(偏去莫加少) 64
평면거울 237
플라톤(Platon) 189
피보나치(Fibonacci) 218
필완(畢沅) 216

ㅎ

하건도(夏甄陶) 43
한유(韓愈) 290, 315

합동이(合同異) 59
행의(行義) 81, 243
현재(賢才) 328
형무등급(刑無等級) 131
형정(刑政) 102
호연지기(浩然之氣) 366
홉스(Hobbes) 101
환퇴(桓魋) 28
황금률 322, 396
효제(孝悌) 329
후(厚) 199, 216
후외려(侯外廬) 95
후장(厚葬) 26, 145
후호덕행(厚乎德行) 110